南京名志导读

专志篇

南京市地方志编纂委员会办公室 编

南京出版传媒集团
南京出版社

图书在版编目(CIP)数据

南京名志导读. 专志篇 / 南京市地方志编纂委员会办公室编. —南京 : 南京出版社, 2019.12
ISBN 978-7-5533-2707-5

Ⅰ. ①南… Ⅱ. ①南… Ⅲ. ①南京 – 地方志 Ⅳ. ①K295.31

中国版本图书馆CIP数据核字(2019)第263952号

书　　名:南京名志导读·专志篇
作　　者:南京市地方志编纂委员会办公室
出版发行:南京出版传媒集团
南 京 出 版 社

社址:南京市太平门街53号　　邮编:210016
网址:http://www.njcbs.cn　　电子信箱:njcbs1988@163.com
联系电话:025-83283893、83283864(营销)　025-83112257(编务)

出 版 人:项晓宁
出 品 人:卢海鸣
责任编辑:杨传兵　崔龙龙
装帧设计:潘焰荣
责任印制:杨福彬

排　　版:江苏省地质测绘院
印　　刷:江苏省地质测绘院
开　　本:787毫米×1092毫米　1/16
印　　张:20.5
字　　数:350千
版　　次:2019年12月第1版
印　　次:2019年12月第1次印刷
书　　号:978-7-5533-2707-5
定　　价:68.00元

南京出版社
图书专营店

编 委 会

序言

如何评价南京的历史地位和贡献，是江南区域史乃至中国史研究面临的一大学术难题。文学和历史这两个本是相辅相成的学科，却在南京历史的解读中给出了很不相同的结论，而且前者的影响也远远大于后者。

在大众印象中，南京这座中国历史文化名城一直以悲情著称。只要一提起南京，甚至南京的一些山水景物，如秦淮河、石头城、乌衣巷、台城柳等等，人们自然而然地就会联想到南京的悲剧形象。历史上的南京，似乎总是与“偏安江南”“短命王朝”联系起来。文学，尤其是自唐代以来一直经久不衰的金陵怀古诗，塑造并不断强化了南京浓烈的悲剧色彩。南京的悲剧形象，也成为一个经典的文学母题，在金陵怀古诗词等文学作品的千年传颂中，不断被再造，被反复确认和强化。对此，哈佛大学宇文所安教授在其《地：金陵怀古》（收于海外中国研究丛书《北美中国古典文学研究名家十年文选》）一文中曾做过精辟的总结。

文学塑造的历史形象，尽管影响深远，但与真实的南京相去甚远。其实，这些作品的作者，关注的重点是怀古之情、兴亡之叹而非历史的真实。他们更多的是想借用南京的历史事件和场景，通过比兴之法，转移或宣泄自己不得意的落寞、失意、凄苦和抑郁情绪。他们在诗词中描述的南京形象，也并非其真实的认识。如作为金陵怀古诗鼻祖之一的李白，其《金陵歌送别范宣》《登金陵凤凰台》等诗对南京悲情色彩形象的塑造影响巨大，无人能及，但其对当时南京及周边地区的真实评价却与悲情有着天壤之别，在其大作《为宋中丞请都金陵表》中，他是这样评价南京的：

臣伏见金陵旧都，地称天险，龙盘虎踞，开扃自然。六代皇居，五福斯在。雄图霸迹，隐轸由存，咽喉控带，萦错如绣。天下衣冠士庶，避地东吴，永嘉南迁，未盛于此。臣又闻汤及盘庚，五迁其邑，典谟训诰，不以为非；卫文徙居楚丘，风人流咏。伏惟陛下因万人之荡析，乘六合之诪张，去扶风万有一危之近邦，就金陵太山必安之成策。苟利于物，断在宸衷。况齿革羽毛之所生，楩楠豫章之所出，元龟大贝，充牣其中；银坑铁冶，连绵相属。划铜陵为金穴，煮海水为盐山。以征则兵强，以守则国富。横制八极，克复两京，俗畜来苏之欢，人多徯后之望。

遗憾的是，这篇非常重要的名作，在历史上并未引起多少关注，至少没有他那些金陵怀古诗那么耳熟能详，家喻户晓。在当代，这篇名作除被少数专业工作者偶尔提及外，已基本上被世人所遗忘。从这篇名作的遭遇不难看出，自唐代以来层层累加的文本尤其是文学作品，已将南京架构为一座悲情之都，而其在中国历史上所做真实贡献，却在有意无意中被严重低估，因此，重新还原或评价南京的真实历史，便成为历史工作者的当务之急。

其实，前辈学者已经在这一领域做过开创性的工作。陈寅恪先生在其名作《隋唐制度渊源略论稿》一书中，就明确提出隋唐制度的三个源头中，就有两个是间接或直接来自以南京为首都的南朝。这两个源头，一是“（北）魏、（北）齐”，二是“梁、陈”，具体如下：

所谓（北）魏、（北）齐之源者，凡江左承袭汉、魏、西晋之礼乐政刑典章文物，自东晋至南齐其间所发展变迁，而为北魏孝文帝及其子孙摹仿采用，传至北齐成一大结集者是也。其在旧史往往以“汉魏”制度目之，实则其流变所及，不止限于汉魏，而东晋南朝前半期俱包括在内。旧史又或以“山东”目之者，则以山东之地指北齐言，凡北齐承袭元魏所采用东晋南朝前半期之文物制度皆属于此范围也。

所谓梁陈之源者，凡梁代继承创作陈氏因袭无改之制度，迄杨隋统一中国吸收采用，而传之于李唐者，易言之，即南朝后半期内其文物制度之变迁发展乃王肃等输入之所不及，故魏孝文及其子孙未能采用，而北齐之一大结集中遂无此因素者也。旧史所称之“梁制”实可兼该陈制。盖陈之继梁，其典章制度多因仍不改，其事旧史言之详矣。

这一精辟的论述，不仅颠覆了六朝偏安江左、无所成就的传统观点，而且揭示了六朝对盛世隋唐的伟大贡献。南京作为一个江南城市，不仅在中国历史与文化发展的重要关头，被赋予了超出常规的重大责任，力挽狂澜，而且还在大一统政权重新出现时，将其保存及创造的制度、文物，重新融入新朝，为中国历史的新一轮发展做出了极大的贡献。

上述陈寅恪先生的研究，虽是以六朝、隋唐为对象，但其观点和路径，却对南京历史的研究有着方法论式的启迪意义。这种研究方法，不仅可以用于南唐、明初等时代的南京史，而且也可以用于许多与南京相关的专题史。其实，南京的历史贡献，又何止于上述的六朝之于隋唐、南唐之于北宋和明初之于明代等方面。单就本书涉及的方志专题而言，南京就有辉煌的成就。且不论南朝山谦之的《丹阳记》是公认的早期重要方志之一，且有部分传世，单就存世的宋元方志而言，南京的地位也不可小觑。如在现存南宋所修二十余种方志中，就有南京的《景定建康志》；而在传世的元代十余种方志中，南京的《至正金陵新志》也位列其中。而明清时代的南京，是中国经济最发达、文化最进步的地区之一，其方志的纂修，无论数量还是质量，可以说是代表了当时方志纂修的最高水平，其贡献是有目共睹的。

这些方志，当然也是今天研究南京历史不可或缺的重要文献。它们记述了各个历史时期南京的自然、政治、经济、文化、科学、社会等专题，内容极为丰富，可以说是南京的“博物之书”（宋代史学家司马光之语）、“一方之全书”（清代方志学家章学诚之语）。由于种种原因，传世的南京方志分存世界各地，使用极不方便。近年来，南京出版社在有关部门的支持下，历尽艰辛，将世界各地的南京方志搜罗殆尽，并将其作为《金陵全书》甲编原大影印出版，嘉惠学林，好评如潮。

不过，对于非专业的读者来说，如何阅读和利用这批古典文献，毕竟是一项极具挑战性的工作，因为现存的南京方志，不仅时间跨度大，而且数量庞大、内容复杂。为进一步引导不同层面的读者读志、用志，南京市地方志编纂委员会办公室从现存南京历代方志中，遴选出36部优秀的府志、县志、专志，并邀请相关专家，分别对各部志书的纂修背景、主修及主纂生平、学术思想，体例、框架、主要内容，以及特点、影响、地位等，予以详细解读，历时数年，最终汇编成《南京名志导读》一书。该书内容丰富，资料翔实，论述严谨，逻辑清晰，颇具新意，是一部阅读和利用南京历代方志不可多得的参考书。

是为序！

中国明史学会副会长、南京大学历史系教授　夏维中

目　录

导言

《南京名志导读·专志篇》，是南京市地方志办公室主持编纂《南京名志导读》丛书的第三部，与已出版的姊妹篇《南京名志导读·府志篇》《南京名志导读·县志篇》一脉相承，从现存南京志书中，精选具有代表性的专志十四部，聘请国内方志专家、文史学者分别进行解读。

专志是专门记述某一事物或某一事业历史与现状的志书，包括专门志、专题志、部门志、行业志等，独立于综合志书之外，另成专书并具有自己的编纂体系，“虽微必录，无隐不宣”，在深度和广度上补充综合性志书的不足，丰富其内容，拓展其空间，是地方志书的重要组成部分。

基于特殊的历史地位，南京的专志修撰时代较早，而且面广量大，不仅官署志的数量高于其他城市，《龙江船厂志》《金陵梵刹志》等皆有首创之功，《后湖志》《钟山书院志》等且可谓具有唯一性。阅读与研究南京优秀专志，对于深入了解城市历史文化，以及今天的城市建设与文化发展，都有不容轻忽的意义。

本书中十四种专志的选择，既顾及了专志的不同类型，也考虑到南京的具体特点。

黄佐《南雍志》是明代南京国子监专志，对其规模布局、教学管理制度及沿革变迁做了准确记述，体例完善，内容丰富，是研究明代国家教育事业的重要史料。《明代南雍 志史足征》一文，首先简要介绍了明代两京制度的形成，说明南雍出现的历史背景，又比较相关国子监史籍，指出“《南雍志》作为现存最早记载南京国子监的志书，其文献价值备受关注”。自景泰七年吴节创修《南雍志》，嘉靖初年崔铣重纂未成，嘉靖二十三年黄佐重修成书，隆庆、万历、天启年间又有增修，在数代续修的各种版本中，首推黄佐《南雍志》二十四卷，编修体例完善，引用文献极为丰富。

《南雍志》的学术价值高，“与黄佐等编修者的学识与素养是分不开的”。导读文章介绍了黄佐的家世、生平和学术成就，重点分析了《南雍志》的编修体例和各部分编纂之法，肯定“《南雍志》仿照《史记》的体例，将史体与志体结合，即纪传体的体例”，“经过历代方志学家总结提炼形成的述、纪、志、传、图、表、录七种体裁在《南雍志》中均有使用”。因为“该志的体例较为符合地方志的体例”，“对当时官署志的编修也起到了示范作用”。

《南雍志》对图的运用，成为另一个“亮点和特色”。导读文章专立一节，介绍“《南雍志》的图”，既有总图、庙图以及“监中一切公宇为学图”，也有各种礼仪制度与器物图，“将图的应用以及方式一一注明。透过所附图像，对国子监的布局规划、礼仪、祭器、乐器以及使用，都一一展示出来”。

导读文章并依据历史文献，归纳官署志的渊源发展：“官署志编修兴起于唐宋时期，明代达到一个新的高峰。”明代官署志编修“大约始于景泰年间，但至弘治年间数量还较少，到嘉靖、万历年间逐渐增多，天启以后出现高潮，至崇祯时期未曾停息”。“明代两京官署志编修在中国方志发展史上是一大特色”，但“编修多集中在留都南京”，“几乎所有的衙门都先后刊印各自的官署志”，且时间也较北京为早。《南雍志》的编修正是始于景泰，而大成于万历，从文献史的意义上也堪为典范。

《龙江船厂志》开古代志书中造船业专志的先河，图文并茂，专业性、资料性、实用性都很强，对研究海船史、郑和下西洋史、明代船厂设置与管理都有重要价值。《海舶奇志 帆影回眸》一文，从《龙江船厂志》的主要内容、作者生平到龙江船厂的组织管理和标准化生产，都作了充分的阐释，并且指出其特色、亮点，如“体例上从实际出发，且有所创新，繁简得当，‘纲目所属，先后有伦’”，“揭露船厂生产管理方面弊端30条，专立《孚革志》一卷，有针对管理的指导思想方面，也有针对工匠、普通帮工，往往一针见血，切中要害”，尤其是强调志书记载的蜈蚣船“作为我国历史上第一次，也是第一个从西方引进的现代技术而建造成功的可以在船上发射火炮的战船，显然具有重大意义”。

导读文章的作者赵志刚，作为“宝船厂遗址的最早探索者、研究者、开发者之一，建成后首任宝船厂遗址管理公司董事长10多年。信息积累较多，深谙宝船厂遗址情况”，所以对一些疑难问题，做了切实的论证与解析。如龙江船厂与龙江宝船厂的关系，作者从文献研究、考古发现与实地考察等多方面，进行深入辨析，得出了明确的结论。又如有人曾怀疑龙江船厂不靠长江、大船造好无法下水，作者指出，“这个问题主要是对南京地区古代江河水道变化不了解所致”，并详述了龙江水域的历史变迁情况，明初“龙江宽阔达100多米，完全可以航行大船。因龙江水域航运繁忙，明朝政府在此设‘龙江关’。明太祖、明成祖曾经迎送外国元首、使团之处，可谓大明第一关，属户、工二部管辖，中外商人在此互市。至清代、民国，演变成下关，一度是南京最有活力的地区”。而作者提议“建设‘舟船博物馆’，把南京曾是中国、也是世界造船中心的历史地位彰显出来，真正找到‘国际化城市’的图腾”，也是很有见地的。

《金陵梵刹志》首次全面记载明代南京佛寺盛况，广涉佛寺的位置、沿革、统属、殿堂、山水、胜迹、人物、艺文以至诏敕法令和寺产，对研究南京佛教史、明代佛教史都有很高的价值。何孝荣的导读文章，首先简述了佛教在南京的流传史，从三国东吴时江南佛教首寺建初寺的创设，东晋南朝建康成为南方佛教中心，隋唐宋元时期的盛衰起落，到明代初期的复兴和中期再度衰微，顺理成章地说明了万历年间葛寅亮佛寺改革的必要性与迫切性。

文章对葛寅亮南京佛教改革的各项举措作了重点介绍：“由他主导的以南京礼部名义推行的自上而下的佛教改革，也是当时涉及区域最大、佛寺最多、僧人最众的佛教改革。完备而周详的改革措施，因其强力推行，暂时得到了落实，取得了一定成效。”为巩固改革成果，葛寅亮“下令对清定后的寺田疆界、寺租数额、往来公文等刻石立碑。他‘复虑载籍无存，无以征信将来’，乃编撰《金陵梵刹志》，著录南京各寺状况及其佛教改革成果”。所以，“《金陵梵刹志》既是葛寅亮著录南京各寺状况及其佛教改革成果的著作，更是一部不可多得的明代南京佛教寺院总志”。

虽然葛寅亮的改革不久即被否定，但《金陵梵刹志》留下了许多十分难得的史料。葛寅亮“广征博考，搜罗经史子集四部之文，考订当时各寺以及一些历史上有影响而当时已经废毁的佛寺的历史变迁、典故、名僧、艺文，为后人了解、研究明代以前南京佛教、佛寺提供了便利”，“其对明代尤其是明代后期南京佛寺方方面面的记载，更为真实可信，其价值自然更高”，特别是“明代佛寺经济，各种方志、寺院志乃至四部文献中很少记载，而《金陵梵刹志》则在记载南京一百八十余所佛寺时，详列各寺土地数量、寺田经营、房产商业等，并附录有数篇寺田租税的判决文书，为我们提供出极为珍贵的明代佛寺经济的史料，其价值不言而喻。再如，《金陵梵刹志》记载了葛寅亮等人订立的佛寺内部的一些管理制度，包括僧官的迁补、住持的选任等寺政管理制度，公产、公田、公费等佛寺经济管理制度，以及寺学等佛寺教育管理制度。这些史料，也为它书所无，对于我们研究明代佛教、明代历史无疑具有很高的价值”。

导读文章强调：“《金陵梵刹志》明确记载明代南京各寺寺址四至，尽列各寺之雄观胜景，也对今天的南京城市建设、旅游开发有重要的参考价值，富于现实意义。”最显著的事例是，“当代设立大报恩寺遗址公园，重建琉璃塔，即主要依据《金陵梵刹志》的相关记载”。

《后湖志》堪称地方志中的一朵奇葩，它名曰湖泊志，实际上是明代国家档案馆黄册库志，“专以国家版籍为主，朝廷制度禁例为要”。“由于明代黄册（户籍档案）保存下来的极为罕见，因此《后湖志》中保存下来的史料弥足珍贵，对于研究明代黄册制度、土地制度、里甲制度以及户口、赋役、财政、教育等，都有很高的参考价值”。

卢海鸣的导读文章首先简述了后湖的形成与变迁，指出其每一次名称改变，都对应着特定的文化内涵：“后湖拥有天然之湖、水利之湖、战争之湖、粮食之湖、档案之湖、名胜之湖的多重属性，是南京不可多得的自然和文化相融合的文化遗产。其中，明代南京后湖作为国家档案馆——黄册库所在地，在我国湖泊史上堪称特例。”

导读文章对明代黄册制度条分缕析，包括黄册库的规模、管理、防卫等举措，指出“黄册制度在明代不同时期起过不同的作用，对明代的政治、经济等各个方面产生了深远的影响”。而自朱元璋选定后湖建黄册库，尽管永乐年间迁都北京，“后湖作为黄册的贮藏地点，始终沿袭未变”。《后湖志》更是一部历经百年、续修多次而完成的名志，文章对此做了提纲挈领的概括，并指出：“正是基于历朝不断的续修和完善，使得《后湖志》体例完备，结构严谨，详略得当，质量上乘，成为我国古代的一部名志。”因为前后参与编修者人数众多，导读文章中将主要编修者、审稿人员、编校人员等分类介绍，使读者对各人的作用、成就可以一目了然。

文章指出《后湖志》的独特：“赵官、万文彩、李万实、陆凤仪等人所编纂的《后湖志》，突破山水专志的局限，借后湖之名，略写后湖沿革和形胜，详写后湖的黄册及相关事项，使得这部专志成为有关明代黄册的文献汇编。”在介绍《后湖志》内容的同时，并有简略而准确的评价，强调“《后湖志》具有多重价值。不仅保存了珍贵的史料，而且对历史上流传的一些传说起到了正本清源的作用”。在历数《后湖志》版本源流之外，对数以百万计的明代黄册命运，也做了说明，使读者对于这一段史事，能有完整的了解。

钟山书院是清代规模最大、存续时间最长的官办书院，《钟山书院志》是全国同类书院志中唯一全面记述书院创建事宜的志书。

《书院楷模 传承有绪》一文，首先简述了清王朝从严控民间书院到兴办官办书院的历史。在这一背景下，钟山书院的开办可以视为一个转折点。文章指出：“清雍正元年（1723），两江总督查弼纳奏请皇帝御批后，由总督署、江安抚院及苏、皖两省各府县共同出资兴建。钟山书院准备之细、筹创之精、立制之良、招生之严、膳供之全，为当时各地书院之首。”而钟山书院“历经雍正、乾隆、嘉庆、道光、咸丰、同治、光绪七朝，至光绪二十七年（1901）改成江宁中学堂；二十九年（1903）改为江南高等学堂；宣统三年（1911）停办止，中间除太平天国（1853—1864）时期短暂停办外，办学时间长达176年。其办学宗旨、教学内容及培养方向，清晰明确，堪称东南典范、全国楷模”。

导读文章指出，官方授意编刊的《钟山书院志》有别于一般书院志，“记述的时间从雍正元年（1723）到雍正三年（1725），时间之短堪称全国历代书院志之特例”，“内容主要是创建书院的原因、创建过程、制度规定等，是全国书院志中唯一一部全面记述创建相关事项的志书。其卷目、内容与其他书院志有着显著差异”。

导读文章在介绍纂修者生平之后，依次简述各卷内容，指出“《钟山书院志》的最大贡献是记述了书院运作方方面面的制度规定，正是这些制度规定为以后书院的发展奠定了基础”。志书中对书院的导师资质、招生办法、教学管理、教学内容、藏书管理等，都做出明确规定。如掌教，“由在任两江总督以礼延聘。不问派系，不讲门户，不分本省邻省、已仕未仕，但求品优学富。掌教待遇优厚，‘每岁馆俸三百两，外每节节仪六两，每月供赡银十两，厨役一名、水火夫一名。’”文章并列举“钟山书院存续的170多年中，有史可考的历任钟山书院院（山）长、掌教（主讲）”38位，因为他们都是经学大师、儒林高手，钟山书院才能够经久不衰，影响深远。

栖霞山是古代“天下四绝名山”之一，千佛岩为江南唯一大型佛教石窟。“从唐代至今，此山已经有了十余部属于它的专志，令南京地区其他诸山望尘莫及。就全国而言，一座山拥有如此丰富的山志，也是十分罕见，这足以证明它的不同寻常。在这些山志中，最值得推崇的当属清陈毅编纂的《摄山志》”。

导读文章《文献俱备 佼佼山志》，开宗明义，从不同寻常的栖霞山，引入出类拔萃的《摄山志》。陈毅《摄山志》于山之形胜、寺之渊流以及相关人物、文献诗赋详加记述，兼有考证，图文并茂，是现存栖霞山寺志中信息量最大的一部。导读文章介绍了《摄山志》的成书经过，热爱乡土文化的布衣诗人陈毅历时三年纂成十余万字书稿，“苏州知府汪志伊、学术大师钱大昕、经学家费玉衡，或为删补，或为考订，或为校对。汪志伊又‘广谋于同寅诸君子’，这样的官员与学者的集合，保证了《摄山志》的编纂水平”。又细数全书卷目内容，肯定“该志体例周备，详略得当，史料丰富，文字优美，史观端正，旨趣高标，图文并茂”，并指出其特色是将栖霞山荟萃的“佛教文化、帝王文化、状元文化、石刻文化、碑刻文化、绿色文化乃至养生文化”详略得当地融入志书中，“在研究栖霞山历史文化时，《摄山志》史料的准确性和重要性无可替代”。

导读文章的一个亮点，是注意陈毅《摄山志》与相关书籍的比勘，如对此前几种摄山志书的吸收与增补，如从乾隆《御制诗》各集中勾稽出《摄山志》未收咏摄山诗，如分析其与《金陵梵刹志》的承续关系等。同时，导读作者对栖霞山名胜古迹十分熟悉，所以能指出“陈毅有重文献而轻实地考证的偏颇，以致在对古迹的记述上时有缺漏甚至错讹”，是《摄山志》的不足之处。

甘继民的《润色风土 藻雪衿抱》一文与众不同，是“把四种《莫愁湖志》放在一起，小结其共同的成就，或曰其艺术与人文价值”。

作者这样做的理由有二：“首先，当然是它们因集中保存了有关莫愁湖史料而具有重要的文献价值。四种湖志以莫愁湖这一地理空间为中心，爬梳、发掘、汇聚历代累计而来的有关史料，举凡与莫愁湖有关的诗词、歌赋、散文、传说、书画、楹联、碑刻、题额、寺庙、古建，以及古代士人于湖上开展的雅集、结社（诗社，画社）、修禊等传统文化活动之中形成的诗词书画作品等等，湖志无不加以辑录。总观四种湖志，其体例一以贯之（‘甘志’更加合理化），而都以综合性、人文性见长，涉及广泛而深入，实可谓金陵地方历史文化之大全。”“其次，四种湖志还充分展示了明清时代文人雅士的生活方式，呈现出他们雅致的生活情趣、丰富的精神生活以及洋溢在他们周围的植根于传统文化的人文精神。”这同样可以作为对四部《莫愁湖志》成就的评价。

在这一套《南京历代名志导读》丛书中，这是一个特例，应该说，也是一个成功的特例，为我们今后的研读介绍工作，提供了一个新视点。

导读文章首先介绍了四种《莫愁湖志》形成的来龙去脉、各志的主要内容及版本情况，并梳理了其相互间的承续关系，然后重点考辨了长期以来困扰读者的两个难题。一是《续纂莫愁湖志》作者醉吟馆主人和《添修莫愁湖志》作者三山二水吟客的真实身份，以及不署真名而用化名的原因。导读文章作者经过深入共同探讨，得出的结论令人信服。二是莫愁湖的真实历史与莫愁女的来龙去脉。作者从文献考证与自然变迁两方面进行论述，条分缕析，有理有据，读来有豁然开朗之感。“湖由莫愁女而扬名，女由莫愁湖而传世，一个文学作品中的人物又何必‘求其地以实之’?”，这种豁达的态度也是值得赞许的。

题为《东吴遗脉 城南旧影》的导读文章，对《运渎桥道小志》这部古运渎流域的区域志做了生动概括，指出其“自成体系，即以河流为经，桥道为纬，再由桥梁为节点串联全篇，纵横交错，有条不紊，通过采摭相关史乘、掌故，拾遗钩沉，考证辨误，上自孙吴，下迄晚清，全景式地展现出运渎流域的历史变迁、里巷逸闻以及人物故事，犹如一幅生动细腻的历史风情画长卷，让人沿着其精心规划的经纬路径，饶有兴味地回顾那历史长河中的如烟往事”。

导读文章首先介绍了《运渎桥道小志》编纂者陈作霖的家世与生平，直追溯至其曾祖父，“正是在世代书香的熏陶下，自幼聪慧的陈作霖备受庭训，秉承家风，好学不已”，并特别指出“陈作霖虽是名盛学林的一代通儒，但他同时也是一位凭借《可园诗存》《可园词存》名世的卓越诗人，因此，《运渎桥道小志》的行文绝少装腔作势的学究气，而字里行间涌动着的，则是一股灵动优雅的诗情”，“寥寥数笔，清新洗练，状物写景，如诗如画，这在《运渎桥道小志》可谓俯拾皆是”，“写人叙事同样也精彩纷呈”，“将曾经生于斯长于斯的先贤之事迹，以史家的真知灼见、概括性的文字，真实而客观地记载他们的嘉言懿行，褒美扬善，彰显儒家思想所倡导的正气”。

由于历史变迁，陈作霖所处的晚清时期，运渎北段已湮没难考，其所叙流域仅为晚清可见部分，对运渎七桥的位置判断也不免有误。导读文章对此也作了探讨。不过，正如作者所强调，《运渎桥道小志》的贡献，“不仅是对运渎流域的历史作了全方位的挖掘、钩沉，全景式的叙述、展现，而且更为关键的是，他始终把握住历史脉络，着眼于运渎流域环境的‘变易’与‘人情风俗之今昔异宜’”，重点在于“城南旧影”。“《运渎桥道小志》共载有170多条（处）里巷街衢、桥梁寺观、园林以及公署的名称（含别名、俗称），每一处几乎都蕴藏着与之相关的故事和逸闻。如今，这些实物或仍存在，或已随着城市变迁而消亡，但通过该书的记述，在时隔130多年后，我们似乎仍能感同身受，沉浸在当年的民俗民风中，去追寻祖辈的足迹。”“这对我们今天如何做好这一历史文化遗产的保护工作，建设好人文新南京，有着十分珍贵的参考价值与借鉴作用。”

《存史留旧 内容丰瞻》一文，是对《浦口汤泉小志》的导读。文章首先详细介绍了编纂者龚心铭自明末以来的显赫家世，说明龚氏同时还是浦口汤泉的开发者：“龚心铭从宣统元年（1909）起在汤泉陆续购置温泉，营建别墅，占据山林，修造茔地，又辟养鹿场，设电报房，招徕与相往来的达官、权贵、文人、外宾沐浴温泉，游览山水，又藉文字风流，风雅附会，诗词酬唱，累牍连篇，可谓极一时之盛，龚心铭将这些唱和往来的作品辑成《龚氏别墅题襟集》，也收入《浦口汤泉小志》一书之中，可见作者对友情、对朋友笔墨文章的极为珍视的态度。”而龚氏家族开发浦口汤泉的经过和成绩，也由此得以保存。

文章阐明了《浦口汤泉小志》的编写经过和主要内容，剖析了它与前代志书的关系，特别是对《江浦埤乘》的利用。除了摘引此前相关地方志的内容之外，《浦口汤泉小志》中以大量篇幅记录了清末民初时期龚氏与友人在浦口的活动轨迹，以及闻人名流的社会活动对地方民众的精神生活的影响。文章指出其“涉及当时众多的重要人物，搜集罗列这些生活在晚清民国初年的重要人物的诗文、题跋、手迹，而该书的价值正是通过这些丰富而看上去驳杂的材料得以体现”，并对书中涉及的诗文广征博引，对涉及的人物详加介绍，使今人对于这本小志的价值能够有更多的了解。又如汤泉镇的古迹、寺庙、残存碑刻等，对温泉的开发利用情况及地方社会发展情况，都为今天的历史文化研究提供了可贵的线索。再如龚氏兄弟笃好文物，潜心研究，认真考证。“龚心铭在所编印的这本《浦口汤泉小志》里，就收录了他自己撰写的《周爰金考》《秦鞅量考》”。导读文章也肯定“这两篇文章是对国宝级文物‘周爰’‘秦量’最早的解读、赏鉴和考据的成果，对于我国的文物学史具有重要的文献价值”。

导读文章对龚心铭《浦口汤泉小志》做了恰当的评价：“最大的特点也许就在内容丰富而驳杂，而内容的呈现方式也多种多样不拘一格，充分利用当时已经较为成熟的照相技术，因此全书采用了大量的照片、拓片（照相制版）、地图。”“有的史料极为珍贵，比如照片《南唐韩熙载惠济禅院碑记》《寄老茅庵遗址》《千佛禅林》《东岳庙古戏台》《石坝观涛》等，可谓迄今为止开展有关历史研究时候我们所能找到的唯一的照片资料。”而此书的最大价值，就在于“‘保存史料’和‘提供线索’两个方面”。

《南汤山志》的导读文章《陶情诗书 温泉流芳》，更像一篇散文。文章简述了汤山的建置沿革，重点介绍了国民政府定都南京后“南汤山各项事业的进步与发展”，“编纂与南汤山相关的志书，可谓水到渠成”。1937年7月，陶保晋邀请严伟编纂的《南汤山志》问世，“全书2万余字，是一部反映南汤山地情资料的志书”，其重点则在汤泉与陶庐。

陶庐主人陶保晋，是编纂《南汤山志》的倡议者。他被誉为“最早启动温泉效应，率先对汤山温泉进行商业性开发的先行者”。“选择合适的人参与编纂，成为志书完成的重要保证”，陶保晋慧眼识珠，选择了国学功底扎实的严伟主持《南汤山志》的编纂工作。而“《南汤山志》所需的原始资料，特别是‘艺文’及‘杂俎’部分，主要来源于陶保晋的平时积累”。由此可见陶保晋在《南汤山志》编纂中的决定性作用。文章对陶保晋的生平做了客观的介绍，说明：“陶保晋的一生，分成两个阶段：民国26年（1937）12月南京失陷之前，陶保晋是一个地道的慈善家。”但“日军侵占南京后，陶保晋的人生走入了歧途，留下了历史污点。抗战胜利后，陶保晋被判入狱，出狱后于民国37年（1948）去世”。

导读文章对《南汤山志》各门类都有适当评介，如说“旧闻”部分“记言叙事，颇为简洁”，而对南朝宋刘义恭的《汤泉铭》，“不收录在艺文中，却置于‘述旧闻一’，开门见山，让我们直面感受到汤山1000多年来积淀的厚重历史和独特温泉文化”。在“汤泉”部分，“《南汤山志》以数据说话，辑录了20世纪初期科学界对汤山地理、地质和温泉的研究成果。专业人士从专业角度出发，是汤山温泉提档升级开发的基础”，也可以更好地推广利用温泉资源。

在“艺文”部分，导读文章对诗文作者逐一介绍，并指出“细细考察《南汤山志》，会发现‘艺文’一门，收录的诗作有不少与原作有出入”，且进行了细致的比勘。又如肯定“陶保晋《汤山陶庐别业记》是一篇不可多得的汤山文献。文章写到了如何发现汤山温泉、如何组织成立南汤山兴业公司、如何开辟钟汤路、如何构筑‘陶庐’的经历，是南汤山温泉开发的纪实资料，对研究南汤山温泉开发与利用，有着重要的参考价值”。

文章也说明“因观点不同，编纂思路不同”，《南汤山志》难免有其不足之处，“但并不影响志书对汤山的旅游经济和温泉文化所起的积极作用”。

王明发的《文献名家 园墅首志》，是对《金陵园墅志》的精彩解读。

文章首先介绍《金陵园墅志》编撰者陈诒绂的生平家世，以简约文字精当梳理了这个绵延七世的文化世家：“从陈作霖的曾祖陈授到陈诒绂，陈家已经是五世书香，代有传人。陈诒绂的儿子陈祖同，曾参加江苏省志的编纂，并为祖父陈作霖记录口述，整理出版了《可园备忘录》。陈诒绂的孙子陈鸣钟，曾为中国第二历史档案馆的研究馆员、《民国档案》杂志总编。世代书香的陈氏家族，堪称南京文化史上经学、文学、史学名家的杰出代表，特别是在南京地方文献的整理、著述上，陈作霖、陈诒绂父子贡献尤多。”“晚清以来，南京一地的地方史料，陈氏家族搜集最多、使用最勤、研究最深、成果最多。”并指出“陈诒绂的人生轨迹与成长经历，既与当时及当地的时代背景息息相关，又与其家族及父亲的影响密不可分”，个人的修为加上家族的积淀，使他得以在短短几个月中，就完成了“上自高辛，下逮并世，专载金陵名园、别墅”的专志——《金陵园墅志》。

文章对《金陵园墅志》内容的介绍同样言简意赅，“全书共分上、中、下三卷。卷上为园墅汇总，作者以历史的角度，由远而近的向世人展现金陵园墅的完整脉络；卷中为园墅游记，重点推出有代表性的游记文章；卷下为园墅诗词，尽显金陵园墅的精华题咏。三个部分既有交叉却并不重复，各有所长却互为补充，体现了陈诒绂扎实的文化功底和完美的资料支配能力，从而形成了《金陵园墅志》文化气息极强、可读性极佳的专业志书特色”。

文章高度评价陈诒绂所著《金陵园墅志》，作为南京地区第一部园林专志，它的问世“终止了金陵一地园墅史料的湮灭和丢失，准确而又尽可能完备地向我们展示了金陵一地在历史长河中的园墅长卷。他以严谨的治学态度，流畅简洁的语言，统一规范的取舍，使得他在卷上的每一条记载中，都有其不可替代的价值。”“《金陵园墅志》的三大篇章既相互关联又相互补充，为我们展示了专志编纂的一种新的体例，具有地区性、资料性、独特性等几个重要的特点，是同类志书中出版时间最早、时间跨度最长、收集资料最全的一部志书。”

文章归纳了《金陵园墅志》的三大特色，尤其值得注意的是在收录诗文的取舍上，“不仅看重作者的水平及影响力，同时注重所记园墅的代表性、独特性以及园主人所体现的人品和文化气息”，并“注重收录园墅主人的作品”，而“园宅主人用诗歌的形式对自家园林的欣赏和品读，均为金陵园墅的一手资料，同时也是我们探究南京一地不同时间、不同地点、不同风格之园林实况的重要依据”。

王明发对中国园林传统的承续也有深入的思考，并提出了很有见地的问题：“既然中国的园林能够在海外重建，为什么不能将有历史记载、有图片保存的园林有选择的在中国原地重建呢？如何保护好现存的几座园林，如何兴建有条件恢复的园林，如何将记忆还原为现实，如何解决创新和守旧之间的矛盾，都是我们不得不面对的问题。” 这些都给我们以启发，值得我们进一步认真探究。

《文约义丰 度越前贤》是对《明孝陵志》的导读文章。作者开宗明义，阐明了研究帝王陵墓的意义和《明孝陵志》产生的学术背景：“作为体现王权或皇权至高无上的重要形式，帝王陵墓往往仿照都城而修建，构建的虽是理想的世界，其中却既有现实生活的‘折射’，又有对现实生活的‘期盼’，从而成为现代人复原、认识古代社会不可或缺的研究资料。近代以来，针对帝陵的研究成果不断涌现，终于出现了专门的方志作品。民国二十三年（1934）六月，王焕镳编纂的《明孝陵志》由南京钟山书局出版，从而使南京明孝陵成为第一个拥有自己专志的帝王陵寝。”

文章介绍了编纂者王焕镳的家世生平与学术成就，并指出其编纂《明孝陵志》在当时具有强烈的现实意义：“1931年的九一八事变，拉开了日本侵华的序幕，这一时期，王焕镳编纂了《明孝陵志》《明遗民万履安先生年谱》。明孝陵的主人朱元璋是高揭‘驱除胡虏，恢复中华，立纲陈纪，救济斯民’旗帜推翻蒙元统治的明朝开国皇帝，万履安即万泰，则是著名的明遗民。在民族危亡之际，王焕镳编撰两书，实有感于世事，激励民众奋起抗日的用意。”

文章简述帝王陵研究的历史，探讨此前文献对王焕镳的影响，指出《明孝陵志》的特色，首先是编纂者进行了严谨的实地考察：“约集江宗浩、顾葆康、陆治安、张骥等好友亲赴明孝陵踏勘，还实地测量了下马坊、神烈山、禁约碑、神功圣德碑等碑刻以及大金门、享殿、宝城明楼的尺寸，确定了神道石刻准确的的相对位置，并留下了珍贵的照片资料。” 在此基础上又“锐意穷搜相关资料”，采辑多种史、志“及晚清档案、明清笔记、文集等近二百种书籍，称得上是前无古人”。再次是表述方式“简洁文雅，要言不烦，十分耐读，每段正文的后边列出辑录的参考资料原文，往往短短一句话的记述或议论，就有成百上千字的原始史料来说明”。

文章依次介绍《明孝陵志》的内容，分析其价值，如“规制卷的有关记述和引证，为近年来明孝陵的文物保护和修复提供了坚实的史料依据”等。对一些历史疑案进行了考辨，肯定了王焕镳的看法：“这些异说都不足信。”对于明孝陵的祭祀、保护、修缮及相关艺文等方面，也都有介绍。并指出“随着明孝陵成为‘世界文化遗产’以及相关研究的深入，王焕镳《明孝陵志》的研究价值进一步凸显，近年出版的《黄帝陵志》《秦始皇帝陵志》《汉茂陵志》《景泰陵志》，均以《明孝陵志》为重要参考和学术标杆”。

在充分肯定《明孝陵志》成就的基础上，作者又据自己的研究，就其不足之处进行讨论，如对观音阁存废问题作了深入阐发。

《金陵大报恩寺塔志》辑集散见于历代正史逸志的相关史料，追源溯流，简说大报恩寺和寺塔的前身及变迁，详记大报恩寺塔的建造与规制，并附以照片，采录大量诗词文赋及轶闻杂缀，可谓集大成之作。导读文章《金陵巨刹 世界奇观》，开篇即说明大报恩寺的世界性影响，特别是“2007年在塔基考古中发现了始建于北宋大中祥符年间的长干寺地宫，出土了以释迦牟尼佛顶真骨为核心、以七宝阿育王塔为代表的一大批佛教珍贵文物，引起了极大的轰动”。

文章溯源历史，介绍了自东晋长干寺到明代大报恩寺的传承兴废，从“巨构殊形”“通体琉璃”“佛灯永明”三个方面，说明“大报恩寺琉璃塔的杰出”，指出“‘集三绝于一身’的琉璃塔代表了中国古代宝塔艺术的最高峰，设计者天才的想象力、建造者高超的建筑技巧、一个强盛国家雄厚的经济实力和高效的组织运作能力，这些因素的紧密结合才能产生大报恩寺琉璃塔这样的杰作”。

同时，导读文章又说明大报恩寺同样“承载着厚重历史和浓浓文化底蕴”，“金陵大报恩寺在明清佛教中的地位崇高，这寺与塔相互辉映，寺因塔而享誉海外，塔因寺而地位尊崇”。

能够引用近年的考古及文献发现，与历史文献记述进行比照，是这篇导读文章的特色。如介绍大报恩寺“是中国历史最为悠久的寺院之一，作为中国古典建筑文化的典范，是国内经过考古发掘揭露面积最大的寺院遗址，为研究明代皇家寺院的规制、布局提供了极为重要的实物资料”。又如2011年11月《南京古都学会通讯》合订本转载了由英国人托马斯·阿罗姆所绘《南京的桥》一画及配图说明（出自李天纲编著，上海古籍出版社、上海科学技术出版社出版的《大清帝国城印象——19世纪铜版画》），据英国历史学家乔治·赖特说：“画中的九层高塔，就是当年被西方商人和传教士称为堪与罗马剧场、亚历山大陵墓、比萨斜塔相媲美的世界第七奇迹——琉璃宝塔。”这是对《金陵大报恩寺塔志》的补充。在介绍著者张惠衣的生平、学术时，也强调了“张惠衣以一个传统文人的责任感发心编撰塔志，以保存国粹，为以后恢复重建留下了珍贵的历史人文和建筑资料”。

文章并对志书体例做了一些探讨，指出《金陵大报恩寺塔志》采用的“纂辑体，是清代乾嘉时期考据学派编写方志的体例”。“这类志书较多地保存了原始资料，史料价值较大，但也显得‘芜杂’，只记录文献，并标明出处，却未加考证”，所以“志中凌乱、矛盾之处颇多”。

金戈以《一部河志 半部城史》作为《秦淮志》导读文章的标题，既突出了其“侧重水利”的河流志本旨，又兼顾了十里秦淮作为都市内河的性质，体现了《秦淮志》的特色。文章高度评价编纂者夏仁虎“承接《史记》及《水经注》传统体例，分流域、汇通、津梁、名迹、人物、宅第、园林、坊市、游船、女闾、题咏、余闻12卷，‘熔记传为一体，合雅郑于一篇’，以水系人事，旁征博引，网罗各家著述极为详尽，考证源流如数家珍，并融入作者亲历、所见所闻，历数六朝金粉，人世沧桑，成为一部比较完善的专门志，既对秦淮风光带的建设提供了参考文献，又为旅游观光者、传统文化体验和传承者提供了重要线索，具有较高的史学和文学价值”。

文章首先扼要地介绍了夏仁虎的家世生平及学术成就，尤其是受老师陈作霖影响，在地方志方面著述众多，仅与有关南京的就有“《玄武湖志》《秦淮志》《岁华忆语》，以及《南京明遗民录》《金陵艺文志》《金陵艺文题跋》等”，“深深的乡情始终在夏仁虎心中荡漾，不禁为家乡的发展与变化而感怀”，是夏仁虎编纂《秦淮志》的动机。

文章肯定夏仁虎以适当的体例设置解决了编纂《秦淮志》的两大难点，将丰富的历史文献组织进“侧重水利”的河流志部分，而在都市内河部分，于文献之外更融入了自己的亲见亲闻，系统完整而个性鲜明。在历来为方志所重视的人物部分，编纂者的选择是“限于本人自身所见，所写多当代名流，如梅曾亮、金伟军、陈作霖、薛时雨、仇继恒等，皆作者亲身接触过的人”，其中“一类是对治理水利有见解、有作为、有著述或言论者，他们心系地方建设，关注水利，为民生疾苦而辛劳奔走”，另一类则着眼于“与秦淮河直接相关人物的生活状态”。“题咏志”中的文学作品，“选取标准是‘邦人所作’，选取范围是‘断自近世’，选取目的是‘用诗存人’”。

文章精当归纳《秦淮志》的编纂特色：“首先，引用资料的丰富性。全书仅6万余字，引用典籍却多达73种，故考证源流如数家珍”，“其二，部分文字内容的著述性和亲历性，给读者留下了特别深刻的印象”，“其三，‘按语’运用得恰到好处”，“其四，写作手法具有灵活性”。

文章准确阐述《秦淮志》的价值与贡献：“《秦淮志》填补了秦淮河历史上没有专志的空白，留下了治水和用水的历史印记，记述了秦淮河流域南京人民独有的人文精神。《秦淮志》不但揭示了秦淮河的自然科学价值，让后人借鉴治水用水的得失，对今后的水利建设、管理、发展也大有裨益。值得强调的是，作为河流志的《秦淮志》，所提供的历史文化价值更为独特丰富，从中可领略秦淮河的历史风采，感悟南京城市的世事沧桑。”

导读文章提纲挈领，重点突出，详略得当，文情并茂，且增加了作者对当代秦淮河的认识和思考。文章作者熟稔秦淮河的历史与现状，对《秦淮志》更是烂熟于心，溯古论今，尤其是阐论其对后世的影响，对当下续志之作的启迪，非有真知灼见者所不能言，不愧为全书的压卷之作。

这一套《南京历代名志》丛书，既有知识性，又富趣味性，有如为读者打开南京方志宝库的一把金钥匙。

南京市地方志学会副会长　薛　冰

明代南雍志史足征

《南雍志》导读

明朝实行两京制度，永乐十九年（1421）迁都北京后，南京作为留都仍保留了一套相对完整的中央行政机构，与北京所设的机构相适应。

明朝两京制度是从明太祖至明英宗，历6个皇帝75年的酝酿，才最后奠定的。洪武元年（1368）正月，明太祖在应天府称帝，开创明朝，但是对定都何处仍然犹豫不决，直到八月才决定建都应天府，名之南京。当时称之为南京，是因为明太祖有迁都北宋故都开封的打算，开封称之为北京。洪武二年（1369），明太祖又在其家乡临濠设中都，从而形成两京一都的格局。但是两京一都的地位并不是并列的，以后北京的地位逐渐下降，中都的地位不断提高。洪武六年（1373）九月，明太祖改临濠府为中立府，次年八月又迁中立府治于凤凰山之阳，赐名凤阳府。洪武八年（1375），“诏罢中都役作”，放弃建都凤阳的打算。洪武十一年（1378）正月，明太祖又经过多次实地踏勘和周密的思考，决定去掉开封北京的称号，改南京为京师。然而明太祖并未放弃两京的设想，洪武二十四年（1391）八月令皇太子朱标巡视关洛，意欲迁都，比较长安和洛阳两地的形势，意欲迁都，但因次年四月皇太子病死而搁置下来。

明朝政治中心迁往顺天府（今北京）是从明成祖开始的。永乐元年（1403）正月，改北平布政使司为北京。二月，改北平府为顺天府。八月，迁直隶苏州等十郡、浙江等九郡富民实北京。永乐四年（1406）闰七月，正式开始营建北京城。北京城建置与南京相仿，包括紫禁城（宫城）、皇城和京城。永乐十八年（1420），明成祖为了求得发展，加强北京的地位，下诏迁都。次年正月，正式定都北京，称京师，原应天府为南京，称留都。明仁宗即位后，两京制又发生变化，洪熙元年（1425）三月，明仁宗决定仍以应天府为京师，北京称行在，可是仁宗在位不到一年，迁都南京的想法并未付诸实施。明宣宗在位10年，既不改变乃父时两京称号，又维持乃祖时业已形成的两京格局。仁、宣时虽有反复，但定都北京已是大势所趋。正统时边事日急，京师乃在前线，成为“北边扞蔽”，因此明英宗于正统六年（1441）十一月初一日下诏，北京诸衙门去“行在”二字，南京诸衙门增“南京”二字，恢复明成祖时旧制，再次明确北京为京师，南京为留都。从此，南北两京遂成定局。

国都北迁，南京留都的官僚机构仍一如其旧，保留一套相对完整的中央行政机构，官员的品秩、薪俸与北京相同，但是规模和权限大大缩小，“官之多寡，事之繁简”发生了明显的变化，其官吏人数亦“悉从裁省”，大约是北京的一半和三分之一。南京地位的变化，使官员与人才结构发生了相应的变化，一些有文化趣味的官员为避开北京权力斗争的中心而到南京任职，南京成为不少文人才俊的聚集地。于是在南京就出现了一个现象，官署志编修大大增多，除少数几个部门不能肯定是否有编修外，其他绝大多数衙门都先后刊印各自的官署志。而相比之下，京师北京的中央机构却只有少数编修，而且时间较之南京晚，大概是受到南京诸司的影响。明代官署志编修在中国方志发展史上是一大特色，始于景泰年间，但至弘治年间数量还较少，至嘉靖、万历年间逐渐兴起，天启以后出现高潮，至崇祯时期仍未曾停息。《南雍志》就是当时编修的官署志代表。

一、《南雍志》编修

南雍，系指南京的辟雍，即南京国子监。据古代儒家文献记载，西周时期，周天子为教育贵族子弟设立的大学称为辟雍，取四周有水、形如璧环之意。元至正二十四年（1364），朱元璋自立为吴王，“建百司官属，擢詹同、吴彤为国子博士，魏观、吴琳为国子助教，令教胄子于内府”。次年，在元集庆路儒学旧址设国子学，“设博士、助教、学正、学录、典乐、典书、典膳等官”[①]。吴元年（1367）十月，定国子学官制，增设祭酒、司业，确定国子学官员品秩。洪武十五年（1382）三月，改国子学为国子监。永乐元年（1403）二月，设北京国子监，设官同。永乐迁都北京后，国子监遂有南北之分，北京国子监为国子监，在南京者称为南京国子监，又称南监或南雍。

明代考述国子监的著述有多种，如《国子监监规》1卷、《国子监建置沿革》1卷、吕楠《监规发明》、邢让《国子监志》22卷（一作《国子监通志》10卷）、谢铎《国子监续志》11卷、张位《太学条陈覆钞》1卷、吴节《南雍旧志》18卷、黄佐《南雍志》24卷和《南雍条约》1卷、费闳《圣驾临雍录》1

①（明）黄佐撰：《南雍志》，《金陵全书》乙编·史料类39，南京出版社，2016年，第43页。

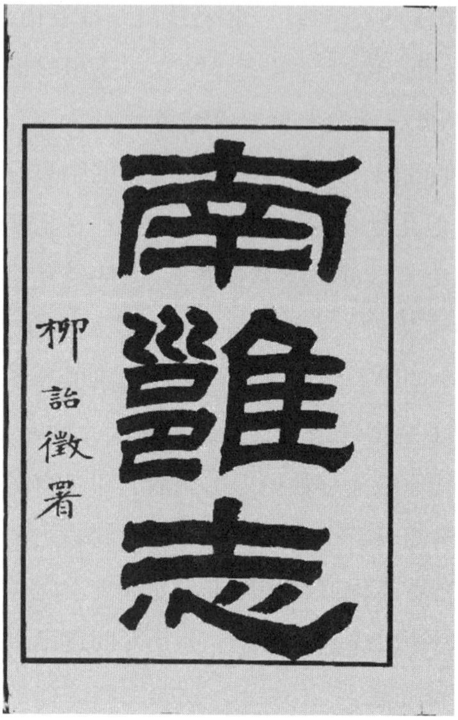

图1 《南雍志》书影

册与《南雍新志》18卷、王材《南雍申教录》15卷和《太学仪节》2卷及《南雍再莅录》1卷、崔铣《国子监条例类编》六卷、王僎《南雍国子监条例》6卷及《续条例》26册、吴锡胄《监长编》、卢上铭与冯士骅《辟雍纪事》15卷、陈念先《雍略》2卷，还有黄儒炳《续南雍志》18卷，王材、郭鎜《皇明太学志》12卷。其中《南雍志》《续南雍志》《皇明太学志》记述较为系统，若以体例考察，《南雍志》《续南雍志》则更为完善，尤其是《南雍志》作为现存最早记载南京国子监的志书，其文献价值备受关注。

《南雍志》记载南京国子监史事，考证南京所辖学校制度，明代曾多次编修。景泰七年（1456），祭酒吴节创修《南雍志》18卷。嘉靖初祭酒崔铣重纂，但未成稿。嘉靖中，祭酒黄佐得崔志遗稿，并在吴志基础上重修，至嘉靖二十三年（1544）成书，共24卷。之后，隆庆、万历、天启年间又有增修，天启六年（1626）南京国子监刊印黄儒炳辑《续南雍志》，亦在黄佐《南雍志》基础上续修。因此，黄佐《南雍志》可以说是记述南京国子监较为系统的书。该书对于研究明代国子监有关制度具有很高的学术价值，当与黄佐等编修者的学识与素养是分不开的。

二、黄佐生平及著述

黄佐（1490—1566），字才伯，号泰泉，广东香山县荔山（今属珠海市）人，明代中后期名儒，岭南最重要的理学家、经史学家、文学家、方志学家。《四库全书总目提要》对黄佐评价很高，称其“在明人之中，学问最有根柢”。《明史》有传，黄宗羲《明儒学案》为之设“泰泉学案”，其文集以《泰泉集》名，学界尊称泰泉先生。

黄佐出身书香门第，祖辈、父辈俱有才名，可谓家学深厚，堪称儒学世家。黄佐祖父黄瑜，字廷美，号双槐，景泰七年（1456）举人，学识渊博，曾经任福建长乐知县，在任多有惠政，以刚直而弃官归乡，著有《双槐岁钞》10卷、《书经旁通》10卷。黄佐父亲黄畿，字宗大，精于理学但绝意科举，屈大均在《广东新语》中称颂黄畿“盖粤人书之精奥者，以先生为最”。可惜正德八年（1513），黄畿陪黄佐赴京应试，途中染病去世，年仅49岁。

黄佐天资聪颖，在家学的熏陶下，少有才名。雍正《广东通志·黄佐传》称其“幼颖悟，一览成诵”。郭棐《粤大记·黄佐传》亦谓其“四岁受《孝经》”“五岁观周程六君子遗像，自誓必如此而后为人”，从小胸怀大志。至十二岁举子业成，开始扩展所学至古文词、易学、理学等领域。正德五年（1510），黄佐举乡试第一。正德十六年（1521）五月，世宗即位廷试，登进士第二甲，授翰林院庶吉士。嘉靖元年（1522）十一月，授翰林院编修，从此开始其仕宦生涯。

嘉靖初，黄佐满怀热忱，《明史·黄佐传》称其“陈初政要务，又请修举新政”，试图对武宗时弊政有所匡救，结果被搁置不理。之后又兴起了“大礼仪”，因明武宗无子嗣，世宗以地方藩王入继皇位，礼部尚书毛澄依明朝礼制反对尊世宗生父为皇，由此廷臣围绕“继统”与“继嗣”问题展开了礼议之争。时黄佐力挺毛澄之议，以致“异议者以为党”。黄佐对时政倦怠，嘉靖三年（1524）翰林期满后，未谋求官职，请假回乡侍奉其母。黄佐在广东休养数年，直至嘉靖六年（1527）十一月假满还朝，但仍受“大礼仪”事件的影响，被调任江西按察司佥事。嘉靖八年（1529）十一月，改为广西佥事提督学校。嘉靖九年（1530）冬，黄佐得知母病，即日弃官回乡侍奉其母，因而遭御史弹劾。嘉靖查明后，准许致仕。黄佐归里后，“卜筑粤洲草堂，远近学者从之游”[①]。嘉靖十八年（1539）二月，起复原职，任翰林院编修兼詹事府左春坊左司谏。嘉靖十九年（1540）十二月，升任翰林侍读，掌南京翰林院事。嘉靖二十二年（1543）六月，升任右春坊右谕德，同礼部左侍郎兼翰林院学士费寀管理纂修玉牒。同年八月，升任南京国子监祭酒。随后丁母忧归，服除，嘉靖二十五年（1546）十月，升任詹事府少詹事兼翰林院侍读学士。不久因与大学士夏言论河套事不合，遂弃官归养，嘉靖二十六年（1547）八月致仕。嘉靖四十五年（1566），卒于广州，享年77岁，卒后诏赠礼部右侍郎，赐谥文裕。

黄佐治学，各种学术成就中最为知名的是其在理学上的创见，他“以程、

① (明)郭棐撰，黄国声、邓贵忠点校：《粤大记》，《岭南丛书》，中山大学出版社，1998年，第724页。

朱为宗”，理学上“惟理气之说，独持一论”。在理气问题上，提出“理在气中”，反对朱子“理在气先”之说。他追崇孔孟，立足程朱又修正“博文”“约礼”之说，与王阳明就知行合一之旨数相辩难，被阳明称之为“直谅”。对于白沙之学，他在《白沙集·序》中既批评陈白沙“以意为心、以心为性，皆禅之弊”，但对其“以自然为宗”颇为肯定。黄佐工于诗词，《四库全书总目提要》称其《泰泉集》“文章衔华佩实，亦足以雄视一时。岭南自南园五子以后，风雅中坠，至佐始力为提倡”。[①]

黄佐仕宦经历长达三十年，但他并不醉心权术，性格疏狂耿介，常因不满时政而弃官归乡，或被迁为地方官，在朝中的时间仅有数年。他学识宏富，博通经史，一生潜心治学，著述颇丰。据《明史·黄佐传》记载，“平生撰述至二百六十余卷”。《明史·艺文志》载录的黄佐著作有《诗传通解》25卷、《礼典》40卷、《乐典》36卷、《缵春秋明经》12卷、《小学古训》1卷、《姆训》1卷、《通历》36卷、《革除遗事》6卷、《翰林记》20卷、《南雍志》24卷、《广州人物志》24卷、《广州府志》22卷（实为70卷）、《香山志》8卷、《泰泉庸言》12卷、《两都赋》2卷、《泰泉集》60卷、《明音类选》18卷、《论原》10卷、《论式》3卷，总计19种、360卷。又据关汉华《黄佐及其〈翰林记〉》一文考证，黄佐著述卷数应为408卷，而且还有漏载的《广东通志》70卷、《广西通志》60卷、《罗浮山志》12卷、《黄氏家乘》20卷、《泰泉乡礼》7卷及《敷教录》1卷等，如果与前者合计约有25种、578卷。从著述的类型来看，经史子集均有涉及，尤其在经学和史学上成果最丰富，而史学成就中方志学的成就也非常突出。他在编修《南雍志》之前，已有纂于正德四年（1509）的《广州人物传》24卷，纂于嘉靖四年（1525）的《广州府志》70卷，纂于嘉靖九年（1530）的《广西通志》60卷。《南雍志》就是他在担任南京国子监祭酒短短的时间内主持编纂的。

三、《南雍志》版本流传及编修体例

《南雍志》有嘉靖二十三年（1544）南京国子监刊印本，民国20年（1931）江苏省立国学图书馆影印原本，卷首有《四库全书总目提要》和朱述之跋语以及蔡纶书识、丁氏题记，《四库全书》著录为浙江汪启淑家藏本。据丁氏题记，光绪元年（1875）八月，该志为浙江杭州蔡氏收藏，光绪十八年

① (清)纪昀总纂:《四库全书总目提要》,河北人民出版社,2000年,第4477页。

（1892）为丁氏八千卷楼购得收藏。本书还有1976年台北伟文图书有限公司和1996年北京学苑出版社出版的影印本。

《南雍志》作为明代官署志的一种，在地方志分类中属于区域综合志之外的专志，在《明史·艺文志》等正史中均被列为职官类，然检索其内容设置，实与诸司职掌、官制类的记载有所不同。官署志编修兴起于唐宋时期，明代达到一个新的高峰，不过与之前朝代编修不同的是，明代官署志编修多集中在留都南京，而且修志的衙门大大增多，除了南京太医院、僧录司等不能肯定是否编有官署志外，几乎所有的衙门都先后刊印各自的官署志。而相比之下，位于京师北京的中央机构却只有寥寥少数编修，而且时间均比南京官署志编修要晚，显然这也是受到南京诸司的影响。因此，明代两京官署志编修在中国方志发展史上是一大特色。纵观其渊源发展，据《明史·艺文志》《千顷堂书目》《绛云楼书目》等书目所载，明代官署志编修大约始于景泰年间，但至弘治年间数量还较少，到嘉靖、万历年间逐渐增多，天启以后出现高潮，至崇祯时期未曾停息。《南雍志》编修就是其中一例。

《南雍志》修成于嘉靖二十二年（1543），卷首有嘉靖二十三年（1544）黄佐序和景泰七年（1456）吴节序。卷首目录后有嘉靖二十八年（1549）南京国子监祭酒李默题记："是志本前祭酒泰泉黄公所重纂，详辨宏博，足垂一代之典。顾篇端犹蒙旧序，余视事初，阅之懵然。顷承侍御右坡赵君出泰泉所寄序文，乃知志成时公寻以忧去，赵君为公里人，盖亲见其脱稿而以无序为阙事，贻书促之，

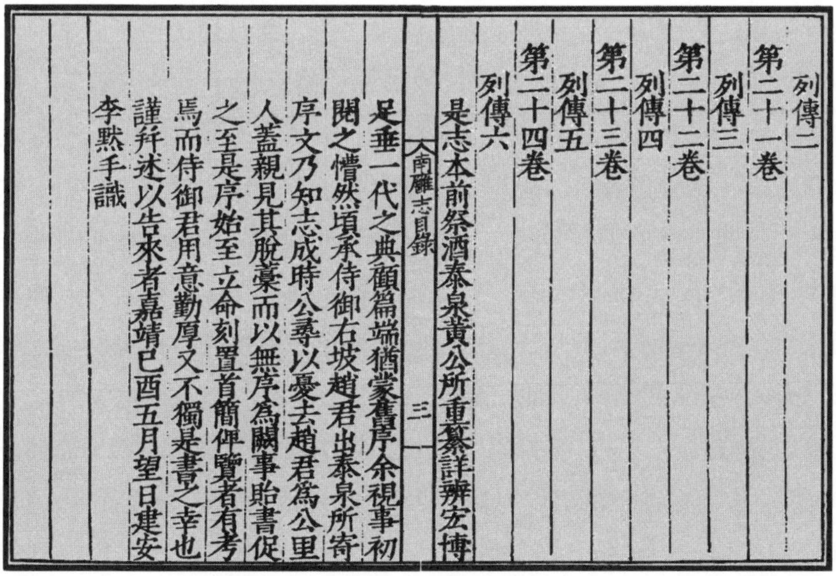
列傳二
第二十一卷
列傳三
第二十二卷
列傳四
第二十三卷
列傳五
第二十四卷
列傳六

南廱志目錄 三

是志本前祭酒泰泉黄公所重纂詳辨宏博
足垂一代之典顧篇端猶蒙舊序余視事初
閲之懵然頃承侍御右坡趙君出泰泉所寄
序文乃知志成時公尋以憂去趙君爲公里
人蓋親見其脫藁而以無序爲闕事貽書促
之至是序始至立命刻置首簡俾覽者有考
焉而侍御君用意勤厚又不獨是書之幸也
謹弁述以告來者嘉靖己酉五月望日建安
李默手識

图2 《南雍志》书影

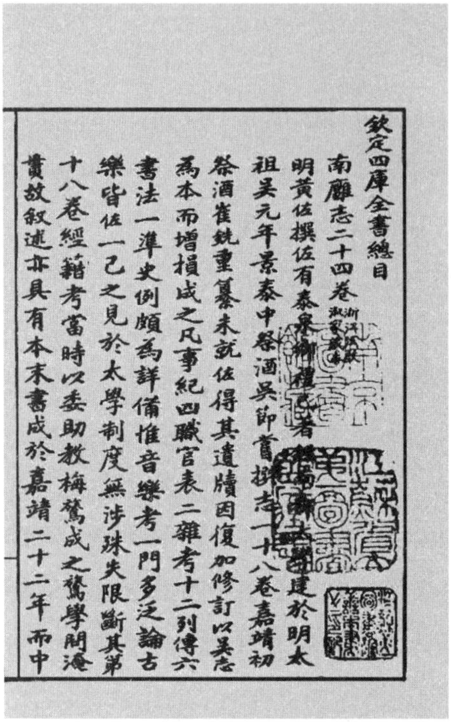
欽定四庫全書總目

南廱志二十四卷 浙江汪啟淑家藏本

明黃佐撰佐有泰泉鄉禮已著錄南都太學建於明太祖吳元年景泰中祭酒吳節嘗撰志一十八卷嘉靖初祭酒崔銑重纂未就佐得其遺牘因復加修訂以吳志為本而增損成之凡事紀四職官表二雜考十二列傳六書法一準史例頗為詳備惟音樂考一門多泛論古樂皆佐一己之見於太學制度無涉殊失限斷其第十八卷經籍考當時以委助教梅鷟成之鷟學問淹貫故敘述亦具有本末書成於嘉靖二十二年而中

图3 《南雍志》书影

至是序始至。立命刻置首简，俾览者有考焉。”说明该志脱稿时无序，后又令黄佐补之。

该志设《事纪》4卷，《职官表》2卷，《规制考》2卷，《谟训考》2卷，《礼仪考》2卷，《音乐考》2卷，《储养考》2卷，《经籍考》2卷，《列传》6卷，共24卷。据《四库全书总目提要》卷八〇“南雍志”条记载：“南都太学，建于明太祖吴元年。景泰中，祭酒吴节尝撰志一十八卷。嘉靖初，祭酒崔铣重纂未就。佐得其遗牍，因复加修订，以吴志为本，而增损成之。凡《事纪》四，《职官表》二，《杂考》十二，《列传》六。书法一准史例，颇为详备。惟《音乐考》一门，多泛论古乐。皆佐一己之见，於太学制度无涉，殊失限断。其第十八卷《经籍考》，当时以委助教梅鷟成之。鷟学问淹贯，故叙述亦具有本末。书成于嘉靖二十二年，而中有万历中事，盖后人随时续添者也。”对该志的主要内容、体例、断限等皆做简要介绍。

卷首朱述之的跋语不仅记述了南雍修志之由，而且还记述了志书所涉主要内容、国子监布局规划以及修志材料的来源、南京国子监的人数等。他认为“志名南雍者，别于北京之称也”。景泰中，祭酒吴节始创为志，“首之以纪事，次职官表，次为考者六：规制、谟训、礼仪、音乐、储养、经籍，次之以列传终焉。规制、音乐仍画为图，凡十八卷。嘉靖中，祭酒黄佐重纂为二十四卷，体例一仍其旧”。说明黄佐志本吴节旧志，做进一步补充完善。从黄佐任职经历来看，他掌南京国子监祭酒的时间并不长，短短数月完成24卷志书，倘若没有已有的基础，恐也不可能完成。

据该志纂修凡例，其“纂修以《史记》为法而微有异同，以见志体，首之以《事纪》，法本纪也；次之以《职官表》，法年表也；次为考者六，曰规制，曰谟训，曰礼仪，曰音乐，曰储养，曰经籍，法八书也；次之以《列传》终焉。凡卷首俱有题辞诗文，自圣制外皆分注其下，仍画为图以见之。此其与史微异者也。志之体在识其事象，如指诸掌故当尔也”，明确指出该志总的体例是仿照《史记》而来，而与史不同的是对于题辞诗文的处理。

各部分编纂之法，包括所记述内容与范围，该志凡例均有详述。如“事纪如通鉴编年之法，凡我圣祖建国学以来崇儒重道、兴教育材、赐赉黜陟、建置因革、臣僚建白、人材登用等事，皆遵国史、会典并本监条例、案卷，采及诸家文集，各郡邑志、小说之可据者，次第书之”。由此可以看出，事纪仿照《资治通鉴》编年体例，按照时间顺序进行编排，其所收录的内容涉及明朝设国子监以来的各个方面，其资料则来源于国史、会典、国子监条例及其案卷、诸子文集、郡邑志等。在“事纪”的记述上，先按时间记事，再进行详细的描述，如洪武三年“春正月，以儒士李叔允为博士。二月，令工部制射器。夏五月，诏国子生及郡县学生员皆令习射。上以先王射礼久废，弧矢之事专习于武夫，而文士多所未解。至是，令凡遇郊庙之祭，先期命文武官执事行大射之礼。命礼部考定其仪，斟酌古今，繁简适中，颁射仪于官府学校，遇朔则于公廨或闲地习焉”。这是洪武三年的事，正月、二月只记事，五月因为射礼成为一项重要的制度，所以做了详细的记述，随后还附文考证。通过“事纪”，将国子监有关制度、教育兴废沿革、人才使用等情况，都条分缕析一一梳理。从体例来讲，“事纪”采用了编修方志所常用的编年体为主、纪事本末体为辅的体例。

南雍志二十四卷明高帝定鼎金陵洪武元年改京學為國子學轄博士
晉祭酒十五年改建於雞鳴山之陽三月初七日改國子學為國子監中
為彝倫堂分兩廡六堂三十二班以舊國子學為應天府儒學成祖永
樂元年二月庚戌初設北京國子監志名南雍者別於北京之稱也景
泰中祭酒吳節始創為志首之以紀事次職官表次為孜者六規制謨
訓禮儀音樂儲養經籍次之已列傳終焉規制音樂仍舊為留凡十
八卷嘉靖中祭酒黃佐重纂為二十四卷體例一仍其舊太學東堂
為齋宿所西堂為考課所祭酒廂房在東其達廟北向者為司業南廂
房西廂房為監丞繩愆廳亦呼博士廳六堂在正堂之後率性脩道誠
心正義崇志廣業助教學正學錄分居之典簿廳在彝倫堂東近倉
三間以居典籍其左為掌饌廳前為儀門有進士題名碑四左有小門
下有進士題名碑前有東西井泉二東西書庫各七間各為樓街南有
國子監牌坊東西成賢街牌坊二座南成賢街牌坊一座與珍珠橋相連

图4 《南雍志》书影

《职官表》分为上下两卷，上卷为堂上官，下卷为属官。国子监初设为正四品衙门，其设官分职的情况旧志未曾记载，该志进行了补记，对其阙误则据诸家文集、一统志以及各省通志和郡邑志予以修正，在北监任职者，予以分开，毋得混乱。在编排上，“每书一年号于上，则凡官其时者，随年月次第而列。终于某官，有可考者，皆得附书。略有行谊，采自志书，不足立传者亦得附书”。

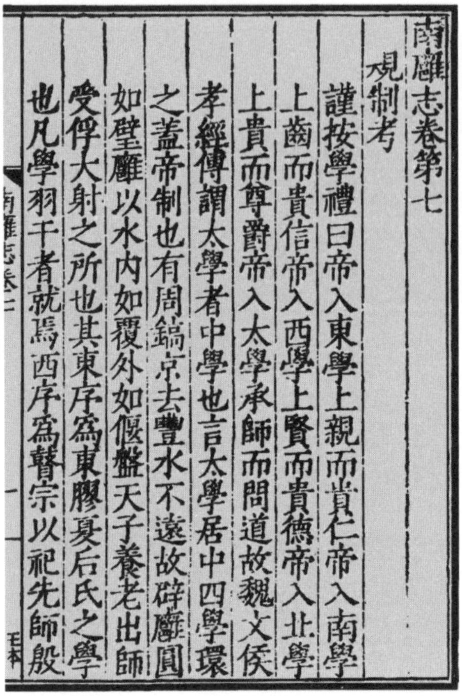

南廱志卷第七
規制考
謹按學禮曰帝入東學上親而貴仁帝入南學
上齒而貴信帝入西學上賢而貴德帝入北學
上貴而尊爵帝入太學承師而問道故魏文侯
孝經傳謂太學者中學也言太學居中四學環
之蓋帝制也有周鎬京去豐水不遠故辟廱圓
如璧廱以水内如覆外如偃盤天子養老出師
受俘大射之所也其東序爲東膠夏后氏之學
也凡學羽干者就焉西序爲瞽宗以祀先師殷

图5 《南雍志》书影

《规制考》记载明代国子监设立以来的规制，包括从祀庙宇、彝伦堂以及一应公宇、讲院、官宅、号舍布局，“凡庙宇堂馆在内者序为上篇，院庙号圃在外者序为下篇”，同时附图。附图者还有《礼仪考》《音乐考》，其中《礼仪考》首载洪武年间明太祖朱元璋视学仪注，次用旧志视学、释奠、释菜等礼；《音乐考》“首载大成释奠，乐随八音，为图谱上篇，次考古乐如大合乐、八音律吕、登歌间歌等诗章为图谱下篇，凡祭器、乐器自昔相传收在庙库者皆分礼乐各附于其类”。《规制考》《礼仪考》《音乐考》皆图文并茂，形象直观。

《谟训考》载明监规以及申明监规事宜，《储养考》为生徒人数以及进士题名、擢用监生，还包括国子监食库、钱粮、品物、器用等。《经籍考》记载了国子监藏书以及刊印、板刻等。末为人物列传，其编排“随职官表次第，先于卷首统书姓名，然后列书之传，后有论赞，亦法史体也”。

从总体来看，《南雍志》仿照《史记》的体例，将史体与志体结合，即纪传体的体例，如事纪仿《史记》的《本纪》，亦即为地方志的大事记；其规制、谟训、礼仪、音乐、储养、经籍仿照《史记》八书，在地方志中即为志体。而在各篇首，均有题序，概言设篇的目的与功用、记述的内容和范围，一些序文在相关条下附记。因此，从该志所使用的编纂体裁来看，经过历代方志学家总结提炼形成的述、纪、志、传、图、表、录7种体裁在《南雍志》中均有使用。这一体例，亦被黄儒炳《续南雍志》所沿用，卷首凡例、目录，卷一《帝训纪》，卷二至卷九为《事纪》，卷十、十一为《职官表》，卷十二上为《规制考》，卷十二下为《典式考》，卷十三为《造士考》，卷十四为《养贤考》，卷十五为《礼仪考》，卷十六为《音乐考》，卷十七为《典籍考》，卷十八为《列传》，体例设置亦为规整。然对照现存王逢年重修《南京吏部志》、谢彬纂《南京户部志》、庞嵩《南京刑部志》、王材与郭鎜《皇明太学志》诸书侧重职掌、条例、制度的设置与记载，该志的体例较为符合地方志的体例，而且从成书年代来讲，尚属官署志成书较早者，对当时官署志的编修也起到了示范作用。

五、《南雍志》的图

图的出现很早，秦汉以来图经就作为早期的方志形式存在，延至隋唐以至宋元时期，图经仍是各地编修的重要载体。宋元方志定型后，图的分量逐渐减少，但作为志书的一部分，却被广泛采用，大多数志书有志有图，而且图的种类很多。除了舆地图、政区图，还有衙署图、儒学图、历代沿革图、府州县治图、山水图、海防图、边关图，有的是景物，有的是军事防御，有的是衙署布局等。这些图形式多样，在图的内容表现上，政区图已有了境界、居民地、河流、海洋、湖泊、池塘、桥梁、沙洲、渡口、山岳、寺庙、道路、岛屿、驿站等的表示；城市图表示了城墙、城门、桥梁、街道、官署、学校、书院、寺观、祠庙、仓库、楼、馆、亭、古迹等；军事险要图、军事驻守图表示了驻防险要、兵船屯泊、军事驻所等情况，这说明明代方志地图以及图书插图使用的普遍与发展。

《南雍志》对图的运用应该说是该志一个亮点和特色，卷首纂修凡例亦注明《规制考》中有总图、庙图以及“监中一应公宇为学图。皇上新创敬一亭、启圣祠则特表而出之，皆为图，祠馆有关涉者亦为图，以附其后”。《礼仪考》“首载洪武间圣祖视学仪注，次用旧志视学、释奠、释菜等礼，俱列礼图”。《音乐考》“首载大成释奠，乐随八音，为图谱上篇；次考古乐如大合乐、八音律吕、登歌间歌等诗章，为图谱下篇，凡祭器、乐器自昔相传收在庙库者，皆分礼乐各附于其类”，将图的应用以及方式一一注明。透过所附图像，对国子监的布局规划、礼仪、祭器、乐器以及使用，都一一展示出来。

如国子监布局规划配图，首列国子监总图、庙图、启圣祠图、敬一亭图、太学图、土地祠图、光哲堂图、仓库图、讲院图、射圃图、祭酒宅图、司业宅图、司业旧宅图、旧典簿廨图、监西官房图、英灵坊官房图、浴沂桥东官房图、平北官房图、平南官房图、监内号房图、外东号房图、外西号房图、成贤街号房图、平南号房图、平北号房图、英字号房图、英灵坊号房图、旧酱醋房地图、水磨房图、晒麦场图、种菜隙地图、鼓楼号地图、聚宝门外园图，每幅图后附文字说明，展示了国子监不同布局的空间状况。

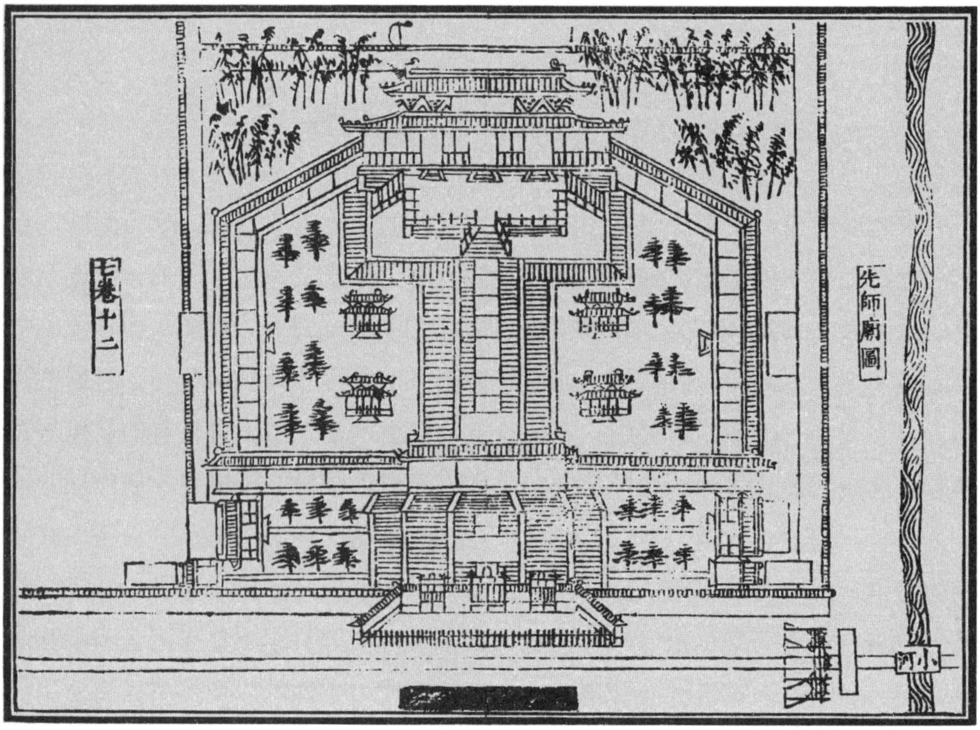

图6 《南雍志》书影

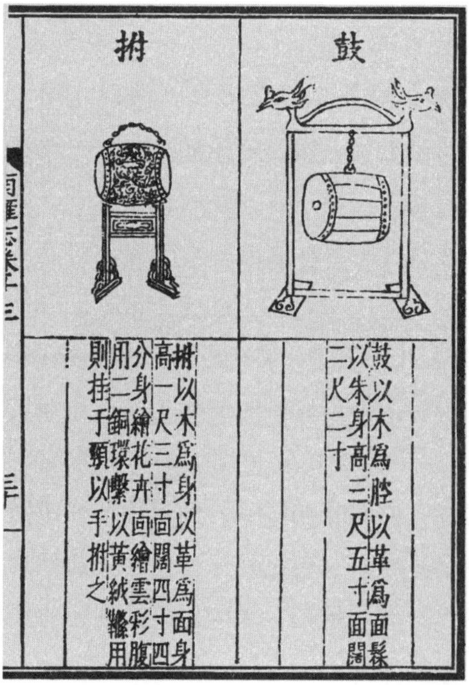

图7 《南雍志》书影

《礼仪考》和《音乐考》两篇涉及的视学、陈设、祭器等均附图，对一些祭器的形状、材质、用图还做了说明。尤其是《音乐考》分为今乐本末、古乐本末，所附乐章、乐谱、舞谱、图谱、图说，所附乐器对于其大小、作用以及乐舞生握持使用都有详细的图解。虽然《四库全书总目提要》论该志“《音乐考》一门，多泛论古乐”，认为“皆佐一己之见，于太学制度无涉，殊失限断”。然查《大明会典》以及《皇明太学志》所载，关于视学礼仪、音乐考释等图谱皆为阙如，由此更凸显了这些图的价值。

六、《南雍志》的内容与史料价值

《南雍志》引用文献极为丰富，据卷首引用书目就达82种之多，其中有文集类，包括《高皇帝御制文集》《皇明文衡》和诸家文集等，《大明会典》《国子监条例》《皇明政要》等，《大明一统志》和部分省通志、府州县志以及《阙里志》《新安文献志》等，《国初事迹》、湛若水《圣谟衍》、杨士奇《三朝圣谕录》，李贤《天顺日录》《古穰杂录》，李东阳《燕对录》等。在《南雍志》成书前，除吴节《南雍旧志》，还有黄佐《南雍条约》1卷，王材《南雍申教录》15卷、《南雍再莅录》1卷，崔铣《国子监条例类编》6卷，王偀《南雍国子监条例》6卷及《续条例》26册，这些资料都是黄佐《南雍志》主要参考资料的来源。对这些资料的应用，成就了《南雍志》丰富的内容。

一是记述了明代南京国子监的发展。该志《事纪》，用4卷篇幅记述了元至正二十四年（1364）朱元璋自立为吴王，南京国子监始建，迄于正德十六年（1521）嘉靖皇帝即位，国子监设官任职、赏赐黜陟、监生课业考试及生活等各方面情况，勾勒出南京国子监发展的轨迹。然卷四《事纪》末附记万历六年（1578）春二月，以司经局洗马许国为祭酒；万历八年（1580）春二月，以祭酒许国升太常寺卿，管国子监事，显见万历年间事为后人所加。志中涉及建文四年年号，仍用洪武纪年表示，如洪武三十二年其下注“即建文元年，仍纪洪武号”。明成祖朱棣即位后废除建文年号，直至万历二十三年（1595）恢复，反映了作者仍沿袭了此时官方的说法。就《事纪》所记述内容来看，记述南京国子监的历史发展甚为详尽，弥补了《大明会典》《明史》等文献不足，为后人了解南京国子监提供了有价值的资料。

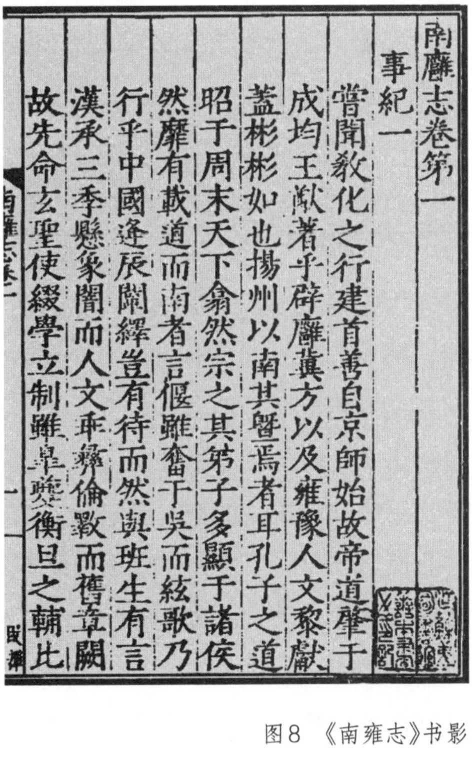
南廱志卷第一
事紀一
嘗聞教化之行建首善自京師始故帝道肇于
成均王猷著乎辟廱蕃方以及雍豫人文黎獻
蓋彬彬如也揚州以南其暨焉者耳孔子之道
昭于周末天下翕然宗之其弟子多顯于諸侯
然靡有載道而南者言偃雖奮于吳而絃歌乃
行乎中國逢辰闢繹豈有待而然與班生有言
漢承三季懸象闇而人文乖彝倫斁而舊章闕
故先命玄聖使綴學立制雖皋夔衡旦之輔比

图8 《南雍志》书影

二是详细记载了明代南京国子监的布局规划。明初国子学袭用元集庆路学，至正二十五年（1365）“即元集

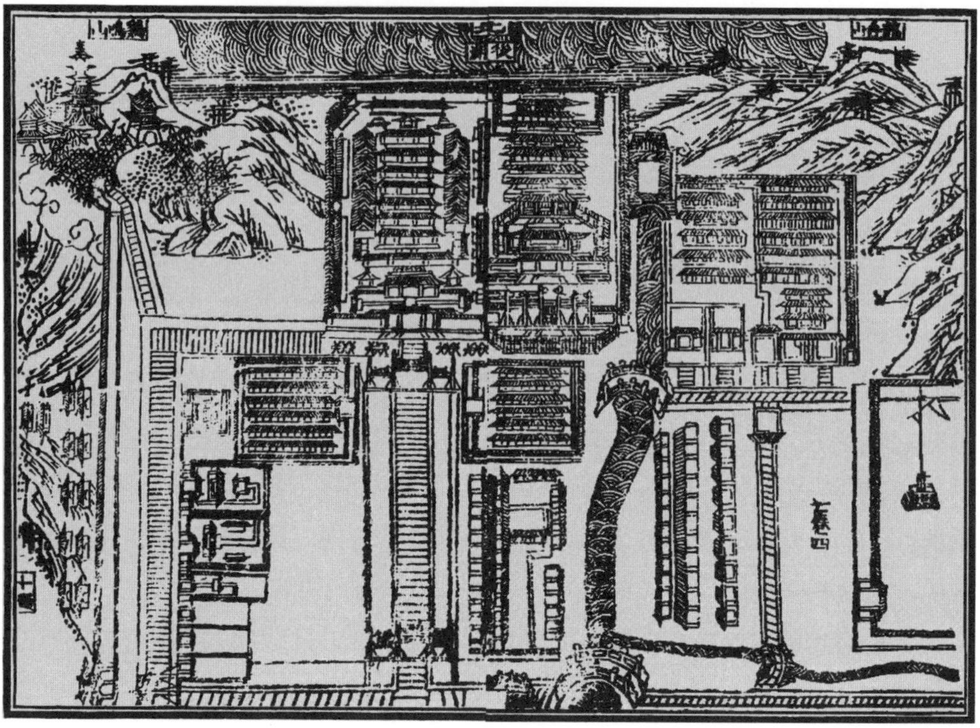

图9 《南雍志》书影

庆路学为之庙，则大成殿在棂星门北戟门内，从祀位在两廊，学则中为明德堂，左右各列二斋”。至正二十七年（1367）即吴元年，赐正四品印，设祭酒、司业。洪武十五年（1382）“改建于鸡鸣山之阳。既落成，三月初七日，改国子学为国子监，定制从四品，中为彝伦堂，分两厅六堂三十二班。于是，以旧国子学为应天府儒学”。二十二年（1389），“建观星台暨十庙于山间，更赐山名钦天山”。这是《南雍志》关于明初国子监选址建设的记载。《规制考》分上下两篇，“凡庙宇堂馆在内者序为上篇”，为“建置始末”；“院庙号圃在外者序为下篇”，为“改作始末”。南京国子监校园规划为：“左庙右学，亭庑厅厢，肄业有所，会馔有堂，以至廪库泡湢，靡不毕备”，也就是说把国子监空间规划为祭祀区、教学区、生活区。祭祀区包括孔庙、两庑、戟门等，教学区包括讲堂、斋舍、书阁等，生活区包括教官官舍、学生号房即宿舍、亭阁、仓库、厨房、厕所、浴室、菜园等。其营建并非一次性完工，而是随着时间的推移有所增修，将南京国子监的布局规划、建筑兴废与修复、嘉靖年间编修志书时的现状逐一说明，结合图形象地展示了南京国子监的空间布局变化。

三是详细记述了国子监教学与管理制度。明代国子监有较为完备的教学与管理制度，该志设《谟训考》两卷，分《学规本末》《圣制本末》两篇，详述制度规定的变化，包括教官的职责、教官与生员品行要求、课业、教学安排、教学活动、考核、惩罚等，这里既有对教官的规定，也有对监生的规定，还有对掌馔、典簿等工作人员的规定。国子监学规形成于洪武十五年（1382），是年三月国子学改为国子监，明太祖朱元璋钦定学规九条，是年五月二十七日，礼部尚书刘仲质奉命奏定学规12条，合前九条颁赐师生执行。洪武十六年（1383）正月十八日，又定学规8条。洪武三十年（1397）七月二十日，朱元璋命国子监官与礼部增定学规，亲自裁定为27条，通前为56条。查《学规本末》所载，与《大明会典》所载相同，然关于学规拟定、增定情况，会典并无详细记载。查《明太祖实录》卷一四五“洪武十五年五月庚午”条记载：“命礼部颁学规于国子监，俾师生遵守。祭酒每旦升堂，属官序进行揖礼，祭酒坐受，属官分列，东西相向，对揖毕，六堂诸生进揖，如之，唯无分揖礼。礼官升堂禀议事务，或质问经史，须拱立听命，不得违越礼法。监丞之职，凡教官怠于训诲，生员有戾规矩，课业不精，廪馔房舍不洁，并从纠举惩治。博士、助教、学正、学录职专训教生员，讲读经史，明体适用，以待任使，有不遵师教废业者罚之。典簿、掌馔务致廪食丰洁，钱谷出入明白，及课业进呈以时，他无所预。”对学规所涉规定作了总体性概括，与学规规定可互为补充。

下篇《圣制本末》注明为景泰中祭酒吴节编辑旧志学规外，汇集了朱元璋御制文集所录诰敕、策问等，包括洪武十五年二月《谕国学师徒敕》《授祭酒乐韶凤敕》、洪武十五年六月《谕太学生敕》、洪武十六年二月《谕监丞典簿掌馔敕》、洪武十八年《谕戒属官敕》、洪武十八年九月二十七日《国子祭酒诰》《授国子助教敕》，《圣制策问》十六道有《问圣学》《问天时》《问刑赏》《问尧舜禹启》《问天地鬼神》《问人臣言行》和《敕问文学之士》十道，查《明太祖御制文集》及后人所作补编，有的并未收录。该篇还收录了宣德三年二月《御制国子监官箴》、宣德三年四月初二日《谕国子监敕》、正统九年三月初三

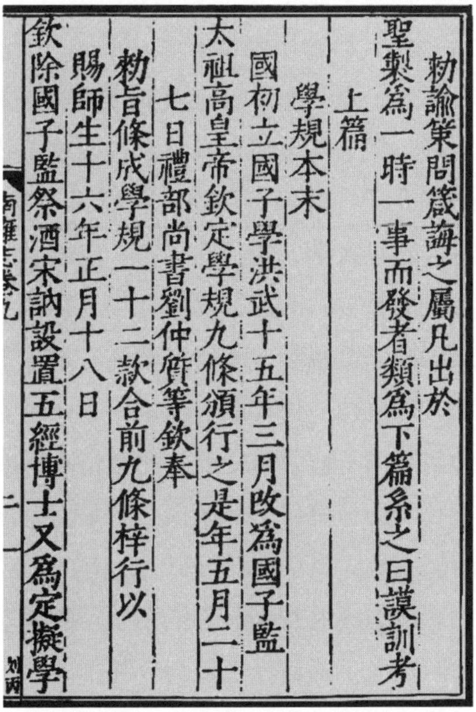
勑諭策問箴誨之屬凡出於
聖製爲一時一事而發者類爲下篇系之曰謨訓考
上篇
學規本末
國初立國子學洪武十五年三月改爲國子監
太祖高皇帝欽定學規九條頒行之是年五月二十
七日禮部尚書劉仲質等欽奉
勑旨條成學規一十二款合前九條梓行以
賜師生十六年正月十八日
欽除國子監祭酒宋訥設置五經博士又爲定擬學

图10 《南雍志》书影

日《谕国子监师生敕》、成化元年三月十二日《谕国子监师生敕》、弘治元年三月初三日《谕国子监师生敕》，以及嘉靖年间《御制敬一箴（有序）》《御制正孔子祀典申记》，并附录《申明学规事宜》等，均起到文献补缺之作用。

四是记述了国子监祭祀孔庙和皇帝视学等相关活动。明代国子监还举行一些特定的活动，如每年春秋两次国子监祭祀孔庙、皇帝视学等。据《礼记·文王世子》记载，周代已有对先师的祭祀："凡学，春官释奠于其先师，秋冬亦如之。""凡始立学者，必释奠于先圣、先师。"周礼中的祀典，有释奠、释菜和释币等名目。释奠是设荐俎馔酌而祭，有音乐而没有尸；释菜是以菜蔬设祭，为始立学堂或学子入学的仪节；释币即有事之前的告祭，以币（或帛）奠享，不是常行固定的礼仪，释奠是孔庙祭祀中规格最高的一种。

明代沿袭历代学校制度，凡建学皆"左庙右学"，以示崇儒重道，祀先师孔子有释奠、释菜礼。早在元至正十六年（1356），朱元璋至江淮府，即入城先谒见孔子庙。洪武元年（1368）二月，朱元璋诏以大牢祀先师孔子于国学。洪武元年八月定制，以仲春二月、仲秋八月上丁日遣官降香祀于国学，以丞相为初献，翰林学士亚献，国子祭酒终献，并规定了所用器物、贡品，以及仪仗、服饰、赞礼、唱送礼乐等。

洪武四年十二月，礼部奏更定释奠孔子祀器礼物。初孔子之祀象设于高座，而笾、豆、罍、爵皆陈于座下。至是祭物陈设各为高案，笾、豆、簠、簋、登、铏悉用瓷器，牲用熟，用乐舞乐生六十人，舞生四十八人，引舞二人，凡一百一十人，遂择国子生及在校文臣子弟充乐舞生。洪武七年（1374）正月，定上丁遇朔日日食者，改仲丁致祭。洪武十五年（1382）四月，诏天下通祀孔子，并颁行释奠礼仪于天下学校，令每岁春秋仲月通祀孔子。是年五月，新建太学、先师孔子庙，定制庙学南向，在太学东，即在太学之左，中为大成殿，左右两庑，嘉靖九年（1530）改称先师庙。是月，因太学新成，朱元璋到国子监视学，举行释菜礼。永乐十九年（1421）迁都北京后，南京作为留都官僚机构一仍其旧，保留一套相对完整的中央行政机构，在南京的国子监改为南京国子监，与之前相比事情有所减省，但仍有不少职能，其中定期举行祭祀孔子的释奠仪、释菜仪，就是南京国子监祭酒、南京礼部尚书率南京国子监所属官员、南京礼部鸿胪寺、南京太常寺等官员致祭。

该志《礼仪考》《音乐考》各两卷，详述了南京国子监礼乐之事。《礼仪考》分上下两篇，上篇为今礼本末，下篇为古礼本末。上篇收录了明代定制的礼仪，如视学仪，洪武十五年（1382）定制，永乐四年（1406）同，成化初北

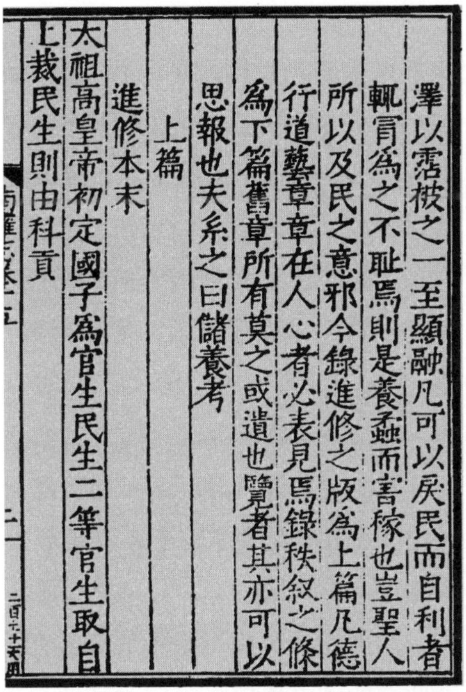
澤以霑被之一至顯融凡可以戾民而自利者
輒冒爲之不耻焉則是養蟊而害稼也豈聖人
所以及民之意邪今錄進修之版爲上篇凡德
行道藝章章在人心者必表見焉錄秩叙之條
爲下篇舊章所有莫之或遺也覽者其亦可以
思報也夫系之曰儲養考
上篇
進修本末
太祖高皇帝初定國子爲官生民生二等官生取自
上裁民生則由科貢

图11 《南雍志》书影

监始用乐；释奠仪，包括献官、陈设、仪注、分献仪注、祝文、祭器祭祀榜文式，还有启圣公仪的陈设、仪注、祭器等，还有先贤颜氏、先贤曾氏、先贤孔氏、先贤孟孙氏、本监土地之神、司仓之神、司库之神、司门之神、司户之神、新官上任仪、射仪等，下篇是明代沿袭古礼在太学举行的养老、齿胄、合射礼记载。两篇所记虽然不限于南监，但却补充了《大明会典》《皇明太学志》等书的记载。

五是记述了南京国子监生入学选拔、监生类别、数额、待遇任用、选拔授官、科举入仕情况。明太祖朱元璋时定制“国子为官生、民生二等，官生取自上裁，民生则由科贡”，后有所变化。明代监生分为举监，即由举人入监者；贡监，即由生员入监者，有岁贡、选贡、恩贡、纳贡；荫监，即品官子弟入监读书者；例监，即捐资入监者；夷生，即土官子弟或外国留学生；俊秀生，即庶民俊秀通文义入监读书者。该志《储养考》两卷，上篇《进修本末》即记载了储养生徒之定制、储养生徒之权例、储养生徒之名数、储养生徒之成材、进士题名，监生人数统计一般由太学中各堂提供，申报每人的姓名、籍贯、入监年月等，由南京礼部呈文报送北京礼部，转送礼科交收，再进呈皇帝阅览,进士题名不仅录其姓名，还记载其籍贯，因此，明代对于监生是很重视的；下篇《秩叙本末》则记述了监生的廪禄、通知簿式、胥吏额数、器用、上叙、拨历、行移等有关国子监生活事宜。

六是记述了南京国子监书籍刊印与收藏情况。明代书籍的刊印与收藏蓬勃发展，官刻图书盛行，其中南京国子监刻书较多。南京国子监继承了元集庆路儒学的刻书，收藏了宋元以来很多书版，主要包括元代一些儒学的书版、元杭州西湖书院所刻书版，也收集了明代各地所刻版片，还有南监新刻或重刻的图书。明朝几代皇帝都十分重视这些书版，并多次下令修补，还不断收集和充实印版。南京国子监刻印书籍很多，据明周弘祖《古今书刻》著录，南京国子监先后刻印了273种图书，包括制书、经、史、子、集、文集、类书、韵书、杂书、石刻类等，其中一部分除利用原来存版进行修补后印刷外，还有相当数量的书是重新刻板印刷的，由此可见南京国子监印刷规模是相当大的。《南雍志·经籍考》两卷，分官书本末、梓刻本末，著录每本书的卷帙、页数、基本内容、书版破损、书版来源、梓刻经过等，其在目录学上的成就堪称明代目录的代表。

七是记述了南京国子监职官变更，并为其列传。职官表上篇为祭酒、司业；下篇为绳愆厅监丞，博士厅博士、助教、学正、学录，典簿厅典簿、典籍、丞、掌馔，记述了职官的籍贯、任职年月，有的还有改任、迁擢、去世时间，有传者予以注明。

总之，黄佐《南雍志》是明代官署志中的一个典范，是研究明代教育、国子监制度尤其是南京国子监的重要典籍，其文献价值、学术价值不言而喻，值得做进一步研究。

此书卷首黄佐《南雍志序》落款时间为“嘉靖二十三年甲辰仲夏吉旦”，因此有的藏书单位将之定为“明嘉靖二十三年（1544）南监刻本”，然此书目录后有李默识语，落款时间为嘉靖已酉五月，李默时任南京国子监祭酒，可见此书当为嘉靖二十八年（1549）刻本，据《中国古籍善本书目》，南京图书馆藏有隆庆、万历、天启增修本，南京大学藏有隆庆、万历增修本。民国20年（1931）江苏省立国学图书馆曾据该本影印。卷首书名页《南雍志》3字，为柳诒徵署。版本记录页分2行印有：“民国二十年江苏省立国学图书馆影印原本”字样，并钤有《盋山精舍》印，《金陵全书》以此为底本影印出版。

中国社会科学院研究生院教授、博士生导师
中国地方志指导小组办公室研究员　张英聘

海舶奇志 帆影回眸

《龙江船厂志》导读

《龙江船厂志》是明嘉靖年间任南京工部主事并驻扎龙江船厂、专理船政的李昭祥所撰，记载明代著名造船基地南京龙江船厂的历史资料，嘉靖三十二年（1553）成书，分训典、舟楫、官司、建置、敛财、孚革、考衷、文献8志，一志一卷，内附各种船图26幅。作为一部船厂志，《龙江船厂志》开创了我国古代记述造船工业专志的先河，颇具代表性。志书所记之对象龙江船厂，作为当时工部都水司直接管辖的“部级企业”，可以反映明朝造船业的水平与基本情况，也为我们了解明代船厂的建制与管理系统提供了很好的素材。

一、龙江船厂

数百年来藏在深闺人未识。“《龙江船厂志》，原为嘉靖刊本，《四库总目提要》未见著录。”文史学者管劲丞曾在1946年有幸见过此书，“（1946）承省立图书馆王佩诤先生之介绍，得见梁溪余氏所藏《龙江船厂志》孤本……，于船厂的掌故，记载极详备，可说是专家著作。”[①]郑振铎将《龙江船厂志》编入《玄览堂丛书续集》，由前“国立中央图书馆”于1947年影印出版。1999年3月，王亮功点校的《龙江船厂志》收入江苏地方文献丛书，由江苏古籍出版社出版，现今之研究多赖此本。

明朝，中国的造船和航海技术经过隋、唐以来700多年的积累发展到了一个巅峰时期。明初海外交通事业的兴盛，尤其是郑和七下西洋能得以实现，就与当时造船工业的发达密不可分。造船工场遍布全国滨江沿海各地，尤其以江苏、福建、湖广、浙江等地最为发达。除民办的以外，还有官办的，其中最大的有南京的龙江船厂、苏北的清江船厂、山东的卫河船厂。

李昭祥在《龙江船厂志·序》中说：“洪武初年，即于龙江关设厂造船，

①（民国）管劲丞撰:《郑和下西洋的船》,《东方杂志》1947年第43卷第1号。

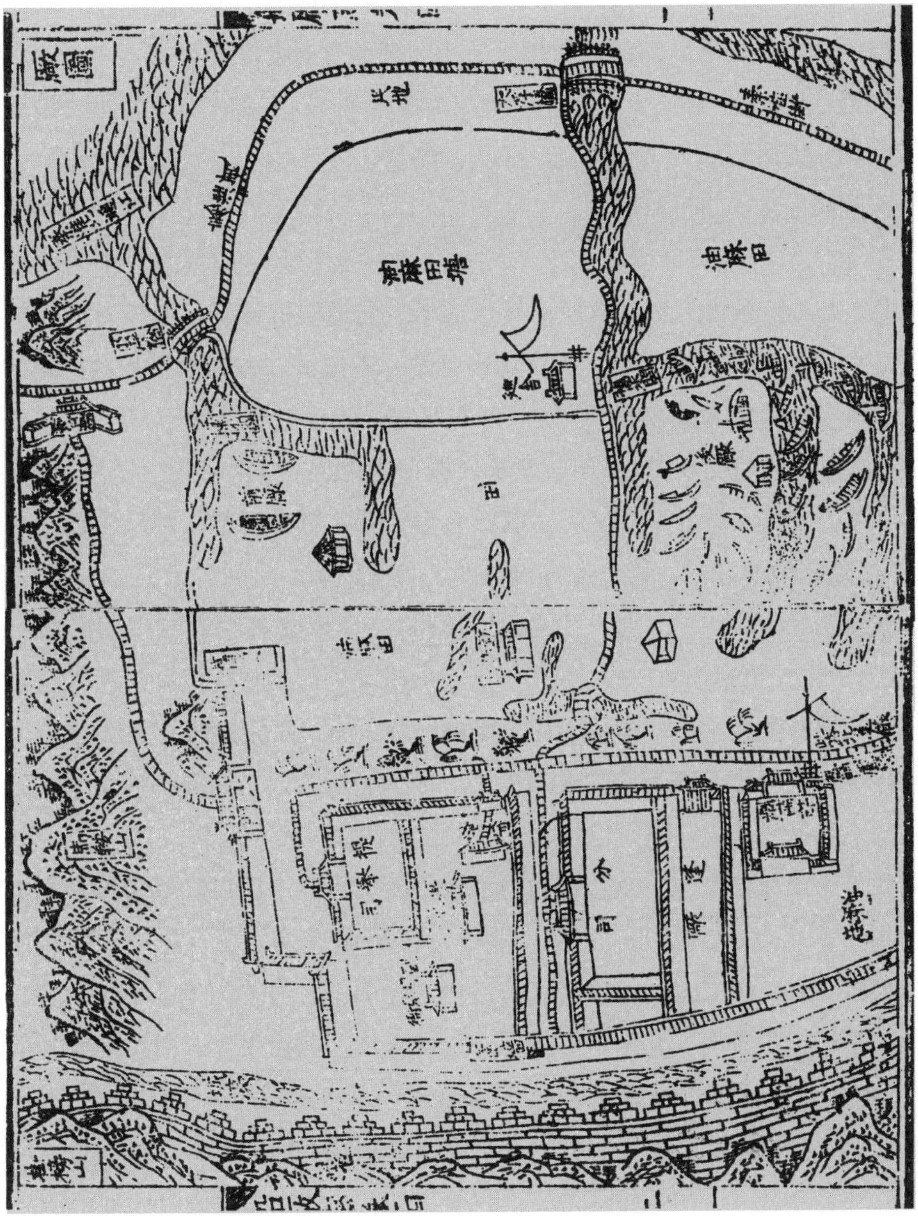

图1 《龙江船厂志》书影

以备公用，统于工部，而分司于都水。”另有“卫河、清江专理漕务，皆永乐以后增置。唯龙江则肇自洪武初年，专为战舰而设也”[①]。虽是“专为战舰而设”，但龙江船厂也修造黄船、湖船、渔船等类船舶，“乃括提举司之所修造者，类而为五：曰黄、曰战、曰巡、曰渔、曰湖是已”[②]。席书在《漕船志》中说：“国朝洪武元年，诏中书省议，漕四方之粟于京师。洪武三十年，议海运辽东以给军饷。是时，河海运船俱派造川、湖诸省及龙江提举司。”[③]《明成祖实录》卷一百一十七载，永乐十八年（1420）九月，诏令“设大通关提举司，置官如南京龙江提举司，专造舟舰”。可见，龙江船厂主要建造的船只应是漕船，间或也造其他舟船。

关于龙江船厂的准确位置，李昭祥在《龙江船厂志·建置志》中明确地说：“洪武初，即都城西北隅空地，开厂造船。其地东抵城壕，西抵秦淮街军民塘地，西北抵仪凤门第一厢民住官廊房基地，南抵留守右卫军营基地，北抵南京兵部苜蓿地及彭城伯张昶田。”厂区东西宽“一百三十八丈”，南北长“三百五拾四丈”，占地面积约54万平方米（折合810亩，如用明代工部尺计算，则面积稍小一点）。龙江船厂建厂“虽百九十年来，制有沿革，神谟宏远，莫越范围”。船厂内司、厅、厂、厢区域分明，各有围墙。后因“承平日久”“海运等大船渐次裁减”，龙江船厂规模大为缩小。彭德清主编的《中国航海史（古代航海史）》也指出：“龙江船厂……东界抵兴中门到挹江门外，西界至惠民河岸，北界在今兴中门（即仪凤门）至惠民桥一线。由北界向南1180米处为南界。厂址全境即从今热河路及热河南路北段为中轴线，东西包括挹江门外的绣球公园，姜家园北段；西面包括永宁街，二板桥这一大片地面。”[④]

厂区分为两部分三块。东边约占总面积四至五分之一，以院墙相护，主要是提举司、都水分司、官衙、官斋、指挥厅等行政机关，还有蓬厂、油漆作房、油麻地。西大半边为生产区域，“后因承平日久，船数递革。厂内空地，暂召军民佃种，止留南、北水次各一区，以便工作。畎浍中界，而厂遂分为前后矣”。分前后厂，前厂作塘二个，有陆地船台，作塘通过小溪桥通秦淮河；后厂有作塘三个，有陆地船台，作塘通过大溪桥通秦淮河，有铁作房，整个厂

① (明)李昭祥撰:《龙江船厂志》,《金陵全书》甲编·方志类·专志12,南京出版社,2015年,第419页。
② (明)李昭祥撰:《龙江船厂志》,《金陵全书》甲编·方志类·专志12,南京出版社,2015年,第342页。
③ (明)席书编次,朱家相增修:《漕船志》,方志出版社,2006年,第32页。
④ 彭德清主编:《中国航海史(古代航海史)》,人民交通出版社,1988年,第227页。

区油麻地计70余亩，用于生产黄麻、桐油。后厂路口设看料铺舍一个。厂正门位于南面，南向。明嘉靖十五年（1536），主事王利建工部分司坊于路口，李昭祥到任龙江船厂以后“易其额曰‘龙江船厂’”。

船厂有工匠400余户，都是“浙江、江西、湖广、福建、南直隶滨江府、县”等沿海、沿江地方选调来的造船世家、能工巧匠，分为四厢，类似于四个“工段”，每厢十甲，每甲由十户组成。一厢负责出船木、梭橹、索匠，二厢出船木、铁匠、缆匠，三厢出艌匠，四厢出棕蓬匠，四厢各涉不同的工种。各厢匠作的居住位置按厢集中划分区域。

船舶建造、修理费用由工部、兵部、户部支付，多寡有别。战船修造由“兵部司之”。改造旧船时，一般废旧再利用，“遇旧料减三分”，修造船时剩下来的木渣、完头由提举司查数，由原来负责的作头领卖，所得银两上交，剩下的旧料棕麻绳索由提举司变卖，所得银两记载入册。厂内及厂边辖区油麻塘、田、土岗等出租，以每亩交多少斤黄麻、多少斤桐油形式付租金。

有人曾怀疑龙江船厂不靠长江，大船造好了无法下水。这个问题主要是对南京地区古代江河水道变化不了解所致。龙江船厂最初是靠长江夹江，江阔水深。后来因沙洲移位陆沙靠拢河道变化，龙江成为秦淮河入江水道，注入长江主泓处现在仍叫“老江口”。老江口逆流十里多这一段明朝前期称龙江，龙江宽阔达100多米，完全可以航行大船。因龙江水域航运繁忙，明朝政府在此设“龙江关”，是明太祖、明成祖曾经迎送外国元首、使团之处，可谓大明第一关，属户、工二部管辖，中外商人在此互市，至清代、民国，演变成下关，曾是南京最有活力的地区。朱元璋在《阅江楼记》中这样描述：“华夷舸舰，泊者樯林，上下者如织梭之迷江。”吴敬梓在《儒林外史》中记载：“诸国进贡者，梯航数万里，每岁必至，立关于此，以招徕之，所以柔远人焉。”龙江关曾经的繁华，可见一斑。明建国前夕朱元璋大战陈友谅，就在这一带动用战船进行激烈水战；郑和下西洋船队也是从这里进入长江主泓“直抵海外诸番国”的。

二、纂修者简介

李昭祥，字元韬，号南湄（1512—1572），华亭（今上海）人，晚年住松江。李昭祥祖母是曾任江西南安府知府张弼的女儿。张弼是成化年间进士，书法名家，人称“吴中草圣”。李昭祥从小受到祖辈影响，聪明颖悟，知书达

龍江船廠志序

我

聖祖奄有四海定鼎金陵環都皆江也

四方往來省車輓之勞而漕舩是之

便洪武初年即於龍江關設廠造船

图2 《龙江船厂志》书影

礼，文才突出，20岁为上海县贡生，25岁乡试即第。嘉靖二十六年（1547）春会试，李昭祥获第30名，二甲进士中有张居正等名士。之后，李昭祥出任浙江兰溪县知县（正七品）。上任后，体察民情，执法严明，做了不少益民之事，在兰溪当地传为佳话，在百姓中口碑甚好。

嘉靖三十年（1551），李昭祥升任南京工部主事（六品），入驻南京龙江船厂专理船政。李到任后，船厂正处低潮，因两年前一场大火，厂内建筑毁损严重。李即狠抓重建、抓船厂整顿，并着手提高造船工匠的生活水平、调动工匠积极性。李昭祥注意积累船厂的管理经验，平时深入基层，“掌握第一资料”于1553年著《龙江船厂志》，留下了珍贵史料。

李昭祥去世后，墓地在祖籍“黄字圩”（即今上海市奉贤区西渡街道灯塔村范围内），用地合20余亩，原墓前有石兽、享堂、仪门，墓后有3株大银杏树。可惜如今墓前仅剩一根“望柱”，高约7米，截面约70厘米对方，重达数吨，原有望柱一对，对峙于墓前，另一根不知去向。距李昭祥墓地约百余米，则是南京礼部主事陆征之墓。

李昭祥家族一门五进士，十二位举人。始祖李邃曾任南宋浙西漕运司丞，南宋时定居于黄浦江畔的竹冈里（今上海市奉贤区南桥镇灯塔村李家阁）。李昭祥生父云浦公李序，嗣父是他大伯龙浦公李塾，曾任福建沙县主簿，是明代内阁首辅徐阶的好友，徐阶曾任礼部尚书兼文渊阁大学士，参与朝廷军机大事，李塾去世后墓志即由徐阶所写。李昭祥的孙子李继中（举人），曾任南京刑部郎中，李继中的女儿、李昭祥的曾孙女嫁给徐光启（明代著名科学家、政治家，官至礼部尚书兼文渊阁大学士）的孙子。

三、龙江船厂的组织管理

关于明代造船业的具体情况，李昭祥著《龙江船厂志》有详细的记载，也透露了一些重要的历史信息，使我们通过对《龙江船厂志》以及《南船纪》《船政》《船政新书》的阅读，对明朝造船情况可以较深入的研究了解，并由此折射出明代的船政管理概况。

当时，除首都南京有多个船厂外，江苏太仓、靖江、清江浦、仪征，山东临清、卫河、登州，广东广州、潮州，福建的漳州、泉州、福州，浙江明州、舟山、台州，长江沿线的九江、安庆、芜湖、镇江等江、河、湖、海边也设有大小不同的船厂，龙江船厂则是历史最悠久、规格最高、编制最严密的。明永乐十九年（1421）迁都北京后，南京为南直隶，仍然保留六部九卿四十九卫。舟楫之事，仍归工部都水司管辖，依旧以龙江船厂为全国造船业的“龙头企业”。

据《龙江船厂志》记载：“明兴法古，并建六部，政无旁出。河梁、舟楫之事，凡在两直隶者，皆隶都水司。郎中总其事，主事分往监督，故卫河、清江、龙江皆有分司、有提举司，纲举目张，超越前代矣！然卫河、清江专理漕务，皆永乐以后增置。唯龙江则肇自洪武初年，专为战舰而设也。”即龙江船厂洪武初年即设提举司管理厂务。那么卫河船厂与清江船厂具体是哪一年增置呢？据杨宏《漕运通志》卷三载，永乐八年（1410）在临清州治南三里，卫河南岸设提举司，“属河南布政司，后改隶山东，专一修造山东、北直隶、遮洋卫所浅船。”①据席书《漕船志》记载，永乐十三年（1415）“命工部差都水司官一员，督理清江漕船厂。先年差官川、湖等处，催造不为常例。是年，始差部官专理厂事。是后或

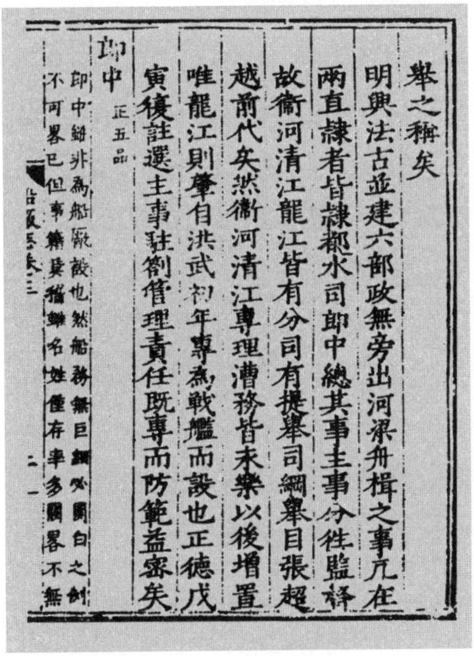
舉之稱矣
明興法古並建六部政無旁出河梁舟楫之事凡在
兩直隸者皆隸都水司郎中總其事主事分往監督
故衛河清江龍江皆有分司有提舉司綱舉目張超
越前代矣然衛河清江專理漕務皆永樂以後增置
唯龍江則肇自洪武初年專為戰艦而設也正德戊
寅復註選主事駐劄管理責任既專而防範益密矣
郎中 正五品
郎中缺非為船廠設也然船務無巨細必關白之劍
不可畧已但事無專稱難名姓僅存率多闕畧不無

图3 《龙江船厂志》书影

① (明)杨宏、谢纯纂:《漕运通志》,方志出版社,2006年,第74页。

差主事、郎中，无定例焉”[①]；又有同治《山阳县志》载，正统元年（1436）“专设清江提举司，又令总漕择卫指挥贤能者二员分理船政，以千百户镇抚等员为各总厂官，至万历末，益重其事”[②]。各船厂均形成了提举司负责具体事务，工部分司宏观监督的基本管理制度。

负有宏观监督责任的是工部直属的都水司分司。都水分司由正五品郎中总管，“郎中非为船厂设也，然船务无巨细必关白之，例不可略也”。工部委派员外郎或主事督造船舶。据《龙江船厂志》记载，司马尧曾经任过都水司员外（从五品），王钚曾经任过都水司主事（正六品），沈啓曾经任过营缮司主事（正六品），都曾分管或主管过龙江船厂，一般任职三年。卫河船厂建厂初期，朝廷亦派都水分司的郎中前往船厂，据《漕船志》卷八记载，“于都水部各出郎官一员，监领厂事”。永乐十三年（1415）常驻卫河厂区督查造船事宜。查《明史·职官一》记载有公布设立的官职职称与人员搭配：“营缮、虞衡、都水、屯田四清吏司，各郎中一人，正五品，后增设都水司郎中四人。员外郎一人，从五品。”[③]另外，都水分司郎中的下属有从五品员外郎一人，正六品都水司主事五人。都水司的具体职责为：“都水典川泽、陂池、桥道、舟车、织造、券契、量衡之事。水利曰转漕，曰灌田。……灌田者不得与转漕争利。凡诸水要会，遣京朝官专理，以督有司。……凡舟车之制，曰黄船，以供御用，曰遮洋船，以转漕于海，曰浅船，以转漕于河，曰马船、曰风快船，以供送官物，曰备倭船、曰战船，以御寇贼，……制式详《礼志》。”[④]可见都水清吏司具有监察督造各种官船的权力与职责。

《官司志》载，提举司下又有分支机构，首先是匠科与料科，各有一名司吏负责。其次是“帮工指挥千户、百户各一员，五年一次，兵部考选廉勤者充之。受中军都督府、操江都察院之约束，督率驾船官军在厂协济小工”。另有杂役，如厢长40名、作头45名、内官监匠38名、御马监匠4名、丁字库匠3名、宝船厂匠2名、酒醋面局匠3名、后湖水夫37名、看料匠丁20名、更夫15名、桥夫4名、脚头1名，另有船户、佃户无定数。各工种分工明确，各司其职，管理严密。驻厂兵士主要是协助船厂进行辅助性工作，“在厂协助小工，如抬板、舂灰、拽钻之类”。船舶修造，进出船需配备专职驾船水手，因此当

① (明)席书编次，朱家相增修：《漕船志》，方志出版社，2006年，第40页。
② (清)张兆栋、孙云修：《中国地方志集成·江苏府县志辑·同治重修山阳县志》，江苏古籍出版社，1991年，第61页。
③ (清)张廷玉等纂：《明史》，中华书局，1974年，第1759页。
④ (清)张廷玉等纂：《明史》，中华书局，1974年，第1761页。

时仅后湖船即配备水夫37人，可见船只进出之繁忙。厂区夜间需派人巡夜打更，则由定淮门、仪凤门、车船坝、晏公庙四铺居民担任。龙江船厂分前厂、后厂，分别设有板桥、石闸、浮桥，因此由四名桥夫专职石闸、板桥启闭和浮桥的日常管理。另外，还有工部属下各所局管辖的专业工种技术人员，“蓬作三名，旗作、油画作、鼓作、铜作、绦作、铸作、蜊壳作、穿椅作、贴金作、缨作、旋作各一名，箍桶作二名”。厢长、作头等虽是定数，亦是根据现实需要，不断调整的。例如作头相当于领班、工长，初始15名，后因造船紧张，工匠需要三班倒所以增加至45名。从各种技术人员配备齐全、各负其责看，可见船厂建制完整，管理体系脉络清晰。

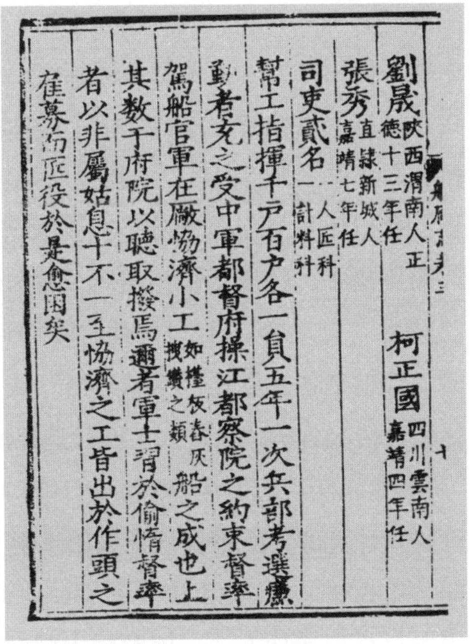
劉晟 陝西渭南人正德十三年任　柯正國 四川雲南人嘉靖四年任
張秀 直隸新城人嘉靖七年任
司吏貳名 一人匠科 一計料科
幫工指揮千户百户各一員五年一次兵部考選應
動者充之受中軍都督府操江都察院之約束督率
駕船官軍在廠協濟小工 如推板春灰搜艌之類 船之成也上
其數于府院以聽取撥焉邇者軍士習於偷惰督率
者以非屬姑息十不一至協濟之工皆出於作頭之
雇募而匠役於是愈困矣

图4 《龙江船厂志》书影

龙江船厂还负责修造皇室专用的“黄船”，因御用船有特殊的要求，又从内宫调监匠、御马监匠、油舱马槽管理、料桶匠、仓库管理、酒醋面、作饭槽、酒榨等专业人员。

综上所述，龙江船厂是建立最早，规模巨大，组织机构健全，分工特别精细，标准严格，工艺技术精湛、讲究，建制完整，人员设置配备规范齐全，工程技术人员及工匠千人以上的“大型国有造船企业。”从龙江船厂的机构设置、人员配备来看，不难想象同一历史时期存在的宝船厂、快船厂以及全国各地的国有船厂，应该有类似的机构设置、人员配备、管理制度、造船工艺要求等。

四、龙江船厂的标准化生产

大批量造船，催生了新的工艺、标准和技术不断诞生、完善，明代造船技术确实达到了历史上一个新的高度。龙江船厂作为工部都水司管辖的“部级企业”所制定的用料、价格、工艺、验收等诸标准是其他船厂统一执行的“国家标准”或“部颁标准”。

（一）用料与材料计价标准。明代船舶，船体用杉木，其次用楠木，“初乃用楠杉，下者乃用松”，不同用途、种类的船只亦有不同用料。明代抗倭时广东船主体用铁力木，更加坚固结实，但价格比川杉、楠木贵。帆船是水上木结构，其纯木结构特性不像陆地上砖木结构建筑，可以保留上百年（少数可以保留数百年甚至上千年），木船风吹雨淋日晒水浸浪袭，船体受力复杂，容易损坏，所以用材及保养十分讲究。大海船舵杆“必用铁力木”，内河船及小体量海船用榆木，操舵手柄用檀木、桅杆用杉木，还有杨木、樟木、榔木、松木、巴劳木、青皮等。不同材种有不同用途，一般不可以互相代用。风蓬、棚、索、缆也是各有尺寸，不可弄错。从龙江船厂遗址、宝船厂遗址出土的大量船体构件情况分析，也印证了明代造船所用材料的多样性。

《龙江船厂志》中木料材积计算方式与现代不同。木料的材积是依据木料围长来计算的，而不像现代人用木料直径来计算。船用木材材积的计量方法用的“单板法”。这种方法是嘉靖二十四年（1545）南京工部尚书宋景创造的船用木材材积计量方法。因整根木料时，一般无法看出内部是否有空心、虫蛀、腐烂等情况，而裁成板片则一目了然，所以“单板法”计算材积也算是个“创造”。“单板之法，每长一丈、阔一尺、厚一寸为一个。个者，片也。即今算板之一丈也。”[①]因为一片的材积是1丈、1尺、1寸的连乘积，所以单位板法的一片，实际上就是板材、材积一立方尺。这种算法与现在用的立方米算法，本质上是一样的。造船时用量最多的乃是板材，因此明代用单板作为木材材积的计量单位，是有一定科学道理的。《龙江船厂志》中所记“黄船、战船、巡船”等五大类虽为内河船，但在材积计量和木料计价方面应相差无几，偏离现象几乎可以忽略。

（二）计量标准。《龙江船厂志》载：明代工部1营造尺=兵部1尺减5分，显然，兵部尺比工部尺大。明代《南船纪》《龙江船厂志》《漕船志》《静海寺碑文》《洪保寿藏铭碑文》等都提到“料”，如《漕船志》卷六：“且如造千料海船一只，须用百人驾驶，止运得米一千石。”黄云眉《明史考证》载：“考《会典》卷二百，四百料浅船式样，与天工开物同，料当作石解，是此项浅船所载，仅四百石无疑。”[②]即料可以当石用。明朝时2斛=1石，1石=1料=2斛。“料”是容积单位。古代船只大小的计量单位，有时候也可看成重量单位使用。《辞海》称：一尺对方，七尺长为一料。

---

① (明)李昭祥撰:《龙江船厂志》,《金陵全书》甲编·方志类·专志12,南京出版社,2015年,第476页。

② 黄云眉:《明史考证》第二册,中华书局,1980年,第648页。

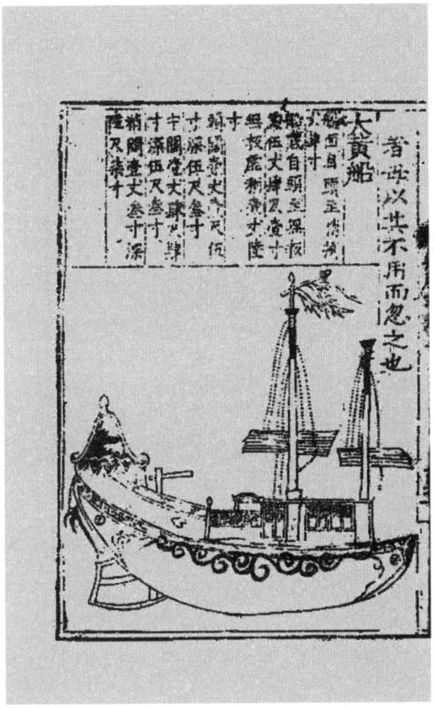

图5 《龙江船厂志》书影

（三）用工计量与工匠工资标准。《龙江船厂志·考衷志》记载了明代部分船舶建造年代、工种区分、用工计量和工匠工资等信息。其中“稍食”表中列出了每船总用工及支银数量，如“预备大黄船”“弘治十六年榜例”，就显示用了2558个工，用银子76两7钱8分5厘，并详细标明船木作780工、锯作225工、装修310工、雕銮作58工、舱作300工、铁作130工、油漆作133工、染作103工等。可以看出工部船厂工种划分很细，说明船舶制造讲究，专业化分工细致，计算也很精确。

当然，同一船型建造时间不同、材料不同、建造工匠不同，用工量也必然会存在差异。“预备大黄船”中又有“一案”，2473工7分，该银74两2钱1分1厘；“二案”2509工，该银75两2钱7分；“叁案”2427工5分，该银72两8钱2分5厘。虽然用工量与花销有差异，但基本保持平衡。

（四）质量检查、监督、验收标准。“三代以下，国用之资莫大于漕运，漕运之器莫大于舟楫。”①正是由于漕运是国家的经济命脉，漕船是运输漕粮的重要工具，所以历代封建王朝都非常重视漕船的修造与维护，明朝亦不例外。明代对船舶质量检查、监督、验收标准有非常详细的要求，在各环节都与今天的船厂质量管理有相通之处。因船“其集众材而始成……，譬诸人百骸九窍，一不备则残。船之器不下百数，一不备则废”。即船如人的身体，样样都非常重要，不可丝毫马虎。其中，验收材料时有八项注意：一是有无空损；二是材料要提前准备；三是注意弯曲、粗细、干湿、扭曲、空洞、腐烂、宽狭，桐油有清浊之分，必须查验到位；四是材料烙印，保管要及时；五是及时结清费用；六是减少中间环节；七是防止调包；八是防止索贿。

（五）维修与保质期标准。通过《龙江船厂志》，我们可以看出明代对船舶维修、使用年限已经形成了制度：“每岁海运辽东粮储船只，每年一次修理。”

① (明)杨宏、谢纯纂:《漕运通志》,方志出版社,2006年,第93页。

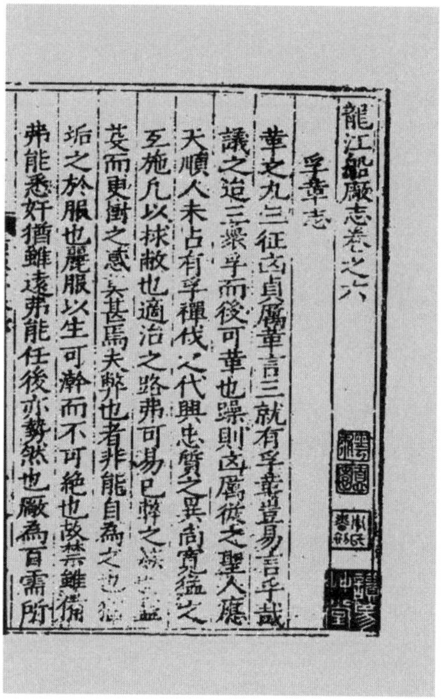
龍江船廠志卷之六

孚革志

革之九三征凶貞厲革言三就有孚革豈易言乎哉
議之造三衆孚而後可革也躁則凶厲從之聖人應
天順人未占有孚禪伐之代興忠質之異尚寬猛之
互施凡以捄敝也適治之路弗可易已弊之滋甚且
芟而更謝之惑矣甚焉夫弊也者非能自為之也猶
垢之於服也麗服以生可澣而不可絶也故禁雖備
弗能悉奸猾雖遠弗能任後亦勢然也廠為百需所

图6 《龙江船厂志》书影

大黄船、小黄船、扁浅船、战座船、战巡船、风快船、马快船、哨船、金水河采鲜船、金水河渔船等“五年一修，十年一造”，后湖楼座船、后湖大楼船、抽分座船、平船等使用较平缓的船“三年一小修，六年一大修，十年一造”。以上信息，告诉我们明代木船的造、修时间及使用年限。

（六）追责与防范措施。《龙江船厂志》专列“孚革志”，分“律已之弊”“收料之弊”“造船之弊”“收船之弊”“佃田之弊”“看守之弊”等，记录造船厂在设计、船舶生产与修缮、财务以及监督管理等各方面可能出现的弊政，并对症下药，提出在管理和生产中应该注意的事项。其中“造船之弊有十”：一是板薄，偷工减料；二是钉稀，偷工取巧；三是不精，主要指油舱不固；四是不式，即不按照标准制式生产；五是故板，不按船舶实际破损情况配比新料导致旧板浪费；六是省舱，导致船舶易损坏、腐朽；七是稽延，不能及时完工，则船未入水而已先受损；八是剋减，造船用料在正常损耗外的其他的短缺；九是措诈，主要针对“小人贪得之风”；十是赔补，不体恤匠工，不及时支付工钱。

对接船、送船、使用、看守、保管出现的弊病，《龙江船厂志》中也提出了相应的追责和防范措施。比如木船验收必要“验钉”环节，“一尺三钉”是相对30米以下内河船而言的，航海用的大福船则“一尺五钉”，“钉时将盐卤蘸过，钉下即能吃板”“板阔则缝少，每边以十三四块为度，四块之上每尺四钉”，从造船航海实践以及海里打捞出水的古代沉船看，“一尺三钉”是最基本的要求，船舶尺度越大、强度要求越高，则钉越密，这一点绝不可以马虎。

五、本志的特点和亮点

综观《龙江船厂志》全书，有以下几个方面特点。

一是具体实用。介绍古船的基本结构名称、明确当时船厂有详细数据资料的船舶有：预备大黄船、大黄船、小黄船（扁浅船）、400料战座船、200料战巡船、200料沙船、150料战船、100料战船、400料浮桥船、抽分座船、400料巡座船、200料一颗印巡船、九江哨船、金水河哨船、大胜关哨船、金水河渔船、三板船、划船、平船、轻浅便利船、后湖一号楼船、后湖二号楼船、1000料海船、蜈蚣船等。通过《南船纪》，可以算出以上船舶的尺度、隔舵、装备、用料、规模、所用工时、造价费用等，确实是研究明代船舶极为珍贵的资料。

图7 《龙江船厂志》书影

二是体例合理，详略得当。李昭祥从实际出发，且有所创新，繁简得当，“纲目所属，先后有伦”。由于明朝中期郑和下西洋以后，朝廷渐渐漠视造大海船，推行“迁海、禁海”的政策，导致沿海倭患严重。李昭祥对大海船仅说：“海船已革，尺度无考”，敷衍过去，显然是因为朝廷“政策”所致。

三是专门揭露船厂生产管理方面弊端30条，专立《孚革志》一卷，有针对管理的指导思想方面，也有针对工匠、普通帮工，往往一针见血，切中要害。李一贯主张不要因循守旧，干事要选拔斫轮老手分担，要不拘一格选拔人才；有奇谋诡计，哪怕礼节简陋或“犯过错误”的都可以使用，反映出李昭祥的胸襟才略和过人眼光。

四是内容丰富，史料珍贵。李昭祥详细介绍了400料战座船，“船面自头至稍，捌丈玖尺伍寸。船底自头至无板处，陆丈五寸”，换算成现在单位是长约30米，高21米，算得上“大而雄、坚而利，用之驱浪乘飙，正犹沧滨鲸运波涛，驾旋转之威，霄汉鹏抟风云，鼓扶摇之势，有不战而先夺人之心者矣。”正所谓：“方今倾府库以营战舰，岁费不下万计，大小毕具，迟速并宜，诚足以扬武烈、固江防矣。”400料战船记载的详细，为我们研究明代中后期的600料大马船、黑楼船、300料马船、黑楼座船、200料战船、沙船、安庆哨船、两头船、座楼船、草撇船、艟艀船、统领楼船、梭船、守备楼船、卫总楼船、虎船、陆桨船、巴河船、哨官沙船等提供了很多的参照依据。

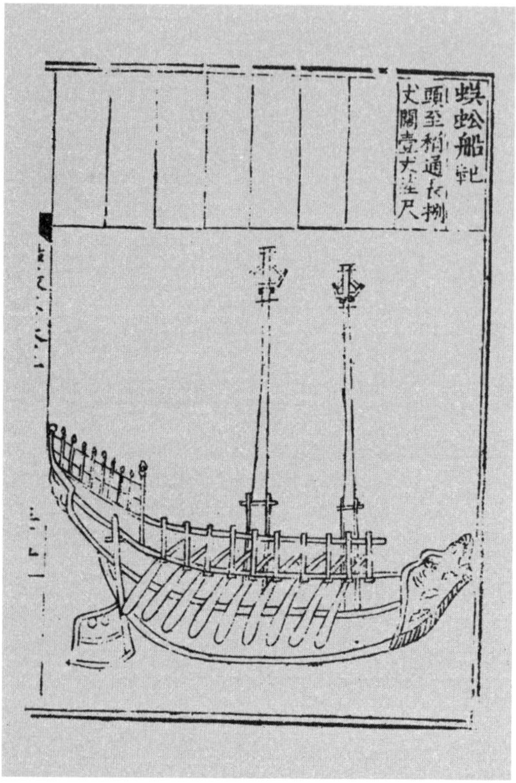

图8 《龙江船厂志》书影

《龙江船厂志·训典志·典章》中，专门提到一事："又嘉靖四年，为修武备以固畿甸事，南京内外守备衙门题准：铸造佛朗机铜铳六副，打造蜈蚣船一只。"

查系广东按察使汪鋐奏，有佛朗机番船，长十丈，阔三丈，两傍驾橹四十枝，周围置铳三、四管，底尖面平，不畏风浪。人立之处，用板捍蔽，不畏矢石。每船二百人撑驾，橹多人众，无风可以疾走。各铳举发，弹落如雨，所向无敌，号曰蜈蚣船。其铳管用铜铸造，大者千余斤，中者五百余斤，小者一百五十斤。每铳一管，用提铳四把，以铁为之，弹丸内用铁、外用铅，其火药制法与中国异。铳一举发，远可百余丈，木石犯之皆碎。自古铳之猛烈，无出其右。是年行取到广东船匠梁亚洪等三名，发提举司，先行料造蜈蚣船一只，长七丈五尺，阔一丈六尺，及南京兵仗局铸佛朗机铳六副，给发新江口官军领驾操演。

这段话披露了一个重大历史信息。即蜈蚣船作为我国历史上第一次，也是第一个从西方引进的现代技术而建造成功的可以在船上发射火炮的战船，显然具有重大意义。我们应该拂去历史的尘封，重新认识这种尖底阔面的仿葡萄牙战船，船上配备了最新仿造成功的佛朗机铳，是中国第一次有配备舰炮的战船，这是一件有划时代意义的事件，"佛朗机铳非蜈蚣船不能架"，所以才"宜并行广东取匠，于南京造之。诏可"，从此中国有了真正意义上的炮舰。这也是李昭祥《龙江船厂志》对中国战舰发展史最早的记述之一，蜈蚣船是"师夷长技以制夷"的经典范例。

六、龙江船厂与宝船厂不是一个厂

龙江船厂南宋初年即有（1127年前后），名称叫“都船厂”。南宋皇帝赵构原意在建康建都，后因金兵逼近江北，宋室惊恐，感到不安全，遂至杭州，所以船厂名“都船厂”。鉴于对金战争的需要，沿江一带战船制造发展迅速。据建康府制置司统计：“自淳祐九年以后，大略可考造船修船共三千五百五十只。”当时战船种类很多，以适应不同情况的作战需要，为了妥善保护这些战船，江东转运使马光祖“即龙湾水次，度地三百余丈，创屋二百五十间，立闸启闭。而门其上，曰‘沿江大使司船寨’。寨成，众船以次藏泊”。也就是说，南宋时龙湾（即龙江船厂所在地位置）已经是官方重要的造船基地、泊船军用码头。元代仍然在此造船。明初沿用旧船厂范围新建龙江船厂（见厂图中旧水关、旧地、旧关等称呼可知），是“专为战舰而设”。正德十三年（1518），设分司；嘉靖十五年（1536），主事王利建工部分司坊于路口，后易其额曰“龙江船厂”。王利到任后，因见“霖雨泥淖，沾体没足，跋涉孔艰”，而下决心，“相地曲直为道者，凡三百六十丈有奇，广狭如度，不越岁告成”。把厂内道路全部拓宽更新，“悉甃以砖”，可见王利也是一位肯担当、有作为的官员。

而宝船厂则成立于永乐三年（1405），与洪武初年开厂的龙江船厂相距37年。宝船厂船坞规模宏大，有规律排列着船坞13条（目前，仅剩4号、5号、6号3条）。

宝船厂是为满足永乐皇帝下西洋任务而应急设置的专用船厂，这点从古船坞的排列顺序亦可以看出端倪。目前存在的4号、5号、6号船坞是从北向南依次排列，而1号、2号、3号船坞则在4号船坞北侧由南向北依次排列，7号船坞则在3号船坞北边。形成了由北向南7、3、2、1、4、5、6号船坞的奇特排列顺序。显然，是先挖“头作、二作、三作”（即1号、2号、3号船坞），不敷使用后，再挖“四作、五作、六作”（即4号、5号、6号船坞），随着下西洋的不断展开，海船需求量大，工期紧，船坞仍然感到不够用，于是再次开挖“七作”（即7号船坞）。

这一濒江片区有至少13条有序排列略有区分的古船坞，也不排除是黄船厂、宝船厂、拨船厂分别遗留的船坞（黄船厂、宝船厂、拨船厂均在城西，以充运载，见《南畿志》嘉靖十三年刻本）。

关于龙江船厂的准确位置，彭德清主编的《中国航海史（古代航海史）》

的叙述应该是相对准确的："龙江船厂……东界抵兴中门（即仪凤门）到挹江门外，西界至惠民河岸，北界在今兴中门至惠民桥一线，由北界向南1180米处为南界。厂址全境即从今热河路及热河南路北段为中轴线，东西包括挹江门外的绣球公园，姜家园北段；西面包括永宁街，二板桥这一大片地面。"

历史上，龙江船厂遗址曾经两次露面。

第一次是六十年代，绣球公园（龙江船厂遗址范围内）西北部兴建游泳池，在两米多深的地下，挖出古代残船部件，有船板、肋骨之类，可惜当时没有引起足够重视。仅在挖到残船的地方立了一块碑，石碑至今仍在；第二次是2014年，南京下关长江国际航运服务中心大厦基坑开挖（龙江船厂遗址范围内），挖出大量与古船、船厂有关的遗留物。

如今，龙江船厂遗址大部分已经被高楼覆盖，船厂、古船遗存不复原貌。

宝船厂（很多官方资料亦称海船厂）则位于城西三汊河以南中堡村一带，北抵三汊河，东沿至江东路东，西抵长江夹江，南到湘江路一带，河渠港塘密如蛛网。王亮功在《〈龙江船厂志〉的点校出版——兼论龙江船厂遗址与宝船厂关系》（《江苏地方志》2005年第三期）中认为，根据《景定建康志》记载，这片地区南唐时就曾在这里开厂造船，只是时间久远，地貌变化，已经无迹可寻了。宝船厂虽文件档案俱毁，建置沿革讳莫如深，但因遗址尚存，且因古代船坞规模巨大，出土文物丰富而名扬天下。笔者作为宝船厂遗址的最早探索者、研究者、开发者之一，建成后首任宝船厂遗址管理公司董事长10多年。信息积累较多，深谙宝船厂遗址情况。

为大规模建造下西洋用海船，另建有堆放储备造船用木材的"皇木场"，位置在今绿博园一带（原上新河镇附近）。朝廷还在紫金山南麓建立园囿，栽种了几千亩桐树、棕榈树、漆树，以满足大量造船对桐油、棕麻、油漆的需要。

龙江船厂在城北，宝船厂在城西，中间隔山（马鞍山），该马鞍山原与城墙内马鞍山是连成一片的，明初修城墙时被切断。该山体高约二三十米，呈东北—西南走向，蜿蜒200余米，山上林密草茂。山与城墙间被挖开约150米宽的豁口，即现在的小桃园一部分。查1947年民国时期地图，知道当时下关地区沟河纵横，塘渠遍布。随着形势发展，这些河塘被陆续填埋，而附近几个"烧砖的窑厂"也需要黄土制坯，不断从马鞍山大量取土，终于被夷为平地。

李昭祥在《龙江船厂志》中明确指出：（龙江船厂）"虽百九十年来，制有沿革，神谟宏远，莫越范围"。龙江船厂司、厅、厂、厢区域分明，各有围墙，从南宋都船厂起算，经宋、元到明末，历时500余年。宝船厂则是下西洋造海船需要而新建船厂，下西洋高峰期曾一度迅猛膨胀，造船人员、范围不断扩大，至今留有“上堡、中堡、下堡”等老地名（意为宝船厂的上部、中部、下部）。

自从明成祖朱棣病逝于榆木川，皇太子朱高炽即位后颁布的第一道命令就是“罢西洋取宝船”，4条敕令如下：

1. 下西洋诸番国宝船悉皆停止，如已在福建、太仓等处安泊者，俱回南京，货物仍于内府库交收。诸番国有进贡使臣当回去者，拨人船护送前去。原差去内外官员，速皆回京。民梢人等，各放回家。

2. 各处修造下番海船，悉皆停止。其采办铁黎木，只依洪武中例，余悉停罢。

3. 但凡买办下番一应物件，并铸造铜钱，买办麝香、生铜、芥丝等物，除现买在官者，于所在官库交收，其未买者，悉皆停止。

4. 各处买办……，悉皆停罢。……官员人等，即起程回京，不许指此为由，科敛害民。

自此，原本人声鼎沸、昼夜不息的船厂渐渐停止了喧嚣，珍贵的《航海日志》《出使水程录》《海外番国御疏》被焚毁，舟师被裁撤，宝船停入宝船厂、龙江船厂等船坞中任凭风吹雨打、毁朽沉没，“厂库鞠为茂草”，耗费浩繁的下西洋被认为是“弊政”而受到冷落。

龙江船厂宋、元时代主要修造战船、海船，明代主要造战座船、漕运船、巡船、哨船、快船、渔船、黄船等29种船，这些船大部分在400料及以下。2014年龙江船厂遗址范围内的南京长江国际航运服务中心大厦施工工地及附近工地出土的大量遗存物中，又出现多根11米左右长的舵杆、复原高度2.2米的大铁锚等证明，龙江船厂在郑和下西洋期间，也大批量制造过大型海船。下西洋结束后，龙江船厂的船坞中，也停泊过相当数量的“罢西洋”后的海船。

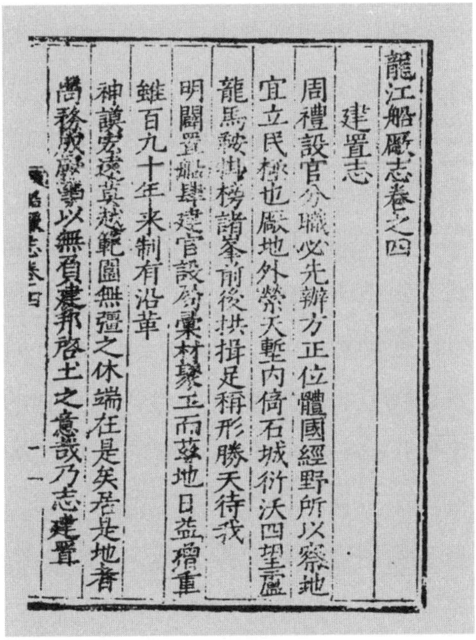
龍江船廠志卷之四
建置志
周禮設官分職必先辨方正位體國經野所以察地
宜立民極也廠地外縈天塹內倚石城衍沃四望盧
龍馬鞍[illegible]榜諸峯前後拱揖足稱形勝天待我
明闢置船廠建官設局聚材鳩工而萃地日益增重
雖百九十年來制有沿革
神謨宏遠莫越範圍無疆之休端在是矣君是地者
尚務[illegible]以無負建邦啓土之意哉乃志建置

图9 《龙江船厂志》书影

而宝船厂是“为下海取宝”“抚夷取宝”而盖造。厂里还专门设有“娘娘庙”，造大海船铺龙骨、钉斗盖、船下水前都要举行拜祭仪式，供奉妈祖神灵，祈求保佑。

宝船厂从其巨大而有序排列的船坞和出土文物分析，郑和下西洋时期主要制造1000料、1500料、2000料、5000料大船为主。“大坞造大船”，2004年南京博物馆考古出土1500多件文物和民间历年打捞的船厂遗留物综合分析，这里的确造过大船。如中堡村村民就曾在20世纪60年代在6号船坞清淤时打捞出一根10米长的绞关木，从其40厘米×40厘米的横截面尺寸来看，比南京博物院保存的残长2.2米的绞关木尺度明显更大，上有交错装手柄用孔洞14个，孔洞直径10厘米。该绞关木出土，有力地证明宝船厂曾经制造过超大型木帆船。

2014年，下关南京长江国际航运服务中心高层建筑基坑开挖，65万平方米建筑面积，10万平方米基坑，平均深度15米，出土了大量的造船工具、古船遗物、明代武器装备及工匠生活用品。其中特别引人注目的是：海船用大铁锚残件，复原高度2.2米；基坑及附近工地出土多根海船用大舵杆，与宝船厂6号船坞出土的舵杆尺度、类型、材料一致。

从文献记载和以上实例清楚地说明，龙江船厂在郑和下西洋时期曾为下西洋制造过大批量海船。

当然，龙江船厂也为保卫京畿、防御倭寇、漕运、江防、海防等做出巨大贡献。

从厂图亦可看出龙江船厂也有七、八个船坞，并且明显有“陆地造船法”和“船坞造船法”二种方式。显然陆地造船法造的船，相对要小一些，400料及以下，船造好后，可以用人力推拉用滚木滚动下水；而船坞造船法，则利于造大船，船造好后坞内放水浮起大船，轻松驶出船坞入水。

龙江船厂则因为有李昭祥的《龙江船厂志》而名扬四海。据《明实录》记载，永乐十八年（1420），龙江船厂仍被称为“龙江提举司”。

而洪熙元年（1425）仍有资料称宝船厂为“南京海船厂”，可见两厂没有隶属关系，是厂址、厂名各自独立的两个船厂。更何况龙江船厂属工部所辖，宝船厂属兵部管理。明英宗景泰二年（1451）八月，南京兵部尚书靖远伯王骥按河阳卫百户周忠枉法受财罪，因言：“忠尝欲独擅宝船厂事而诬退同事，百户又构词陷内官王普于死。是以愈暴横于厂内外，官民俱呼为周老虎。役占军匠无虑数百，亲管指挥莫敢登门，法司具狱以闻，命发充口外军。”《皇明经世文编》：“天顺三年，又该南京和阳卫百户周忠建言江北应天等及卫官军俱赴南

图10 《龙江船厂志》书影

京操备，隔江往来风波艰苦、各要将本卫官军、俱在江北操守等因，奉行该前守备魏国公徐承宗等、议得朝廷根本之地，操守系于军务。马军惟当赠益。若将前项官军，轻易调动，万一有警，卒难取用。已经奏奉，钦依。”河阳卫的军官周忠是宝船厂的管事，宝船厂隶属兵部已是确凿无疑。

《龙江船厂志》在我国浩如烟海的史籍中，是难得见到的造船厂专志，开创了中国古代记述造船业专志的先河，是中国志书百花园中的一枝奇葩。其实用性、资料性都很强，特别是书中附有大量图表，可称为图文并茂，条目清楚，详略得当，专业性、针对性很强。《龙江船厂志》对所记之事，皆翔实可信，对研究海船史、郑和下西洋、明代船厂管理都有较高史料价值。

21世纪是海洋世纪，舟船与南京有密切关系，是南京“走向海洋”“创新城市”“解放思想”的重要载体。郑和宝船建造于南京，是木帆船时代最大、最豪华、代表朝廷的，凝聚中国几千年制造技术和工艺水平的经典，应该大力弘扬宣传、向世界展示，并建设“舟船博物馆”，把南京曾是中国、也是世界造船中心的历史地位彰显出来，真正找到“国际化城市”的图腾，使我们的生活方式更具海洋文化品位，“不断创新，勇于进取，更加超越”。

七、版本源流

《龙江船厂志》成书于嘉靖三十二年（1553），曾有刻本。20世纪40年代，由郑振铎收入《玄览堂丛书续集》。民国36年（1947），“国立中央图书馆”将其影印出版。现北京图书馆、南京图书馆有收藏。1999年，江苏古籍出版社《江苏地方文献丛书》收入由王亮功校点的《龙江船厂志》出版发行。2015年，《金陵全书》以南京图书馆藏本为底本影印出版，编入甲编·方志类·专志。

2019年，南京市地方志办公室将由王亮功点校的《龙江船厂志》收入“一带一路丛书”郑和系列，并作了修订，由南京出版社出版。南京图书馆藏本由于底本质量低劣，近五分之一字迹模糊不清，缺损严重，无法辨认的字达5000字左右，有多处无法复原。此次修订得到了李昭祥十二世孙李吉华的帮助，他专程从上海到南京，带来了收藏的玄览堂本，反复核对，并作了部分修正。“一带一路”郑和系列本可以说是当前最准确、最完善的《龙江船厂志》。

中国郑和研究会副秘书长
南京大学文化与自然遗产研究所研究员　赵志刚

明朝南都　梵刹总志

《金陵梵刹志》导读

“千里莺啼绿映红，水村山郭酒旗风。南朝四百八十寺，多少楼台烟雨中。”说起历史上的南京佛教，很多人都会情不自禁地吟诵起唐代大诗人杜牧的这首千古绝句《江南春》。提到明代的南京佛教，大家则会津津乐道中华门外的大报恩寺和其中的琉璃塔，这是南京佛教在明代繁盛的一个缩影。作为首次全面记载明代南京佛教盛况以及大报恩寺塔的书，就是我们这里要说的明朝后期葛寅亮编纂的《金陵梵刹志》。

一、明代以前的南京佛教

两汉之际，佛教开始传入中国。最初，佛教只是在汉代宫廷、王室等少数人中奉行，被当作祠祀的一种。至东汉桓、灵二帝时代，西域的佛教学者安世高、安玄、支娄迦谶（简称支谶）、支曜、竺佛朔、康孟祥等相继来到中国，翻译出大批佛典，佛教才逐渐为人们所了解而流传。

（一）三国时期的南京佛教

佛教大概在东汉末年传入南京。当时，北方战乱不已，社会动荡，民不聊生，民众大批南迁，徙往江、淮等地，其中应不乏佛教信徒。东吴时期，佛教翻译家支谦随族人南渡到建业（南京），孙权拜为博士，使辅导太子，并开始翻译佛经。据统计，从黄武元年（222）开始的30年间，支谦在东吴先后翻译出《阿弥陀经》《维摩诘经》《大般泥洹经》等佛经，还做了合译和译注的功夫，并创作了《赞菩萨连句梵呗》三契，在中国佛教史上有重要影响。这是南京明确有佛教的最早记载。支谦，字恭明，一名越，其先人为汉灵帝时来华的月支人。他精通汉文，又兼学梵书，受业于同族学者支谶之徒支亮，通达大乘佛教理论。

而真正使佛教在南京得以流传的，则是稍后而来的康僧会。康僧会，其先祖康居人，世居印度，后移居交趾（今越南北部一带）。康僧会于吴赤乌十年（247）经广州来到建业。据说，他以神通请得佛祖释迦牟尼遗骨舍利，吴大帝孙权“大嗟服”，即为其建塔造寺，“以始有佛寺，故号建初寺”，塔即称阿育王塔。建初寺和阿育王塔成为南京最早的佛寺和江南最早的佛塔。康僧会在此翻译了《六度集经》九卷和《吴品经》（《般若》五卷），又注《安般守意》《法镜》《道树》三经，并且都做了序文。

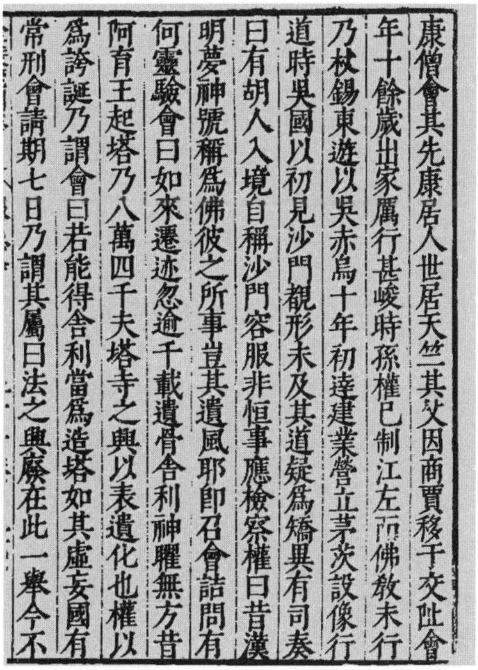
康僧會其先康居人世居天竺其父因商賈移于交阯會年十餘歲出家厲行甚峻時孫權已制江左而佛教未行乃杖錫東遊以吳赤烏十年初達建業營立茅茨設像行道時吳國以初見沙門覩形未及其道疑爲矯異有司奏曰有胡人入境自稱沙門容服非恒事應檢察權曰昔漢明夢神號稱爲佛彼之所事豈其遺風耶卽召會詰問有何靈驗會曰如來遷迹忽逾千載遺骨舍利神曜無方昔阿育王起塔乃八萬四千夫塔寺之興以表遺化也權以爲誇誕乃謂會曰若能得舍利當爲造塔如其虛妄國有常刑會請期七日乃謂其屬曰法之興廢在此一舉今不

图1 《金陵梵刹志》书影

支谦、康僧会先后弘法建业，“由是江左大法遂兴”，佛教从此在南京得到迅速流传和发展。此后，不断有高僧大德来此传教译经，南京佛教盛极一时，与洛阳并称三国时佛教两大重地。

（二）东晋南朝时期的南京佛教

东晋、南朝的统治者都崇信佛教。晋元帝、明帝皆以宾友礼敬沙门，官员士人，也多与僧人相往来，谈玄说佛，关系密切，南京佛教，乃盛极一时。南朝各代统治阶级及一般文人学士也大都崇信佛教。宋文帝致意佛经，常和慧严、慧观等论究佛理，又先后令僧道猷等申述道生的顿悟义。他还以僧人慧琳参与政事，人称“黑衣宰相”。宋孝武帝造药王、新安二寺，先后令道猷、法瑶住新安寺。萧齐竟陵王萧子良，从事佛教教理研究，著有《净住子净行法门》《维摩义略》等，并招请精研佛理的荆州名士刘虬，共同讲论法义。

南朝统治者对佛教的崇信，至梁武帝为极。梁武帝初奉道教，即位的第三年天监三年（504）四月八日，率僧俗2万人，在重云殿重阁亲制文发愿，舍道归佛。他建爱敬、光宅、开善、同泰诸大寺，造光宅寺丈八弥陀铜像、爱敬寺丈八旃檀像及铜像、同泰寺十方佛银像等，举办水陆大斋、盂兰盆斋等法会，以僧旻为家僧，并4次舍身同泰寺为寺奴，由群臣以一亿钱赎出，充实了寺院经济。他著有《大涅槃》《大品》《净名》《大集》诸经的疏记及问答等数百

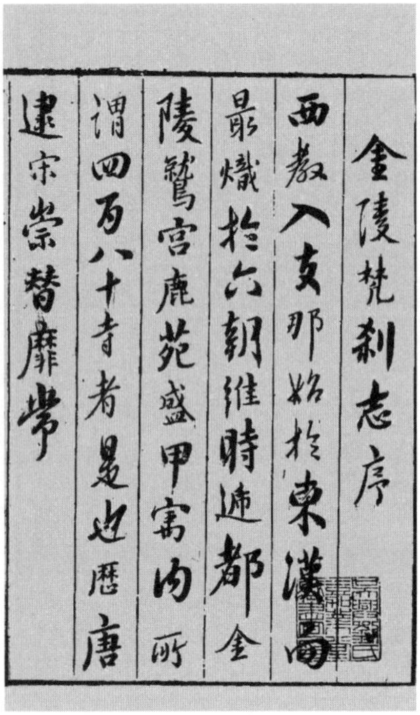
金陵梵刹志序
西教入支那始於東漢而
最熾於六朝維時建都金
陵鷲宮鹿苑盛甲寓內所
謂四百八十寺者是也歷唐
宋崇替靡常

图2 《金陵梵刹志》书影

卷，在重云殿、同泰寺讲说“涅槃”“般若”。他命僧侣纂集佛教经典，令广流布。此外，梁武帝极力倡导《涅槃》等大乘经的断禁肉食，影响及于后世者很大。在梁武帝的影响下，其长子昭明太子萧统、第三子简文帝、第七子元帝也都好佛，但由此滋生的流弊也不一而足。不久，即有侯景之变，寺塔被毁，僧徒被杀，建康佛教顿告衰微。此后，陈代诸帝仍多效梁武帝，被毁寺院陆续修复。

由于统治阶级的推崇、倡导，建康佛教在东吴建业佛教的基础上迅速发展，成为南方的佛教中心。当时，名僧大德云集南京，从事佛教经典翻译，佛学研究也精深有成。东晋初年，西域帛尸梨密多罗至南京建初寺，于晋元帝时译出《大孔雀王神咒经》《孔雀王杂神咒经》《大灌顶经》等密教经典。后来，名僧佛陀跋陀罗、法显、慧观、慧严等先后聚集南京道场寺，译出一些大乘重要经论和律典等，对后世影响很大。东晋隆安三年（399），法显往天竺寻求戒律，历尽艰险，获得《摩诃僧祇律》《方等般泥洹经》《弥沙塞律》《长阿含》《杂阿含》《杂藏》的梵本。后归国，来到南京，就佛陀跋陀罗于道场寺，共同译出《大般泥洹经》6卷等。他又自撰《佛游天竺记》1卷，即《法显传》。

南朝宋、齐、梁、陈各代统治者崇佛更甚，名僧至南京者也更多，南京的佛学研究之风达到高潮。在大量翻译佛经的同时，许多义学沙门还在南京分别就《毗昙》《成实》《涅槃》《摄论》和诸律、三论等专研弘传，使佛教内部学术思想得以发展，开始变过去的笃守师承为各抒己见，形成许多的学系，具备了宗派的雏形。在诸派学系中，南京僧人对三论学的贡献最大。三论学起于鸠摩罗什，曾盛行于北方，后因战乱而衰落。三论学的重兴，始于梁代的僧朗。僧朗先从学鸠摩罗什、僧肇，后至南京，住摄山栖霞寺，开讲《华严》及三论（《中论》《十二门论》《百论》）。天监十一年（512），梁武帝特遣僧怀等十人入山，咨受三论大义，其中以僧诠习学最有成就。僧诠后住摄山止观寺，盛弘三论，称为新说；其门下有兴皇寺法朗、长干寺智辩、禅众寺慧勇、栖霞寺慧布四人，皆长于三论，继承其学统的，是法朗。法朗弟子知名者有罗云等二十五人，分布在长江上下乃至关中各地，后至隋代的嘉祥吉藏而形成宗派。栖霞寺因此也被称为三论宗的中兴道场，甚至被奉为江南三论宗的祖庭。

东晋、南朝时期，尤其是南朝，南京作为南方佛教中心，在中国佛教史上起着举足轻重的作用。后来创立的中国佛教大小乘各宗派，无一不和南京有关。因此，赵朴初称之为“佛教学术的中心”。

在举国上下崇信佛教的背景下，尤其是在统治阶级的带动下，东晋、南朝时期，南京的寺院建造也十分繁兴。“南朝四百八十寺，多少楼台烟雨中”，杜牧的千古名句写出了东晋、南朝时期南京的佛教寺塔之盛，广为流传。而实际上，当时南京佛寺远远超过诗人笔下的480所。唐初李延寿《南史》卷七十记载：“都下（指建康，引者注）佛寺五百余所，穷极宏丽。”唐朝法琳《辩正论》卷三引《舆地图》则称：“都下旧有七百余寺。”唐朝道宣《续高僧传》也称，南朝时期，“天下无事，家国会昌，风化所覃，被于荒服，钟山帝里，宝刹相临，都邑名寺七百余所”。因此，可以推断，南朝时期南京的佛寺最多达700余所，即使保守估计也应有500余所。这些寺院，后虽经历代毁损，清末有名可考者尚有220余所。

（三）隋唐宋元时期的南京佛教

隋、唐、宋、元时期，南京佛教和寺院失去了最高统治者强有力的提倡和支持。而且，开皇九年（589），隋军攻克建康后，隋文帝曾下令将城邑宫室荡平耕垦，南京诸寺多毁于战火，南朝以来盛极一时的建康佛教顿告衰微。但是，由于历代都奉行提倡和保护佛教的政策，加上南京仍是重要的政治中心，经济、文化发达，佛学基础较好，所以南京佛教和寺院仍然时有兴盛，继续发展。

隋、唐、宋、元各朝基本上都奉行提倡和保护佛教的政策。隋文帝继承了北周的统治，但改变周武帝毁灭佛法的政策，而以佛教作为巩固其统治的重要工具。

唐代帝王除唐武宗以外，对佛教均加以提倡和支持。唐高祖在建立大唐前就笃信佛教，即位后更是建寺造像，设斋行道。唐太宗对佛教也进行扶植和提倡。他曾舍宫为寺，自称菩萨戒弟子。武则天伪造《大云经》为其夺取政权服务，令在各州兴建大云寺，又令佛教位在道教之上。唐玄宗虽曾一度沙汰僧尼，但也对善无畏、金刚智、不空等密宗僧人极为优礼，促使了密宗的形成。他又敕天下诸郡立龙兴、开元二寺，并亲注《金刚般若经》颁行全国。其后诸帝，除唐武宗废佛外，基本上也都信奉佛教。

唐朝灭亡后，南京先属杨吴，后来成为南唐小朝廷的首都。南唐统治者也都崇信佛教。开国之君李昪少时曾为小沙弥，即位后提倡佛教。后主李煜“好之弥笃，辄于禁中崇建寺宇，延集僧尼”。他与皇后“顶僧伽帽，披袈裟，课诵佛经，跪拜顿颡，至为瘤赘”[①]。当时，南京城中“僧徒殆至数千”，他“给廪米缗帛以供之”，又在牛头山“广聚僧徒，日设斋供”。南唐时期统治者的好佛、建寺、斋僧，被后人称为“犹六朝之余习也”。

宋朝建立后，一反北方五代限制佛教的政策，对佛教加以适当保护。只宋徽宗笃信道教，一度命令佛、道合流，改寺院为道观，并使佛号、僧尼名称都道教化，给佛教以很大打击，但不久即恢复原状。宋室南迁后，朝廷着意限制佛教。但是，因江南地区原来佛教基础雄厚，而国家又从僧、寺中征收赋税等，所以对佛教尚多维护。

元代诸帝大多崇佛，求佛保佑。他们广作佛事，念经、祈祷、印经、斋僧、受戒、受法等经年累月，几无虚日。元代统治者尤其崇奉藏传佛教。元世祖忽必烈在即位前，即邀请西藏名僧八思巴东来，即位后又奉为帝师，命掌理全国佛教兼统领藏族地区政教。其后，终元之世，每帝必先就帝师受戒，然后登位。

在统治者提倡和扶持佛教的情况下，南京佛教也从隋初的休克中逐渐苏醒，并发展起来。其后，一些名僧陆续住坐南京寺院，弘扬佛教，研求佛法，并创立了一些佛教宗派，在中国佛教史上有一定影响。

唐初，南京佛教兴盛繁荣。法融禅师在牛首山开演宗教，创立了“牛头禅”。法融，俗姓韦，润州延陵（今江苏丹阳）人。贞观十七年（643），他到南京牛头山幽栖寺北岩下，“别立茅茨禅室，日夕思择，无缺寸阴”。据说，他在牛首山得自然智慧，创立牛头禅，居于蕲州双峰山的禅宗四祖道信亲自过江，“密付真印，揭立江左”，法融也就成为牛头宗初祖。牛头禅是从道信门下傍出的一支，其特色在于排遣多言，而着眼于空寂。其后，他两次应请至建初寺，说法住坐，并终于该寺。法融弟子众多，初入牛头山，已从者纷至，“数年之中，息心之众，百有余人”。牛头禅后由日僧最澄从天台山学得，传入日本。

至五代时，文益禅师在南京大弘佛法，创立法眼宗。文益，俗姓鲁氏，余杭（今杭州市）人。7岁依新定智通院全伟禅师出家，历参慧棱、桂琛等僧，

① (宋)马令撰:《南唐书》,《金陵全书》乙编·史料类5,南京出版社,2011年,第574页。

得悟，为禅宗青原下第八世。后住临川崇寿院，开堂接众，南唐始祖李昪“迎住报恩禅院，署号净慧”。既而移住清凉寺，前后三坐道场，诸方丛林皆遵其风化，仰慕者甚至从异域跋涉而来，从学僧人不下千人。交泰元年（958）闰七月，文益示灭，南唐朝廷谥为“大法眼禅师”，后世遂称其所创宗派为“法眼宗”。法眼宗强调理事不二，贵在圆融，并主张不著他求，尽由心造。文益有法嗣六十三人，均接众甚广，大扬一家禅风。法眼宗是南禅五家中出现最晚的宗派，在宋初曾盛极一时，并传播到朝鲜等地。

宋代，南京佛教未受大的损毁，但在法眼宗后并无大的建树，未能恢复以往的鼎盛。元朝与宋相若，南京佛教仍无太大起色。后人评论说：“宋、元时，金陵佛法寝衰，名僧亦少。”这也是当时中国佛教的缩影。

这一时期，南京新建寺院不是很多，大多是东晋、南朝原有寺院的修复，同时也新建了一些寺院，一些原有寺院也得到新的发展。隋初，南京寺院被毁废殆尽，“钟梵响辍，鸡犬不闻”，因此奉诚寺慧文等曾转书坐镇扬州的晋王杨广，请求护持。后因隋朝提倡佛教，因此南京寺院修复者不少。尤其是栖霞寺，因得隋文帝的特别关照，寺内增修木塔，并逐渐发展。唐朝新建寺院不多，但是栖霞寺、牛首山佛窟寺得到发展，至于全盛。唐高祖李渊对栖霞寺进行大规模扩建，增建琳宫梵宇49所，佛像高达四丈余。唐高宗时，又亲书“明征君”碑赐寺。其时，该寺宫室壮丽，楼阁延袤，规制宏敞，与山东临清灵岩寺、湖北江陵玉泉寺、浙江天台国清寺并称为天下“四大丛林”，规模影响达到全盛。牛头山佛窟寺因为牛头禅的祖庭，在当时名声大噪。唐代宗时，僧人在峰顶修造了祖师塔，凡七层八面，完全用砖砌成，著名文学家刘禹锡为撰《牛头山第一祖融大师新塔记》。

南唐以南京为首都，统治者皆好佛教。南唐时期，清凉寺得到发展，也至于全盛。清凉寺，杨吴时建于清凉山，名兴教寺。南唐时建为清凉大道场，延请名师讲法，文益在此创立法眼宗，门徒众多。该寺还是南唐的

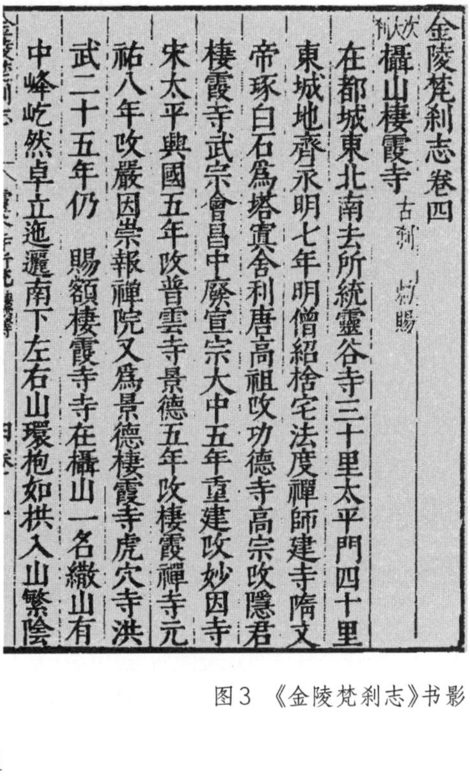
金陵梵剎志卷四
攝山棲霞寺 古刹 欽賜
在都城東北南去所統靈谷寺三十里太平門四十里
東城地齊永明七年明僧紹捨宅法度禪師建寺隋文
帝琢白石爲塔寘舍利唐高祖改功德寺高宗改隱君
棲霞寺武宗會昌中廢宣宗大中五年重建改妙因寺
宋太平興國五年改普雲寺景德五年改棲霞禪寺元
祐八年改嚴因崇報禪院又爲景德棲霞寺虎穴寺洪
武二十五年仍 賜額棲霞寺在攝山一名繖山有
中峰屹然卓立迤邐南下左右山環抱如拱入山繁陰

图3 《金陵梵刹志》书影

避暑宫，有后主亲题“德庆堂”，因此，清凉寺也成为当时最著名的佛寺之一。两宋时期，南京在修复一些原有寺院的同时，新建寺院稍多。其中，比较著名者有王安石所建半山报宁禅寺。王安石变法遭挫后，卜居南京城东白塘。元丰七年（1084），王安石病，宋神宗遣国医诊视。王安石乃请以宅为寺，赐额“报宁禅寺”。寺距城与钟山各七里，“由城东门至钟山，此半道也”，因此又名“半山寺”。

元代南京新建寺院不多。其中，元文宗所建大龙翔集庆寺颇为宏敞。大龙翔集庆寺在闪驾桥北，原为元文宗的“潜宫”。天历元年（1328），元文宗在北京即位，改南京为集庆路，传旨以“潜宫之旧作大龙翔集庆寺”。次年，又召中天竺住持笑隐大䜣于杭州，授大中大夫，主寺事，设官隶之。元文宗“画宫为图，授工部尚书王士弘往董其役，斥广其地，为民居者悉出金购之”[1]。建成后的大龙翔集庆寺殿堂众多，规制宏敞，壮丽无比，有大觉之殿、五方调御之殿、禅宗海会之堂、传法正宗之堂、雷音之堂、龙藏、香积等殿堂，“鼓钟之宣，金谷之委，各有其所”“缭以垣庑，辟之三门，而佛菩萨天人之像设、缨盖床座严饰之具、华灯音乐之奉，与凡所宜有者，皆致精备，以称上意焉”[2]。元文宗又赐寺以“姑苏腴田，以饭其众”。大龙翔集庆寺一跃成为元代后期南京首刹，是明代南京三大寺之一的天界寺的前身。

二、明代初中期的南京佛教

明代统治者对佛教实行既整顿和限制、又提倡和保护的政策，南京在明初成为全国佛教中心，明代中期以后是全国重要佛教中心。明代的南京佛教，在经历隋唐宋元后，再次获得发展。

（一）明代初期南京佛教的兴盛

明太祖朱元璋在元末曾出家为僧，对佛教有割不断的情愫，因此在南京大力提倡和保护佛教。洪武初年，明太祖大量征召全国名僧至南京各寺院，住坐修行，或举办法会。

永乐前期，明朝首都仍在南京，明成祖不仅继承了洪武年间明太祖在南京的佛教政策，而且下令编修《永乐大典》，编集、刊刻大藏经，一些名僧又陆续被征召至南京。

---

①（元）张铉修纂:《至正金陵新志》甲编·方志类·府志6，南京出版社，2010年11月，第685页。

②（元）张铉修纂:《至正金陵新志》甲编·方志类·府志6，南京出版社，2010年11月，第686页。

明初先后征召至南京的僧人，多是全国有名者，可谓极一时之选。当时，中国佛教各宗派的名僧几乎齐集南京。直到永乐前期，南京一直是全国的佛教中心。

明太祖、明成祖等人在南京新建、重修一批寺院。其中，对明代南京乃至全国佛教和寺院的恢复和发展有着重要影响的，则是明太祖对于灵谷寺、天界寺、天禧寺、能仁寺、鸡鸣寺国家五大寺的兴建。如，灵谷寺原名蒋山寺，在钟山玩珠峰之阳。明太祖看中了寺基，欲在其地建设陵寝，于是先徙建于钟山左胁朱湖洞南，再择地兴建于京城东南独龙冈之左，“拓大其规制，令可容千僧”，寺成，赐额“灵谷禅寺”，“为天下丛林之首”。再如，天界寺即元朝大龙翔集庆寺，在南京城中闪驾桥北龙河。朱元璋攻克南京之初，改额“大天界寺”。明朝定都南京后，即寺开设善世院，明太祖御书“第一禅林”赐寺。其后，继善世院的最高僧司衙门——僧录司仍设于寺内。洪武二十一年（1388），因寺灾，明太祖命迁往城南聚宝门外二里之凤山，“一切材料、工佣之费，尽出公帑”“寺宇之清洒开廓，比旧倍焉”。寺成，名“天界善世禅寺”，成为又一国家大刹。五大寺不仅皆由国家修建，规模巨大，僧人众多，而且得到明太祖赏赐的大量土地以供养僧众。洪武年间，朝廷举办法会主要在五大寺中，其住持也由朝廷选任。永乐年间，明成祖继续致力于国家寺院建设。其中，规模最大、影响最深的当数大报恩寺的新建。天禧寺为晋朝所建长干寺，是南京历史上见于记载的第二座佛寺。洪武年间，天禧寺曾“略为修葺”。永乐初年，明成祖敕工部又加修理，“比旧加新”。但不久有僧人放火，将寺焚毁。永乐十年（1412），明成祖为了所谓的报答父母即明太祖和马皇后恩德，乃令在原址重新建寺，并赐名“大报恩寺”。明成祖对大报恩寺修建十分重视，令“梵宇皆准大内式”，并在其中造九级琉璃塔，规模也大大增加。正如他所说：“弘拓故址，加于旧规，像貌尊严，三宝完

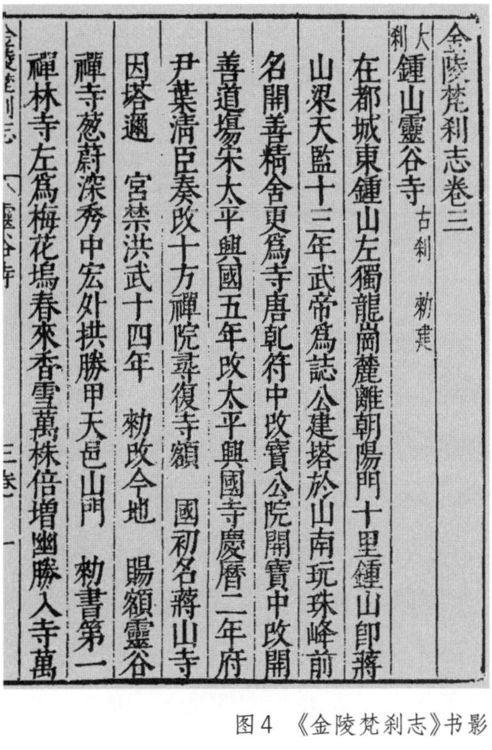
金陵梵刹志卷三

大刹 鍾山靈谷寺 古剎 勅建

在都城東鍾山左獨龍岡麓離朝陽門十里鍾山即蔣山梁天監十三年武帝爲誌公建塔於山南玩珠峰前名開善精舍更爲寺唐乾符中改寶公院開寶中改開善道場宋太平興國五年改太平興國寺慶曆二年府尹葉清臣奏改十方禪院尋復寺額 國初名蔣山寺因塔遷 宮禁洪武十四年 勅改今地 賜額靈谷禪寺蔥蔚深秀中宏外拱勝甲天邑山門 勅書第一禪林寺左爲梅花塢春來香雪萬株倍增幽勝入寺萬

图4 《金陵梵刹志》书影

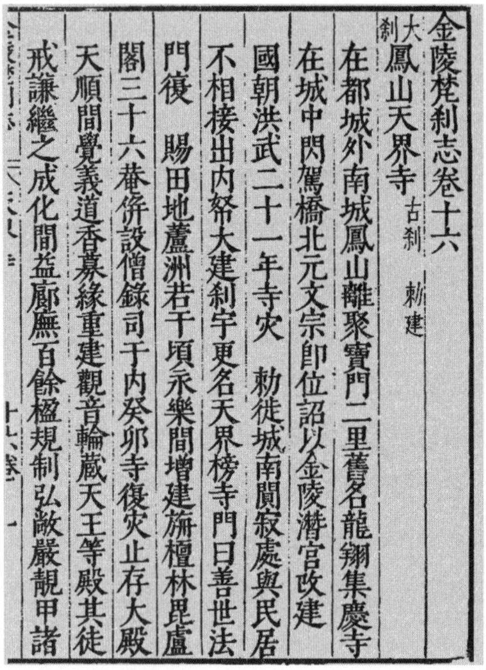
金陵梵刹志卷十六
大刹 鳳山天界寺 古刹 勅建
在都城外南城鳳山離聚寶門二里舊名龍翔集慶寺
在城中閔駕橋北元文宗即位詔以金陵潛宮改建
國朝洪武二十一年寺災 勅徙城南閴寂處與民居
不相接出内帑大建刹宇更名天界榜寺門曰善世法
門復 賜田地蘆洲若干頃永樂間增建旃檀林毘盧
閣三十六菴併設僧錄司于内癸卯寺復災止存大殿
天順間覺義道香募緣重建觀音輪藏天王等殿其徒
戒謙繼之成化間益廊廡百餘楹規制弘敞嚴靚甲諸

图5 《金陵梵刹志》书影

具，殿堂廊庑，辉焕一新，重造浮图，高壮坚丽，度越前代。”大报恩寺对明代南京佛教和寺院有举足轻重的影响，是永乐以后南京三大寺（灵谷寺、天界寺、报恩寺）之一。由灵谷寺、天界寺、天禧寺（报恩寺）、能仁寺、鸡鸣寺和栖霞寺、新建的静海寺以及名刹弘觉寺，共同组成为明代南京的国家寺院，以后由南京僧录司直接管理和领导，合称南京八大寺，对明代南京乃至全国佛教和寺院都有着重要影响。

在明太祖、明成祖带动下，官员士人、平民百姓等也修建了一些寺院。据不完全统计，明代初期南京新建、重建寺院各十余所，南京佛教从元末毁废中逐渐恢复，并迅速发展。

不仅如此，明太祖、明成祖还壮大寺院经济。灵谷寺、天界寺、大报恩寺等八大寺“共赐有赡僧田近五百顷，芦洲亦几其半，计斗受租，秋五之、七之，而夏三之，敕宗伯氏稽其登耗，蠲一切徭税，有司弗得问”。即给八大寺赏赐七、八万亩土地、芦洲，让他们按照当时官田的最高标准向承种的佃户们征收田租，并且这些寺田还免除国家赋税和徭役。在皇权的强力护持下，明初南京成为全国佛教中心，各宗名僧汇聚，寺院兴盛，以八大寺为代表的寺院经济强大富足。

（二）明代中期南京佛教的衰微

明成祖迁都北京，南京成为留都，南京佛教虽然有明初建立的极好基础，寺院也在不停地新建、修理，但是由于缺少统治阶级强有力的支持，尤其是南京寺院原有的一些名僧也随明朝统治机构移到北京，加上寺贫僧穷，多数寺院难以为继，而寺僧又多不求上进，“各立门户，梵呗稀闻，触蛮时竞”，南京佛教实际上陷于衰微的境地，罕见名僧。

当然，佛教各宗衰微也是明代中期全国的普遍情况。即以禅宗为例，《补续高僧传》的《习禅篇》收录的明代中期的禅僧也仅有10位左右，而南京就占了2位（觉澄、古渊清）。因此，明代中期南京僧人的佛学水平在全国仍有一定地位。

在寺院修建方面，由于迁都北京，南京佛教和寺院发展失去强大的推动力。因此，寺院修建从人员上来看，僧人成为主角，一些官员、太监也发挥了一定的作用。明代中期南京新建佛寺25所，重建佛寺22所，重修增建佛寺15所 。

明代中期，随着国家财政日益吃紧，南京佛教寺院经济也陷入衰微残破境地。明代初期免除赋税的八大寺钦赐土地，在明代中期先后被地方官加征赋税，甚至等同民田起科，加上佃户抗粮，不交或少交田租，寺院经济陷于困顿。如嘉靖年间，由于寺田佃户抗租斗争活跃，并获得地方官府支持，天界寺溧阳庄被迫减租，“每年纳米四斗五升”。天界寺高淳庄佃户“介恃县官，敢为逋负”，3000石之租仅剩下1100余石，且“所收类多秕谷”。八大寺税增租减，难以为继，寺院衰颓。如，灵谷寺“寺废僧穷”“苦无告辩”“蚁僧不无逃窜”。天界寺“租额日渐短少，所入仅足完官，并无颗粒入寺”，寺僧“哓哓”。

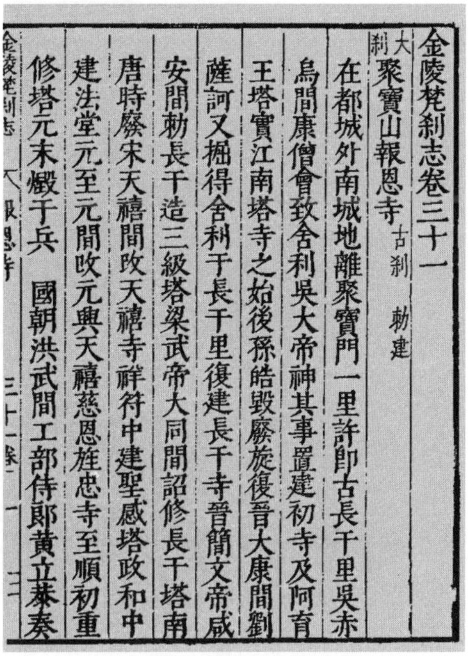
金陵梵刹志卷三十一
大刹 聚寶山報恩寺 古刹 勅建
在都城外南城地離聚寶門一里許即古長干里吳赤
烏間康僧會致舍利吳大帝神其事置建初寺及阿育
王塔實江南塔寺之始後孫皓毀廢旋復晉大康間劉
薩訶又掘得舍利于長干里復建長干寺晉簡文帝咸
安間勅長干造三級塔梁武帝大同間詔修長干塔南
唐時廢宋天禧間改天禧寺祥符中建聖感塔政和中
建法堂元至元間改元興天禧慈恩旌忠寺至順初重
修塔元末燬于兵 國朝洪武間工部侍郎黄立恭奏

图6 《金陵梵刹志》书影

明代中期的南京佛教，内部制度涣散，管理混乱，越发为教内外人士所批评和诟病。有鉴于此，嘉靖年间，一些官员和僧人开始在南京提倡佛教，兴办寺学，讲经说法，力图起衰振颓。但是，在当时全国大环境下，这些改革规模既小，也难以坚持，所以不久即告废弛，南京佛教衰微至极。

三、葛寅亮的南京佛教改革

万历后期，葛寅亮担任南京礼部祠祭司郎中期间，对南京佛教加以改革、振兴。

葛寅亮（1570—1646），字水鉴，号屺瞻，浙江钱塘（今杭州市）人。其父大成，任福建崇安县丞。葛寅亮从小随父亲到福建，读书武夷山中。母亲在他幼年时去世，主要由祖母张氏抚养长大。据记载，葛寅亮“生禀异姿，嗜古

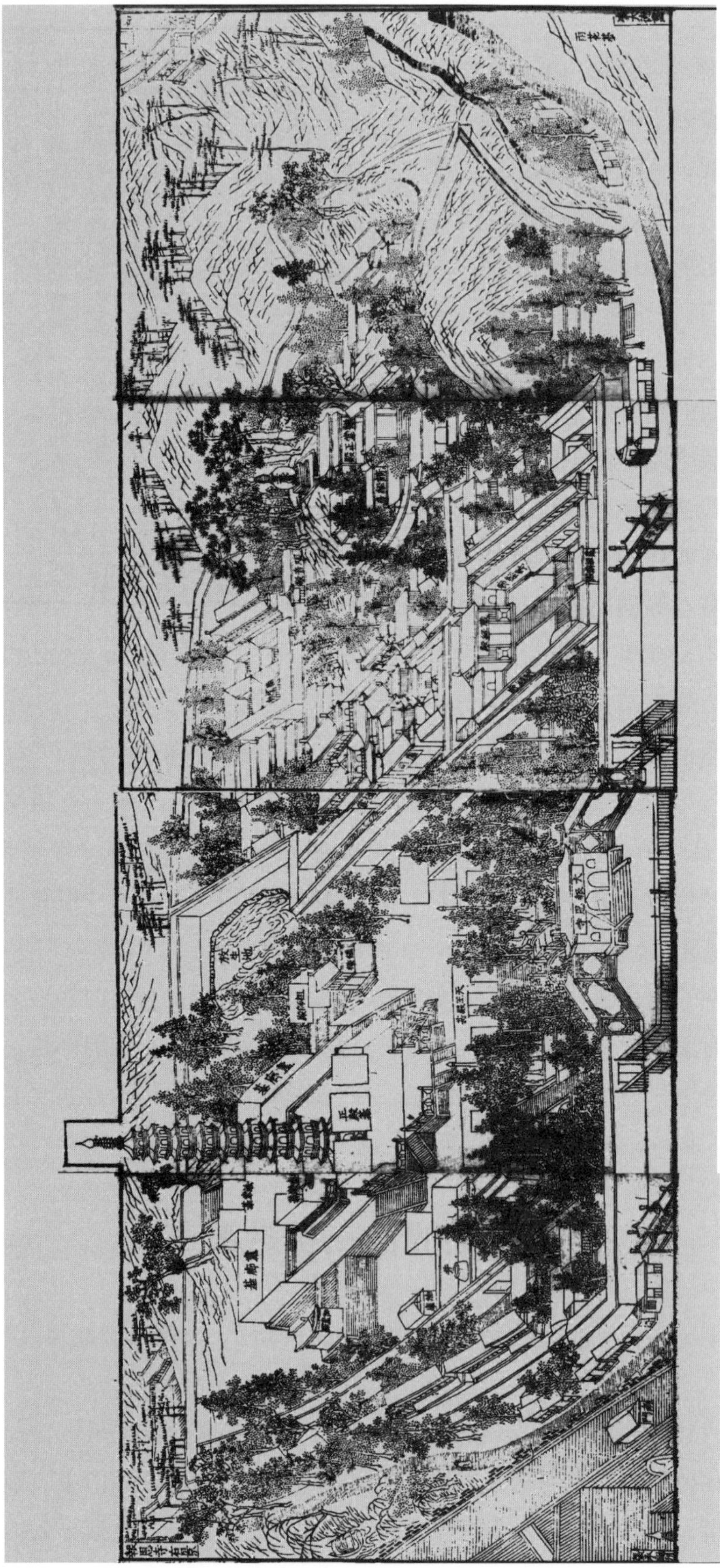

图7 《金陵梵刹志》书影

力学”。万历二十八年（1600），参加浙江乡试，中解元。第二年进京会试，中进士。本来，礼部尚书冯琦要把他选入翰林院，作为宰相之臣来培养。但葛寅亮希望孝养祖母张氏，到离家更近的南京当官，于是授为南京礼部仪制司主事，不久提拔为南京礼部祠祭司郎中。

担任南京礼部祠祭司郎中期间，作为掌管南直隶祭祀、表彰、宗教等事务的长官，葛寅亮勤于职守，奋力作为，“一切曹事之废坠”“皆悉力复之”。根据明朝制度，礼部“尚书掌天下礼仪、祭祀、宴飨、贡举”[①]，祠祭司“分掌诸祀典及天文、国恤、庙讳之事”[②]，“凡天文、地理、医药、卜筮、师巫、音乐、僧道人，并籍领之”[③]。南京城内青溪东原有宋朝时所建先贤祠，祭祀自泰伯、范蠡以至朱熹、张拭、吴柔胜、真德秀等历代以来所谓“先贤”41人，“皆生长金陵与宦游于此者”。后祠毁。葛寅亮言于南京礼部侍郎叶向高，重建先贤祠于普德寺后山，“增苏轼一人，春秋祀之”。青溪鹫峰寺后有塘，相传为唐朝时刺史颜真卿设立的放生池，岁久湮没。明代，塘地为太监所占。葛寅亮用其他土地换回塘地，恢复放生池，并且盖了小庙，祭祀颜真卿，“以存忠烈遗址”。他在南京礼部最为人称道的政绩，是为明朝“靖难”后不肯降附的“殉国名臣”平反昭雪。牛景先为建文时御史，“靖难”之役后逃死。成祖追查，将其次妻罚入教坊，牛景先后人遂入“乐籍”。万历三十三年（1605）九月，葛寅亮查访得牛景先五世孙，“给照除名，复姓从良”。黄观、方孝孺祠隘敝，葛寅亮加以“拓新”。

葛寅亮“精于理学”，被称为“理学名臣”。他服膺王守仁及其心学，称赞王守仁“入室禅宗，开坛儒学，世出世法，几于一之”。他自称，每读王守仁书，“祗徊向往，愿为执鞭而无从”。他的理学以王学为依归。在讲解《大学》“大学之道，在明明德”时，他说：“明德者，其本体原通天地，彻古今，洞然闳烛之无疆，实具于吾心，而非从外取者，故谓之明德”；讲解“致知在格物”时，他说：“知即是前明德，乃本明之体，何假外求？只就吾意之不自昧处，便是致者。”门人柴世埏就王守仁“天泉证道”发问，王畿主“四无”，钱德洪主“四有”，“其说何所适从”？葛寅亮解答说：“心贵空诸所有，无善无恶乃返于空者，以此认心，良亦有见。然说善，虑与恶对而并遣之；说无，又不虑与有对而独执之，可乎？惟真空妙有，不落边见，以此言心，庶其义乃圆而

① (清)张廷玉等纂:《明史》,中华书局,1974年,第1746页。
② (清)张廷玉等纂:《明史》,中华书局,1974年,第1748页。
③ (清)张廷玉等纂:《明史》,中华书局,1974年,第1749页。

无漏。”柴世埏又问：“然则如何是心之体?”葛寅亮回答说：“明德是心之体，即阳明子所提之良知。盖此知通天彻底，亘古达今，如大圆镜，光涵万象，无一物不森罗，而亦无一物之可着。心无体，以此知为体，其量亦复如是。……诚先后天地而无有终穷，溥遍灵蠢而莫之遗漏。”葛寅亮所谓的“心”“良知”，与王学并无二致。因此，柴世埏说：王守仁“以良知为学者教父”，葛寅亮“起而入其室，一灯荧然，处境虽稍不同，而其特行焯焯，俾海区拭目，则未之或异”。葛寅亮强调“悟”。在讲解《论语》“温故而知新”时，他说：“此全要人开悟头。故与新是活套字眼，不必指实。只从前已知的，便是故。温者不令放冷，即时习之。学因温故，上触起悟端，于平日所未知的，忽然了彻，是为知新”。对此，“笃信而死守”程朱的理学家吕留良批判说：“故者所已知，新者所未知，都只在闻见中说。言因其所已知者，而益加精详，日知其所未知，非谓故为闻见，而新为心悟也”，葛寅亮“造撰新奇之说，离叛传注”①。

我们知道，王守仁心学较多地吸收了佛教、尤其是禅宗的成分，因此，与大多数王学后学一样，葛寅亮也信奉佛教。而作为勤于职守的南京礼部祠祭司郎中，葛寅亮面对衰微至极的南京佛教，遂立志振兴，加以改革。

葛寅亮的南京佛教改革，自万历三十二年（1604）十二月清查三大寺寺租开始，至万历三十六年（1608）告病回乡，历时三年多而止。其改革主要有以下几方面内容。

1. 清田定租，恢复寺院经济。针对八大寺等寺田流失、寺租艰征无着、寺贫僧穷的状况，葛寅亮运用行政和司法手段，清返寺田，确定租额，每亩各冬租米一斗五升至四斗不等、夏麦银三分至七分不等，“大约律以国初原额，则仅及其半而稍溢焉；律以民间常额，则几及其半而尚缩焉”。他还制定条约，对寺租征收、起运、保管等作出详细规定。

2. 考选僧官、住持、牒僧等，制定各项僧规条例。葛寅亮整顿八大寺官住、住持考选制度，废除抓阄，恢复考试佛经，由南京礼部堂官阅卷，决定去取。确定各寺牒僧额数，凡食粮牒僧，专以本寺度牒为主。他制定各种僧规条例，包括《请经条例》《各寺租额条例》《各寺公费条例》《各寺僧规条例》《各寺公产条例》，对相关事宜作出详细规定。对中、小寺住持选任，葛寅亮也作出规定，前者由祠祭司“默经考补给札”，后者“径听僧录司选补”。

3. 修拓禅堂。葛寅亮认为，禅僧、禅堂是佛教、佛寺的代表，佛教传承和

① 何孝荣:《葛寅亮与〈金陵梵刹志〉》,《南开学报》2007年第6期。

发展，依靠的是禅僧。清田定租后，葛寅亮在除教寺能仁寺以外的七大寺修拓禅堂，并将各寺租粮十分之二、三拨入禅堂供众。为了保证禅僧安心坐禅，他又制定禅堂规条，对其饭食供应、租粮催征、堂主选补、禅僧焚修等作出具体而详细规定。

4. 创建公塾，振兴寺院教育。葛寅亮在各寺重设寺学，教师称教学僧，寺大者二人，次者一人，“须以通经考前列者充之”；学僧，三大寺各额定150名，五次大寺各额定30名；教学内容，“先之律，以严其戒，继之经、论，以示其义，大都责以禅、讲，而瑜伽无取也”，加强对僧人进行佛学教育。

5. 制定请经条例，方便藏经刊刻和流传。南京大报恩寺有《永乐南藏》经版，供各地僧人前来请印。但管板僧人与经铺勾结，经常勒索拖延，印经物料以次充好。葛寅亮订立印经九等标准，制定详细请经制度，对请经、刻经等作出严格规定。

6. 修复殿堂，改善焚修环境。葛寅亮规定，各寺划拨专门资金，定期修理殿堂。他还限制俗界对佛寺、僧人的干扰、勒索，改善寺院焚修环境。

7. 厘定佛寺统属，加强对佛寺的管理。明初，南京佛寺以灵谷、天界、报恩三大寺为首，“就近分统各寺”。明朝中期以后，分统体制空有其名，大、小寺院仍由南京僧录司统管，“各寺逐月到司具结”，填写遵纪守法保证书。葛寅亮将各寺院分为大、次大、中、小几类，以大寺统次大寺、中寺，次大寺、中寺统小寺，实行三级统属，统属的原则仍是“就近”。这样，南京寺院的统属体制就变为小寺对次大寺、中寺负责，次大寺、中寺对大寺负责，大寺由僧录司“分摄”。当时，计分大寺3所，次大寺5所，中寺38所，小寺130所。后来，又对各寺院实行十家牌法，使“十房互察”，增用世俗的管理方式加强对寺院的管理。这样，各寺之间既有互相统属的纵向管理，又有横向的联保联防，形成纵横交错的管理网。

8. 刻石刊册，汇而成志，巩固改革成果。葛寅亮在南京进行佛教改革，下令对清定后的寺田疆界、寺租数额、往来公文等刻石立碑。他“复虑载籍无存，无以征信将来”，乃编撰《金陵梵刹志》，著录南京各寺状况及其佛教改革成果。

葛寅亮的南京佛教改革，是由他主导的以南京礼部名义推行的自上而下的佛教改革，也是当时涉及区域最大、佛寺最多、僧人最众的佛教改革。完备而周详的改革措施，因其强力推行，暂时得到了落实，取得了一定成效。以清田定租、恢复寺院经济言，南京八大寺不仅恢复了原有成百上千亩的公田，而且土地收益得到了保护，都从公田中收取到相当可观的银、米，原来“寺废僧穷”、“蚁僧不无逃窜”、“所入仅足完官”、寺僧“哓哓”的状况不见了，代之而起的是八大寺都银、米满仓，经济实力雄厚，不仅各额定赡僧千人至百人不等，众僧口粮、日常焚修有了保证，而且官住、教学等僧还有相当丰厚的俸银，每年各寺院尚有余银用于修理圮废的寺院殿堂，面貌一新；以考选僧官、住持、牒僧等，制定各项僧规条例言，原先南京佛寺内部管理混乱、腐败，僧规尽弛，至此建立了一整套的佛寺内部规章和管理制度。时人沈德符《万历野获编》卷二十七记载了其亲眼所见的葛寅亮改革后的南京各大寺的僧官、住持、各执事的考选情况：

两京僧人，俱属祠部。每缺住持，则祠部郎中考其高下，以居首者填补。

往游金陵，见三大寺首僧仪从甚都。盖灵谷、天界、报恩三大刹为最，所领僧几千人，而栖霞等五寺次之。灵谷寺住持，年甫弱冠，姿貌清粹，出考卷见示，则皆四股八比，与儒家无异，亦有新词绮句。其题则出《金刚》《楞严》诸经；其入选者，亦称祠部郎为座师，呼其同辈为敞寅，堪为破颜……尝见天界寺廊庑出示。推升诸僧职事，则云：某人升首座，某人升维那诸职，其后着年月用印，一如铨曹文榜。但不知他寺何如耳 。

僧官、住持、执事等考选完全模仿科举考试，“堪为破颜”，虽令人发笑，但其制度化、专业化却是不争事实。严整、专业的制度，保证了南京佛教、僧团有效地运作。以创建公塾、振兴寺院教育言，经过寺学学习的僧人，其对佛学的了解和掌握会更深入、更全面，对改变日益严重的僧人素质下滑、佛学不振局面无疑大有裨益。总之，葛寅亮的改革使南京佛教得到一定程度的振兴，所谓“其教既用复振”，成为全国的样板。葛寅亮“留意振刷”，进行改革，“众誉烨然”。

但是，葛寅亮的南京佛教改革却不为当时社会所容。其改革从清田定租开始，而侵占寺田尤其是八大寺寺田者多是那些势豪权宦，清田定租就得与他们斗争。清田定租取得了胜利，也得罪了强占谋吞寺田的势豪权宦。葛寅亮着力恢复寺院经济，也逼使佃户增加了租额负担。因此，清田定租在一定意义上说是薄民众而厚僧人，损百姓而益缁流，朘削“吾民”而优养“异端”，得不到佃户、地方官的支持，正统的士大夫也不以为然。万历三十六年（1608），一些势豪权宦怂恿诸生诬辱葛寅亮，所谓“阴鼓诸生，煽揭动摇”，同事无为其辩护者，甚至附和攻击，葛寅亮被迫引疾辞官。其后，继任者废止改革，南京佛教改革遂告失败。

四、《金陵梵刹志》的价值

《金陵梵刹志》计53卷，卷首有自序及凡例，卷末有时人郑三俊后序。正文部分，卷一《御制集》，收录明太祖佛学论文、诗文近80篇；卷二《钦录集》，收录明代诸帝有关佛教的诏敕法令等，起自洪武五年（1372），迄于宣德五年（1431）；卷三至卷四十七，分别介绍明代包括灵谷寺、天界寺、大报恩寺三大寺以及栖霞寺、鸡鸣寺、静海寺、能仁寺、弘觉寺五次大寺及其所分统各中、小佛寺的各方面情况，涉及佛寺位置、沿革、统属、殿堂、公产、山水、古迹、人物（附参讲、栖览）、记文、传记、诗歌等，另有灵谷寺等10所佛寺寺图分置各寺卷前；卷四十八著录废寺，包括保宁寺、法王寺、龙光寺、枳园寺、祇洹寺、铁塔寺、湘宫寺、宋兴寺、安乐寺、净妙寺、同泰寺、证圣寺、报恩院、报慈道场等14所明代以前毁废的名刹，搜罗相关诗文、僧人传记等；卷四十九《南藏目录》，著录《永乐南藏》所收录经、律、论等的千字文号、著述名称、卷数、经版数量等，并附《请经条例》；卷五十至五十三，分别是《各寺租额条例》《各寺公费条例》《各寺僧规条例》《各寺公产条例》，备载葛寅亮制定的各项僧寺法规条例。可见，《金陵梵刹志》既是葛寅亮著录南京各寺状况及其佛教改革成果的著作，更是一部不可多得的明代南京佛教寺院总志。

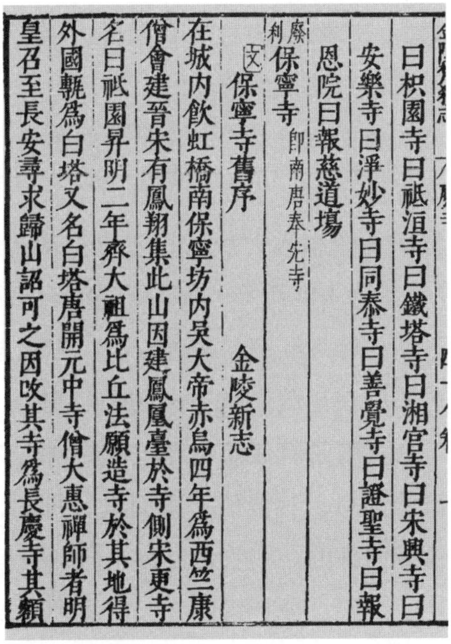
曰枳園寺曰祗洹寺曰鐵塔寺曰湘宮寺曰宋興寺曰
安樂寺曰淨妙寺曰同泰寺曰善覺寺曰證聖寺曰報
恩院曰報慈道場
廢刹 保寧寺 即南唐奉先寺
文 保寧寺舊序 金陵新志
在城内飲虹橋南保寧坊内吴大帝赤烏四年爲西竺康
僧會建晉宋有鳳翔集此山因建鳳凰臺於寺側宋更寺
名曰祇園昇明二年齊太祖爲比丘法願造寺於其地得
外國甎爲白塔又名白塔唐開元中寺僧大惠禪師者明
皇召至長安尋求歸山詔可之因改其寺爲長慶寺其額

图8 《金陵梵刹志》书影

归纳起来，《金陵梵刹志》有以下几方面的价值。

首先，它对研究明史、明代佛教史等有重要价值。清人编《四库全书总目》，批评《金陵梵刹志》“略如志乘之体，编次颇伤芜杂”，这种批评是十分偏颇的。《金陵梵刹志》“昉杨衒之《洛阳寺记》，而体裁不同”，不仅“述雄观”，亦“兼饬祠政”，虽然超出传统的志书体例，却为我们今天留下了许多十分难得的史料。例如，该书卷一《御制集》收录的明太祖佛学论文、诗文近80篇，最为齐全。卷二《钦录集》，收录

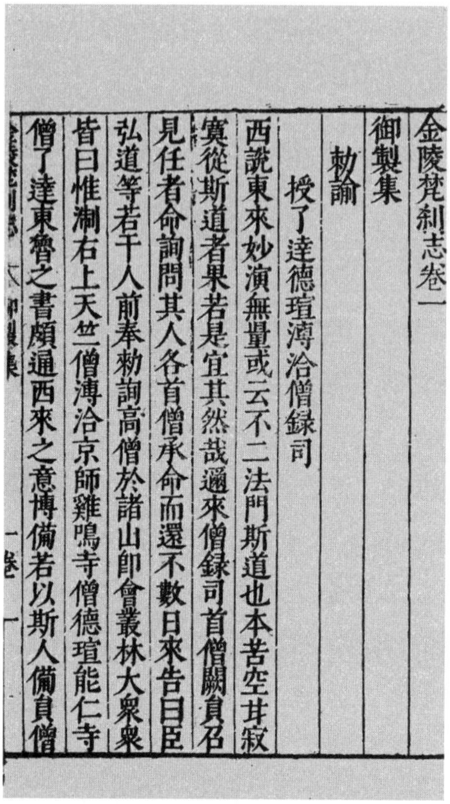
金陵梵刹志卷一
御製集
勑諭
授了達德瑄溥洽僧録司
西說東來妙演無量或云不二法門斯道也本苦空甘寂
寞從斯道者果若是宜其然哉邇來僧録司首僧闕員召
見任者命詢問其人各肖僧承命而還不數日來告曰臣
弘道等若干人前奉勑詢高僧於諸山即會叢林大衆衆
皆曰惟淛右上天竺僧溥洽京師雞鳴寺僧德瑄能仁寺
僧了達東魯之書頗通西來之意博備若以斯人備員僧

图9 《金陵梵刹志》书影

明代诸帝有关佛教的诏敕法令等。其中，洪武年间设立僧道衙门的法令、整顿佛教的《申明佛教榜册》、僧人《避趋条例》等，均为原文收录。关于洪武年间僧、道录司的设立，《明太祖实录》《大明会典》等明代官私史籍都记载为洪武十五年（1382）四月设立，并颁布相关条例。而据《钦录集》，僧、道录司的设立，是在洪武十四年（1381）六月提出条例方案，至次年四月除授各官，并公布洪武十四年六月拟定的条例。明末释幻轮编撰《释鉴稽古略续集》，即抄录该文件。《申明佛教榜册》《避趋条例》等，也赖该书得以保存。这些，对研究明太祖的佛教政策、研究明太祖个人极具价值。而我们知道，明太祖的佛教政策是明朝佛教政策的基础，它对明代乃至清代以来的中国佛教具有决定性影响 。再如，该书卷二《钦录集》收录明成祖对编辑、校勘大藏经的多次谈话，他下令焚毁道教伪经《太上实录》，声称“我敬佛，他谤佛，留了我心不喜”，活泼而生动，显示了明成祖对编校大藏经的关心和参与，昭示出他对佛教的崇奉态度。成祖以“靖难”夺得帝位后，以徐皇后的名义伪造《大明仁孝皇后梦感佛说第一希有大功德经》二卷，借以宣扬自己造反、夺位的“合法性”。但是，当僧一如等要求将该伪经编入大藏时，明成祖却表示：“荒唐之言，不要入。”这些史料，连《释鉴稽古略续集》都没有录入，对我们研究明成祖无疑十分珍贵。再如，关于明代佛寺经济，各种方志、寺院志乃至四部文献中很少记载，而《金陵梵刹志》则在记载南京180余所佛寺时，详列各寺土地数量、寺田经营、房产商业等，并附录有数篇寺田租税的判决文书，为我们提供出极为珍贵的明代佛寺经济的史料，其价值不言而喻。再如，《金陵梵刹志》记载了葛寅亮等人订立的佛寺内部的一些管理制度，包括僧官的迁补、住持的选任等寺政管理制度，公产、公田、公费等佛寺经济管理制度，以及寺学等佛寺教育管理制度。这些史料，也为他书所无，对于我们研究明代佛教、明代历史无疑具有很高的价值。

其次，它对研究南京佛教史具有重要价值。佛教自东汉末年传入南京，南朝先后建都于兹，南京佛教盛极一时。南朝以后，南京政治地位下降，佛教时有兴盛，继续发展。到了明代，南京先后作为首都和留都，政治地位提高，再次成为全国的重要佛教中心，佛寺大量修建，为南朝以后又一高峰。记载南京佛寺的著作，在明朝以前，主要有唐释清澈的《金陵寺塔记》36卷，唐释灵偘的《摄山栖霞寺记》1卷。但是，二书不久皆亡佚，“第名载于史志耳”，遂使四百八十寺之盛，考证无据。葛寅亮则通过广征博考，搜罗经史子集四部之文，考订当时各寺以及一些历史上有影响而当时已经废毁的佛寺的历史变迁、典故、名僧、艺文，为后人了解、研究明代以前南京佛教、佛寺提供了便利。其后，清人刘世珩撰《南朝寺考》，即经常引用《金陵梵刹志》。而且，《金陵梵刹志》记载登录明代南京各寺的位置、殿堂、基址四至、公产乃至各种条例，多来自实地调查、各寺报告，主要是第一手资料，其对明代尤其是明代后期南京佛寺方方面面的记载，更为真实可信，其价值自然更高。

第三，《金陵梵刹志》明确记载明代南京各寺寺址四至，尽列各寺之雄观胜景，也对今天的南京城市建设、旅游开发有重要的参考价值，富于现实意义。最显著的事例，就是大报恩寺及其中的琉璃塔的记载。该塔“规模雄丽，得未曾有”，开创了中国琉璃塔的先河，是我国古代建筑琉璃艺术的最高成就。太平天国运动期间，塔毁于兵火。到了后代，寺亦不存。不过，其寺址、殿堂以及琉璃塔雄观伟姿却在《金陵梵刹志》中得以寻觅。当代设立大报恩寺遗址公园，重建大报恩寺塔，即主要依据《金陵梵刹志》的相关记载。如今，大报恩寺遗址公园以及其中重建的大报恩寺塔，已经成为南京一处著名的文化景点，对南京城市建设、旅游开发有很大的促进作用。

另外，对于南京佛教乃至中国佛教界，《金陵梵刹志》的相关记载，如其中的各种管理制度等，也不无借鉴意义。

总之，《金陵梵刹志》体例谨严，搜罗完备，在中国古代佛寺志中别具一格。它保存了众多的明代佛教、南京佛教史料，为他书所不载，具有较高的学术价值，对相关研究乃至今天的南京城市建设、旅游开发等均有重要意义。

五、版本源流

《金陵梵刹志》是葛寅亮任南京礼部祠祭司郎中时编撰的，著录南京各寺状况及其佛教改革成果。万历三十五年（1607）正月，该书“发南京僧录司刊”。不久，他“适请告去”。天启六年（1626）十月，葛寅亮任南京尚宝司卿，为《金陵梵刹志》补序而复刊行。

民国25年（1936），镇江金山江天寺僧人惟光以所藏天启补刻本，配补江苏国学图书馆藏本，又取明代集部钞补校勘，在上海影印出版。现在最常见的有1980年台湾明文书局出版的“中国佛寺史志汇刊”本，1996年江苏广陵古籍刻印社出版的“中国佛寺志丛刊”本，1997年齐鲁书社出版的“四库全书存目丛书”本，2002年上海古籍出版社出版的“续修四库全书”本等，皆据民国校勘本影印。

南京图书馆藏有《金陵梵刹志》万历三十五年初刻本，天津图书馆藏有天启补刻本（卷三十二、三十三、三十四为抄配）。2007年8月，作者依据民国校勘本点校《金陵梵刹志》，由天津人民出版社出版。2011年，该点校本又经修改体例，收入《南京稀见文献丛刊》由南京出版社出版。2013年，《金陵全书》收录的《金陵梵刹志》以南京图书馆馆藏明万历三十五年初刻本为底本，由南京出版社原大影印出版。

南开大学历史学院研究员、博士生导师　何孝荣

大明册府各志总贯

《后湖志》导读

我国自古以来就有盛世修志的传统。地方志作为我国历史文化的瑰宝，不仅源远流长，数量浩大，而且名目繁多。就记载的行政区划层次来讲，可分为一统志、省志、府志、州志、厅志、市志、县志、都邑志、乡镇志等；就记载的内容属性来讲，可分为山水志、风土志、名胜志、官署志、宫殿志、祠庙志、陵墓志、书院志、人物志、艺文志等。明代《后湖志》堪称是其中的一朵奇葩，它名曰湖泊志，实际上是一部国家档案馆志。[①]由于明代黄册（户籍档案）保存下来的极为罕见，因此《后湖志》中保存下来的史料弥足珍贵，对于研究明代黄册制度、土地制度、里甲制度以及户口、赋役、财政、教育等，都有很高的参考价值。

一、“金陵莫美于后湖”

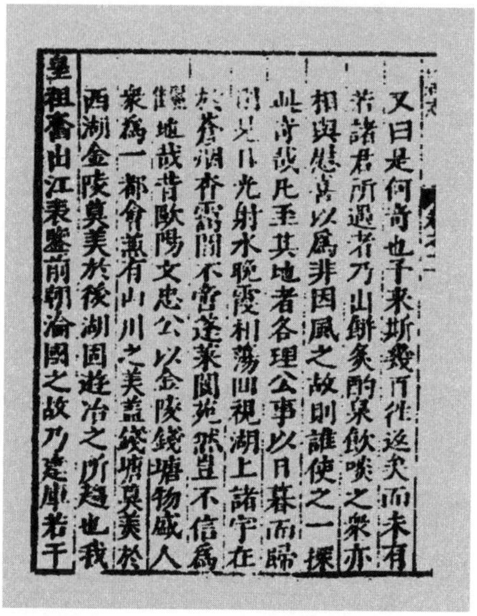
又曰是何奇也予來斯幾亓往返矣而未有
若諸君所遇者乃山餅炙酌泉飲唉之衆亦
相與慇懃以爲非因風之故則誰使之一揆
此奇哉凡至其地者各理公事以日暮而歸
闕見日光射水晚霞相蕩回視湖上諸宇在
於蒼烟杳靄間不啻蓬萊閬苑然豈不信爲
僊地哉昔歐陽文忠公以金陵錢塘物盛人
衆爲一都會兼有山川之美蓋錢塘莫美於
西湖金陵莫美於後湖固遊冶之所趨也我
皇祖嘗由江表鑒前朝淪國之故乃建庫若干

图1 《后湖志》书影

后湖即今天的玄武湖，素有“金陵明珠”之称。明代计宗道在《过后湖记》中称：“钱塘莫美于西湖，金陵莫美于后湖。”

据1927年翁文灏在《地质学报》发表的《中国东部中生代以来之地壳运动及火山活动》一文，在侏罗纪末、白垩纪初（距今约一亿年前），以河北燕山为中心的地壳运动——燕山运动，影响了我国中东部大部分地区，宁镇山脉即形成于此时。到了大约1000万年前，南京

① 南京市地方志办公室编:《南京历代名志》,南京出版社,2017年,第156页。

地区地壳抬升，地表受到流水侵蚀，南京段长江、秦淮河、滁河才相继形成。玄武湖大致就形成于这一时期。

后湖名称特别多，蕴含着丰富的历史文化内涵，也承载了后湖在历史上功能的变迁。

后湖位于南京钟山西麓。古名桑泊，又名秣陵湖、蒋陵湖、北湖、玄武湖、真武湖、练湖、习武湖、昆明池、饮马塘、禁湖、荷花湖等。[①]

229年，孙吴立都建业，因该湖位于宫城之后，故名后湖。东晋时，称北湖。南朝刘宋元嘉二十五年（448）四月湖中见“青龙”，五月又见“黑龙”，玄武湖由此得名。南朝宋、齐、梁、陈时，在此操练水军并阅兵，故又称习武湖、昆明池。

六朝时期，后湖西北与金川河相接，通往长江，是水军北伐的根据地；南与都城建业（东晋南朝称建康）城北的潮沟相连，将金川河水系与秦淮河水系连为一体，对南京城内外的河流水位起调节作用。

北宋初年，玄武湖尚有周围约四十里的面积，能够灌溉百顷耕田。《太平寰宇记》卷九十《江南东道二》载：“玄武湖，在（上元）县西北七里。周回四十里，东西两派，下水入秦淮。春夏深七尺，秋冬四尺，灌田一百顷。”宋真宗天禧年间（1017—1021），玄武湖开始出现部分淤塞。据《宋史》卷九十六《河渠志六》记载：“天禧元年，知昇州丁谓言：‘城北有后湖，往时岁旱水竭，给为民田，凡七十六顷，出租钱数百万，荫溉之利遂废。令欲改田除租，迹旧制，复治岸畔，疏为塘陂以畜水，使负郭无旱岁，广植浦�，养鱼鳖，纵贫民渔采。’”天禧四年（1020），改为放生池。北宋神宗熙宁八年（1075）十一月十一日，被贬职为江宁府尹的王安石给宋神宗上《奏请废湖为田疏》，得到批准，将后湖变为农田。

南宋绍兴二年（1132），赵善湘增收后湖田租，遂成为定例。

此后，南京水患不断。元朝大德五年（1301）和至正三年（1343），南京地方官两次疏浚玄武湖，才改变南京水患的局面。

明初，朱元璋选择后湖作为贮藏国家黄册之地，明代杨廉在《后湖志·序》称：“盖后湖之周遭四十里，中突数洲……诚天而造地设者也。其为图籍万年之计，殆无逾于此矣。”[②]明朝正德年间的南京户部主事计宗道曾到玄武湖

① 黄永武编著：《玄武湖史话》，南京出版社，2009年，第6—10页。

② （明）赵官等编，万文彩、陆凤仪等重修：《后湖志》，《金陵全书》甲编·方志类·专志3，南京出版社，2013年，第166—167页。

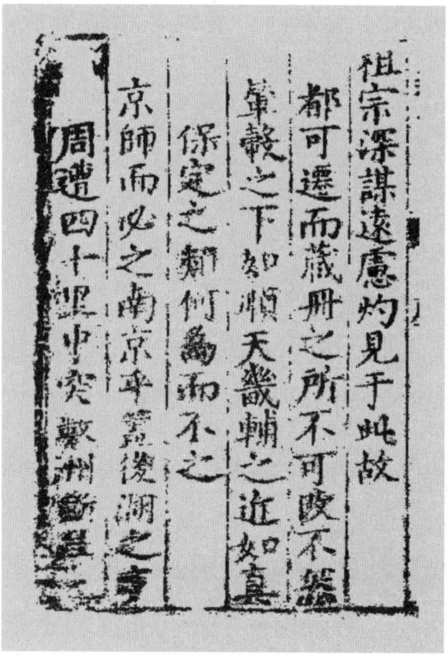
祖宗深謀遠慮灼見于此故
都可遷而藏冊之所不可改不[illegible]
輦轂之下如順天畿輔之近如真
保定之類何爲而不之
京師而必之南京乎[illegible]後湖之吏
周遭四十里中突數洲斷[illegible]

图2 《后湖志》书影

库房核查图籍，作《过后湖记》写道：

凡过湖，必出自太平门。命舟而行，可七八里许，一望渺漫，光映上下。微风播扬，文漪聿兴。荡漾于烟波之上，莫不气舒襟豁，情畅神爽。见之者，若游仙焉。余间立四顾，其嵯峨霄汉之表、王气郁葱而峙乎东南者，钟山也；叠连如屏如帏，在西北者，幕府山也；峦岭偃蹇、盘伏于地，而松森其上者，覆舟山也；挺拔而凸出城头、殿阁参差、浮屠耸空者，鸡鸣山也；山东、西一带列如悬榜者，世传台城也；崚嶒冒水而出者，岛屿也。旁视三法司公所，隐隐错落云水之湄。重岗叠阜，遥连于其外，翔然而鸾凤峙，腾然而蛟龙走矣。

有明一代，后湖既迎来了历史上的又一个辉煌荣耀时期，同时也是最为封闭的时期。因为明朝政府将黄册库设置在后湖湖心岛上，收藏全国各地送来的黄册，后湖遂成为禁区，又有“禁湖”之称。《后湖志》卷一《事迹一》称：“国朝平定海宇，始贮天下册籍于湖之中洲，防范有法，司事有官。遂为一代禁地，人不得窥伺矣。”另据明朝习孔教《后湖志·明远堂记》记载：“明兴，收天下图籍，贮之玄武湖，设科、部官各一人，专司其事，著为厉禁。”直到明代后期，后湖才开始逐步回到人们的视野。明穆宗隆庆年间（1567—1572）画家文伯仁所绘的《金陵十八景》中，第十四景为后湖东岸的“太平堤”。明神宗万历年间（1573—1620），由著名的南京状元朱之蕃编写、陆寿柏绘图的《金陵四十景图咏》，将后湖作为第十景，取名为“平堤湖水”。

清代，后湖成为湖民捕鱼之所。为避康熙帝玄烨名讳，更名“元武湖”。清康熙年间（1662—1722），“金陵八家”之一的高岑应邀为官修志书《江宁府志》绘制《金陵四十景》，其中第二十一景为“后湖”。宣统元年（1909），时任两江总督的端方，在筹办南洋劝业会时，为方便游览者，决定在靠近会场的明城墙上新辟一门（未及完工，端方调任直隶总督，继任者张人骏于1910年完成这项工程），取名丰润门（1928年改为玄武门），并筑新堤，设游览线，扩大了湖内绿地。从此，玄武湖成为真正意义上的公园。清宣统年间（1909—

1911)，徐藻编绘的《金陵四十八景》中，后湖以“北湖烟柳”名列第十四景。

1928年，玄武湖正式辟为五洲公园，因遍植荷花，又名“荷花湖”。1949年，新中国成立后改名为玄武湖公园。

由上可见，后湖拥有天然之湖、水利之湖、战争之湖、粮食之湖、档案之湖、名胜之湖的多重属性，是南京不可多得的自然和文化相融合的文化遗产。其中，明代南京后湖作为国家档案馆——黄册库所在地，在我国湖泊史上堪称特例。

二、明代国家档案馆

我国历史上著名的档案馆有宋元时代贮藏文牍案卷的架阁库，明清时期贮藏皇家档案的皇史宬，以及明代贮藏全国户籍和土地档案的黄册库。其中，唯有明代的南京后湖黄册库有专门的志书。

明朝洪武元年（1368），朱元璋在南京建立大明王朝。为了巩固封建统治，洪武十四年（1381），明太祖朱元璋诏令全国各府、州、县编制赋役黄册，作为征调赋税和徭役的依据。《后湖志》卷九《事例六》记载：“黄册关系国计至重，天下钱粮徭役根本于此。”卷十《事例七》记载：“黄册备载天下户口田粮，军、民、灶、匠之区别，民生物产之登耗，皆系于此。”

黄册每十年编制一次（明朝人称作“大造黄册”或“攒造黄册”），从洪武十四年（1381）至崇祯十五年（1642），共编制了27次。每次编制后送往后湖收贮的黄册达6万本。据栾成显所著《明代黄册研究》一书中的考证，每次的编制过程大体有六个环节：一是户部奏准，晓谕天下；二是各户依式亲供；三是攒造里册，编排里甲；四是汇编司府州县总册；五是解册收贮；六是驳查补造。

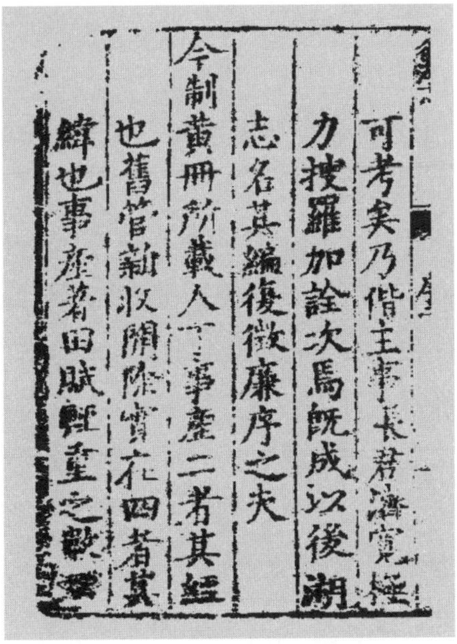
可考矣乃偕主事長君海寬極
力搜羅加詮次焉既成以後湖
志名其編復徵廉序之夫
今制黄册所載人丁事產二者其經
也舊管新收開除實在四者其
緯也事產著田賦輕重之數

图3 《后湖志》书影

黄册制度既是明代的户籍制度，也是明代的赋役制度。它以户为单位，每户详列乡贯、姓名、年龄、丁口、田宅、资产等，逐一登记在册。据《明

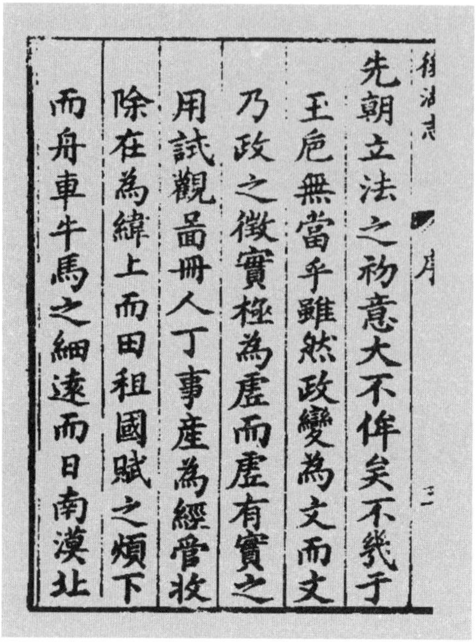
後湖志 序 三
先朝立法之初意大不侔矣不幾于
王危無當乎雖然政變為文而文
乃政之徵實極為虛而虛有實之
用試觀圖冊人丁事產為經管收
除在為緯上而田租國賦之煩下
而舟車牛馬之細遠而日南漠北

图4 《后湖志》书影

史》卷七七《食货志一》记载：“册凡四：一上户部，其三则布政司、府、县各存一焉。上户部者，册面黄纸，故谓之黄册。”黄册每册一式四份，分别上报中央户部及布政司、府、县有关机构。因送给户部的一册，封面用黄纸（送给布政司、府、县的其他三份封面用青纸），故称黄册。到崇祯十五年（1642）最后一次编制黄册为止，黄册制度在明代一共存在了260余年，几乎与明王朝相始终。

黄册制度在明代不同时期起过不同的作用，对明代的政治、经济等各个方面产生了深远的影响。“夫今制黄册所载人丁、事产二者，其经也；旧管、新收、开除、实在四者，其维也。事产，著田赋轻重之数……人丁，著户口登耗之数。”“试观图册，人丁、事产为经，管收、除在为纬，上而田租国赋之烦，下而舟车牛马之细，远而日南漠北、闽滇瓯粤之区，近而圭窦荜门、畎亩沟塍之处，莫不具载。盖赤县黄卢指诸掌上，玄鬓白发近在目前也。”

为了确保全国各地送来的黄册得到妥善保管，朱元璋选中了京城南京城北后湖中的旧洲（祖洲）等几座小岛。据《明史》卷七十七《食货志一》记载：“上户部者，册面用黄，故谓之黄册。年终进呈，送后湖东西两库庋藏之。岁命户科给事中一人、御史二人、户部主事四人厘校讹舛。”另据《明会典》卷四十二记载，洪武二十四年（1391），明太祖朱元璋“令各处布政司及直隶府、州、县，并各土司衙门所造黄册，俱送户部转送后湖收架”。此后，有明一代，尽管都城迁到北京，后湖作为黄册的贮藏地点，始终沿袭未变。明代杨廉《后湖志・序》写道：“太祖高皇帝建都金陵，藏天下黄册于后湖。至太宗文皇帝定都北平，诸司庶务类多随驾以北，独后湖之藏不动如故。祖宗深谋远虑灼见于此，故都可迁，而藏册之所不可改。” 明代韩国藩《后湖志・后序》亦写道：“我太祖高皇帝混一寰宇，建都白下，举版籍贮于斯。成祖文皇帝再造区夏，定鼎北平，仍举版籍贮于斯。列圣相承，率由弗改，岂非以规制尽善，内可远祝融，外可防窥伺。虽圣人代起，不能复易欤。”

明朝时期，相关官员、工作人员和来自全国各地的黄册，必须在太平门外的检阅厅，接受严格的“安全检查”，才能登船，前往黄册库。据正德年间主管黄册库的南京户科给事中赵官《重修湖口检阅厅记》记载：“南京太平门外，有水浩淼泓澄而汇于钟山之阴者，后湖也。湖之东南涯，去城阙可半里，是为湖口济渡之处，有检阅厅焉。厅以检阅名，所以遵国禁也。旧例，每五日一次过湖，则司湖事者晨起陟厅上，检阅官、生、吏、隶、匠役。若两京十三省之负版者，稽其文移，录其姓氏，按其奸伪，严其关防。候内监之锁钥至，而放舟以入焉。暮还，复锁其舟故柱，躬验之，加封识焉，然后归。”

在太平门外，曾经竖有“南京后湖”牌坊，使天下运送黄册到南京后湖来的人知道方向。据《后湖志》卷九中嘉靖元年（1522）南京户科给事中易瓒“为添筑后湖墙垣，以杜不虞以保全版图事”的奏章：

臣看得后湖四面周围约有二千八百余丈。西、南二面俱有城墙，可恃为险；东、北二面，自太平门起，至神策门止，一千三百余丈，旷野平川，防守甚难，干系匪轻。……除西、南二面原有城墙不筑外，即将东、北二面一千三百余丈平地，躬诸处所勘验，估计兴工。拨用各卫歇操军士，坚筑墙垣，务在速成。太平门外，仍于湖口竖立坊牌一座，名扁“南京后湖”，使天下解册者知所趋向。

自洪武十四年（1381）至明朝万历三十年(1602)，后湖黄册库由库房9间发展到667间，收贮黄册由53393本增加到1531458本，库匠晾晒者也由最初的寥寥可数发展到183名。此后，册库还在不断增加，至明代末年，收藏的黄册数量达200余万册。后湖不仅成为明代专门收贮全国赋役档案的中央档案库和中国古代规模最大的国家档案馆，也是世界上规模最大的档案馆之一。

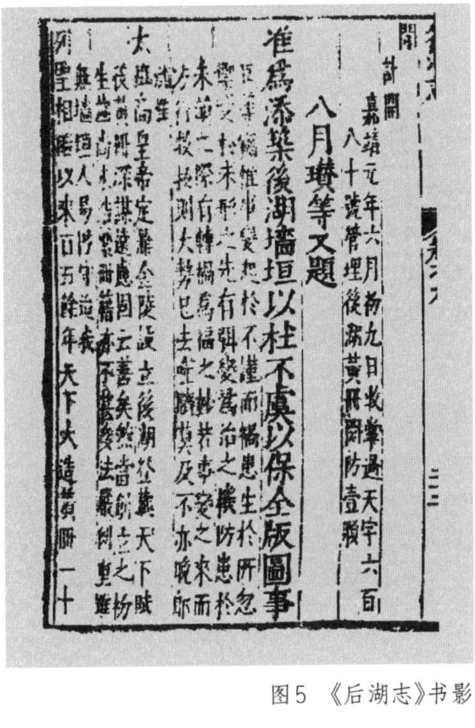
准
為添築後湖墻垣以杜不虞以保全版圖事
八月瓚等又題

图5 《后湖志》书影

《后湖志》的主要编纂者赵官在后记中对后湖黄册库的收藏数量之多、保存之全、管理之严、保护之佳赞美有加，现抄录如下：

正德辛未秋，承乏补南京户科给

事中，实司是事。莅湖之初，因历览洪武以来册库，及诸制度禁例之详，然后仰叹祖宗贻谋之尽善，而非前代之可跂及也。今姑就其易见者言之。如，民数之多包乎四海，则舆图广矣；府库之藏垂及万年，则版籍全矣（洪武以来册籍，各处多散佚废缺，惟后湖独全）。编造有定式，而隐漏伪增之弗容，则奸弊除矣（如洪武十四年编造黄册及二十四年奏准格式之类）。往来有定期，而舟楫、火烛之必禁，则窥□绝矣（如洪武二十四年，令五日一次过湖，收掌锁钥，禁革往来、火烛之类）。以至清查之有法（如大造委官会查，及各处查军民间籍，不许概都之类）。晾晒之有时（如令官员□生人等，五日晾晒，及册库有窗东西向之类）。巡视之有人（如巡湖职各之类）。而侵越之有禁（如置立界碑，禁绝樵采之类）。盖虽一湖之中，而宏规远范实见乎此，则所谓册如铜版者，岂欺我哉！

三、薪火相传著名志

后湖因其贮藏黄册而有专志，这在我国历史上可谓是空前绝后之举。

有明一代，后湖黄册库的管理者初为中央六部之一的户部侍郎，后改为由一名户科给事中（相当于今天的国家档案馆馆长）和一名户部主事（相当于今天的国家档案馆副馆长）共同管理。

据明朝万历四十年（1612）南京户科署管后湖事、南京礼科给事中晏文辉的奏章：“高皇帝定鼎金陵，首重图籍。相度后湖周环四十里，中有数大洲，相继创造，可藏千万年之版册。规模盖甚宏矣。初摄以户部侍郎，后改为户科一给事中、户部一主事专督，巡湖有役，过湖有舟，操舟有人，系舟有锁，其匙掌于大内。”由此可见，对于后湖黄册库的管理，从上到下，形成了一套完整的制度。

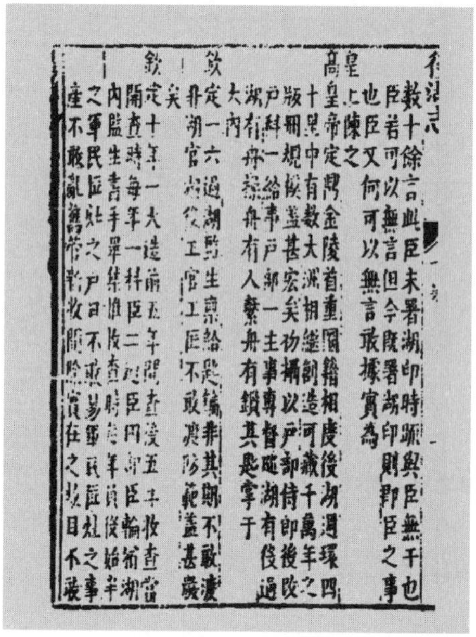

图6 《后湖志》书影

后湖黄册，旧无专志。据赵官《后湖志·记》记载：正德六年（1511）秋，赵官担任南京户科给事中，管理后湖黄册。上任后，他历览后湖从洪武以来所建册库，以及相关规章制度，感叹由于时间久远，当年的所制订规章制度“散逸磨灭”，让后来者“茫然无所执持，懵然无所遵守”，而后湖黄册记载的天下户口和田赋关系到国计民生，于是产生了编写《后湖志》的想法。他的想法得到了南京通政使司右通政杨廉和南京太常寺少卿罗钦顺的支持，他们主动承担这部书的审校工作，给了赵官极大的鼓励。杨廉在《后湖志·序》中也写道：“给事赵君惟贤来莅后湖，谓湖中诸例甚多，不有以集之，将至于散乱而不可收，磨灭而不可考矣。乃偕主事张君济宽极力搜罗，加铨次焉。既成，以《后湖志》名其编，复征廉序之。”

正德八年（1513）春，赵官与南京户部广西司主事张愈严（即张济宽）开始“参互考订”，编纂《后湖志》，至正德九年（1514）秋，八易其稿，成书8卷（即《事迹》3卷，《事例》5卷），另附录诗文2卷。在编纂过程中，赵官最初想仿照司马光《资治通鉴》体例，不收诗文，以示严谨。后来有人说诗文可以增加该书的故事性，弥补正文的不足，因此，将诗文作为附录收入书中。“于是湖之源流，库之规制，图籍之目，官职之守，禁令之条，莫不粲然可见。……读之，又可以想见湖中景物之胜，乐近同于鱼鸟，忧远系于庙堂。庶几有若人焉，亦可以想见其风采也。”万文彩《后湖志·序》亦云：“后湖，旧未有志。正德癸酉岁，合州赵君惟贤来莅事，爰始创为，于是，湖之沿革、建置、条章、艺藻，莫不粲然备具。”

嘉靖二十八年（1549），距赵官编纂《后湖志》时隔40余年，南京户科给事中万文彩有感于“自癸酉迄今，将及四纪，旧板脱落者半，不堪展阅。凡其所当续与其所未备者，亦复阙如”，于是与李万实等予以增补，将原来的8卷扩充成11卷，其中《事迹》仍为3卷，《事例》由5卷扩至7卷，另增加《古今文艺》1卷作为附录。全书在体例和结构上没有大的变化，但是内容比赵官编纂的8卷本更加翔实。

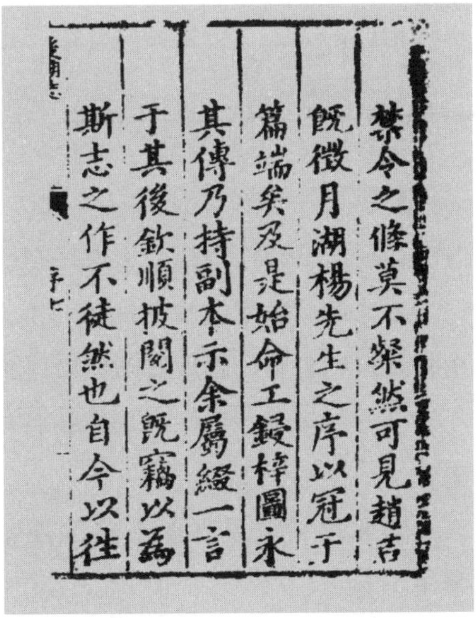
禁令之條莫不粲然可見趙吉
旣徵月湖楊先生之序以冠于
篇端矣及是始命工鋟梓圖永
其傳乃持副本示余屬綴一言
于其後欽順披閱之旣竊以爲
斯志之作不徒然也自今以往

图7 《后湖志》书影

嘉靖四十二年（1563），陆凤仪就任南京户科给事中期间，“窃观天下司、府（州）、县之志，皆有地图，以便一览。《湖志》为各志总贯，而独是

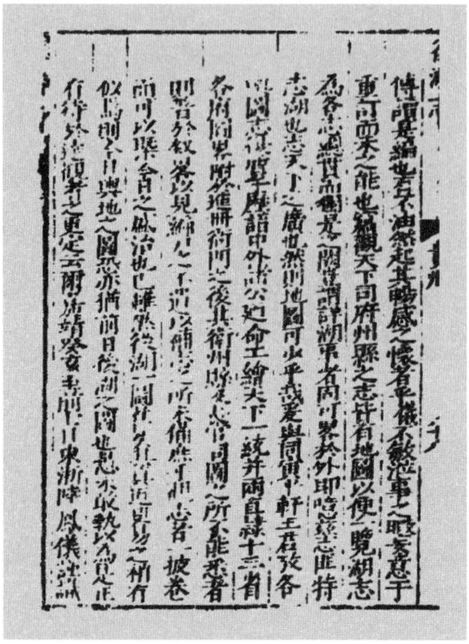

图8 《后湖志》书影

之阙，岂谓详湖事者固可略于外耶？”于是，他与南京户部广西司主事王道广共同考订各地的舆地图，命人绘制《天下一统图》和两直隶十三省各府略图，附于“进册衙门”之后，同时对于原有的后湖图进行重新绘制，使其更加逼真。

万历年间，南京户科等衙门管理黄册给事中、益都张焕，以及天启年间，南京户科署管黄册给事中欧阳调律等，都曾在前人基础上对《后湖志》进行增补。

《后湖志》从明武宗正德年间（1506—1521）起，经明世宗嘉靖年间（1522—1566）、明穆宗隆庆年间（1567—1572）、明神宗万历年间（1573—1620）、明光宗泰昌年间（1620），至明熹宗天启年间（1621—1627）的100多年间，经历了多次编纂修订和完善。正是历朝的不断续修和完善，使得《后湖志》体例完备，结构严谨，详略得当，质量上乘，成为我国古代的一部名志。

值得注意的是，在历次编纂重修过程中，《后湖志》的主要编修者、审稿者、编校者可以开列一个很长的名单，在此，我们根据该书的记载，将相关人员按他们的分工，分别做一介绍，也许可为今天的修志工作者提供借鉴。

1.主要编修者

《后湖志》主要编纂人员有以下4位：

赵官，字惟贤，合州（今重庆合川）人，正德六年（1511）进士，传胪。“在言路直，谅持大体。”正德年间任南京户科给事中，管理后湖黄册库事务。

万文彩，临安（今浙江杭州）人，进士出身。曾任成安知县，嘉靖年间任南京户科给事中，管理后湖黄册库事务。

李万实，南丰（今江西南丰）人，生平不详，嘉靖年间任南京户科给事中。

陆凤仪，兰溪（今浙江兰溪）人，生平不详，嘉靖年间任南京户科给事中。

2.审稿人员

参与《后湖志》的审稿并作序的人员有2位：一位是杨廉，另一位是罗钦顺。两人在《明史》中均有传。

杨廉（1452—1525），字方震，丰城（今江西丰城）人。讲求“居敬穷理”之学，认为文章必以《六经》为本。他自礼乐、钱粮至星历、算术，都知其本末，人称“月湖先生”。父杨崇，曾任永州知府。杨廉少承家学，早年就以文章著称于世。成化末年中进士，授翰林院庶吉士。弘治三年（1490）授南京户科给事中，旋迁南京兵科给事中、南京光禄寺少卿。正德初改任太仆寺卿、南京通政使司右通政，后迁顺天府尹。嘉靖年间，出任尚书。

罗钦顺（1465—1547），字允升，号整庵，泰和（今江西泰和）人，人称“整庵先生”。弘治六年（1493）中进士，授翰林院编修。后迁南京国子监司业。因得罪宦官刘瑾被削职为民。正德年间，刘瑾被诛后复官，调任南京太常寺少卿，再调任南京吏部右侍郎、北京吏部左侍郎。嘉靖年间，任南京吏部尚书、南京礼部尚书。

3.编校人员

参与《后湖志》的编写和校对者有8人。他们是：

张愈严，字济宽，眉山（今四川眉山）人，正德年间任南京户部广西司主事。曾经协助赵官，一起搜集资料，加以编纂。

刘大武，江陵（今湖北江陵）人，南京户部广西司主事。

郭斗，滇南（今云南）人，南京户科给事中。

王学谟，关中（今陕西）人，南京户部广西司主事。

王道广，番禺（今广东番禺）人，南京户部广西司主事。

张焕，益都（今山东青州）人，南京户科给事中。

郑昊，顺德（今广东顺德）人，南京户部广西司主事。

方沆，莆田（今福建莆田）人，南京户部江西司郎中。

此外，应该还有一批具体参与编纂的普通人员，他们成为该书的“无名英雄”。

四、《后湖志》的具体内容

《后湖志》记载的内容以黄册为中心，其他无关的内容一律不予收录。

据《后湖志·凡例》记载：“此书之编，专以国家版籍为主，朝廷制度禁例为重。凡事之不关于此者，不敢滥入。”“凡为志者，必先分野……今以此书为本朝册府而作，非其他志书可比，故不暇及此云。”明代南京户科给事中乐頀

《后湖志·跋》亦称："而此书之志，实天下之版籍，而生民之息耗见焉。……一展卷间，而天运、人事了然在目，可警可鉴。天下国家之为志，孰有大于此哉！"由此可见，《后湖志》是名副其实的我国历史上现存最早的国家档案馆专志。

明朝260余年间，黄册平均每十年编制一次，因此后湖黄册库保存下来的档案数量巨大，内容庞杂，所以《后湖志》的编纂者们只能有所选择。《后湖志·凡例》称："各年黄册户口、事产之数不能尽纪，今姑载国初及弘治十五年、嘉靖二十一年定数，以见登耗之实，庶几有迹可据而足以信后也（如洪武初年据《诸司职掌》《大明会典》，弘治十五年、嘉靖二十一年据本湖奏□之数是也）。"这部书中着重记载了明太祖洪武初年、明孝宗弘治十五年（1502）、明世宗嘉靖二十一年（1542）的定数。

《后湖志》具体内容分为三个部分，第一部分主要有序、敕谕等，第二部分是全书的主体——正文，第三部分是跋。

第一部分内容包括：杨廉正德八年《序》、罗钦顺正德九年《序》，明神宗朱翊钧万历十一年（1583）和明熹宗朱由校天启元年（1621）颁给黄册库的《敕谕》各一道，万历十六年（1588）习孔教《明远堂记》，万历三十九年（1611）高节《序》，凡例，嘉靖二十八年（1549）万文彩《序》，编纂人员名单，目录。

第二部分正文共分为11卷。在正文卷一之前有《后湖图》一幅，上面绘有黄册库在旧洲（祖洲，今梁洲）、中洲（龙引洲，今环洲），和新洲（莲萼洲，今樱洲）的分布情况；在卷二结尾处插有陆凤仪于嘉靖四十二年（1563）所写的《序》。

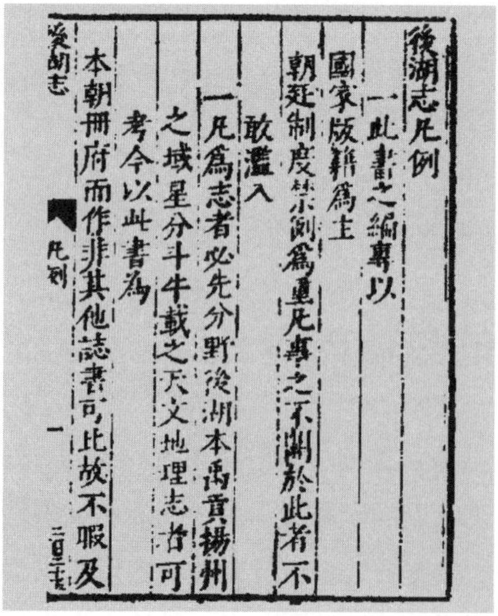
後湖志凡例
一此書之編專以
國家版籍爲主
朝廷制度禁例爲重凡事之不關於此者不
敢濫入
一凡爲志者必先分野後湖本禹貢揚州
之域星分斗牛載之天文地理志者可
考今以此書爲
本朝冊府而作非其他誌書可比故不暇及
後湖志 凡例 一

图9 《后湖志》书影

卷一《事迹一》，内容分为后湖沿革、后湖形胜、民数考略，其中"民数考略"记载先秦至宋徽宗崇宁元年（1102）之间的历代人口数量。

卷二《事迹二》，内容包括明朝建国初及弘治十五年（1502）、嘉靖二十一年（1542）的南北两直隶和十三布政司的黄册数目、黄册户口、黄册事产、黄册库架、进册衙门。其中，"黄册数目”条记载国初有黄册53393本，弘治十五年有黄册67468本，嘉靖二十一年有黄册65859本。“黄册户口”记载国初有10652789户，60545812口；弘治十五年有9691548户，61416375口；嘉靖二十一年有9972202户，62530195口。“黄册事产”记载国初有田土总计8804623顷68亩，夏税麦4691520石，秋粮米24729450石；弘治十五年有田土总计4292310顷75亩，夏税麦5184296石9斗4升，秋粮米24488223石6斗1升；嘉靖二十一年有田土总计4360563顷60亩9分，夏税麦4992134石4斗，秋粮米24198472石9斗。“黄册库架”记载了黄册库在洪武十四年只有9间，此后每十年增加册库30间，册库“东西向，每间前后有窗，以受日色□气。库名，或分东西，或分南北，或分前后，因库势也。每库一间，为册架四座。每架三层，列一木板。架顶用板，盖为披水，以防渗漏焉”。明代李默《孤树哀谈》记载朝向的来历：“洪武初，天下官员三年一朝觐，而凡州县之老人亦与焉。某年朝觐，太祖问一老人曰：‘朕将命工部筑室于后湖之中，以为藏天下黄册之所，然当作何向宜乎？’老人对曰：‘此堂当东西向，庶朝夕皆为日色所晒，而黄册无浥烂之虞也。’”黄册库最初设在旧洲（祖洲，今梁洲），后来发展到中洲（龙引洲，今环洲），最后发展到新洲（莲萼洲，今樱洲）。“进册衙门”记载了各地向南京户部缴送黄册的单位，在弘治十五年总计有1731处，嘉靖二十一年总计有1683处，其中包括南、北直隶及十三个布政司所属的府州县等各级地方政府，还有宣慰司、宣抚司、安抚司、招讨司、长官司、军民府、卫所、巡检司、盐运司、盐课提举司、上林苑监等。在“进册衙门”这一节，附《天下一统图》并两直隶十三省舆地略图，以及嘉靖年间陆凤仪重修时写的序。据陆凤仪《序》可知，这些地图原本没有，是他添加上去的。他认为：“窃观天下司、府、州、县之志，皆有地图，以便一览。《湖志》为各志总贯，而独是之缺，岂谓详湖事者固可略于外耶？噫！兹志匪特志湖也，志天下之广也，然则地图可少乎哉？爰与同寅平轩王君考各舆图志，复质于历谙中外诸公，乃命工绘天下一统，并两直隶、十三省各府略图，附于‘进册衙门’之后。”

卷三《事迹三》，内容包括管册职名、大查职名、巡湖职役、后湖界址、后湖公署。其中，“管册职名”记载了后湖黄册库的管理人员与工作人员，分为官职（官员）、监生（国子监学生）、吏（办事吏）、医生、匠役（包括库匠、水夫）。“国初，户部侍郎带管。宣德年间，钦设户科给事中一员，自张佑始；户部广西清吏司主事一员，自朱信始，专管册籍。正德十五年，始降管理后湖黄册关防。”“大查职名”记载了后湖黄册的核查人员分为官员、监生和吏

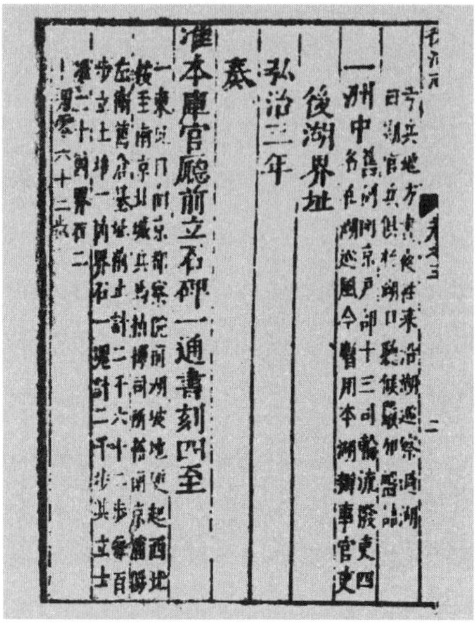
一州中
後湖界址
弘治三年
奏
准本庫官廳前立石碑一通書刻四至

图10 《后湖志》书影

役。值得注意的是，参加核查黄册的国子监学生最多时是洪武二十四年（1391），达到1200人。“巡湖职役”条记载在湖内和湖外均有官兵巡察。“后湖界址”条记载弘治三年（1490）在太平门外官厅前立石碑一通，上书后湖四至：“东北自南京都察院前湖坡地埂起，西北按至南京北城兵马指挥司所辖南京沈阳左卫旧仓基址前止，计二千六十二步。每百步立土堆一个，界石一块，计二千步，共立土堆二十个，界石二十块，零六十二步。西北自沈阳卫旧仓基址起，至神策门城脚下止，计一千六百零三步。每百步立土堆一个，界石一块，计一千六百步，共立土堆一十六个，界石一十六块，零三步。西北自神策门起，东南至太平门止，俱以城垣为限。自太平门起，至南京都察院前止，俱以湖坡为限。”“后湖公署”有两个，一个是户科管理公署，位于红花地巷内；一个是户部管理公署，位于旗手卫巷内。

卷四《事例一》至卷十《事例七》，除了卷四《事例一》有“诸司职掌”外，这七卷的内容主要包括洪武十四年（1381）至天启元年（1621）中间的68个年头编制黄册和攒造黄册格式的诏令，以及历任黄册库官员就户口赋役、黄册制度、编造黄册、晾晒黄册、清理黄册、补造虫蛀黄册、修理册库、预建黄册库房、修理石闸（武庙闸）、修建后湖墙垣、祭祀土地神、国子监生生病等事项所上奏的奏章，还有南北直隶和全国各地布政司、府、州、县衙门定期送交黄册到库的规定和国子监监生在库工作的规章等，对于我们研究明代黄册制度、里甲制度、赋役制度等具有极高的价值。如，“诸司职掌”条写道：“凡各处有司，十年一造黄册，分豁上中下三等人户，仍开军、民、灶、匠等籍，除排年里甲依次充当外，其大小杂泛差役，各照所分上中下三等人户点差。”“洪武十四年”条写道：“诏天下府、州、县编赋役黄册。以一百一十户为里，推丁多者十人为长，余百户为十甲。……每里编为一册，册首总为一图。鳏寡孤独不任役者，则带管于百一十户之外，列于图后，名曰畸零。册成，一本进户部，布政司及府（州）、县各存一本。”

卷十一《诗文》，收录自刘宋颜延之《从上乐游苑中观北湖收田勤苦应诏》，唐代张九龄《北湖》、李白《金陵》、李商隐《玄武湖》，南唐郑文宝《南唐迩事实录》，宋代王安石《奏请废湖为田疏》、刘克庄《郭璞墓》、黄公度《玄武湖》，至明代翰林院奉敕撰写的《册库神文》，以及《后湖志》参与者杨廉《移萱记》、赵官《重修湖口检阅厅记》、佚名《神祠记》等大量有关后湖来历及黄册库的纪事诗文，这是该书的又一大亮点。《后湖志》收录的诗文，尤其是与黄册库有关的纪事诗文，不仅增加了本书的故事性、趣味性，也弥补了正文记载的不足和纠正了野史传闻的讹误。

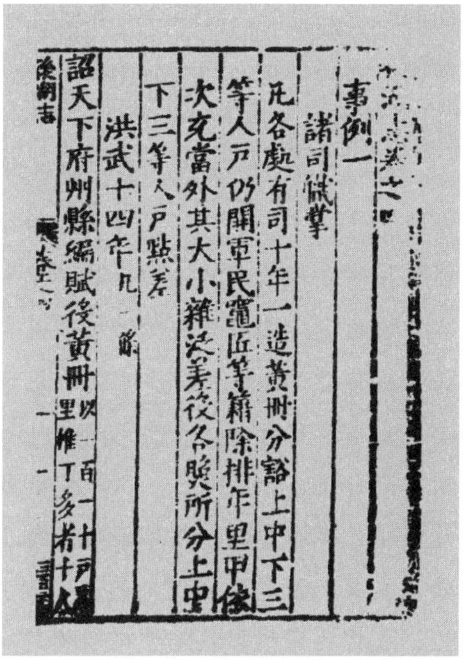
事例一
諸司職掌
凡各處有司十年一造黄冊分豁上中下三
等人戶仍開軍民竈匠等籍除排作里甲依
次充當外其大小雜泛差役各照所分上中
下三等人戶點差
洪武十四年
詔天下府州縣編賦役黄冊

图11 《后湖志》书影

第三部分的跋（或者后记）依次是：明朝正德九年（1514）南京刑科给事中史鲁、南京礼科给事中徐文涛、南京户科给事中乐頀、南京吏科给事中潘棠的《跋》，正德九年（1514）秋八月赵官的《后记》；万历三十九年（1611）南京户部广西清吏司主事韩国藩的《后序》。

赵官、万文彩、李万实、陆凤仪等人所编纂的《后湖志》，突破山水专志的局限，借后湖之名，略写后湖沿革和形胜，详写后湖的黄册及相关事项，使得这部专志成为有关明代黄册的文献汇编。“湖之源流，库之规制，图籍之目，官职之守，禁令之条，莫不粲然可见。……盖所书虽不出于一湖，而其所关系可谓远且大矣。”

五、《后湖志》的价值

《后湖志》具有多重价值，不仅保存了珍贵的史料，而且对历史上流传的一些传说起到了正本清源的作用。

（一）保存了珍贵的史料

为了统一领导和管理全国的黄册编制工作，明朝政府制定了一系列的规定，如黄册的尺寸、行款的高低、用纸的选择、文字的大小、填写的内容、封面的颜色、进呈的时间等，各地必须严格按照明朝中央政府颁发的样本格式来编制。这些规定，在《后湖志》中都完整地保存下来。《后湖志》卷四《事例一》“洪武二十四年”条记载有“奏准攒造黄册格式”：

有司先将一户定式，誊刻印板，给与坊长、厢长、里长并各甲首，令人户自将本户人丁、事产依式开写，付该管甲首。其甲首将本户并十户造到□册，送各该坊、厢、里长。坊、厢、里长各将甲首□造文册攒造一处，送赴本县。本县官吏□□比照先次原造黄册查算。如人口有增，即为作数。其田地等项，买者从其增添，卖者准令过割，务不失原额所据。排年里长仍照黄册内原定人户，应当设有消乏，许于一百户内选丁粮近上者补充。图内有事故户绝者，于畸零户补辏。如无畸零，方许于邻图人户内拨补。其上中下三等人户，亦照原定编排，不许更改。果有消乏事故，有司验其丁产，从公定夺。仍于各文册前面，本县照依式样，类总填图。所在有司官吏里甲，敢有团局造册，利敛害民，或将各写到如式无差文册故行改抹刁蹬不收者，许老人指实，连册绑缚。害民吏典，赴京具奏，犯人处斩。若顽民妆诬，排陷者抵罪。若官吏里甲通同人户隐瞒作弊，及将原报在官田地不行明白、抽收过割、一概影射、减除粮额者，一体处死。隐瞒人户，家长处死，人口迁发化外。凡编排里长，务不出本都。且如一都有六百户，将五百五十户编为五里。剩下五十户，分派本都，附各里长名下带管。当差不许将别都人户补辏。其畸零人户，许将年老、残疾并幼小十岁以下，及寡妇、外郡寄庄人户编排。若十岁以上者，编入正管。且如编在先次十岁者，今已该二十岁。其十岁已上者，各将年分远近编排，候长一体充当甲首。其有全种官田人户，亦编入图内轮当。凡册式内定到田地、山塘、房屋、车船各项款目，所到官司，有者如式开写，无者不许虚开。若类县总都总收，除项下，止许开写人丁、事产总数，不用撒数。其各府、州、县将各里文册总查填图完，总造黄册。具将各里人丁、事产、人户开处，另除写无者，定该内分豁各乡都事业并上总数。带管当差官吏躬亲磨算查明收到至各里长，府、州、县总册后，书名画字，乞实数正本官造。亲调正官首领官吏，于各州县造到文册，躬亲检阅，磨算相同。本府依定式另造总册一本，于内分豁各州县人丁、事产总数，并州县造到各项册后，一体开写年月，书名画字，用印。直隶府、州，本府委官一员，率各州县提调造册官吏亲赍。其布政司所辖府、州，仍申解布政司。本司官吏躬亲检阅，磨算相同，依式类造总册一本，于内分豁各府、州人丁、事产总数。于各府、州造到总册后，填写年月，书名画字，用印。委官一员，率各府、州、县官吏亲赍，俱限年终进呈。凡庵观寺院已给度牒僧道，如有田粮者，编黄册，与里甲纳粮当差，于户下开写一户，某寺院庵观某僧某道，当几年里长甲首。无田粮者，编入带管畸零下作数。凡黄册字样，皆细书，大小行款高低照坐去式样。面上乡都保分等项，照式刊印，不许用纸浮贴。其各州、县，每里造册两本进呈，册用黄纸面。布政司、府、州、县册，用青纸面。

据韦庆远《明代黄册制度》一书研究："黄册有统一的格式。大造之前，由户部查照老黄册原来的册式及应注意的事例，刊印大造黄册的榜文和册籍的样本，分别颁发给全国各省的布政使司及其所辖的府、州、县衙门，然后再由这些地方官府按照中央颁发的样式翻印若干份分发给所属城乡张挂公布，让官吏和里甲人户依式攒造。……各州、县官在收到户部经过司、府系统发下的榜文和册籍的样本后，便把每户应在黄册上登记的全部项目都誊刻印板、制成表格，叫作'清册供单'，然后再把这些空白的'清册供单'通过里长和甲首分发给各户，各户人民即根据官府公布的榜文和规定应注意的事项，在一定期限内把本户的人丁、事产及其在最近十年内的变化情况，依照规定的格式逐一填写。写好以后把'供单'交给本甲的甲首，甲首负责审核本甲十户填写的内容与实际情况是否相符，然后把自己本户连同本甲十户填好的'供单'一起交给里长（坊长、厢长）那里，里长再把本甲十甲造送前来已经填写完毕的'供单'装订成册、检查无错谬后，送赴本管州、县衙门，各州、县衙门就根据这些'供单'所提供的情况汇造黄册上报。"①

（二）纠正历史传说的讹误

《后湖志》的史料可以纠正一些误传。试举以下二例。

1.王安石废湖造田的真相

北宋时期，王安石改革失败后，回到南京担任江宁府尹，曾经利用后湖解决百姓饥荒问题。后人误认为王安石废湖造田，是将后湖填平，破坏了南京的自然风水，因此历代诟病不已。然而，从《后湖志》卷十一收录的北宋神宗熙宁八年（1075）十一月十一日王安石《奏请废湖为田疏》中，我们得到的是王安石善用后湖、体恤民情的结论。现将这篇奏章原文抄录如下：

臣蒙恩特判江宁军府，于去年十一月十一日到任，管当职事。当时，集官吏军民，宣布教化，启迪皇风，终成一载。所幸四郊无垒，天下同文。然臣切见金陵山广地窄，人烟繁茂，为富者田连阡陌，为贫者无置锥之地。其北关外有湖二百余顷，古迹号为玄武之名，前代以为游玩之地，今则空贮波涛，守之

① 韦庆远：《明代黄册制度》，中华书局，1961年，第22—23页。

无用。臣欲于内权开十字河源，泄去余水，决沥微波，使贫困饥人尽得螺蚌鱼虾之饶，此目下之利。水退之后，济贫民，假于官牛官种，又明年之计也。贫民得以春耕夏种，谷登之日，欲乞明敕所司，无以侵渔聚敛，只随其田土色高低，岁收水面钱，以供公使库之用，勿令豪强大作侵占。车驾巡狩，复为湖面，则公私两便矣。伏望明降隆章，绥怀贫腐。

无独有偶，在南宋周应合《景定建康志》卷十八《山川志二》也有类似记载；并加按云：

熙宁八年十一月十一日，王安石奏："臣蒙恩特判江宁军府，于去年十一月十一日到任，管当职事。当时，集官吏军民，宣布圣化，启迪皇风，终成一载。所幸四郊无垒，天下同文。然臣切见金陵山广地窄，人烟繁茂，为富者田连阡陌，为贫者无置锥之地。其北关外有湖二百余顷，古迹号为元武之名，前代以为游玩之地，今则空贮波涛，守之无用。臣欲于内权开丁字河源，泄去余水，决沥微波，使贫困饥人尽得螺蚌鱼虾之饶，此目下之利。水退之后，济贫民，假以官牛官种，又明年之计也。贫民得以春耕夏种，谷登之日，欲乞明敕所司，无以侵渔聚敛，只随其田土色高低，岁收水面钱，以供公使库之用，无令豪强大作侵占。车驾巡狩，复为湖面，则公私两便矣。伏望明降隆章，绥怀贫腐，奉敕依。"按此奏状，废湖为田，盖始于王安石也。增收后湖田租，则始于赵善湘。田出谷麦，所利者小；湖关形势，所利者大。故著废湖之因，以待复湖之人云。

在上述史料中，我们可以发现，王安石当年并未填湖造田，而是"开丁字河源，泄去余水"，形成农田。这样做的好处是随时可以"复为湖面，则公私两便矣"。《后湖志》保存的史料可谓是解决了一桩公案，摘去了一千多年来戴在王安石头上的一顶莫名其妙的"帽子"。

2. 毛老人庙的传说

在今天的玄武湖梁洲上有一座湖神庙，民间也叫作毛老人庙。相传朱元璋在后湖建黄册库时，听说后湖老鼠多，担心黄册被老鼠咬坏，于是将毛姓老人埋入地下，理由是毛和"猫"同音，可以镇老鼠。后来，朱元璋动了恻隐之心，下令修建毛老人庙祭祀老人，同时可以消除鼠患。

这个民间传说其实来源于《后湖志》卷十一收录的明朝嘉靖年间户科给事中彭汝寔所写的《神祠记》。其中写道："玄武湖西有神祠，附祠有方台，纵横可丈许。相传为洪武间都城耆民茅姓者献策，出上意表，上甚奇之，遂用其言。册库皆东西向，日朝出，册暴东影；日夕入，册暴西影，万世利也。已而作窖，筑其人于中。”这里的“耆民茅姓者”后来讹变为“毛老人”。该户科给事中在重修毁圮的神祠时，掘开方台，并未发现人的遗骸，只发现几个枯树根。据此他认为神祠祭祀的不是茅老人，而是“五土之神”。因此，他认为，朱元璋杀茅老人的说法是谣传，“百年之诬，庶几解矣”。

今天我们看到的湖神庙，是清朝同治年间曾国藩修建。据民国夏仁虎《玄武湖志》卷一《往迹志》记载:“同治十年夏四月，总督曾国藩建湖神庙于后湖之莲萼洲，修旷观亭。”同治十一年（1872），湖神庙和旷观亭建好。新建的湖神庙“地势壮丽，形胜天然，屋宇宽宏，亭台轩敞”。

六、黄册的命运

朱元璋当年编制黄册，实施黄册制度，其主要原因是因为徭役不均。据《明史》卷一三八《杨思义附范敏传》记载：“帝以徭役不均，命编制黄册。敏议百一十户为里，丁多者十人为里长，鸠一里之事以供岁役，十年一周，余百户为十甲，后遂仍其制不废。”然而，黄册制度不仅没能解决徭役不均的问题，反而加剧了对全国人民的人身控制。这种以人户为中心、以人身奴役为主要内容的黄册制度，随着明朝的覆亡而土崩瓦解。

清军占领南京后，后湖黄册仍然存在，当时存留的黄册总数达179.7万余本，按照每本重2斤计算，重达359.4万斤。令人惋惜的是，由于清朝政府视黄册如草芥，黄册被随意按斤变卖，或被用于制造火药、火箭，或被盗，或去向不明，以至于最终保存下来的黄册文书寥寥可数。据中国第一历史档案馆藏清顺治十八年（1661）户科档案记载:

查江宁后湖存贮明季黄册，先任督饷侍郎廒童、马明佩咨报，约计一百七十九万七千余本。今工部变卖过五十五万五千五百三十斤，工部题准价银一万六千六百六十五两零；又工部发给靖南王耿继茂造甲用过七十二万八千五百斤，该价银二万一千八百五十五两，已经工部题明补还臣部（按：指户部。下同。），无庸再议。今查该按（按：指江宁巡按何可化。下同）册载总督马国柱取造火药、火箭等项及工部发过总漕蔡士英、提督管效忠黄册，共五十八万一千斤。查制造火药、火箭等用，应动工部项下钱粮，应令该抚、按查明价值若干，将工部项下钱粮补还臣部。又操江巡抚陈锦等衙门取过黄册五十四万五千四百九十五斤，查此册各衙门支取作何使用，其价值并不开明，止溷开陈锦等各衙门取用，臣部难以查核。再查应赔盗去册二千一百二十四本，据该按所报重四千二百四十八斤，该价值银一百二十七两四钱四分。查如许册籍，所值价银太少，相应一并请下该抚、按备查巡抚陈锦等衙门作何使用，并值价银两，据实题报；其各处取用黄册，彻底清查，是否与原报本数相合，此外有无隐漏，一并查明具题，以凭查核具覆……①

我们将上述黄册按斤数相加，结果是2414773斤，约12073865本，与179.7万余本相比，整整少了59万本。我们不难推测，这59万本最终也是被清王朝处理掉了。

明末清初桐城诗人方文（1612—1669）写有《负版行》一诗，描述了清初他在南京最繁华的三山街旧书市场看到黄册散失的情景：

数年不到三山街，今春偶到多感怀。不知是何大书册，路旁堆积如芦柴。行人纷纷来买此，不论何书只秤纸。官价每斤钱七十，多买少买随人耳。借问此是何版图？答云出自玄武湖。天下户口田亩籍，十年一造贡皇都。玄武湖心绝炊爨，永无火患及鼠患。洪武至今三百年，收藏不知几千万。一从世变陵谷新，此图废阁空埃尘。②

据栾成显《明代黄册研究》一书统计，如今留存下来的黄册文书只有12种：

1.永乐至宣德徽州府祁门县李务本户黄册抄底；

2.永乐徽州府歙县胡成祖等户黄册抄底残件；

3.成化嘉兴府嘉兴县清册供单残件；

4.嘉靖四十一年严州府遂安县十八都下一图六甲黄册原本；

5.万历徽州府休宁县二十七都五图黄册底籍；

6.万历二十年严州府遂安县十都上一图五甲黄册残件；

7.天启二年徽州府休宁县二十四都一图五甲黄册草册；

8.崇祯五年徽州府休宁县十八都九图黄册残篇；

9.崇祯十五年徽州府休宁县二十五都三图二甲黄册底籍；

10.天启元年徽州府休宁县二十四都一图六甲许威美供单；

11.崇祯十四年祁门县洪公寿户清册供单；

12.黄册归户底籍，包括万历徽州府祁门县吴自祥户黄册归户册底、嘉靖徽州府歙县程立信黄册析户册底。

这些黄册分别收藏在中国国家图书馆、中国社会科学院历史所、北京大学

---

① 赵践:《记明代赋役档案——黄册的最后遭遇》,《山西档案》1987年第5期。

② (明)方文:《嵞山集》,《清代诗文集汇编(第38册)》,上海古籍出版社,2010年,第398页。

图书馆、上海图书馆和安徽省博物馆。

令人欣慰的是，近年来，专家们在上海图书馆又发现了一批黄册文书。孙继民、张恒发表于2017年8月21日《光明日报》的《后湖黄册悄然现身》一文写道："三年来，笔者在主持国家社科基金重大项目'上海图书馆藏明代古籍公文纸背文献整理研究'过程中除发现一批失传几百年的明代册籍文书之外，还发现了一批迥异于现存传本的赋役黄册写本文献，其中颇具代表性的是曾入藏明代南京后湖黄册库的赋役黄册正本，这批黄册文献发现于明末毛氏汲古阁刻公文纸印本《乐府诗集》纸背。该本《乐府诗集》共一百卷，十六册，共计1336页。其中纸背有字的公文纸为1318页，明代赋役黄册为其主要内容。黄册至少涉及5个不同地域，分别为南直隶扬州府泰州宁海乡、山西汾州南郭西厢关厢、南直隶苏州府昆山县全吴乡、南直隶宁国府宁国乡和福建汀州府永定县等。涉及的大造黄册年份至少包括永乐二十年（1422）、成化八年（1472）、成化十八年（1482）、正德七年（1512）和嘉靖四十一年（1562）。"

七、《后湖志》的版本

后湖黄册在改朝换代后，其遭遇之惨，令人扼腕叹息。幸运的是，有关明代黄册的史料通过《后湖志》流传下来。

明朝正德年间，《后湖志》初刻本面世后，仅有8卷。至嘉靖年间，先是万文彩等人增补正德本《后湖志》，达11卷。此后，南京户科给事中郭斗和南京户部广西清吏司主事王学谟重新校辑刊印；接着陆凤仪又重修增补再版。但是，到了明朝万历年间，流传下来的嘉靖增补本也已模糊漫漶，所以南京户部广西清吏司主事、南京人韩国藩又重新刊刻。天启年间，又进行了增补，集中反映在卷十《事例七》"天启元年"条。除天启刻本外，以上诸本今已无存。

时至今日，流传下来的明刊本辗转流入美国，收藏在国会图书馆，常人很难睹其真容。所幸的是，南京图书馆收藏有明刊本的胶片。20世纪80年代，南京图书馆邀请书法家刘浚川根据明刊本胶片全文手抄了一份。1987年，江苏广陵古籍刻印社以南京图书馆藏刘浚川手抄本为底本，出版了影印本。2011年，南京出版社以南京图书馆藏手抄本为底本出版了点校本，前面有专家导读，正文经过标点和校对，比较适合普通读者阅读。2013年，南京出版社以南京图书馆藏明刊本胶片为底本，出版影印本，收入《金陵全书》中，以满足专家学者们的需求。

有趣的是，清末也有一部同名的《后湖志》，共1卷，成书于宣统二年(1910)，同年秋九月南洋印刷官厂铅印出版，王作棫初纂，钱福臻增辑。这部书属于专志中的山水志。据钱福臻《编纂〈后湖志〉之缘起》写道：宣统元年，玄武湖辟为公园；二年，南洋劝业会开幕；玄武湖游人日多，“奈向无图志可披览……同人等有见于此，用是搜寻典要，考证群书，并汇集古人诗词杂录，另具图画而系之以说，暨勾勒曾文正公遗像以伸景仰，名曰《后湖志》，而外附以图，阅两月而蒇事。既以备邑乘之搜罗，且以记劝业之盛典”。该书有多种版本，名称各不相同，分别叫作《金陵后湖事迹》《后湖事迹汇录》《金陵后湖志》（《五洲公园志》），但内容基本上保持未变，其中保存下来的有关清代玄武湖的资料，具有较高的史料价值。

南京出版传媒集团副总经理、南京出版社社长　卢海鸣

书院楷模 传承有绪

《钟山书院志》导读

钟山书院，有清一代在南京存续时间最长、规模最大的官办书院，建于雍正二年（1724），据《乾隆江南通志》载，“江宁府书院在上元县治北，旧为钱厂地，国朝雍正二年，总督查弼纳建，额曰钟山书院。”院址位于江宁府上元县治以北、原明代钱厂旧地，大抵东至今太平南路、西至火瓦巷、南至娃娃桥、北至小火瓦巷，占地面积约为5.32万平方米。清雍正元年（1723），两江总督查弼纳奏请皇帝御批后，由总督署、江安抚院及苏、皖两省各府县共同出资兴建。钟山书院准备之细、筹创之精、立制之良、招生之严、膳供之全，为当时各地书院之首。

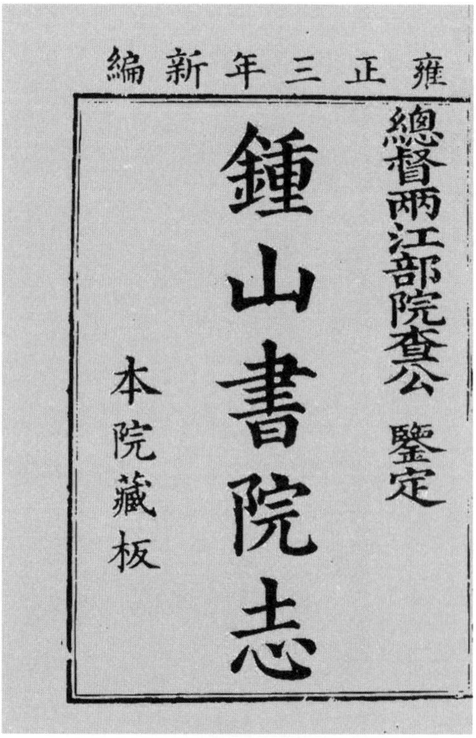
雍正三年新編

總督兩江部院查公鑒定

鍾山書院志

本院藏板

图1 《钟山书院志》书影

从雍正二年（1724）檄选诸生入院起，历经雍正、乾隆、嘉庆、道光、咸丰、同治、光绪七朝，至光绪二十九年（1903）改为江南高等学堂，中间除太平天国（1853—1864）时期短暂停办外，办学时间长达170年。其办学宗旨、教学内容及培养方向清晰明确，堪称东南典范、全国楷模。乾隆六次南巡到江宁，每次均于钟山书院召试士子，遂使钟山书院名重一时。

《钟山书院志》，于雍正三年（1725）在两江总督查弼纳的授意和允准下，由当时在书院肄业的江西建昌府学廪生汤椿年纂辑、江南苏州府长洲县学附生金增编校，当年告成，付梓刊刻印刷。

一、书院创建的背景

清统治者在入关以后，在文教政策上，虽然通过恢复科举、举行博学鸿儒特科等选举方式笼络了汉族知识分子，但对民间学术活动的控制是极其严格的。清初，因朝廷害怕书院讲学会宣传“严华夷之辨”的爱国主义精神，便对书院采取抑制政策。因此，在清初的几十年间，书院的发展受到了严格限制。

早在顺治九年（1652），就有上谕道：“各提学官督率教官，务令诸生将平日所习经书义理著实讲求，躬行实践，不许别创书院，群居结党。”[①]顺治十七年（1660），又重申不许士子“妄立社名，纠众盟会”。可见，清廷是视书院为聚众结党之所，害怕明末东林书院的讽议朝政、裁量人物之风再起而不利于自己的统治。不过，清初虽然在政策上禁止兴建书院，但对现存书院却没有完全废止，这就使得清初书院虽然基本处于沉寂状态，但又有一点发展空间。并且，这个空间因为程朱理学的复兴而有所拓展，一些规模较大的著名书院，如关中书院、漳南书院、姚江书院、东林书院、紫阳书院、鳌峰书院等都有当时的学术大师们招徒讲学，并互通声气，有学术之交流。在清初书院活动基本沉寂的情况下，继承了宋明以来书院的讲会之风。

到康熙年间，情况较顺治朝又稍有好转，白鹿洞书院、岳麓书院、徽州紫阳书院、山东省城书院、苏州紫阳书院等一批历史悠久的著名书院渐次得到复兴，并先后得到了康熙的御赐匾额。除了这几所大书院之外，各地也相继建立了一批书院，但由于清廷仍然没有解除禁令，所以书院的活动非常低调，没有其固有的生气和活力，因而显得仍然没有多少发展。直到雍正元年（1723），清廷还下令：“命各省改生祠、书院为义学，延师教授，以广文教。”书院的教育功能仍得不到应有的承认。

随着康乾“盛世”的来临以及社会的逐渐稳定和经济的日益发展，民间私立书院日益增多，一些封疆大吏也都设置书院。此外，随着清政权的日益巩固、经济和文化的逐渐恢复、满汉间的民族矛盾逐渐缓和等因素，再加上明末清初具有强烈反清思想的大学者们的逐渐谢世，以及新生代的知识分子大都接受了清朝的统治，于是，雍正朝解除了对书院教育的禁令，于十一年（1733）命令各省在省城设立书院，并且拨给1000两银子为开办或营建书院的经费。乾

① 李鸿章等编：《钦定大清会典事例》卷三百八十三“顺治八年”条，光绪二十年(1894)出版。

隆在乾隆元年（1737）下诏说书院是古侯国之学，并对书院的兴建继续实行奖励政策。从此，官办书院如雨后春笋，遍布大江南北，成为清代各类书院的主体。

二、纂修者介绍

查弼纳（1683—1731），字右候，完颜氏，满洲正黄旗人。由佐领累迁至兵部右侍郎，康熙六十一年（1722）十月，升授两江总督；雍正四年（1726），以查弼纳为允禩（康熙第八子，时雍正罗其罪状四十条，论处死，卒于幽所）党羽，撤职，召京审查，因尽言苏努、阿灵阿等人结党事，免罪，命署吏部尚书；五年（1727），授兵部尚书；八年（1730）十月，任北路副将军，往征准噶尔部噶尔丹策零；九年（1731）六月，战死于和通泊（亦称和通淖尔，淡水湖，在今蒙古国巴彦乌列盖省境内）。查弼纳任两江总督5年中的最大功绩，当数雍正元年（1723）创办钟山书院，可谓功莫大焉！

汤椿年（1685—1764），字祚培，号扶元、思劬，江西建昌府南丰县人。出身书香门第、教育世家，雍正二年（1724）选入钟山书院，肄业次年，纂辑《钟山书院志》。其祖父汤来贺（1607—1688），原名来肇，字佐平，号惕庵，别号主一山人。明崇祯三年（1630）中举，十三年（1640）登进士第，初任扬州府推官，勤勉忠恳，颇有政声，历官至广东左布政使、户部侍郎。入清以后，隐居耕读，讲学授徒。康熙二十四年（1685），受江西巡抚安世鼎礼聘，任白鹿洞书院讲习。以“躬行”二字教诲生徒，制定学规，亲自讲学，说经课艺，凡三年，辞归乡里。次年（1688）逝世，入祀建昌府南丰县乡贤祠。著有《鹿洞迩言》《内省斋集》《居恒语录》《评点孟子》等。其父汤永宽（1654—1729），字硕人，自幼禀赋异常，过目不忘，及长，诗词“倚马可得”，文章“骈

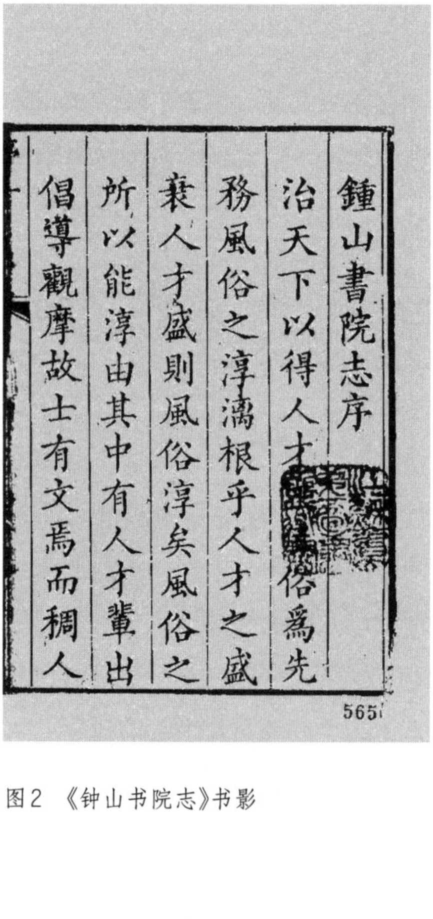
鍾山書院志序
治天下以得人才[illegible]俗爲先
務風俗之淳漓根乎人才之盛
衰人才盛則風俗淳矣風俗之
所以能淳由其中有人才輩出
倡導觀摩故士有文焉而稱人
565

图2 《钟山书院志》书影

俪见胜”。又喜交游四方，曾讲学白鹿洞书院。雍正四年（1726），为文字狱株连，先囚北京，受尽折磨；后配沧州，卒于狱中。著有《随遇堂集》。汤椿年闻听父亲被执，立马告假，徒步北上三千里，奔走京都，照应营救。不避法司胥吏鞭打，执意追问父亲下落，观者感其孝义，咸呼其为“汤孝子”。后得知其父已发配沧州，遂于沧州牢营附近赁屋僦居，坚持晨昏送饭牢营。雍正七年（1729）父卒，扶棺归葬故里。乾隆二年（1737），汤椿年获选举岁贡，上闻其事迹，谕旨旌表“孝子坊”，授江西分宜县训导。到任伊始，汤椿年即捐俸修启圣、节孝二祠，继而赞助赤贫学子，遂使县中教育大兴。乾隆八年（1743），调任江西萍乡县训导，士民皆称其善。致仕后，耕读讲学，旷达怡然，享年80岁。

金增（1699—1748），原名王增金，字师李，号眉庵，苏州府长洲县洞庭东山朱巷人。诸生，少失怙依，喜读嗜文。雍正元年（1723），乡闱不举，查弼纳奇其文，翌年，选入钟山书院。肄业之暇，与汤椿年编校《钟山书院志》，又校订《昌黎全集》《杨诚斋锦绣策》等。钟情诗赋，不喜仕进。后归里，购得朱氏废园，修葺改筑，名之“壑舟”。轻财重义，多襄乡梓善事，著有《壑舟园诗集》。

三、本志主要内容

《钟山书院志》，全书16卷，雍正三年（1725）院藏刊本。

卷首为查弼纳《序》、协同创建钟山书院者的爵秩姓氏及本志凡例。《序》明确创办钟山书院是贯彻雍正皇帝“先德行而后文章”思想，以“得人才，正风俗”为宗旨，躬修仁孝，攻读经史，培养“处为良士，出为良臣”的优秀人才。爵秩姓氏，记录捐助钟山书院创建的两江各级官员共61人的姓名、官职、籍贯和学历，体现了钟山书院由官方创办的性质。此外，卷首还载有凡例10条，详细介绍了《钟山书院》的编纂体例、类目安排。

卷一，《匾额》。收雍正手书“敦崇实学”匾及两江总督查弼纳撰颂一章，另附大堂长联。雍正二年（1724）二月三十日，总督查弼纳上奏折，恳请雍正皇帝依圣主康熙皇帝题书白鹿洞书院和鹅湖书院之例，为钟山书院题词。闰四月十二日，礼部清吏司笔帖式（官职名）齐勒恭捧御书抵达江宁（南京），查弼纳率领江宁将军岳吉纳、副都统吴纳哈、副都统申保，以及在省文武各官，出郊迎候。恭设香案，宣读颂文，叩头谢恩，跪迎御书至书院。随后安排两江

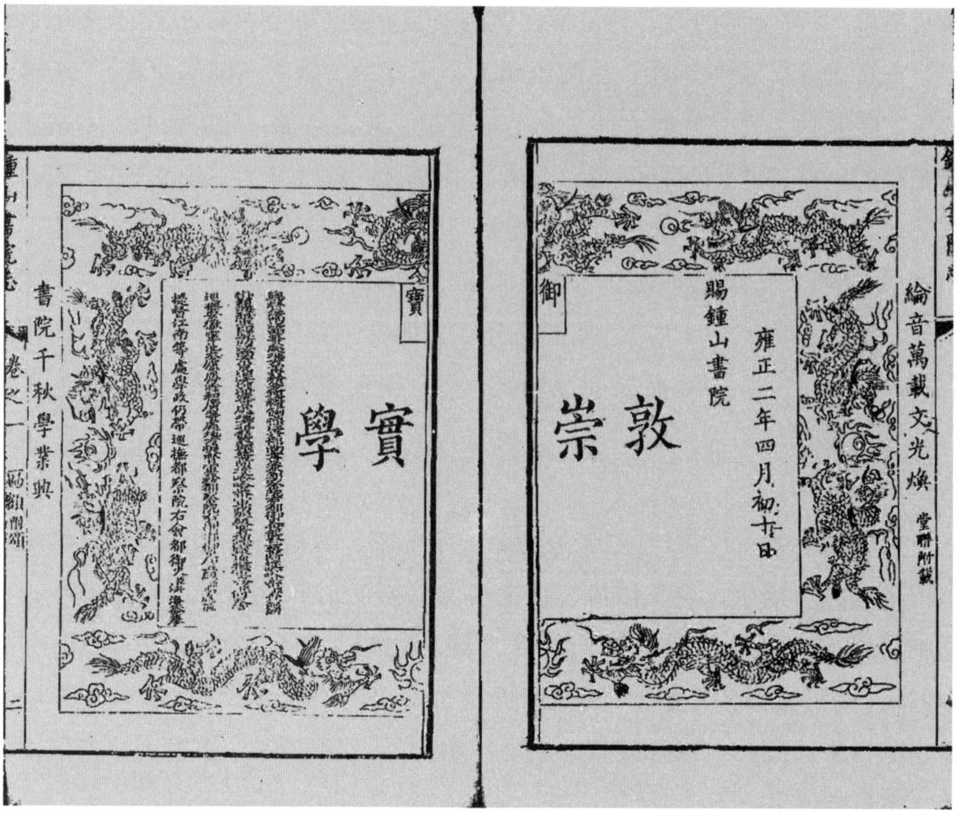

图3 《钟山书院志》书影

都指挥使司经历（官职名）陆廷枢比照御书，制成鎏金“敦崇实学”大匾，悬于书院大堂。御匾两侧附联：“纶音万载文光焕，书院千秋学业兴”，对书院的发展寄托了无限美好的期望。大堂内长联：

倚钟山而辟贤关，奉御书、四字昭哉！重实学、薄虚声，砥砺无亏。庶几世号名才，身持名教；

兴书院以培道岸，遵广训、万言必也！后文章、先德行，陶镕勿怠。由是处为良士，出作良臣。①

书院的办学宗旨、原则及培养方向尽括其中。

卷二，《图象》。《钟山书院基址总图》（图名为点校本所拟，后2图同），展现了钟山书院在江宁省域中山环水绕、钟灵毓秀的地理环境；《钟山书院总图》《东、西读书屋图》，展示了书院宽敞的环境和鳞次栉比的结构。阅览图象，身临其境，亲切之感，油然而生。

卷三，《形势》。概述书院地理位置，以及四至情况。其中记述的花牌楼大

① (清)汤椿年辑、金增编:《钟山书院志》,《金陵全书》甲编·方志类·专志15,南京出版社,2015年,第51页。

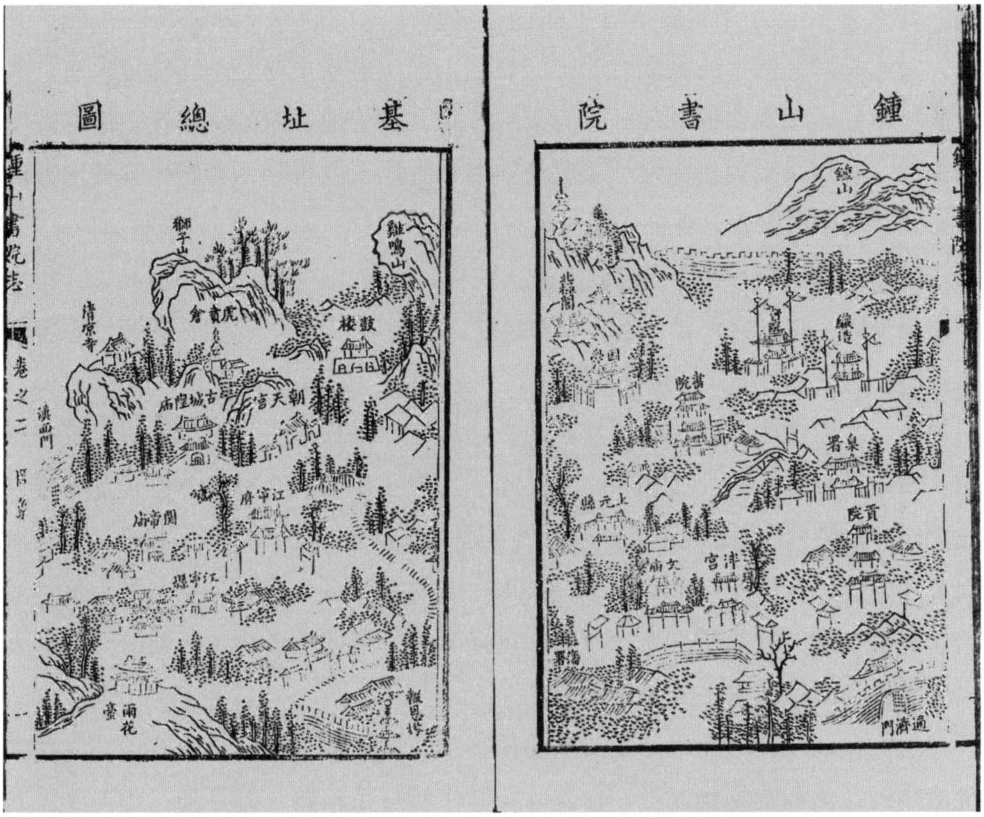

图4 《钟山书院志》书影

街，就是今天的太平南路北段。《首都志》：“太平路，原有街名花牌楼。花牌楼，常府西牌楼也。”1959年，太平路与朱雀路合并，改名太平南路至今。

卷四，《创建》。备述书院兴建的缘由和建设落成之经过。书院于雍正元年（1723）八月十八日开工，九月十八日竖柱，十月初六日上梁，十二月廿四日落成，前后用时仅四个月。卷中详述书院各式建筑的位置、尺寸及用途，读者一目了然。

卷五，《飏言》。取钟山书院创建之初总督查弼纳所上奏章编次而成。本卷收雍正元年至二年间共4份奏章，内容包括乞请设立书院、恳请御提额匾等，保留了书院创立过程中的重要史料。查弼纳奏章中记录了一个重要信息，雍正元年（1723）恩科江南乡试期间，代理监临之职的查弼纳会同提调、监试等乡试监考官员，亲巡贡院号舍，周遭验看，逐一查明考场号舍实情，将窄矮破败的号舍改造得整齐敞亮，并增建号舍3000多间，添足至18000间之数。确保应试士子考试环境清爽宽裕，专心致志地参加考试。

卷六，《文告》。将创建钟山书院的檄文、告示择其要而录之，包括《饬议建立书院檄》若干篇，《开馆日期告示》《书院长久规模告示》等，涉及生员名额、膏火多少、考课制度等方方面面，展现了书院制度不断完善的过程。其中，对入院肄业诸生的录取有明确的规定，招生对象主要为两江辖境内府、县学的生员；入学资格的取得，一为部院试录，一为地方府县学推荐、由书院发榜檄取，被录学生须持凭发（录取通知书）方能入院报到。各府州县等地方政府必须量资发放路费，保证入学生员按时到院。

卷七，《延师》。钟山书院设掌教（院长）一位，“采访有文望、品望，年高而精明强固、足以诲人者为之，不拘爵秩，不拘本省外省”，由在任两江总督亲自延聘。另派副掌教（副院长）两位，一管书院东偏号房诸生，一管书院西偏号房诸生，主要选调两江各府州县在职教谕担任，轮班季值。书院教工实行薪金制：掌教馆俸（年薪）纹银300两，每年三节（春节、端午、中秋）发放节仪（过节费），每节纹银6两，每月另发供膳银（伙食费）10两。并配厨役一名，水火夫一名，每名每月给米3斗、工银3钱。副掌教除原俸禄（工资）外，每月发给修脯供膳银（伙食补贴费）10两，每逢节日另给四色食物，所配厨役、水火夫与院长相同。

卷八，《养士》。介绍修学诸生的住宿房间、膳食待遇、日用器物，以及学优诸生的赏格和奖惩制度等。在院肄业学生实行供给制，每月米三斗，纹银九钱作为柴薪、蔬菜、油盐之费。学生每10人配水火夫2名，负责学生自炊所需之水。学生宿舍两人一间，每人配床1张、桌1张、椅1张、竹书架1张。在学诸生实行严格的奖惩制度，每月月课两次，设赏格若干，特等奖赏银（奖学金）5钱，一等奖赏银4钱，二等奖赏银3钱。每年年考，所有二等以上生员，均有不同额度的奖赏银。

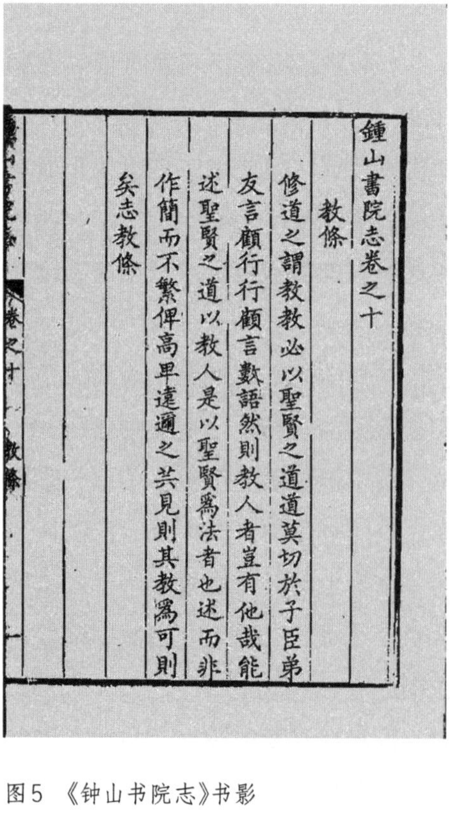
鍾山書院志卷之十

教條

修道之謂教教必以聖賢之道道莫切於子臣弟友言顧行行顧言數語然則教人者豈有他哉能述聖賢之道以教人是以聖賢爲法者也述而非作簡而不繁俾高卑遠邇之共見則其教爲可則矣志教條

图5 《钟山书院志》书影

卷九，《经籍》。记录院藏典籍，有《名臣奏议》《朱子大全》《小学》《性理四书》《性理大全》等，共31种，分置两只大书橱内。每只书橱配大锁一把，钥匙由副掌教收执，按时开放，供在院师生阅读，读者必须登记姓名，以免遗散。如遇年底或副掌教期满归任原职，

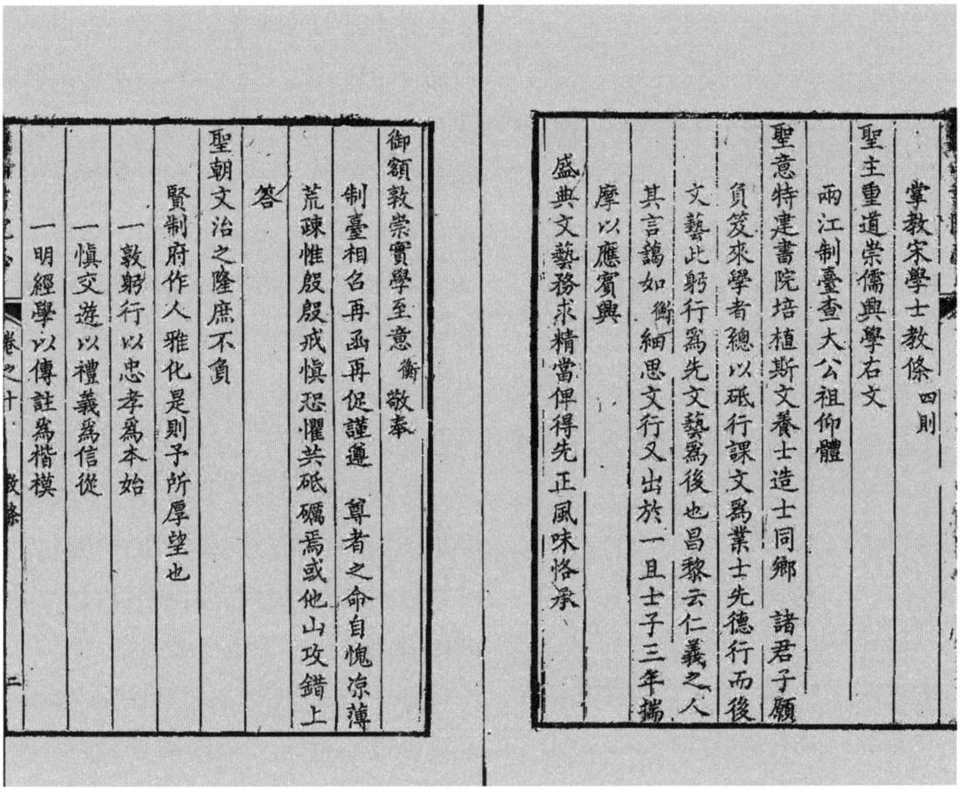
掌教宋學士教條 四則
聖主重道崇儒興學右文
兩江制臺查大公祖仰體
聖意特建書院培植斯文養士造士同鄉 諸君子願
負笈來學者總以砥行課文爲業士先德行而後
文藝此躬行爲先文藝爲後也昌黎云仁義之人
其言藹如 衡細思文行又出於一且士子三年揣
摩以應賓興
盛典文藝務求精當俾得先正風味恪承
御頒敎崇實學至意 衡 敬奉
制臺相名再函再促謹遵 尊者之命自愧凉薄
荒疎惟殷殷戒慎恐懼共砥礪焉或他山攻錯上
答
聖朝文治之隆庶不負
賢制府作人雅化是則予所厚望也
一敦躬行以忠孝爲本始
一慎交遊以禮義爲信從
一明經學以傳註爲楷模

图6 《钟山书院志》书影

须将钥匙送交江宁府谨收保管。

卷十，《教条》。主要记载书院的教学思想、内容和方法，对肄业生徒道德训练和经史学习，进行有效的规范。如掌教宋衡的宗旨是“四以四为”：

敦躬行，以忠孝为本始；慎交游，以礼义为信从；

明经学，以传注为楷模；课文艺，以经史为根源。

副掌教陈以刚，则严格要求“七个做到”：

严朔（初一）望（十五）之仪；定日课之目；严出入之防；戒非礼之履；定会课之期；重群居之义；存恒久之心。

掌教、副掌教率先垂范，从各方面对学生进行教育管理，称得上是面面俱到、不留死角。

卷十一，《讲义》。选录首任掌教宋衡讲义二章，即《孝弟讲义》和《忠恕讲义》。孝弟为立身之本，孝顺父母，善待兄弟姐妹，为德行之先务。先德行而后文章，无德有文，不如无文。忠恕乃做人之道，克己奉公，推己及人，应事接物，心中无伪。如此修身，方能齐家，进而才能谈到治国平天下。只有时时警惕自己的言行，恪守恕道，时间一久，优良的操行品德自然长存其身心。

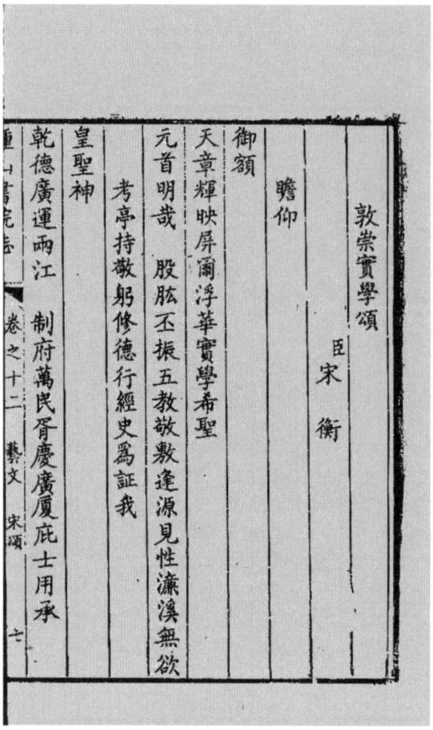
敦崇實學頌

臣宋衡

瞻仰

御頒

天章輝映屏爾浮華實學希聖

元首明哉　股肱丕振五教敬敷逢源見性濂溪無欲

考亭持敬躬修德行經史爲証我

皇聖神

乾德廣運兩江　制府萬民胥慶廣厦庇士用承

鍾山書院志　卷之十二　藝文　宋頌　七

图7 《钟山书院志》书影

卷十二至卷十五，《艺文》。内容包括启、记、颂、赋、诗、词等多种体裁，共收录各类诗文280余首（篇），除督宪、掌教、副掌教外，大部分为时贤文士和书院肄业诸生所作，汤椿年及其父汤永宽和金增等，均有作品入选，是研究钟山书院必不可少的资料。其中有一点必须指出：所谓集句体，即集三百篇（《诗经》）、集唐诗、集杜诗等，所谓集古体就是收集古诗中的佳句编纂而成一首新诗，颇显作者功力。集杜诗还附录所集杜甫原诗的篇目，均体现作者阅读之广、研究之细。

卷十六，《肄业诸生姓氏》。钟山书院生源来自江苏、安徽两省各府、州、县学，以及江西、山东、直隶、浙江、河南等省的部分官学生员，共900余人。本书作者汤椿年就是江西建昌府学廪生，金增则是苏州府长洲县学附生，都是保送的文行兼优的官学生员。钟山书院系考课式书院，主要目的是为科举考试服务，官学化特征极为明显。其教学内容和方式，与清代官学并无差异，但一般官学仅招本府、本州、本县的诸生，而钟山书院肄业的生徒，则跨越数省，几乎等同于一个大学院。

四、本志特点和亮点

（一）《钟山书院志》是一部专志，在时间、范围、体例、内容等方面与省志、府志等不同，正如凡例所言“凡大志，首列当代衔名。省志，则遐迩备列……阅《江南省志》，有‘总裁’‘监修’‘提调’‘督修’‘协理’‘编纂’‘评论’‘采辑’‘订正’‘纂辑’十名目，…….今《钟山书院志》虽重而实简约，难如《通志》之例”。在编纂队伍的阵容上也与大志相差甚多。

（二）《钟山书院志》有别于一般书院志，记述的时间从雍正元年（1723年）到雍正三年（1725年），时间之短堪称全国历代书院志之特例。内容主要是创建书院的原因、创建过程、制度规定等，是全国书院志中唯一一部全面记述创建相关事项的志书，其卷目、内容与其他书院志有着显著差异。与之相比，《紫阳书院志》是徽州紫阳书院从南宋理宗淳祐六年（1246）建立至清雍正初期各方面的记载。正文共18卷，分图考、建置、祀典、朱献靖公本末、朱子文公本末、列传、表奏、会规、会纪、土宇、艺文等。康熙五十七年（1718），星子知县毛德琦重修《白鹿洞书院志》，五十九年（1720）刻成，分形胜（1卷）、兴复（2卷）、沿革（1卷）、先献（1卷）、主洞（1卷）、学规（3卷）、书籍（1卷）、艺文（8卷）、祀典（1卷）、田赋（1卷）共10则、20卷。再如康熙二十六年（1687）赵宁纂修的《长沙府岳麓志》，除序、旧序、凡例外，卷一新典恭纪（附奏 ）、古圣先贤像（并序赞）、岳麓总图（并序）、岳麓书院图（并序）、潇湘八景图（并序），卷二山水、古迹、新建、寺观、疆域，卷三书院（沿革、年表等）、列传（先儒、山长等）等，卷四至卷八艺文。它们所记载的时间跨度均长达数百年，且在制度设计上，均不如《钟山书院志》之详。

（三）《钟山书院志》的最大贡献是记述了书院运作方方面面的制度规定，为以后书院的发展奠定了基础。

1.关于掌教

钟山书院设掌教一名，采取“采访有文望、品望，年高而精明、强固，足以诲人者为之。不拘爵秩，不拘本省、外省。督宪修庄启聘仪，付地方官敦请。如辞未赴，仍再启，固请速。驾至，则具柬拨舆远迎。”也就是掌教由在任两江总督以礼延聘。不问派系，不讲门户，不分本省邻省、已仕未仕，但求品优学富。掌教待遇优厚，“每岁馆俸三百两，外每节节仪六两，每月供赡银十两，厨役一名、水火夫一名”。

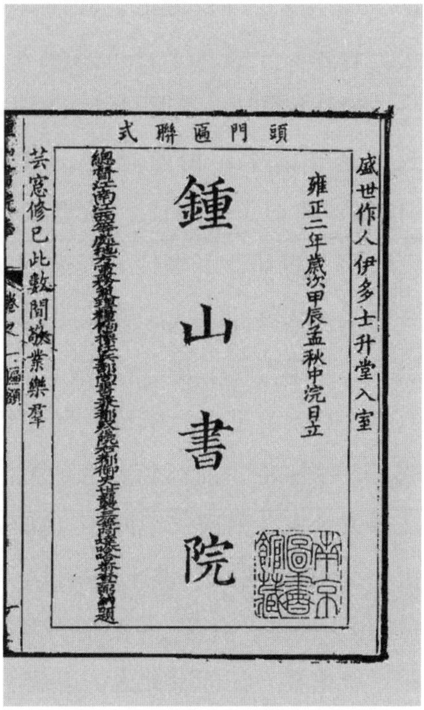

图8 《钟山书院志》书影

首任掌教为宋衡（1654—1729），字伊平、嵩南，号啸梅，安徽庐江人。康熙二十四年（1685）乙丑科殿试二甲第17名进士，授翰林院编修。历官侍读学士、云南乡试主考官、提督四川学政等，60岁致仕。雍正二年（1724），71岁受查弼纳邀聘，任钟山书院首任山长。工诗文，善书法，著有《啸梅斋诗集》《经义文稿》。制订了“敦躬行、慎交游、明经学、课文艺”4条原则和“严朔望之仪、定日课之目、严出入之防、戒非礼之履、定会课之期、重群居之义、存恒久之心”的办学方针，为钟山书院逐渐成为清代两江地区影响最大的汉学中心奠定了坚实的基础。

继任为夏慎枢（约1653—1730），字用修，号晓堂，江苏丹徒人。康熙五十一年（1712）壬辰科殿试三甲第12名进士，选庶吉士，授翰林院检讨。康熙五十九年（1720）任顺天乡试同考官，次年任辛丑科会试同考官。天才开朗，不自收拾。久不升迁，辞官南归，以设馆授徒为生。雍正四年（1726），受两江总督范时绎邀聘，主讲钟山书院。萧规曹随，恪守“敦崇实学”宗旨，守成有绩。雍正八年（1730）卒于金陵。著有《万闲堂诗钞》《晓堂文集》等。

在钟山书院存续的170多年中，有史可考的历任钟山书院院（山）长、掌教（主讲）还有38位，分别依次为：汪应铨，字杜林，江苏常熟人，康熙五十七年（1718）进士（状元）；沈起元，字子大，江苏太仓人，康熙六十年（1721）进士；杨绳武，字文叔，江苏吴县人，康熙五十二年（1713）恩科进士；韩彦曾，字沥芳，江苏长洲人，雍正八年（1730）进士；周长发，字兰坡，浙江山阴人，雍正二年（1724）进士；夏之蓉，字芙裳，江苏高邮人，雍正十一年（1733）进士；叶酉，字书山，安徽桐城人，乾隆四年（1739）进士；顾镇，字备久，江苏常熟人，乾隆十九年（1754）进士；卢文弨，字召弓，浙江仁和人，乾隆十七年（1752）恩科进士；赵曦明，字敬夫，江苏江阴人，饱学诸生，博雅擅文；钱大昕，字晓征，上海嘉定人，乾隆十九年（1754）进士；秦大成，字澄叙，上海嘉定人，乾隆二十八年（1763）进士（状元）；姚鼐，字姬传，安徽桐城人，乾隆二十八年（1763）进士；秦承业，字补之，江苏江宁人，乾隆四十六年（1781）进士；孙星衍，字渊如，江苏武进人，乾隆五十二年（1787）进士；蔡之定，字麟昭，浙江德清人，乾隆五十八年（1793）进士；朱珔，字玉存，安徽泾县人，嘉庆七年（1802）进士；魏成宪，字宝臣，浙江仁和人，乾隆四十九年（1784）进士；钱宝琛，字楚玉，江苏太仓人，嘉庆二十四年（1819）进士；程恩泽，字云芬，安徽歙县人，嘉庆十六年（1811）进士；胡培翚，字载屏，安徽绩溪人，嘉庆二十四年（1819）进士；任泰，字阶平，江苏宜兴人，道光六年（1826）进士；蔡世松，字伯乔，江苏上元人，嘉庆十六年（1811）进士；温葆深，字明叔，江苏上元人，道光二年（1822）恩科进士；唐鉴，字翕泽，湖南善化人，嘉庆十四年（1809）恩科进士；王煜，字耀堂，安徽滁州人，道光二年（1822）恩科进士；李联琇，字季莹，江西临川人，道光二十五年（1845）进士；林寿图，字恭三，福建闽县人，道光二十五年（1845）进士；江璧，字南春，江苏扬州人，同治四年（1865）进士；梅启照，字筱岩，江西南昌人，咸丰二年（1852）恩科进士；孙锵鸣，字韶甫，浙江瑞安人，道光二十一年（1841）恩科进士；宋恕，字平子，浙江平阳人，诸生，有奇才，孙锵鸣之婿；杨长年，字健行，江苏江宁人，同治九年（1870）江南乡试举人；钱桂森，字莘白，江苏泰州人，道光三十年（1850）进士；梁鼎芬，字星海，广东番禺人，光绪六年（1880）进士；蒯光典，字礼卿，安徽合肥人，光绪九年（1883）进士；缪荃孙，字炎之，江苏江阴人，光绪二年（1876）恩科进士；濮文暹，字青士，江苏溧水人，同治四年（1865）进士。

钱大昕（1728—1804），字晓征，号辛楣、竹汀，上海嘉定人。乾隆十九年（1754）甲戌科殿试二甲第40名进士，改翰林院庶吉士，擢侍讲学士。历任山东、湖南、浙江、河南等地乡试正考官。乾隆三十四年（1769），入直上书房，为太子师。旋迁詹事府少詹事、提督广东学政。四十年（1775），卸职归里，引疾不仕。四十三年（1778），应两江总督高晋延请，任钟山书院院长。与诸生讲论古学，以通经读史为先，所著《廿二史考异》即在钟山书院完成。书院士子经指授成名者甚众，江浦韩廷秀、上元董教增、上元鲍琏、宣城孙元诏，都是其中的翘楚。四十六年（1781），两江总督萨载重定书院规条，钱大昕定《学约》，以训诂求义理，不专治一经。

姚鼐（1731—1815），字姬传，号惜抱，安徽桐城人。乾隆二十八年（1763）癸未科殿试二甲第35名进士，选翰林院庶吉士，散馆改礼部仪制司主事。历任山东湖南乡试副主考、会试同考官、刑部郎中等。乾隆三十八年（1773），参与“四库全书”纂修，翌年（1774）书成，卸职乞归，不再入仕，以授徒讲学为生。乾隆五十五年（1790）应两江总督孙士毅延聘，主讲钟山书院。嘉庆六年（1801），改主安徽敬敷书院，十年（1805），两江总督铁保遣人固邀，复主钟山书院。嘉庆二十年（1815）九月十三日，卒于钟山书院。姚公两度主持钟山书院达22年之久，始终恪守以古文义法传授肄业生徒，成效尤著。上元管同、梅曾亮，桐城方东树、刘开，最为知名；歙县鲍桂星、新城陈用光、江宁邓廷桢，最为显达。这些政界文坛翘楚，均为姚鼐在钟山书院培养的高足。

濮文暹（1830—1909），原名守照，字青士，号梅梅颠，晚号瘦梅子，江苏溧水（今南京）人。同治四年（1865）乙丑科殿试三甲第12名进士，授刑部主事。在刑部十余年，历任员外郎、郎中，以风节自见。光绪九年（1883）出守河南，历任南阳、开封、彰德等府知府，所至有政声。光绪二十二年（1896）初，丁母忧，归居金陵羊皮巷，不再出仕。光绪二十七年（1901），应两江总督刘坤一延聘，出任钟山书院改办之江宁中学堂总教习。熟谙诗书，精通经史。以群经教士，恪守俭让，生徒咸赞。著有《见在龛集》《提牢琐记》等。光绪二十九年（1903），江宁中学堂迁至八府塘文正书院旧址续办，青士仍随任总教习。光绪三十一年（1905），辞馆赴山东，就养于其长子、新泰县知县濮贤恪任所。

掌教之下，“另派两副掌教，一管书院东偏号舍诸生，一管书院西偏号舍诸生。稽查出入，课其勤惰。每季檄调学优行洁之教官，轮班值季，以司其事”。志中记述，雍正二年副掌教3位，雍正三年6位，雍正四年2位。可见更替之频，唯有陈以刚3年连任。“陈以刚，字近筌，号烛门，凤阳府天长县人。康熙壬辰科进士，池州府学教授。”

《钟山书院志》，雍正三年院藏刊本，却记载有雍正四年，掌教夏慎枢、副掌教陈以刚和李音，是雍正三年刻本、四年刊印，还是现存版本后世重刊，有待考证。

2.关于肄业诸生

招收方式。卷六《文告》与卷十六《肄业诸生姓氏》载，“所有肄业诸生，除本部院亲试录送外，合再通行檄取。为此，仰府、州官吏，立即转行该学，将后开诸生，径行具文申送赴省，以凭发入书院肄业。该地方官，量资路费，俾即起行”“曾经本部院考取，及学院移送前茅，并各属保送，方准收入。……各属保送行优，本部院必面试文艺，重其选也”“准入者，面取考入者，并江宁三学愿随课期入院作文者，普同开载”。可见，招收方式有三：一是两江总督亲自录取的，一是各属府、州保送面试考入的，一是愿意自费听课的。

招收范围。卷十六《肄业诸生姓氏》记载了雍正四年（1726）前诸生姓氏、来源地和身份信息。从生源地看，诸生主要来自江苏、安徽两省，江西、浙江、直隶、山东、河南等省也有少数；从身份看，诸生既有来自府、州、县、卫学的生员，也有举人、监生、贡生，甚至还有县学教谕。可见，钟山书院是一个跨省区的特大书院。

在诸生生活方面，钟山书院也有明确规定。“诸生房间，每间阔大可住二人，若偶然人少之时，或一人住一间，各从其便。诸生日给，每月米三斗、纹银九钱，充薪蔬油盐。……诸生器用，每间木床二大张，书架二座，桌凳俱全。公众庖厨，在东西两边。其厨中锅缸及刀铲之类俱全”。另外，书院还专门雇有水火夫，负责诸生炊汲力役，一般每10人配水火夫2名。

3.关于教学管理与内容

卷六《书院长久规模告示》开列规条13则，多与教学管理和内容有关。

作息时间。“书院设大梆于二门上，着守门人管。每日听五更鼓歇，即发头梆；天将亮，即发二梆；天大亮，即发三梆。以便各号，齐起工课。……设云板于讲堂之上，易于传集士子。今定朔望饭后，为会讲之定期。诸生听击云板响声，即齐集讲堂，一揖侍坐敬听，毋得参差喧挠。所定初六、十二，为会课之定期。”

请假规定。“凡肄业诸生，或有事归家，或寻访同人，须出门一二日者，必禀明掌教，并副掌教，查明告假几日，注册后，方准出院。告假至半个月以外，副掌教具禀江宁府，转报本部院，批允方行。若寂然而去，不禀师长，查出记过一次。记过至三次者，斥逐出院。”

老师行为规范。“来学者原以尊师取友为益，师严而道尊。师能尽其道，乃谓之严，乃谓之尊。亦惟君子能尊师，然后喜其严而常觉其尊耳。究竟师之待弟，当如父之待子，惟亲切提撕、巨细指示。彼弟子亦惟观其长而效之，不可核其短而薄之也。”

诸生学习方法。“诸生当知我朝作兴斯文胜于前代，圣天子举贤崇儒，事事破格，开科广额之外，特诏录遗。又给公车归途之费，各省所举孝廉，特授州县官。旷典异数，极从来所未有”。所以诸生要砥行修品，不要自暴自弃。要计划好每天读什么书，并且“仍间日自拟题一二篇，多作则心灵手敏，异日临场有如流水。亦须送师长一阅，求其细细批示，虽非正课之出案，实可频验其浅深。至于所读之书，即老成亦有未解处，及会讲之日，有未明、未尽处，无妨各自开单，求师长徐徐开单示下”。

教学内容。为了在科举考试中取得好的成绩，查弼纳特别强调经学。“科场经题有四，书院须加经学。每月会课，既有经题，须作经艺，即当日不能完篇，续送亦可。即以一经为一束，另于正案之外，各分等第。听掌教径自揭示院中，使肄业者鼓舞、加功，以为棘闱夺帜地。”会课优异者，各有奖励。

此外，志中还提到书院的藏书管理有一套严格的规章制度。书院置有由朴素浑坚杉木做成的书橱，放在内厅堂。“每乘书橱，用大锁一把，钥匙交副掌教收执。如岁暮及新年时节，副掌教归任，将钥匙送江宁府谨收，不许疏失”。平时师生借阅，必须登记造册，以免丢失。钟山书院建立时，共有《易经》《春秋》《十三经注疏》《册府元龟》等书籍31种。

五、版本源流

《钟山书院志》刊刻后，即藏于书院，社会流布不广，亦未见再版。甘熙在《白下琐言》一书中多次引用《钟山书院志》，其宅第内的藏书楼——津逮楼匾额，就是当时钟山书院主讲程恩泽（1785—1837）题写。与甘熙同时的南京方志学者金鳌在《金陵待征录》卷十中记载：“《钟山书院志》，汤椿年辑，金增编。分十二类，规画之勤、训课之肃具在焉。其后有规条。学约之刻，则分课升降，而争竞之风宜戢矣。钱（大昕）竹汀山长云：‘无昌理学虚名，亟修仁让实事。’旨哉斯言。”

南京图书馆收藏的雍正三年《钟山书院志》院藏刻本，原为道光末年至咸丰初年任钟山书院主讲的王煜所藏，后辗转收入江苏省立第一图书馆，最终被南京图书馆收藏。该书扉页钤有三枚印戳，印文分别为坰斋、江苏省立第一图书馆藏书和南京图书馆。坰斋系曾任钟山书院主讲的王煜之号，王煜（1804—1852），字耀堂，号絅（坰）斋，安徽滁州乌衣镇人。南京图书馆，始名江南图书馆，初创于光绪三十三年（1907），宣统二年（1910）建成开放。其总办（馆长）为曾任钟山书院山长的缪荃孙，其藏书来源主要购自浙江钱塘丁氏“八千卷楼”60余万卷和湖北武昌范氏“月槎木樨香馆”4500余种。

1995年，江苏教育出版社影印出版由赵所生、薛正兴主编的《中国历代书院志（全16册）》，其中第七册收录有雍正三年刻印的《钟山书院志》。2013年，南京出版社出版由濮小南点校的《钟山书院志》，并辑入《南京稀见文献丛刊》。2015年，南京出版社《金陵全书》甲编·方志类·专志出版发行，雍正三年刻本《钟山书院志》影印收录其中。

南京地方史学者、人文秦淮学会理事会员　濮小南

文献俱备 佼佼山志

《摄山志》导读

摄山又称栖霞山，是一座与众不同的文化名山、文化圣山。从唐代至今，此山已经有了十余部属于它的专志，令南京地区其他诸山望尘莫及。就全国而言，一座山拥有如此丰富的山志，也是十分罕见，这足以证明它的不同寻常。在这些山志中，最值得推崇的当属清陈毅编纂的《摄山志》。

一、山志成因发微

《摄山志》编纂于清乾隆年间，由布衣诗人陈毅编纂，是一部内容较丰富而又全面系统的山志。

摄山卓立天外，屏江而立，因山形如伞，古称繖（伞）山。后又因山上广布草药可以摄生，故称摄山。据史料记载，率先对摄山进行开发的先行者，可能是汉末到三国时期的道士。据南朝陈祯明二年（588），由济阳江总撰、京兆韦霈书的《摄山栖霞寺碑铭》记载，东晋时期，术士扈谦就已经在此结茅。

图1 《摄山志》书影

南朝齐明僧绍舍宅为寺后，自唐至明初，700多年间，栖霞寺先后更名8次。唐高祖武德年间（618—626），下诏栖霞寺改名为功德寺，增建殿宇49所；唐高宗上元年间（674—676），敕改功德寺为隐君栖霞寺；唐武宗会昌五年（845），排斥佛教，栖霞寺被废；唐宣宗大中五年（851）重建栖霞寺。南唐时（937—975），高越、林仁肇奉诏主持重修栖霞寺，改称妙因寺。北宋太宗太平兴国五年（980），下诏更名普云寺；宋真宗景德五年（1008），又诏令更名栖霞禅寺；宋哲宗元祐八年（1093）六月，改称严因崇报禅寺，直至元符元年（1098），宋哲宗亲政，又下诏改名景德栖霞寺、虎穴寺。南宋高宗建炎四年（1130），金兵占领建康，全寺毁于战火。景定年间又称为功德寺，参政简翼张公璪题额。

明太祖洪武二十五年（1392），重建并恢复栖霞寺名称。但自明永乐迁都以后，南京成为留都，其地位，与南京的佛教一样，日渐衰落。栖霞寺的中兴，得益于嘉靖三十一年（1552）寺僧法会与兴善的筚路蓝缕，大量的建筑得以重建或新建，蔚为大观，走上了振兴之路。据葛寅亮《金陵梵刹志》载，“东至葛家巷，南至金石岗，西至本寺官街，北至摄山官路”①，规模甚为庞大。栖霞寺位列灵谷寺统辖下的次大刹，有山门1座，天王殿等7殿堂共36楹，僧院31房，僧众百余，寺基7.99万平方米。

正如陈毅在《摄山志》“序”中所言：“惟摄山孤立江表，过客罕觏焉。六朝唐宋间，时有题咏。观元人百家诗，无一过而问之者。明兴，近在畿辅，诗人如高、杨、张、徐诸公，竟未游及。嘉隆间，留都多暇，一二风雅朝士，搜奇揽胜，几如汗漫游。”②可见，自明嘉靖、隆庆以后，栖霞山又得到文人雅士的青睐。

文献记载，关于栖霞山和栖霞寺的最早的志书，是唐僧灵湍所著《摄山栖霞寺记》一卷。欧阳修、宋祁等编《新唐书》卷五十九“艺文志”和脱脱等编《宋史》卷二〇五均作“灵湍”，南宋郑樵著的《通志》卷六十七作“灵偳”。此书亡佚，作者当是栖霞寺僧，生平不详，故此书的内容亦未能详考。

其后有《摄山记》，张敦颐撰《六朝事迹编类》第十二《庙宇门》：“《摄山记》云：楚靳尚以谗杀屈原。”据此可知，《摄山记》成书于南宋高宗绍兴三十

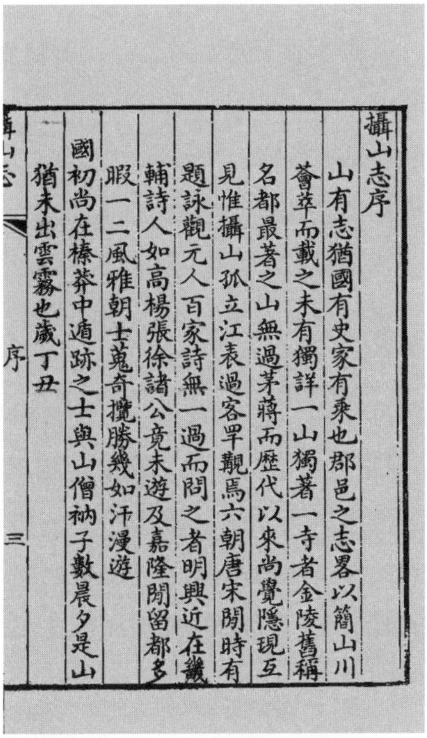
攝山志序
山有志猶國有史家有乘也郡邑之志畧以簡山川
薈萃而載之未有獨詳一山獨著一寺者金陵舊稱
名都最著之山無過茅蔣而歷代以來尚覺隱現互
見惟攝山孤立江表過客罕覯焉六朝唐宋閒時有
題詠觀元人百家詩無一過而問之者明興近在畿
輔詩人如高楊張徐諸公竟未遊及嘉隆閒留都多
暇一二風雅朝士蒐奇攬勝幾如汗漫遊
國初尚在榛莽中遁跡之士與山僧衲子數晨夕是山
猶未出雲霧也歲丁丑
攝山志 序 三

图2 《摄山志》书影

① (清)陈毅撰:《摄山志·序》,《金陵全书》甲编·方志类·专志1,南京出版社,2012年,第95页。
② (明)葛寅亮撰:《金陵梵刹志》,《南京稀见文献丛刊》,南京出版社,2011年,第186页。

年（1160）之前，但作者不详。该志卷数、编纂缘起、具体内容亦未详。

明嘉靖年间，寺僧兴善住持后，栖霞山渐渐成为南京周边独树一帜、气质特别的名胜。编纂栖霞寺志再次盛行，出现了长洲文伯仁德承考订、上元金銮在衡编辑、住持兴善校梓的《摄山栖霞寺志》。该志共3卷，卷一纪沿革、生植、形胜、畜产、创立、流衍、建置、事迹、支派、湮没、镌刻、兴复，卷二收六朝诗14首、唐诗16首、宋诗5首，卷三收六朝文11篇、唐文1篇、国朝文2篇，附本县优免帖一通，无序跋，钤有“范氏天一阁藏书”朱文方印，为国内孤本。另有盛时泰编纂的《栖霞小志》和僧可浩编纂的《栖霞寺志》。

明朝灭亡后，大量明朝遗民遁入山林，张怡选择了较为偏僻的摄山，其后50年不入城市。而此时的栖霞寺住持僧楚云，更是在前任的基础上，对栖霞寺进行了大规模的建设。据《摄山志》载，由楚云新建或修建的建筑就有10多处。有清一代，又有张怡撰《摄山志略》6卷，楚云等编纂《摄山志》8卷。楚云《摄山志》成于清康熙三十二年（1693），凡8卷，分山、寺、僧、传、名贤、诗文、逸事数门，记述范围包括峰峦丘壑、梵宫香刹、兴废建置、铭辞题咏等。

随着清王朝大局稳定，康乾盛世也如期到来。乾隆皇帝6次南巡，六至栖霞山，除却首次在摄山狩猎未作过多停留外，其余5次均驻跸于此。乾隆南巡驻跸栖霞行宫，使得摄山成为士大夫们的膜拜之地，到栖霞沐浴圣恩，已经潜移默化根植于士大夫们的心底。

历史上的这些山（寺）志，时间跨度较长，有的亡佚，有的尚存。而自清初楚云编纂《摄山志》至乾隆第六次南巡驻跸栖霞行宫，已经90余年。在90多年中，摄山更是大兴土木，使得一座有山有水的佛教名山，成为“今士大夫每过江表，必诣栖霞，作竟日游览”的天下名山。陈毅在《摄山志》中说：“岁丁丑，圣天子二幸江南，相国尹文端公时为总督，始修山之池台亭阁，引泉疏树，为往来驻跸之所……用辑往事，编纂成书。”陈毅不想让“山灵之幸，亦臣民之多幸也”的往事湮没，因而“各纪其实，以永其传焉”。在这样的背景下，陈毅编纂《摄山志》也就水到渠成了。

二、襄赞诸公厥功至伟

《摄山志》8卷，清陈毅撰，汪志伊删补，钱大昕考订，费玉衡校对，乾隆五十五年（1790）苏州府署雕板，此志被誉为栖霞山集大成的专志。

陈毅（？—1787），字直方，号古渔，一作古愚，上元（今南京）人，居古长干里。少孤贫，奉母孝，与同县何士容并称。据何士颙《南园诗选》之袁枚《后序》云：“金陵有二诗人，一为陈古渔，一为何南园。陈诗矫健，何诗清婉。三十年来，过从甚欢。今年俱委化去……乾隆五十二年三月随园老人袁枚再书。”[①]“化去”，泛指人去世。因《后序》作于“乾隆五十二年三月”，也就是1787年的春天，据此可知，陈毅卒于乾隆五十二年（1787）春。

陈毅工诗善文，勤于著述。有《诗概》6卷，刻于乾隆二十五年（1760）。《诗概》，又名《古渔诗概》，并以此名刊行，《四库未收书辑刊》收录，熊本、袁枚、张尹、汤懋纲、李方膺、邵大业、葛祖亮、蒋雍植、岳梦渊、沙岳镇、夏之璜、丁家祥、黄之纪等十多位友人为其撰序，足见陈毅交友之广泛。乾隆三十一年（1766），陈毅辑同时代布衣寒士诗为《所知集·初编》12卷；乾隆三十九年（1774），陈毅辑《所知集·二编》8卷，后又辑《所知集·三编》12卷。

陈毅以诗才而深得袁枚赏识，《随园诗话》中摘录、品评了很多他的诗句。当时的两江总督尹继善亦爱其才，曾荐举他到钟山书院任职，后因故未成。除《摄山志》外，陈毅还有《金陵闻见录》6卷，其诗作中也多以南京名胜为题者，表明他是一位十分热爱乡土文化的诗人。金鳌在《金陵待征录》中，先后三次提及陈毅，一是陈毅小传，二是陈毅的《金陵闻见录》，三是陈毅的《摄山志》，足见身为布衣的陈毅，在当时江宁的影响力。

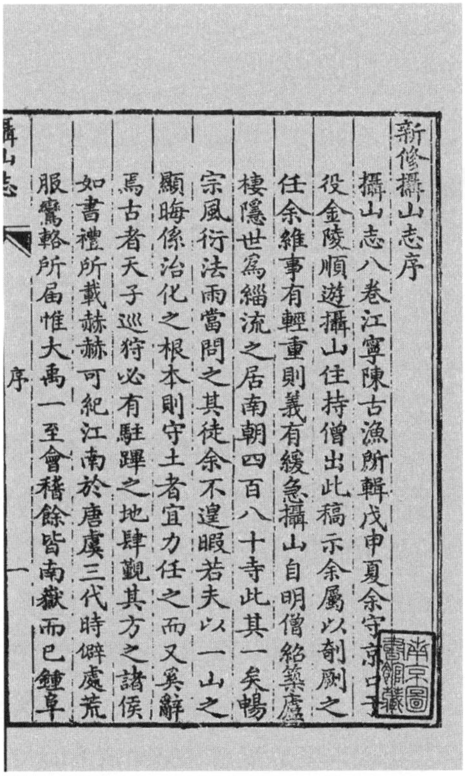
新修攝山志序
攝山志八卷江寧陳古漁所輯戊申夏余守京口于役金陵順遊攝山住持僧出此稿示余屬以剞劂之任余維事有輕重則義有緩急攝山自明僧紹築廬棲隱世爲緇流之居南朝四百八十寺此其一矣暢宗風衍法雨當問之其徒余不遑暇若夫以一山之顯晦係治化之根本則守土者宜力任之而又奚辭焉古者天子巡狩必有駐蹕之地肆覲其方之諸侯如書禮所載赫赫可紀江南於唐虞三代時僻處荒服鸞輅所届惟大禹一至會稽餘皆南嶽而已鍾阜
攝山志　序　一

图3 《摄山志》书影

从陈毅《摄山志》序“甲辰五月江宁古渔陈毅撰”可知，《摄山志》始编于乾隆四十九年（1784），到陈毅去世的乾隆五十二年（1787）春天，仅仅三年时间，陈毅就编纂出十多万字的《摄山志》，将栖霞山的帝王文化、佛教文化、景观文化、碑刻文化、石

① 王英志主编：《袁枚全集》第七册《南园诗选》，江苏古籍出版社，1993年，第2页。

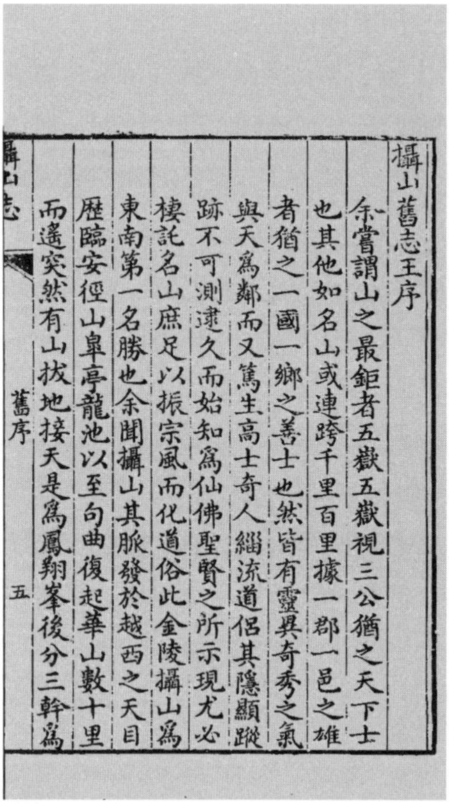

攝山舊志王序

余嘗謂山之最鉅者五嶽五嶽視三公猶之天下士也其他如名山或連跨千里百里據一郡一邑之雄者猶之一國一鄉之善士也然皆有靈異奇秀之氣與天為鄰而又篤生高士奇人緇流道侶其隱顯蹤跡不可測逮久而始知為仙佛聖賢之所示現尤必棲託名山庶足以振宗風而化道俗此金陵攝山為東南第一名勝也余聞攝山其脈發於越西之天目歷臨安徑山皋亭龍池以至句曲復起華山數十里而遙突然有山拔地接天是為鳳翔峯後分三幹為

攝山志　舊序　五

图4　《摄山志》书影

刻文化等呈现在世人眼前。

只是，一介布衣没有经济实力刊刻《摄山志》，所以陈毅想借助栖霞寺僧的力量，立志让《摄山志》刊行。可惜的是，陈毅在完成《摄山志》的编纂工作后不久去世。陈毅在《代栖霞寺僧募修〈摄山志〉疏》中写道：“欲辑成书，苦无资……惟望当代名公大人、风雅豪士，襄此盛举，助我开雕。”言语中，透露出些许无奈。

所幸，仅仅过了三年的时间，陈毅的愿望就变成了现实。乾隆五十三年（1788），桐城汪志伊游摄山，栖霞寺住持捧出珍藏的《摄山志》手稿，“属以剞劂之任”，将刊刻《摄山志》的重任交给了汪志伊。乾隆五十五年（1790），汪志伊略加删补后，《摄山志》正式刊行于世。因此，我们在乾隆本扉页上，可见“乾隆庚戌年”“苏州府署雕板”等字样。

《摄山志》的编成，陈毅自然功莫大焉，但也仰赖一班大家胜流的参与，才得以流布于世。可以说《摄山志》是众多巨匠联手打造的杰作。

汪志伊（1743—1818），字稼门，安徽桐城人，乾隆三十六年（1771）举人，时官苏州太守，后官至闽浙总督，有《稼门诗钞》，《清史稿》卷三五七有传。汪序中对书稿删补的过程叙述得比较清楚：“爰取陈稿，略加删补，复请嘉定钱辛楣宫詹考订，震泽诸生费玉衡校字，且广谋于同寅诸君子，佽助蒇工，而敬志其大义如此。”

钱大昕（1728—1804），字晓征，号辛楣，江苏嘉定（今属上海）人，是乾嘉时期的代表人物。乾隆四十三年（1778），钱大昕主南京钟山书院，乾隆四十五年（1780），钱大昕作《南巡颂》，并主修《南巡盛典》。钱大昕对江宁的山山水水还是相当了解和熟悉的。

费玉衡，生卒年不详，经学家，震泽（今苏州）人，诸生。

苏州知府汪志伊、学术大师钱大昕、经学家费玉衡，或为删补，或为考订，或为校对。汪志伊又“广谋于同寅诸君子”，这样的官员与学者的集合，保证了《摄山志》的编纂水平。

三、全志内容撮要

《摄山志》全书共8卷，除首卷“天章”外，依次为卷一“图说”，卷二“形胜”“创始”“建置”“古迹”，卷三“人物”，卷四“诏敕”“碑铭”“塔铭”“建记”，卷五“赞”“记”“序”“书启”“疏”“引”“文”“帖”“赋”“偈参”，卷六“诗”（陈、唐、南唐、宋、明），卷七“诗”（国朝），卷八“考证”“灵异”“诗话”“杂记”。

《摄山志》志前冠删订者汪志伊《新修摄山志序》、陈毅《摄山志序》、王泽宏《摄山旧志王序》、耿光祚《摄山旧志耿序》、马士芳《摄山旧志马序》，其后为编纂者陈毅所订《摄山志·凡例》8条。根据汪志伊序、陈毅序，不仅可以了解这部《摄山志》的编修背景、刊刻过程中的艰辛，还可以对这部山志有大致了解和认识。而通过解读王序、耿序和马序，则对楚云、慈忠、匡慧诸高僧“禅定之余，涉猎群书”“考山川之形势，纪梵刹之废兴”编纂而成的《摄山志》，也有了大致的轮廓。

卷首“天章”。所谓“天章”，指帝王所作的诗文，《摄山志》“天章”，专指乾隆皇帝在栖霞山所作的诗文匾联等作品。

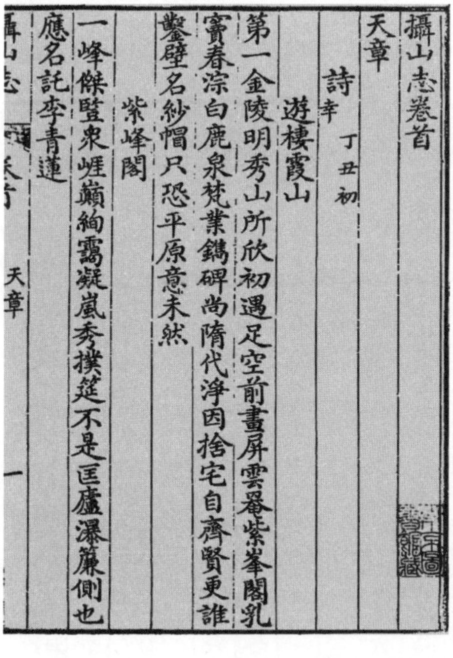
攝山志卷首
天章
詩 丁丑初幸
遊棲霞山
第一金陵明秀山所欣初遇足空前畫屏雲罨紫峯閣乳
竇春淙白鹿泉梵業鐫碑尚隋代淨因捨宅自齊賢更誰
鑿壁名紗帽只恐平原意未然
紫峰閣
一峰傑豎衆峰巔絢靄凝嵐秀撲筵不是匡廬瀑簾側也
應名託李青蓮
攝山志 天章 一

图5 《摄山志》书影

《榫卯精密 开阖有致——〈嘉庆江宁府志〉导读》中称：“该书首设《天章》一门……详记康熙、乾隆二帝南巡途中驻足金陵的有关歌咏题识，开南京历代府志、县志设置《天章》的先河。”[①]《摄山志》刊刻于乾隆五十五年（1790），早于《嘉庆江宁府志》编纂出版21年，并首设“天章”一门，毫无疑问，《摄山志》开南京历代方志设置

① 荀德麟：《榫卯精密 开阖有致——〈嘉庆江宁府志〉导读》，南京市地方志编纂委员会办公室编《南京名志导读·府志篇》，南京出版社，2017年，第169页。

"天章"的先河。

乾隆皇帝在栖霞山，除第一次南巡没有留下作品外，乾隆二十二年（1757）御题联1副、匾额12块，乾隆二十七年（1762）御题联7副、匾额11块，乾隆三十年（1765）御题联2副、匾额1块，乾隆四十五年（1780）御题联4副、匾额2块，合计乾隆御诗120余首。

乾隆在栖霞山的作品，除《摄山志》收录外，《御制诗二集》《御制诗三集》《御制诗四集》《御制诗五集》、嘉庆《新修江宁府志》、道光《上元县志》、同治《上江两县志》等文献均有著录。相互比较后发现，《摄山志》收录的乾隆作品，与"御制诗"所收录的乾隆作品，有一定异文。

如乾隆三十年（1765），乾隆驻跸栖霞行宫时的诗作，有一首《摄山志》题为《再咏沈德潜游摄山十二首诗韵仍令沈德潜、钱陈群和之》，而《御制诗三集》则题为《再用沈德潜游摄山十二首诗韵仍令沈德潜、钱陈群和之》。根据标题的意思，《摄山志》显然刊刻时有误，应该是"用"，而不是"咏"。该诗第一句，《摄山志》为"金山坐栖霞"，第二个字为"山"，《御制诗三集》则为"金仙坐栖霞"，第二个字为"仙"。上下文推测，用《御制诗三集》较为妥当。同年，乾隆题《九株松》一诗，《摄山志》第一句"会观会昌图"中，第一个字为"会"。《御制诗三集》则为"曾观会昌图"，第一个字为"曾"，相互比较，以《御制诗三集》中的"曾观会昌图"为佳。

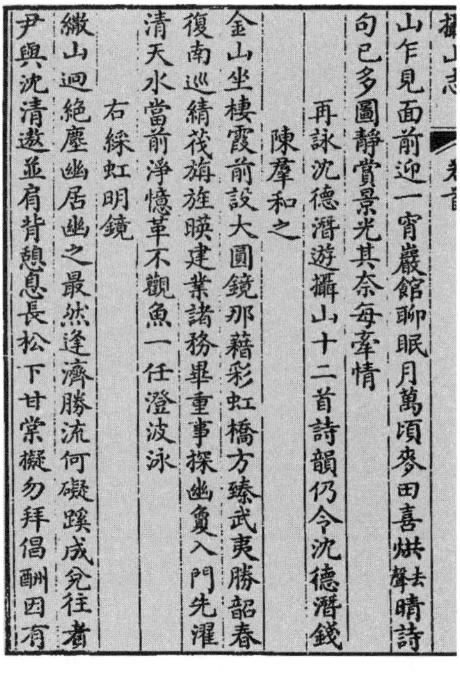
攝山志 卷首
山作見面前迎一宵巖館聊眠月萬頃麥田喜烘晴詩
句已多圖静賞景光其奈每牽情
再詠沈德潛遊攝山十二首詩韻仍令沈德潛錢
陳羣和之
金山坐棲霞前設大圓鏡那藉彩虹橋方臻武夷勝韶春
復南巡續莅旃旌暎建業諸務畢重事探幽負入門先濯
清天水當前浄憶革不觀魚一任澄波泳
右綵虹明鏡
繖山逈絶塵幽居幽之最然逢濟勝流何礙蹊成兊往者
尹與沈清遨並肩背憩息長松下甘棠擬勿拜倡酬因有

图6 《摄山志》书影

乾隆四十五年（1780），乾隆作《晴用前诗韵》诗："渥雨入宵止，庭柯乾鹊鸣。利秧浸稻种，饱穗喜麦情。尘静沿峰转，溪暄赴涧倾。栖霞喜停跸，指日到南京。"末附"于栖霞信宿驻跸，拟廿六日至江宁"。此诗《摄山志》不载，根据诗末附言，肯定为乾隆在栖霞行宫驻跸期间所作，因此，应计算在乾隆栖霞山御诗之中。

《摄山志》"诗·庚子四幸"之《行宫》诗，《御制诗四集》则为《题栖霞十景——栖霞山》。据《御制诗四集》卷七十二载，乾隆四十五年（1780），乾隆作《题栖霞十景》，分别

图7 《摄山志》书影

为：栖霞山、玲峰池、紫峰阁、万松山房、天开岩、幽居庵、叠浪崖、珍珠泉、彩虹明镜、德云庵。《摄山志》收录的是乾隆四十九年（1784）时，乾隆在栖霞行宫所作《题栖霞十景》，也就是说，在乾隆四十五年（1780）时，乾隆就已经有《题栖霞十景》，比《摄山志》记载的乾隆四十九年（1784）早了4年。

检阅《御制诗四集》发现，其中收录题名为《晴》的诗，而《摄山志》则不录。诗曰：“快雨复时晴，润暄欣适平。行宫背北麓，晓驾指南京。巡狩巡所守，观民观我生。幸逢诸事吉，惟益凛持盈。”其按语为：“按：观九五之象，朱子注之曰：人君观已所行，不但一身之得失，又当观民之善否，以自省察。如是，则君与民为二，非一体，而自省察之语，亦属引而不发。以余论之，君与民，本一体，民心之向背，宜观也；民风之善恶，宜观也；民生之治乱，宜观也。是此三者，皆观民之要，而其余宜观者，不可屈指数。然此三观，皆应观已之所行，有以致之，若曰：观已之得失，又观民之善否，是朱子所谓：话成两橛，而非一体矣。因用象语，故阐其义如此。”

乾隆皇帝曾三次御题《题文伯仁金陵十八景》组诗，第一次是乾隆皇帝在乾隆三十年（1765）第四次南巡至江宁时所题，其中有《摄山》诗，《摄山志》收录。第三次是乾隆四十九年（1784）第六次巡幸江南时，御题《题文伯仁金陵十八景》，其中有《摄山》诗，《摄山志》收录其中。有意思的是，第二次，也就是乾隆四十五年（1780）第五次南巡至江宁时所作《题文伯仁金陵十八景》组诗，其中也有《摄山》，诗曰："养生那驻少年颜，每到栖迟两日间。但看堂堂面南势，也教秀拔摄其山。"《御制诗四集》收录了，但不知为何，《摄山志》未录。

由此可见，乾隆在栖霞的诗作，需增加乾隆庚子四十五年（1780）所作《晴用前诗韵》《晴》《题文伯仁金陵十八景·摄山》3首。

需要指出的是，《摄山志》载乾隆四十九年（1784）时作《江宁旋跸驻栖霞之作》，而《御制诗五集》不载，《嘉庆新修江宁府志》收录，题名为《栖霞山》。上述分析，提醒阅读时，注意分辨。

卷一"图说"配图11幅，每幅图配文字说明。图分别为：栖霞全图、栖霞行宫、彩虹明镜、玲峰池、紫峰阁、万松山房、幽居庵、天开岩、叠浪岩、德云庵、珍珠泉。

卷首"图序"，说明摄山的地理位置以及名字来历。"图序"以空间的概念，从栖霞寺左侧舍利塔始，由低及高、由下及上，至最高峰，再下山，至寺之右侧珍珠泉，一路简述栖霞山之风貌。语言多用四字，如"山有三峰，中峰屹立，东西拱抱""其前平石，曰明月台""渡春雨桥，即白鹿泉"，抑扬顿挫，朗朗上口，读来十分悦耳。栖霞山林泉岩壑"益复竞秀争奇"，令人心旷神怡。并选择"其景之尤最者，并绘图缀说，为山志之冠"。图和文字相互呼应，附图绘制精美，堪称《摄山志》的特色和亮点。

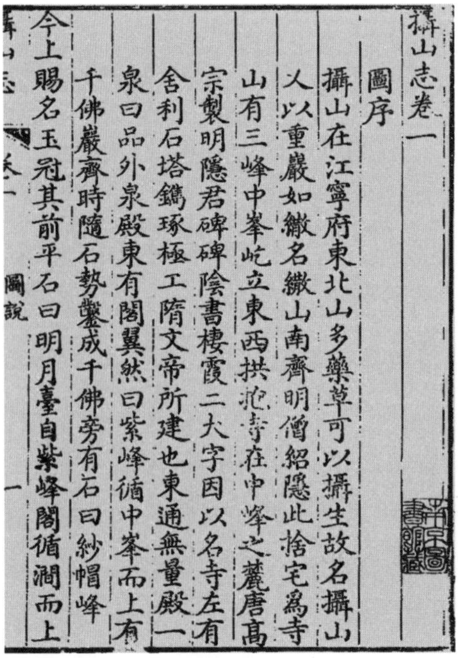
攝山志卷一

圖序

攝山在江寧府東北山多藥草可以攝生故名攝山又以重巖如繖名繖山南齊明僧紹隱此捨宅爲寺山有三峰中峯屹立東西拱抱寺在中峰之麓唐高宗製明隱君碑碑陰書棲霞二大字因以名寺左有舍利石塔鐫琢極工隋文帝所建也東通無量殿一泉曰品外泉殿東有閣翼然曰紫峰循中峯而上有千佛巖齊時隨石勢鑿成千佛旁有石曰紗帽峰今上賜名玉冠其前平石曰明月臺自紫峰閣循澗而上

攝山志　卷一　圖說　一

图8 《摄山志》书影

皇帝南巡，下榻之处自然要建行宫。乾隆十六年（1751），乾隆首次南巡，尹继善即开始在栖霞山中修建行宫。历时6年，在乾隆二十二年

图9 《摄山志》书影

(1757) 第二次南巡前建成。栖霞行宫，规模宏大，令乾隆十分喜爱。从乾隆第二次南巡开始，他在南京就有了新的住所——栖霞行宫，这里也就成了乾隆皇帝来南京最喜欢去的地方。据文献记载，乾隆皇帝6次南巡，有5次共45天住在栖霞行宫，对栖霞行宫可谓情有独钟。

但凡熟知栖霞山的人都知道，乾隆曾将纱帽峰，改为玉冠峰。据书中“图说”中的“栖霞行宫”介绍，行宫的建筑有春雨山房、太古堂、武夷一曲精庐、话山亭、有凌云意等，“凡此嘉名，俱邀宸锡”，应该都是乾隆所赐。除此之外，紫峰阁的《图说》，还透露了“蒙皇上面锡佳名，曰功德”。

“彩虹明镜”是栖霞山的第一景，乾隆二十七年（1762），乾隆赐桥名曰“彩虹”，湖名曰“明镜”，并赋诗：“金仙坐栖霞，前设大圆镜。”通俗易懂，读来十分亲切。《摄山志》将“彩虹明镜图”收录其中，池内“浩瀚弥漫，一望无际”，“中筑坝桥，扶栏以度”，恰如其分。

“万松山房”，顾名思义此处多松，因而“图说”曰：“山风过处，谡谡如万壑鸣涛。”

栖霞山西峰景观甚少，因此，“德云庵图”填补了西峰景观的空白，德云庵也被《摄山志》誉为“西麓最胜处”。

除去“栖霞行宫图”外，剩下的“栖霞全图”“彩虹明镜图”等十图，其实就是为乾隆所命名的“栖霞十景”绘制的，编纂者将“图说”放在志书卷首“天章”之后，其重要性，可见一斑。

陈毅在《摄山志》“凡例”中强调：“山有图，旧只一章。今屡邀宸翰品题，具载南巡盛典，谨依式分绘各图。兹附‘图说’，俾一展读间，曾历者若置身岩壑，未到者，亦神游山间，仿佛无数啼莺回翔于万松之表。”增加“图说”的目的是，让游历过栖霞山的人，回味无穷；让未曾游历者，看图神游。图文并茂，以增阅读之趣。

卷二“形胜”主要讲述栖霞山的山川形胜。“创始”描述的是栖霞寺的创建，千佛岩及舍利塔的形成，寺名变更的过程。“建置”则言及栖霞寺的主要建筑的名称、方位和规模及建造者名字等，一幅栖霞寺建筑图，呼之欲出。翻检葛寅亮《金陵梵刹志》发现，《摄山志》卷二中的“形胜”“创始”“建置”均引用于此，只是漏掉“又南为纱帽峰”等部分文字，另对《金陵梵刹志》中的文字，进行了重新调整，如“洪武二十五年，钦奉圣谕：‘仍为栖霞寺’”改为“洪武二十五年，仍敕为栖霞寺”；也增加了部分文字，如“建置”中增加了“旧称山中虚谷深陇，倚山架壁，各擅其胜，上至中峰顶，下视大江，曳若缟练，幽深隐奥者，忽焉而宏览八荒矣。所领小刹，曰衡阳寺，即兹寺下院”。“古迹”部分，讲述了清顺治五年（1648）邑绅陈旻昭、刘觉岸、邓元昭等人邀请觉浪修复栖霞寺及楚云扩建栖霞寺、并罗列45项栖霞山建筑及庄田等情况，新增“六朝松”“银杏树”“大石佛”“舍利塔”“法钟”“石壁轩”“禹碑”“二石幢”“妙因寺额”“来宾亭”“金宝方碑”等。

卷三分为“人物”“高僧”“律师”三部分，依时代先后排列，皆为人物传记。“人物”中，南朝时期2人，南齐明僧绍、陈江总持；唐朝1人，刘长卿；南唐2人，高越、林仁肇；宋代1人，张环；元朝1人，张可久；明朝6人，陆光祖、袁黄、焦竑、黎元宽、陈丹衷、张怡；清朝11人，刘余谟、刘思敬、邓旭、蔡祖庚、王宏祚、王泽宏、纪映钟、丁炜、于成龙、于述统、耿光祚。高僧则有南朝齐大明法师、法度禅师，陈朝智者禅师、法响禅师、慧峰大师、慧布法师，隋朝慧侃大师、保恭大师、慧觉法师、元崇法师、智聪禅师、慧旷禅师、僧玮禅师，唐代大德玭禅师，明代云谷禅师、素庵法师16人。律师主要是清代觉浪盛禅师、南岳竺庵禅师、南庵依禅师、楚云源禅师等。有些人物史籍中不见其内容，是不可多得的文献资料。

卷四分“诏敕”“碑铭”“塔铭”“山中铭”“建记”五部分，主要是围绕栖霞山寺的塔、碑、殿、堂、阁、画作这类实体文物所作的汇总记述，涉及南朝梁、南朝陈、隋、唐、南唐、明、清等7个时期，多出自帝王将相及名流、高僧之手，如梁元帝、隋文帝、唐高宗，江总、王劭、徐铉、陈文蠋、陆光祖、汪道昆、焦竑、董其昌、顾起元、袁黄、葛寅亮、张怡等，具有较高的历史文献价值。

卷五分“赞”“记”“序”“书启”“疏”“引”“文”“帖”“赋”“偈参”10个门类（文体）记载文学作品，有较高的文学价值。因栖霞山名声日隆，达官贵人、文人骚客纷纷前来游历。“记”的作者有：明南刑部尚书吴郡王世贞、明礼部尚书丹阳姜宝、明按察副史吴郡冯时可、清刑部尚书济南新城王士祯等，均标明作者的官职、籍贯等，是本志的一大亮点。目录中的“叙”，即志书中的“序”，收录张怡《摄山志略·小序》《后序》，“则一木一石，皆吾师吾友也”，这是张怡对摄山的真情流露，由此促成了《摄山志略》的编纂。

卷六为“诗作”，收录的是南朝陈、唐、南唐、宋、明朝有关摄山的诗作，计80余首。诚如《凡例》所言：“其未经搜辑者，不知凡几。”只能是有选择性地将一些具有代表性的诗作入志，突出名家效果，以彰显《摄山志》的厚重。

卷七为“国朝”诗作，即清代有关摄山的诗作，计120余首。收录诗作最多者是与陈毅同时代的蒋士铨，计15首；与卷六“诗”不同的是，“国朝”诗作所有作者，均标明姓氏、名和字等信息。而汪志伊、王文治和周镐等人的诗，均属增补之作。

卷八与摄山相关的及周边地区的市镇、湖泊、景点、神怪逸事等，都收录在内。如“考证”涉及江乘浦、栖霞市、江总碑、画石山、落星山、茶肆、梵刹志、茶茗、银杏、摄湖、山泉、寺额、碑、五色土、栖霞寺诗引、衡阳寺、离宫、江乘县、泉品、木瓜、茶、摄山旧迹、临沂县、摄山药草（缺），“灵异”涉及摄山神、大蟒、异梦、六朝松等，“诗话”有《金陵琐事》摘句、衡阳诗话、爬痒、白鹿泉诗、王宗伯诗、耿旃林寿楚云师长句、鳌峰句、法华经偈，“杂记”包括楼山记、茶村诗引、麸墙、猫鼠偈子、神极盗柴妇、僧报、桂树、寿竺庵偈、如此江山、明神宗匾额、杨龙友画等。

四、特色亮点赏析

陈毅《摄山志》按志书体例编纂，虽也是个人修志，因有张怡《摄山志略》及释楚云《摄山志》等栖霞旧志的丰厚资料为基础，成全了一部综合性专志的诞生。该志体例周备，详略得当，史料丰富，文字优美，史观端正，旨趣高标，图文并茂，达十余万言，全景式地呈现栖霞山，是现存栖霞山志中文字信息量最大的一部。捧读之余，顿感特色鲜明，亮点纷呈。

（一）内容丰富且史料价值很高

资料翔实丰盈是《摄山志》一大特点，也是一大亮点。“寺碑僧志，纪游篇什，虽出自前朝帝王卿相名流高士之手，凡耑为寺中游咏者，无虑累牍片楮，必载以传，即断锦碎金，亦奚容散佚。”该志编纂者珍视资料的程度由此可见一斑。

因帝王的驾临，《摄山志》和同时期的许多志书一样，都有冠于卷首的“天章”，这个内容不是志中最重要的部分。《摄山志》最重要的史料，主要是涉及明末清初的内容，具体分析如下。

卷二“建置”部分，悉数罗列栖霞寺的规模及设施，使后世读者能够了解当时栖霞寺的大致情况，虽简略，但弥足珍贵。

卷三“人物”中，袁黄以上的人物，二十四史上均有文字介绍，《摄山志》对上述人物只作简略记述，而对袁黄的记述尤为详尽，特别是他在摄山访云谷禅师、思想发生转变终得佛道的过程，不仅记录了他们之间富有禅机的对话内容，文末还交代了“今栖霞天开岩下为了凡（袁黄的别号，因为受到禅师的开悟，遂改初号‘学海’为‘了凡’）先生问道之处”。这里还是一些警世、醒世名言的源头，如“从前种种，譬如昨日死；从后种种，譬如今日生”“地之秽者多生物，水之清者常无鱼”“积善之家，必有余庆；积不善之家，必有余殃”等。列在袁黄之后的人物中，焦竑是明代南京第一位状元，官居高位，著作等身；张怡是明末清初学者，有《摄山志略》《金陵私乘》等著作；纪映钟是明末清初诗人，曾主金陵复社事；另外，刘余谟、刘思敬、邓旭、蔡祖庚、王宏祚、王泽宏、丁炜、于成龙、于述统、耿光祚等，多为明末清初的诗人画家，他们都与栖霞山佛门有过因缘。有些人物名声不大，正史无传，《摄山志》对他们的记述更显史料价值的珍贵。

“明陆光祖”之前，有张可久。张可久（约1270—1350），为元代散曲家、剧作家，浙江鄞县（今浙江宁波）人。元至正元年（1341），张可久访禅友戒空于摄山，应将其列入元代人物之列。《摄山志》收录张可久传，不仅增添了有元一代的内容，更可贵的是，可补《宁波府志》或《鄞县志》人物之缺。

“高僧”一目，云谷禅师以上的高僧传记，多引自《金陵梵刹志》。陈毅编纂《摄山志》之前，云谷禅师的史料主要见于明憨山德清的《云谷先大师传》和明释明河编纂的《补续高僧传·明摄山栖霞寺沙门释法会传》，二者内容相近，而《摄山志》中的云谷禅师事迹由袁黄撰写，内容有别于上述二史料，长达2000余言，可见其史料价值。素庵法师传亦以《摄山志》所记为详尽，通篇四言句较多，似赋体散文，如“延讲《华严》，听者九流，摄山苍苍，风行云聚。佛祖心宗，宏扬末世”，朗朗上口，具有较高的文学性。这些内容对研究明代栖霞山佛教文化有着重要作用。“律师”一目，为4位禅师的人物传记，虽然过往史料上也有记述，但都较为简单，且多未涉及与栖霞寺的关联。《国朝觉浪禅师传》《南岳竺庵禅师传》《楚云源禅师传》是《摄山志》中最长的3篇文章，其史料价值不言而喻。

卷四“塔铭”一目及释兴源《新建旃檀金汤二阁记》一文，不见于此前史料。卷五除“记”中的前几篇及“疏”中的释保恭《隋栖霞寺请天台智者大师疏》见于《金陵梵刹志》，其余内容皆有重要的史料价值，其体裁样式丰富，也有一定的文学价值。卷六、卷七分别为清代之前和入清以后的诗作，是寺志不可或缺的一项内容，文学价值甚高，特别是清代诗歌，更显其资料的奇崛新颖。卷八内容较为庞杂，包括地名和文物、植物的考证，其余内容更似一部掌故，多为民间传说故事，其史料价值亦不容小觑。

（二）记述类别分配合理

《摄山志》结构合理，纵写横陈，全志八卷，各类别内容分配均衡合理。诚如陈毅在《摄山志·凡例》中所言：“一翻阅间，古今事迹灿如列眉。”

与同为清代的山志相比，《宝华山志》（刘名芳纂修，福聚重校本）共15卷，卷一分山图、形胜、星野，卷二山水，卷三建置，卷四分古迹、灵异，卷五分高僧、律师，前五卷与《摄山志》前三卷及卷八内容相仿佛，卷六至卷十皆为各体文学作品（铭、记、诏、疏、赋、序、传、赞、诗等），内容与《摄山志》卷四至卷七相同。显然，《宝华山志》的文学作品分量过重，其他内容相对轻弱，如《宝华山志》有“高僧、律师”，而无“人物”这一内容。又如《金山志》（清·卢见曾撰）共10卷，第五至第十卷为艺文，诗文内容占全志大半。除诗文外，仅有“山水建置、碑刻、方外、杂识”几项类别，缺项较多，难比《摄山志》。清同治时期的《焦山志》(吴云撰)与《金山志》很相像,全志26卷,有15卷为艺文,其余多为钟鼎彝器类,人物内容仅有“高隐”一卷。回到《摄山志》编纂者的视野,从这个侧面可看出,《摄山志》丰富的“人物”内容,是其史料价值的另一所在。

(三)广纳旧志精要

栖霞山的旧志多已无考,今人对《摄山志》与前朝旧志的关系似乎没有发言权,但我们从《摄山志》中可看出,清张怡的《摄山志略》及楚云的《摄山志》对陈毅的《摄山志》影响颇大。虽然,陈毅《摄山志》“凡例”称:“释楚云所辑八卷,但只于道场做门面,尚非山志体裁。”在《代栖霞寺僧募修〈摄山志〉疏》里,陈毅似有讥讽楚云山志的文字:“惜其略而不详,高而不切,上堂问答,类皆语录禅机;展卷咿唔,半是头陀偈子。”但《摄山志》里仍直接引用记述楚云和楚云撰写的各类文体作品6000余字,篇首保留了楚云《摄山志》的王泽宏序、耿光祚序、马士芳序3篇旧序。陈毅《摄山志》中引用张怡的文史作品竟至万余字。《摄山志》之前可见的还有明盛时泰的《栖霞小志》,但陈毅“旧闻盛仲交曾著,惜未之见”,《摄山志》也无引录《栖霞小志》之处。两志编纂体例不一,体量和定位也不类同,正好形成互补。

除此之外,《摄山志》还引用葛寅亮编纂的《金陵梵刹志》中有关摄山栖霞寺形胜、创立、建置等部分内容。《金陵梵刹志》在卷四“摄山栖霞寺”中,注明引用的是旧志内容。从“洪武二十五年,钦奉圣谕‘仍为栖霞寺’”的内容来看,这部旧志,为明代所编纂的一部志书,而通过“形胜、创立、建置”,能清晰反映栖霞山及栖霞寺的历史,这也是旧志的精华所在。《摄山志》卷四“诏敕”“碑铭”“建记”等明代及明代之前的内容,以及卷五“记”中,王世贞《游摄山栖霞寺记》、姜宝《游摄山栖霞寺记》、冯时可《游摄山栖霞记》和《再游摄山记》以及隋释保恭《栖霞寺请天台智者大师疏》等内容,都出自《金陵梵刹志》。

《摄山志》没有开列所引书目,但每引用旧志文章,都会附注。通读《摄山志》,可见其引用书目有:唐刘轲《唐大德玭禅师》、宋《鸡蹠集》、元张铉《金陵新志》、明葛寅亮《金陵梵刹志》、周晖《金陵琐事》、顾起元《客座赘语》、南朝梁僧慧皎《高僧传》、宋释志磐《佛祖统纪》等,及前文所述的楚云《摄山志》、张怡《摄山志略》等。

(四)重视用轶闻传说阐述佛理

《摄山志》虽为专志,在架构上却并不墨守成规。卷八即是令人耳目一新之篇章，虽形式比附州府县志中的“摭遗”，但内容多为撰者亲搜所得。卷八中有“考证、灵异、诗话、杂记”等多项内容，除“考证”中少量录自《客座赘语》《至正金陵新志》等前朝史籍外，多为新颖内容。“诗话”不同于卷七、卷八的“诗”辑，是关于栖霞山（寺）诗作的补充，尤其是以“诗话”的形式出现，有了故事性，提高了读者的阅读兴趣。“灵异”“杂记”中的故事，来自民间，生动传神，充满佛教因果报应的思想，是栖霞山佛教文化内容的补充，有很强的资治教化作用。如“杂记”中的《僧报》，记述栖霞寺紫峰阁僧人雪石、雪庵二兄弟对待垂暮老母的故事，鞭挞了雪石嫌贫爱富、忘却母亲养育之恩的恶行，并终致“遍体生毛，面目斑斓，赤睛黄发，手足拘挛”的兽状结局。《麸墙》故事，记述摄山监院倪夫子“尝遇荒岁，粮谷不给，以麦麸作饼，高广一尺，中分为四，与众共食，僧多攒眉停箸，公独甘之”，赞美了该监院端方清谨的品格。这些故事非录自前朝史籍，说明陈毅是下功夫为之的，对后世也有教谕作用。卷八中还有一些故事的发生地不在佛门，但都与山僧或佛理相关联，体现了《摄山志》中的趣妙禅机，并无芜杂附会之嫌。

（五）集栖霞山历史文化之大成

纵观栖霞山，荟萃了佛教文化、帝王文化、状元文化、石刻文化、碑刻文

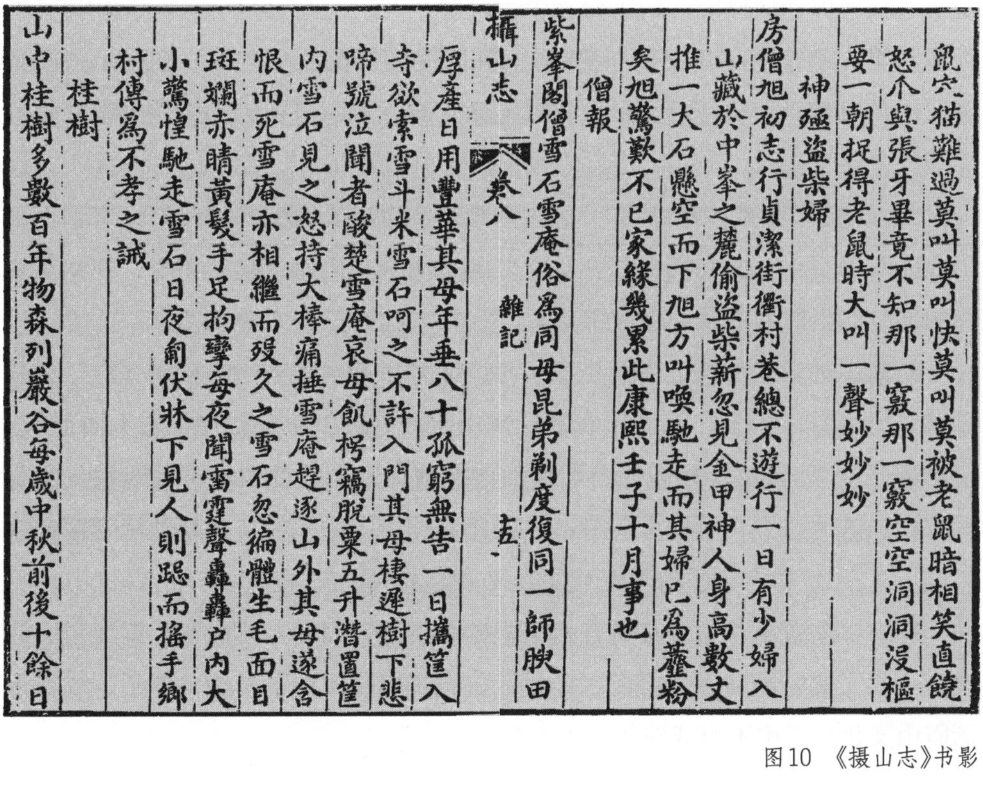
鼠穴猫難過莫叫莫叫快莫叫莫被老鼠暗相笑直饒
怒爪與張牙畢竟不知那一竅那一竅空空洞洞浸樞
要一朝捉得老鼠時大叫一聲妙妙妙

神殛盜柴婦

房僧旭初志行貞潔街衢村巷總不遊行一日有少婦入
山藏於中峯之麓偷盜柴薪忽見金甲神人身高數丈
推一大石懸空而下旭方叫喚馳走而其婦已為虀粉
矣旭驚歎不已家緣幾累此康熙壬子十月事也

僧報

紫峯閣僧雪石雪庵俗為同母昆弟剃度復同一師腴田

攝山志 卷八 雜記

厚產日用豐華其母年垂八十孤窮無告一日攜筐入
寺欲索雪斗米雪石呵之不許入門其母棲遲樹下悲
啼號泣聞者酸楚雪庵哀母飢枵竊脫粟五升潛置筐
內雪石見之怒持大棒痛捶雪庵趕逐山外其母遂含
恨而死雪庵亦相繼而歿久之雪石忽徧體生毛面目
斑斕赤睛黃髮手足拘攣每夜聞雷霆聲轟轟户內大
小驚惶馳走雪石日夜匍伏牀下見人則跽而搖手鄉
村傳為不孝之誡

桂樹

山中桂樹多數百年物森列巖谷每歲中秋前後十餘日

图10 《摄山志》书影

化、绿色文化乃至养生文化，《摄山志》通过系统描述，详略得当地将这些文化元素融入志书中。在研究栖霞山历史文化时，《摄山志》史料的准确性和重要性无可替代。

佛教文化是栖霞山历史文化的重要组成部分。“凡例”载：“释楚云所辑八卷，但只与道场做门面，尚非山志体裁。”可见，陈毅对楚云所编纂的《摄山志》还是有些想法的。由于栖霞山因寺闻名，所以佛教文化对于《摄山志》而言，是绕不开的。故此，《摄山志》以相当的笔墨，描述了栖霞山的佛教文化。

《摄山志》卷三“高僧”，自南朝齐明僧绍至明朝素庵法师共计16位高僧有传，“律师”入志的则是觉浪、竺庵、南庵、楚云4人。同时将《觉浪禅师塔铭》《竺庵禅师塔铭》收入志中。

卷四“建记”，更是以栖霞寺为主体，收录的文章全部与栖霞山佛教建筑相关，如：隋王劭《舍利感应记》、南唐徐铉《摄山栖霞寺新路记》、明陈文烛《重修摄山栖霞寺碑记》、陆光祖《重建栖霞寺天王殿记》、汪道昆《栖霞般若堂记》和《摄山多宝塔记》、焦竑《栖霞寺五百阿罗汉画记》、董其昌《栖霞寺五百阿罗汉画记》、顾起元《绘施五百阿罗汉梦瑞记》、袁黄《圆通精舍募田碑记》、葛寅亮《摄山栖霞寺清欢堂记》、张怡《金陵栖霞禅寺新建毗卢阁记》、释兴源《新建旃檀金汤二阁记》等等。

卷五释保恭《栖霞寺请天台智者大师疏》、祝世禄《修栖霞寺法堂引》、释大成《祭先师浪老和尚文》、释兴源《和陈旻昭侍御法华六偈》和《示白旃侍者法语》、释道盛《示众》、释大成《上堂》等，也都可视为栖霞山佛教文化的缩影。

“大石佛、千佛、舍利塔”，这些栖霞山中引以为傲的佛教元素，直到今天仍令人叹为观止。而《摄山志》对它们的来历及其内涵，惜字如金，在留下名称的同时，也留下了令人遐想的空间。

栖霞山的帝王文化，源远流长。明焦竑在《栖霞寺修造记》中说：“金陵名蓝三，牛首以山名，弘济以水名，兼山水之胜者，莫如栖霞，古高人胜流，率栖迹于此。”焦竑对栖霞的山水形胜情有独钟。栖霞的山水不仅对古代文人具有超强的诱惑力，就连古代帝王亦如此。据史书记载，自秦代到清朝两千多年间，先后有秦始皇、南朝陈后主、清代乾隆等亲临栖霞山，指点江山。另外，还有一些帝王，通过其他方式结缘栖霞山如齐高帝、梁武帝、梁元帝、陈武帝、隋文帝、唐高祖、唐高宗等。帝王们在栖霞山留下了历史佳话，成就了栖霞山文化景观中不可或缺的帝王文化。

《摄山志》如实记录了古代帝王与栖霞山密切关系，“至古帝王制作，与臣民同编”。两千多年以来，帝王们对栖霞山的影响，在《摄山志》中随处可见。《摄山志》“天章”开门见山，以乾隆的作品开篇，至卷八“栖霞寺匾，宋仁宗赐额”“齐武帝幸方山，遥指山北，可起离宫，徐孝嗣曰：‘绕摄山，款牛首，乃盛汉之事，今江南未旷，民亦劳止。’议，遂息。”“明神宗匾额”等，帝王文化贯穿全志始终。

明征君即明僧绍，为栖霞寺之开山鼻祖。南朝刘宋泰始中，名士明僧绍南下，路过摄山，被摄山的泉石岩壑所吸引，他认为这里是一处绝佳的说法之地、一处息心宴坐的地方，于是在摄山结茅隐居。南朝刘宋昇明年间，齐高帝萧道成当时为太傅，久闻明僧绍才华出众，准备征他为记室参军，明僧绍没有答应。建元元年（479）冬，萧道成因仰慕明僧绍的才能，遂下诏征明僧绍为正员外郎，明僧绍见到诏书后，称病不就。《摄山志》卷八“考证·离宫”，仍然说的是齐高帝与栖霞山的故事。明代，栖霞山曾建有“标隐堂”，取齐高帝诏中字，用以祭祀征君，意思是标意拔俗，隐居而不就征。《摄山志》巧妙地将齐高帝与栖霞山结缘，写进志书中。

陈后主叔宝作为亲临栖霞山的帝王代表，也有《同江总游摄山》诗作入志。

隋仁寿元年（601）六月三十日，隋文帝杨坚颁布了《立舍利塔诏》，诏书中明确指出：“分道送舍利，先往蒋州栖霞寺”，蒋州是南京的别称，南京栖霞寺名列第一，可见栖霞寺在当时的地位。隋代建成的舍利塔，是栖霞寺有塔的开始。《摄山志》遂将隋文帝《立舍利塔诏》收录其中，存诏为证。

唐初的栖霞寺，僧人聚居，禅宗日盛。唐高祖李渊为进一步扩大佛教的影响，在武德年间（618—626）下诏栖霞寺改名为功德寺，增建殿宇49所，“楼阁延袤，宫室壮丽”，栖霞寺名噪一时。摄山栖霞寺遂与山东临清灵岩寺、湖北江陵玉泉寺、浙江天台国清寺并称为我国佛教“四大丛林”。

栖霞寺门右边竖立的唐碑《明征君碑》，因出于唐高宗之手，而安然度过了会昌年间的那场劫难。这时栖霞山的帝王文化，达到了极致。唐高宗李治曾改功德寺为隐君栖霞寺。鲜为人知的是，唐高宗除了御题“栖霞”、撰《明征君碑》碑文和御赐寺额外，据明顾起元《金陵古金石考目》记载，还有《栖霞山亭记》，惜已无存。

天监十一年，梁武帝专门派一些僧人上栖霞山，由僧朗向他们传授三论宗；洪武二十五年（1392），明太祖朱元璋“仍赐额栖霞寺”“金宝方牌，宋仁宗赐，熙宁间，取寄华严寺”“栖霞之霞心庵，阁上有明神宗御书匾，曰‘静室独思’今尚存”等等记载，无一不体现帝王文化在栖霞山的深刻影响。

据史书记载，历史上曾有很多的状元，如唐朝常衮，明代焦竑、吴宽、朱之蕃，清代彭启丰、钱维城、秦大士等都曾游历过栖霞山，并留下了许多诗篇和文字，这样一个极具状元色彩的地方，为栖霞山增添了浓厚的状元文化氛围。

常衮是《摄山志》记载的第一位与栖霞山有关的状元，唐天宝十四年（755）状元，登第后由太子正字授补阙起居郎，有《登栖霞寺》诗，被收入《摄山志》卷六。

《摄山志》收录的《栖霞寺五百阿罗汉画记》，是万历十七年（1589）状元焦竑的作品。另外，焦竑还有一首《栖霞寺》诗，被收录志书中。令人意外的是，继“江总碑”（又称《摄山栖霞寺碑铭》）后栖霞寺又一重要历史文献、焦竑撰于万历三十四年（1606）的《栖霞寺修造记》碑，至今仍矗立在三圣殿前，编纂者却视而不见，没有收录志书中。

朱之蕃为万历二十三年（1595）状元，他曾“搜讨记载，共得四十景”，这是金陵40个有代表性的景点，称为金陵四十景，栖霞山为其中之一。《摄山志》收录的《栖霞胜概》一诗，出自朱之蕃的《金陵图咏》。朱之蕃与摄山颇有渊源，今千佛岩朱之蕃题写的“三圣殿”石匾尚存。

除了常衮、焦竑、朱之蕃外，还有几位明清状元与栖霞寺有着千丝万缕的联系。如：栖霞寺藏有一幅明成化八年（1472）状元吴宽书写的五律条幅；清乾隆十年（1745）状元钱维城，曾随乾隆南巡，并有《恭和御制江宁回跸驻栖霞作元韵》《恭和御制游摄山栖霞寺元韵六首》《恭和御制游栖霞山元韵》《恭和御制春雨山房元韵》《恭和御制驻跸栖霞行宫元韵》《恭和御制登最高峰望江放歌元韵》等作品，都不见《摄山志》收录。

丰富的碑刻文化，记录了栖霞山历史。卷八有“江总碑”，于南朝陈祯明二年（588）由济阳江总撰、京兆韦霈书。原碑在唐会昌年间（841—846）毁，北宋康定元年（1040）重立，拓本较少。残件碑阴记有：无量寿佛“坐高三丈一尺五寸，通坐四丈，含髻头长八尺五寸”，“手长六尺九寸，两膝相去二丈五寸”，“并二菩萨立高三丈”，并记有捐资修建者为“齐文惠太子随喜齐豫章献王随喜齐竟陵文宣（王）……明宝寺十五人”。

《摄山志》3次记录了该碑，足见编者对“江总碑”的重视。首次记录在卷四“碑铭”，有“摄山栖霞寺碑铭”；第二次记载在卷八“江总碑”；第三次记载还是在卷八，题名为“金陵摄山栖霞寺碑文并铭”。

“江总碑”是栖霞寺最重要的历史文献，是栖霞寺建寺以来的第一通碑。江总（519—594），祖籍济阳考城（河南兰考），出身高门，《摄山志》有传。早年以文才为梁武帝赏识，官至太常卿。侯景之乱后，避难会稽，又转广州。陈文帝陈蒨天嘉四年（563）征召回建康，任中书侍郎。陈后主时，官至尚书令。隋文帝杨坚开皇九年（589）灭陈，江总入隋为上开府。江总是陈亡国宰相，宫体艳诗代表诗人，风流名士，声名显赫，《陈书》有传。正因如此，后世士子游栖霞寺，首先要瞻礼“江总碑”。

“禹王碑”为明万历年间吏部左侍郎杨时乔根据禹王碑的拓片而刻制的，落成于万历三十二年（1604），位于天开岩附近。原碑碑群6块，其中禹王碑3块，镌刻古蝌蚪文，即“禹王碑”碑文，共77字；“释禹碑文”碑3块，下款“万历三十二年二月既望寓栖霞山中信州杨时乔识”；其下落款：“马烨如校/范允临书/谭继统、戴尚志、张斯盛、徐大用、陈瑛、刘洪谟/吕胤昌、洪父衡、徐绍曾、洪佐□、王尚宾、赵良相/仝立”。

有关栖霞山禹王碑原拓的来源，一般认为是长沙岳麓书院的禹王碑。卷一图说，介绍天开岩时说：“禹碑在其阴，明少宰杨时乔摹会稽石刻于此。”此处明确指出，杨时乔临摹浙江会稽（今浙江绍兴）大禹陵之禹王碑，而非湖南岳麓书院之禹王碑，似有偏颇。《摄山志》卷二“禹碑”一目：“大禹治水成功，书之于南岳衡山，石刻久传于世。明南通政杨公时乔，虑久而磨灭，乃于此重刻，而为之记。”明天启杨闻中刻本《新刻杨端杰公文集》，“刻之栖霞山天开岩，又寄重刻岳麓书院旧所”，《摄山志》所言不虚。

自明万历年间新立禹王碑后，作为栖霞山一处名胜，引来不少文人的观瞻。清初诗人王士祯游栖霞山时，题有《栖霞天开岩观禹碑》诗；大诗人袁枚游栖霞山时，则留下了《天开岩观岣嵝碑》的诗作。两首与禹王碑相关的诗作，均被《摄山志》收入。

《摄山志》卷八特辟“碑”一节，收有“‘唐栖霞寺会记’，太和五年立；‘唐栖霞寺律大师碑’，大历四年立；南唐僧用虚‘题栖霞寺诗’，在本寺千佛岭；‘景德栖霞寺殿记’，在本寺，高陟撰；‘栖霞寺新路记’，徐铉撰；‘白云庵记’，王安国撰，在栖霞寺；‘摄山栖霞寺碑’，梁元帝作”等碑刻，很显然，《摄山志》并没有收全栖霞山的碑刻。

素庵法师曾在山中建庵，面钟山而背岣嵝，俯清流而荫茂树。初名“观音庵”，后名“定照庵”。万历二十一年（1593）素庵法师圆寂，享年75岁，弟子如敬为其建塔并立碑，形成了至今留存的定照庵碑群，主要有：“大明赐紫素庵节法师塔铭”碑，碑文由王肯堂撰，于王立书丹，董其昌篆额，沈椆立石，沈幼文刻石，万历二十一年（1593）立；“栖霞影斋珠法师塔铭”碑，碑额“栖霞景斋珠法师塔铭”，碑文“栖霞影斋珠法师塔铭”，吴用先撰，鲁□□篆额，欧阳序书丹，李维桢立石，万历四十四年（1616）十月立；“兀斋幻斋塔铭”碑，碑文严重漫漶，几无字可识；“大明赐紫一心敬和尚塔铭”碑，字迹漫漶较严重；“定照庵记”碑，廖希元撰文，石应岳篆额，管志道书丹，朱天球立石，沈幼文刻石。

临济正宗在后世的继续流传，无疑是法脉于素庵所述《续临济正宗派》碑，是弘扬临济的重要文献。另外，还有赐进士出身加四品服兵部职方司主事袁黄撰文的《栖霞圆通精舍长生田》碑，明《珍珠泉》碑和乾隆五十四年（1789）《袁枚谈话小记》碑等。上述碑刻，及其他20余通碑刻，《摄山志》均不载，殊为可惜。

引人入胜的栖霞山石刻文化，指的是摩崖石刻，主要分布在千佛崖、天开岩、桃花涧等处，分为纪年石刻、留名石刻、留题石刻、诗文石刻、纪游石刻等，最早的要追溯到六朝时期。90余通摩崖石刻，《摄山志》却鲜有提及，实为缺憾。唯一清楚记载的摩崖石刻为乾隆四十五年，乾隆皇帝御题的“太古”一处。《摄山志》卷二“古迹”，在描述“石碧轩”时说：“天开岩侧，唐人石刻甚多，今皆磨灭，不可详识。”在卷八“摄山旧迹”中，仅仅提到“摄山有沈传师、徐锜（应为“铉”字）、张稚圭、祖无择诸题名”，都是语焉不详。

栖霞山的岩石为石灰岩和砂岩，它们是形成栖霞山景观文化的主体部分。从《摄山志》透露出的信息看，栖霞山的景观文化，与石相关，独具特色。如：“五色土：岭有五色土石，鲜蓄草木。”卷六“诗”收录了杜濬《霞髓》一诗，诗注：“石在中峰半道，余以为，栖霞一山之髓，故名。”《摄山志》用大量的篇幅，对闻名于世的天开岩与叠浪岩进行了介绍。“天章”里，不仅有天开岩和叠浪岩的诗作，在“图说”中，这两处景观还以图文并茂的方式，予以展现。

《摄山志》记述的“六朝松”“银杏树”“桂树”等，是栖霞山绿色文化的代表。“天章”乾隆的作品里先后4次出现题咏栖霞山“九株松”的诗作，卷六“诗”中，收录了明代孙国敉《西林庵双桂树》、倪嘉庆《栖霞六朝松》等，卷七“诗”，收录袁枚《大殿外古银杏歌》。“桂树：山中桂树多数百年物，森列岩谷，每岁中秋十余日，香风郁烈，远闻数十里”，“老僧云，旧有宋、元时木数百株，奇古异状。嘉靖初尚及见，后为豪者伐尽。赖里人孙富争之，仅存其一。孙复捐资，更树以遗僧”，银杏树“二株，在大殿前，可六七人抱，高可十余丈，苍蔚奇古，六朝时物。其一结乳下垂，形如石笋，长数尺余，村民相传食其子多长寿”，这些记载，都表明当时的栖霞山绿树成荫。另外，万松山房的得名，诠释了栖霞山森林覆盖的壮观景象，也是栖霞山绿色文化的真实写照。

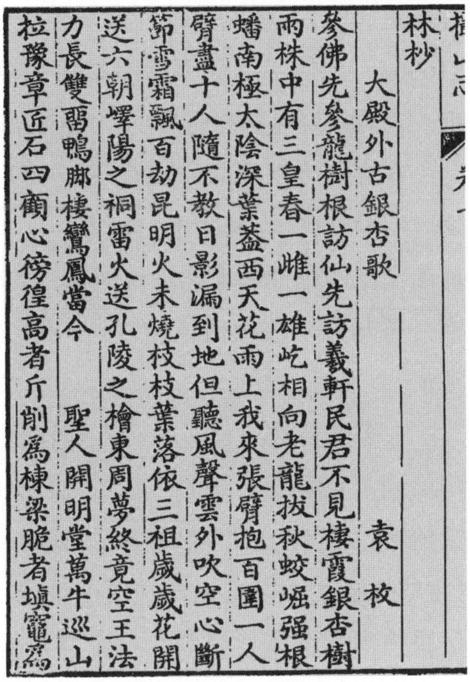
林杪
大殿外古銀杏歌　袁枚
參佛先參龍樹根訪仙先訪羲軒民君不見棲霞銀杏樹
兩株中有三皇春一雌一雄屹相向老龍拔秋蛟崛强根
蟠南極太陰深葉蓋西天花雨上我來張臂抱百圍一人
臂盡十人隨不數日影漏到地但聽風聲雲外吹空心斷
節雪霜飄百劫昆明火未燒枝枝葉落依三祖歲歲花開
送六朝嶧陽之桐雷火送孔陵之檜東周夢終竟空王法
力長雙鬬鴨脚棲鸞鳳當今　聖人開明堂萬牛巡山
拉豫章匠石四顧心徬徨高者斤削爲棟梁脆者塡竈爲

图11　《摄山志》书影

“山多药草，可以摄生”，这是摄山得名之由来，亦可见摄山药草的丰富。难能可贵的是，《摄山志》本着“知之为知之，不知为不知”的态度，求真、务实，在卷八“摄山药草”一目中，标注了“缺”字；删补者也没有因为一个“缺”字，而认为“摄山药草”是多余的，“宁缺勿滥”，是编纂志书的一种态度，值得称赞。

当然，《摄山志》还可以提炼出茶文化、古建文化、旅游文化、民俗文化、中草药文化。丰富的内涵，深厚的底蕴，塑造了《摄山志》极高的地位，从而受到史学界的重视。

五、瑕疵缺憾评点

“一座栖霞山，半部金陵史”，就《摄山志》而言，仅仅一部志书，是不可能将栖霞山几千年来的历史文化全部涵盖的。

或许囿于个人之力所限，从《摄山志》中看出，陈毅有重文献而轻实地考证的偏颇，以致在对古迹的记述上时有缺漏甚至错讹。如卷二“古迹”一目中，对舍利塔记述极其简略，仅13字：“隋文帝造，高数丈，五级，镌琢极工。”远不及《栖霞小志》的记述。《摄山志》卷四“碑铭”中有明征君碑文，但经与该碑拓片文字的核对，发现所录碑文间有错讹，除因避讳改字及异体字外，仍有十余处之多。此外，一些明代重要碑刻也没有提及，如明焦竑《栖霞寺修造碑记》、明祝世禄《重修栖霞寺碑记》，这两通碑记写于明万历三十四年（1606），记述了明代万历时期振兴栖霞寺的过程，至今两碑还竖立在三圣殿前，内容无疑是相当重要的，理应入志。

在史实考据方面，也有不严不实的地方。如《摄山志》图序中称，“唐高宗《明隐君碑》，碑阴书‘栖霞’二大字，因以名寺”，此说不确。卷六在辑录前朝文献的错讹也未能进行甄别，如李白《送族弟单父主簿凝摄宋城主簿至郭南月桥却回栖霞山留饮赠之》一诗，诗中的栖霞山并非南京的栖霞山，显失考证。

在著录诗作方面，也存在错误现象。卷七王士祯（即王渔洋）《雨中将往华山同尔止坐五云阁》一诗：“寂历山中雨，僧房昼掩门。还来五云阁，解带共清言。危溜千岩落，中峰一涧喧。谁知江令宅，今是给孤园。”与刘名芳《宝华山志》所录王渔洋《雨中将往华山同龠山坐紫峰阁》：“寂历山中雨，僧房昼掩门。还来紫峰阁，解带共清言。花溜千岩落，中峰一涧喧。谁知江令宅，今是给孤园。”相比，两诗标题相同之处为“雨中将往华山”，不同之处，《摄山志》为“同尔止坐五云阁”，《宝华山志》是“同龠山坐紫峰阁”。标题中的“尔止”和“龠山”，其实是一个人，指的是方文。方文，字尔止，号龠山，安徽安庆府桐城人，著有《同王阮亭祠部宿摄山再宿华山纪游六十韵》。王渔洋游历摄山，在《游摄山记》多次提及与“尔止”同游，而不提方文的号“龠山”。从这一点来看，王渔洋写作时，习惯写方文的字“尔止”，而不写方文的号“龠山”。

标题中的“五云阁”和“紫峰阁”，分别是摄山两处建筑的名称。《摄山志》卷二古迹：“紫峰阁，房僧苍麓创。”还是该卷：“五云阁，甲子冬，山中五色云起，于中丞振甲过寺，楚云适建阁成，因取‘五云多处是三台’句，以五云题额。”文中“楚云”为栖霞寺住持。在康熙年间，只有康熙二十三年为甲子年。因上一个甲子年为明熹宗天启四年，即1624年，此时修建五云阁的楚云尚未出生。下一个甲子年为乾隆九年（1744），王渔洋已经去世多年。也就是说，文中的“甲子冬”，为康熙二十三年冬季无疑，即1684年冬季。这一年的冬季，栖霞寺住持楚云建成五云阁。而王渔洋于康熙四年（1665）游摄山，此时五云阁尚未建成。两者相差19年，即王渔洋游历摄山19年后，才由栖霞寺住持楚云兴建了五云阁。

经考察，这首诗标题当为《雨中将往华山同尔止坐紫峰阁》，诗的内容以《宝华山志》记载地更为恰当。重新考证后的诗为《雨中将往华山同尔止坐紫峰阁》："寂历山中雨，僧房昼掩门。还来紫峰阁，解带共清言。花溜千岩落，中峰一涧喧。谁知江令宅，今是给孤园。"

《摄山志》卷六"诗"和卷七"诗"（国朝）收录的多首诗，存在与该诗作者在其他诗集中所著录的诗部分文字不同的现象。当然，这些并未伤及大体，瑕不掩瑜。

六、刊行版本稽考

《摄山志》8卷，首一卷，清乾隆五十五年（1790）汪志伊在苏州府署雕板印行的版本，全一册。

《摄山栖霞志》，清乾隆五十五年（1790）汪志伊在苏州府署雕板印行的版本，全4册。其中，第一册封面题名《摄山栖霞志》，繁体，位于左侧，自上而下阅读，右侧署：文部卷前至卷一，卷前序凡例目录卷首天章卷一图序山图，次页：乾隆庚戌年摄山志苏州府署雕板；第二册封面署：行部卷二至卷三，卷二形胜创始建置古迹卷三人物高僧律师；第三册封面署：忠部卷四至卷五，卷四诏敕碑铭建记卷五赞游记序书启疏引文帖赋偈参；第四册封面署：信部卷六诗卷七诗卷八考证灵异诗话杂记。

1975年，由沈云龙主编，台北文海出版有限公司影印出版的《中国名山胜迹志丛刊》第四辑之36册《摄山志》。

1980年1月，台北明文书局根据清汪志伊苏州府署雕板影印出版，并作为中国佛寺史志汇刊第一辑第34册《摄山志》，志前有摄山、栖霞寺、摄山旧志等简要介绍。

1996年6月，江苏广陵古籍刻印社《中国佛寺志丛刊》第30册（含《摄山志上》《牛首山志》）和第31册（含《摄山志下》《栖霞小志》《维摩寺志》），《摄山志》作为雕版印刷出版，志前冠张智《摄山志》简介。

2001年，故宫博物院编，海南出版社影印本，编入《故宫珍本丛刊》第252册史部地理类山水，内含《摄山志》和《齐山岩洞志》。

2004年，北京线装书局影印本，收入《中华山水志丛刊·山志卷》之10册（含《摄山志》《北固山志》）。

2010年9月，中国文史出版社出版《摄山志》，志前冠程章灿的《摄山志·前言》及栖霞区政协文史委员会的《摄山志·后记》。

2012年4月，南京出版社影印出版《金陵全书》甲编·方志类，内含《栖霞小志》《摄山志》《栖霞新志》，志前冠程章灿《提要》。

2017年3月，上海书店出版社，《中国地方志集成·山志专集》第三册内含《摄山志》《栖霞新志》《盋山志》《锡山景物略》《慧山记附慧山记续编》。

2017年6月，南京市地方志编纂委员会办公室编，南京出版社出版《南京稀见文献丛刊》之《摄山志》，志前冠程章灿《导读》。

《摄山志》广引博征，信息量大；宁缺毋滥，讲究质量；图文并茂，赏心悦目；史观超常，历久弥新。它是栖霞山的历史文化符号，历来为史学界重视，它亦为研究栖霞山历史文化提供了重要参考，必将流布百世！

原南京市栖霞区地方志办公室主任　吕佐兵

原南京市栖霞区文化旅游局　管秋惠

南京市作家协会会员　张智峰（执笔）

润色风土 藻雪衿抱

《莫愁湖志》导读

南京出版社《金陵全书》所收《莫愁湖志》计有四种：马士图《莫愁湖志》，醉吟馆主人续纂《莫愁湖志》，三山二水吟客《添修莫愁湖志》，甘元焕（勋）《莫愁湖志》（手稿）。为讨论方便，下文将这四种莫愁湖志分别称为马志、续纂本、添修本、甘志。

一、四种湖志及其关系

“马志”之“马”为清朝江宁府江宁县（今南京）人马士图，字宗瓒，又字椈村（或鞠村，掬村，菊村），号无想山人，又号莫愁懒渔，其生卒年不详，大约生活于乾隆、嘉庆、道光之间，据吴小铁在《南京莫愁湖志·代自序》中的考证，马氏应出生于乾隆三十年（1765）或三十一年（1766）。马氏出身诸生，一生不曾做官，只是读书游学写作，而诗画皆其所擅长，工画山水、仕女，兼写竹梅。马士图在《莫愁湖志·自序》中说：

予性好游，弱冠时尝西上楚蜀，东泛吴越，每遇名山大川，留连不忍去，又必形诸吟咏，以志清兴。既而游倦归来，躬耕三山二水间，农隙即按府乘所载“四十景图”而遍游之。于山惟爱栖霞之高深，于水独爱莫愁之幽旷，而南岸为尤胜。方之明圣，宛在西泠；近对清凉，俨横葛岭；更添江北诸峰，青来九里，练光帆影，隐现林梢。袁简斋太史《棹歌》云“但觉西湖输一着，江帆云外贴天飞”，似有过之无不及也。

前朝盛贡士时泰，著有《摄山志》《牛首山志》，惜皆藏本，世未多见。往年吾乡诗人陈古渔毅，亦著有《摄山志》行世。因思所爱之山，已有先我而志者矣，所爱之水，千百年来独无志之者，或者有待于予乎？爰不揣固陋，用辑往事，考证诗文，绘图标景，各纪其实，都为上、下两卷，刊而行之。虽卷帙无多，不及《西湖志》之裒然盈尺，而南国佳人，于今宛在，肯让淡妆浓抹者之千秋独步也哉?

马氏这篇短文交代了写作《莫愁湖志》的缘由，一是爱莫愁湖之“幽旷”，二是憾“所爱之水，千百年来独无志之者”，三是“躬耕三山二水之间”，朝夕与莫愁神女相处，觉着这位“南国佳人，于今宛在”，岂能“让淡妆浓抹者之千秋独步也哉?”

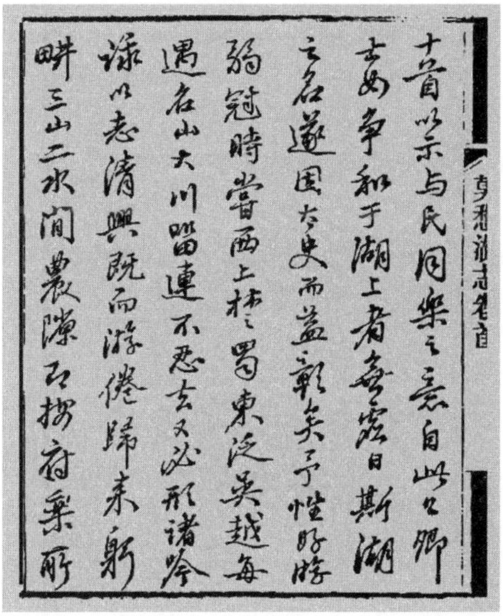

莫愁湖志卷首

十首以示与民同樂之意自此公卿
士女爭和于湖上者無虛日斯湖
之名遂因太史而益彰矣予性好游
弱冠時嘗西上楚蜀東泛吳越每
遇名山大川留連不忍去又必形諸吟
詠以志清興既而游倦歸來躬
耕三山二水間叢隙石拗宿樂所

图1　马士图《莫愁湖志》书影

马士图所撰之《莫愁湖志》成书于嘉庆二十年（1815）秋，有同年刊行之初刻本，光绪八年（1882）再刻本（即光绪壬午卯月重锓本），光绪十七年（1891）三刻本（即重锓本之重印添修本）。南京出版社《金陵全书》以南京图书馆所藏之“三刻本”为底本，原大影印出版。

大约在“马志”初刻本刊行70年后，即光绪十一年（1885），署名醉吟馆主人者写定并刊行“续纂本”。醉吟馆主人之真实姓名、生卒年皆有待考证，其主要撰述活动应当在清光绪年间。

醉吟馆主人为什么要续纂《莫愁湖志》，可以从该书《自叙》中找到端倪。抄录如下：

莫愁湖自曾文正公重建华严庵，而彭大司马一再题楹联，不啻岳于二公之为西子湖生色矣！余居金陵十余年，暇游湖上，见有以莫愁为妓者，此本“竟陵说”，不可不辨。

石头城曰石城，自汉已然。莫愁，汉后六代宋人。宋《莫愁乐》，送别诗也，不善读，鲜不以为妓。梁去宋近，武帝《河中之水歌》与唐沈考功《古意》、宋周美成《金陵怀古》词皆可证。金陵，战国属越，后属楚。王龙标润州送人诗“平明送客楚山孤”，非必竟陵为楚。竟陵石城建于羊祜，谓即丹凤城可乎?唐玉溪生獭祭，见书多，其言曰：“洛阳民家女名莫愁，嫁为秣陵卢妇，非竟陵产。其召入楚宫，犹《神女赋》，荒唐之言不可据。”莫愁，节妇也，当与其地“清溪小姑”并重，故其诗曰“神女生涯元是梦，小姑居处本无郎”，可谓锦心绣口。

余拟纂湖志，得旧志，先获我心，遂仍其体例，略增删其间，署曰“续纂”。

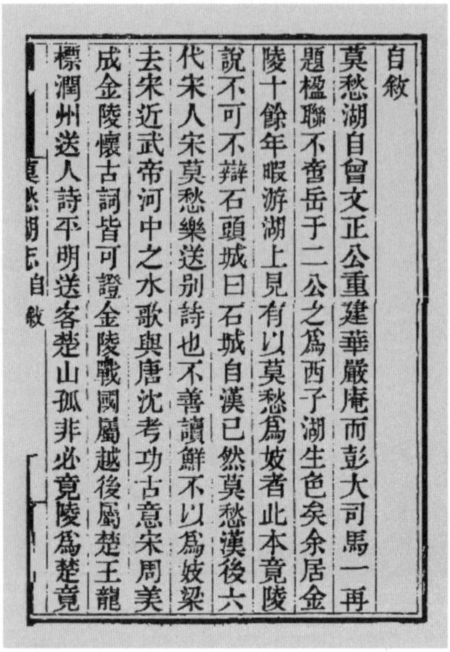
自敘
莫愁湖自曾文正公重建華嚴庵而彭大司馬一再題楹聯不啻岳于二公之爲西子湖生色矣余居金陵十餘年暇游湖上見有以莫愁爲妓者此本竟陵說不可不辯石頭城曰石城自漢已然莫愁漢後六代宋人宋莫愁樂送别詩也不善讀鮮不以爲妓梁去宋近武帝河中之水歌與唐沈考功古意宋周美成金陵懷古詞皆可證金陵戰國屬越後屬楚王龍標潤州送人詩平明送客楚山孤非必竟陵爲楚竟
莫愁湖志 自敘

图2　醉吟馆主人《莫愁湖志》书影

夫志，史体也。莫愁果妓，何足志？志之败坏风俗。果败坏风俗，谓丰功大节如曾、彭二公，肯为推其波而助其澜乎？二公劝节不暇，悠悠者顾好煽为败坏风俗之说，何耶？此无他，见书不多，则一得自奇，何足怪哉！

显然，醉吟馆主人也是一个深爱莫愁湖兼珍爱莫愁女的文化人，他的这篇《自叙》主要力气都用在辩驳莫愁女为“竟陵歌妓”之说。至于醉吟主人为何“续纂”莫愁湖志，可从中找到一些蛛丝马迹：“马志”刊行七十年来，其间“自道光戊申己酉间，江水泛溢，地渐荒废。洪杨之乱，故迹荡然。曾文正持节于此，更加营建，华堂曲槛，渐复旧观”，莫愁湖可谓劫后余生，不可不续志以纪其实；另外一个原因是给莫愁女“正名”，作者闲游湖上，常听见人以妓称之，原因为误认金陵莫愁为“竟陵歌妓”，而“马志”对此早予指正。因此，作者说“余拟纂湖志，得旧志，先获我心，遂仍其体例，略增删其间，署曰续纂”。

事实上，醉吟馆主人之“续纂本”，也真的基于马士图《莫愁湖志》之上，体例上“仍其旧例”，内容上“略增删其间”而已，书的规模比较“马志”缩小了许多。

“续纂本”对“马志”之古迹、山水、祠庙做了一些条目的增删、对条目说明文字做了一些修改与补充。如在《古迹·湖之南》一节补入“凤凰台”一条，内附李白《登金陵凤凰台》全诗；《山水·湖之东》“冶城山”条，增加“今因朝天宫道院旧址为府学”这一府学地址变迁（迁入）情况。《山水·湖之北》“清凉山”条改得只剩有一句话“山顶翠微亭内有乾隆中南巡御制诗”，系对“马志”该条目内容的补充。又，《祠庙·湖之南》“华严庵”条，“续纂本”根据现状做了较多改写和补充：“同治甲子，曾文正公收复金陵重建。……其胜棋楼，明太祖赐额无存，今额为梅小岩太史莅方伯时所书。郡人补徐中山王像，冠笏俨然，并添曾文正公像，科头独立。”曾国藩重建华严庵、胜棋楼上明太祖赐额无存而今额为梅小岩（梅启照）所题、新添曾国藩立

图3　醉吟馆主人《莫愁湖志》书影

像等新情况，都发生在“马志”成书之后，因此“续纂本”此条有这么大的改动。

“续纂本”之“诗证”增加了李商隐《马嵬》、邓嘉缜《莫愁湖棹歌》（五首）、冯煦《无题》（三首）、刘寿曾《无题》（二首）、陈作霖《无题》等5人诗作11首；“词证”增加了2首，一是易顺鼎《子夜歌·游莫愁湖》，一是曾行淦《高阳台·苏庆生少府索题莫愁湖》。除了李商隐，所增入的邓（嘉缜）、冯（煦）、刘（寿曾）、陈（作霖）、易（顺鼎）、曾（行淦）等等，几乎都是出生于19世纪40年代前后而文学活动主要发生在同光年间的那批金陵文化人。

“续纂本”较“马志”最大的变化是设置了“楹联”一门（章），这一门为“续纂本”所新增，收录王文治、李尧栋、彭玉麟、刘铭传等14人所撰15副莫愁湖楹联。

从醉吟馆主人续纂《莫愁湖志》成书时间光绪十一年（1885）算起，则仅仅3年之后的光绪十四年（1888），署名为“三山二水吟客”的《添修莫愁湖志》开始编成并刊印，并且是以与“续纂本”合印的形式出版的，而“添修本”之单行本大约一年之后才出现，迄今为止未见到更早的单行本。南京出版社近年原大影印出版的《添修莫愁湖志》，是以南京图书馆所藏光绪十四年（1888）刻本（即“添修本”与“续纂本”之合印本）为底本的。

作者三山二水吟客的真实姓名、生卒、籍贯等情况，都有待考证。

从“添修本”刊发方式（首与“纂修本”订为合印本）及其内容看，“添修本”是对“续纂本”的添修，而非对“马志”的添修。就是说，“添修本”是在“续纂本”基础上加以添补、修改而成的。“添修本”每一个门目（章节）之下均先呈现“续纂本”有关内容，再呈现所“添修”内容。如“山水”门（章），先直录“续纂”（也有对其改动的地方），再于其后做“添修”。

考“添修本”之“添”有二意，一曰添条目，即“续纂本”所无，“添修本”新增；二曰添原有条目之内容；而“添修本”之“修”亦有二意，一曰对“续纂本”原有内容“修改”（增删或重写）；二曰删除“续纂本”原有之条目，或者删除原条目后原有之内容。

问题是同一书坊（金陵左右修竹斋）为何“续纂本”仅出版3年，又出“添修本”？可以参读《添修莫愁湖志·自叙》，如下：

前志《叙》谓“志者，史体也”，此言最当。每见各省、府、州、县志，不特无史体，且芜秽不堪寓目。即史自《春秋》三传后，亦惟马、班为有史学、史识、史才，其余诸史，束之高阁而已。前志，小小一志耳，一时为之纸贵，何也？岂非以“三传”、马班之笔作志，而有以异于他志者乎？或曰：“然则此何为而作？”余曰：“湖为金陵第一名胜，天下至金陵者无不游。妇女游此，知莫愁之为节妇；丈夫游此，知武宁开国、文正中兴，皆为纯臣。其流风余韵，使人兴起，所系岂小也哉！”

惟前志署曰续纂，自号醉吟主人，不言元纂者姓名。余得元纂，其芜秽不堪寓目，乃甚于各省、府、州、县志。不言姓名，为昔人藏拙也。其自隐姓名，亦虑有未当也。因为添数页，修数字，自知遗陋尚多，是有望于博雅君子。

这一篇《自叙》同样包含了丰富的信息。因为“续纂本”《自叙》中有“夫志，史体也”之句，可见“添修本”所谓“前志”即指“续纂本”。“添修本”赞扬“续纂本”，小小一本湖志，一时为之洛阳纸贵，只因为其作者醉吟馆主人“以三传、马班之笔作志，而有以异于他志者”。但既有如此成就之“续纂”，为什么不足3年就要“添修”呢？三山二水吟客给出的解释是：“湖为金陵第一名胜，天下至金陵者无不游。妇女游此，知莫愁之为节妇；丈夫游此，知武宁开国、文正中兴，皆为纯臣。其流风余韵，使人兴起，所系岂小也哉！”也就是说，在金陵诸名胜中，莫愁湖因其关涉“武宁开国”之徐达，“文正中兴”之曾国藩的史事以及“节妇”莫愁女的传说，而具有独特的“使人兴

图4　三山三水吟客《添修莫愁湖志》书影

起”的教育功能。当然，“续纂”不久之后又“添修”，而“添修”一年之后又加“重订”，更因为“续纂本”刊印3年后，莫愁湖边新修了曾公阁。对于饱经太平军战乱的金陵文人来说，曾文正公是解士民于倒悬的救星。据史料记载，清光绪十四年（1888），江宁藩司（布政使）许振祎兴建曾公阁于郁金堂西，后移曾文正像于阁内，曾任云南学政的南京人卢崟又为此作《莫愁湖新修曾公阁记》，传诵一时。如此则“祠庙”一章需添入“曾公阁”，“文考”一章需添入“曾文正公传”，卢云谷（卢崟）的《曾公阁记》也需添入其中，等等。

“续纂本”刊印3年而后对“续纂本”做添修从而出“添修本”，二书又由同一书坊订为合印本刊出，则自号为“醉吟馆主人”与“三山二水吟客”者是否应当为同一人？否则许多现象难以理解。后文略加申说。

南京出版社之第四种《莫愁湖志》为甘勋手稿之原大影印本。

甘勋（1839—1897），字元焕、建侯、剑侯、绍存，号复庐，晚号岘叟，出自南京望族甘氏，为甘延年次子，甘熙堂弟，清末南京著名的方志学者。甘勋勤奋好学，光绪二年（1876）丙子科举人，历任宿迁训选知县，邳州、桃源、睢宁各县学篆。光绪十九年（1893）授萧县训导，再次候选知县，因丁母忧而未能入仕途。从此他一心从教，主讲六安书院多年。咸丰三年（1853）太平军攻占南京，甘氏藏书楼津逮楼以及近十万册图书“悉成灰烬”，甘熙兄弟相继去世。乱平后，身为堂弟的甘勋收拾残余，点点滴滴续收旧籍数万卷，在院内小筑五楹以藏书，题额曰复庐，从此也自号复庐，意在恢复甘氏家族藏书楼旧观，但终未成功。甘氏兴趣广泛，工诗文，于经史、小学、堪舆、岐黄之学以及殡殓丧祭之礼都颇有研究，并各有著述。作为著名的地方志学者，甘勋熟谙南京地方人事，且著述颇丰，著有《金陵氏族谱》《金陵耆旧述闻》《江宁艺文考略》《江宁金石旁征》《莫愁湖志》等，又应聘参与纂修《同治上江两县志》《光绪续纂江宁府志》。他参与编、校、刻的著述也有很多，如《四书纪闻》《金陵待征录》《建康实录》等。为保存有清一代的南京文献，甘勋还与当时著名的文史学家陈作霖（号可园）以及冯煦、秦际唐（字伯虞，号南冈）等校勘了朱绪曾选辑的《金陵诗征》，又选辑了《国朝金陵文钞》十六卷。

甘勋的《莫愁湖志》是一部手稿，未经整理，也未最终写定。他编纂此书时，曾拟过篇目，并分头请了几个友人审读，因此，这部手稿内有一部分眉批、夹注，颜色不一，字体不一，还有待拟的篇目，待查的资料，待处理的反馈意见，亦杂有往来信函、点评手札等等，大体轮廓分明而内容颇显紊乱。此手稿经整理，编入中央文献出版社2005年11月出版之《南京莫愁湖志》中，终使“甘志”由手稿而成印本，重见天日。

“甘志”中未见“序”“跋”一类文章，因此关于本书的编纂缘由、编纂时间、参与书稿讨论的学者等情况，只能通过翻检甘氏手稿，推断出一些结论。甘氏手稿中有一篇《拟莫愁湖志目》，很值得留意。

拟莫愁湖志目

莫愁、中山小象（像）当删，伯虞说极是，但存总图可耳。

湖名

即“马志”之《文考》。凡史乘、笔记有叙及湖之得名者，依次编列，而以考证之文注其下，有应驳者随条举正。马氏谓莫愁洛阳女，嫁于金陵卢家为妇说，甚凭臆。石头城、石城，浑而为一；丹凤，按指刘宋都城，尤非。

形胜

即“马志”之《诗借》。因一湖而借及全城之景，适形其窘。考《平山堂志》《建隆寺志》，其叙形胜远不过二里，今拟仿其例，如三山门、石城门、石城渡、清凉山之类，略叙七八处便足，不必求多也。

古迹

郁金堂、胜棋楼、湖心亭、华严庵、芰菰塘、渔村、鸭栏、北圩、中山王湖田，以上各子目均详在（马志）。湖之某方，其中兴废建置有可言者，亦详之；诗之有关考证者摘注之。“马志”所列“八景”定删，存其诗于“艺文”可矣。

诗事

山水小志，每列“胜事”一门，大率叙觞咏之事，今宜采宴会赋诗之事，增此一门，而以李松云、袁简斋诸公及邑中名流有关湖上诗事者，次为小传。必为此者，以配“画社”也。阮文达有《广陵诗事》，今取其名。

画社

此门用“马志”。惟中有未入画社之人，似宜酌存。

艺文

赋、记、序、诗、诗馀。以时代为次，诗不分体。山水小志多采诗词，或居全书之大半，实为泛滥。此志若不录“艺文”，但采有关考证者附注各门，书不过一二卷，必能精雅，另编“莫愁湖诗集”，最合体裁，未识钧意以为何如。恐寿安上人重在“艺文”也。（“艺文”有裨考证之诗，惟《莫愁乐》《河中之水歌》耳）

杂缀

如公议另编诗集，拟增此门系“画社”后，以志湖中物产及琐事。马氏《补梦》亦可叙入。《补梦》入此门，则见为删弃之余，不援以为重矣。“艺文”不删，此门亦可添。或散附各门内，或拟目有当补者，添列一门，以成八门。酌之。①

这是一件“目录”讨论稿，已经吸取了此前的一些讨论意见。甘氏《莫愁湖志》整理本正是根据这份“目录”编辑而成的。今人读甘氏湖志手稿，也应在意这份目录，它是全书的纲领。

这篇手稿“艺文”一节，讨论了不设“艺文”一门而另编“莫愁湖诗集”的可能性，但作者却担心“恐寿安上人重在‘艺文’也”。僧寿安时为莫愁湖华严庵住持，曾于同治十一年（1872），根据上元张鉴所藏《莫愁湖风雅集》补辑残缺，重新雕板刊印。光绪五年（1879）夏，寿安又汇刊《莫愁湖楹联便览》，同年秋七月既望，海峰氏重到莫愁湖，知悉寿安已得旧刻“莫愁像”，复作小跋记其事。光绪八年（1882）夏八月，寿安请金陵惜阴书院山长薛时雨为重锓马士图《莫愁湖志》撰序，是书同年印成。可见，或许寿安正是甘元焕编写《莫愁湖志》“推手”之一。

“甘志”《杂缀（旧闻）》已辑录者共10条，其第二条载：甘鉴亭尝创拯婴

① (清)甘勋撰:《莫愁湖志》,《金陵全书》甲编·方志类·专志5,南京出版社,2013年,第393—394页。

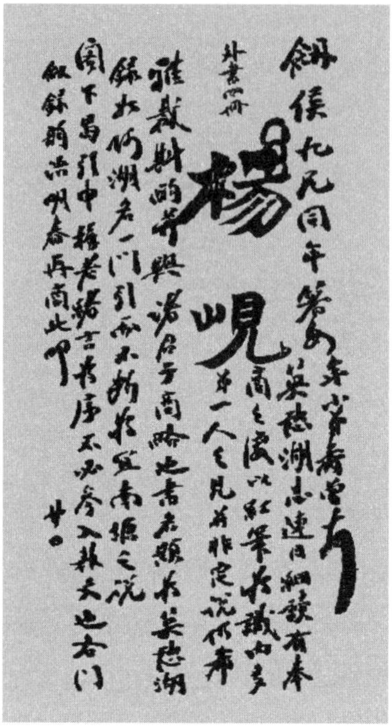

图5　甘勋《莫愁湖志》书影

会于和州，道光乙酉年旅卒江上，归榇寄殡于华严庵。族弟馨圃夜梦鉴亭示以诗，云“一纸家书千里梦，满湖明月十年心”，觉而异之，令鉴亭嗣子竹生（甘炳）太守拟购地湖滨，筑“梦吟楼”以成先志。

其第三条载：莫愁湖产螺，日十余石。道光甲辰，周石生廉访尝同甘耆壬（甘煦）大令、杨朴庵广文，创行扫螺会，吁请当局勒石禁捕，盖需费无几，而亦保全生命之一端也。

寄殡湖庵，扫螺种福，湖上雅集，金陵望族甘氏住近莫愁湖（时应已居住在今南捕厅甘熙宅第），与湖有割舍不断的联系。“马志”成书已过了半个多世纪，其间风雨沧桑，神州陆沉，琴焚鹤煮，金陵诸名胜古迹寺庙街市与甘氏藏书楼津逮楼皆毁于洪杨兵燹，劫后余生之幸，死而复生之慨，这些都是甘元焕决心重编湖志的缘由。

“甘志”的主要参编者为刘寿曾，“甘志”手稿中杂有刘寿曾致甘氏的信函。其一为：

剑侯九兄同年著安，年小弟寿曾顿首。《莫愁湖志》连日细读，有奉商之处，以红笔为识。内多弟一人之见，并非定说，仍希雅裁斟酌，并与诸君子商略也。书名题为“莫愁湖录”如何？“湖名”一门，引而不断为宜。南塘之说，阁下曷引申梅老绪言为序，不必参入“艺文”也。各门叙录韵语，明春再商，此叩！①

由函中“南塘之说，阁下曷（‘何不’之意）引申梅老绪言为序，不必参入‘艺文’也”一句，可见“甘志”《序》已在草拟中。另一函为：

“不及卢家有莫愁，君恩如水向东流。从今相送登楼后，地下伤春也白头。”右见宋山阴苏泂《金陵杂兴》，注云“集句”。泂字召叟，陆剑南诗弟子。此公名辈似在周草窗略前，拟为《容斋随笔》夹注，乞酌之。前日奉访未值，晤子期得知一切。俟开岁再晤谈也。书叩剑侯九兄同年岁安。年小弟寿曾顿首。除夕前一日。②

---

①（清）甘勋撰：《莫愁湖志》，《金陵全书》甲编·方志类·专志5，南京出版社，2013年，第397页。
②（清）甘勋撰：《莫愁湖志》，《金陵全书》甲编·方志类·专志5，南京出版社，2013年，第410页。

由此二函可知“甘志”手稿红字所作的边注、夹注以及数张整页的讨论稿，正是刘寿曾所为。此外，秦际唐、冯煦、陈作霖等人也都在“甘志”中留下自己的建议，或为“甘志”提供了一些写作素材。同治十二年（1873）人日（正月初七），仪征刘寿曾、刘贵曾兄弟，溧水朱绍颐、朱绍亭兄弟，上元秦际唐，江宁陈作霖、何延庆，以及甘元焕、甘垲、甘曾源叔侄，共10人，集于莫愁湖上作“挑菜会”（用本地7种时鲜菜蔬供春盘侍宴，即韭菜、瓢儿菜、荠菜、菠薐、芹、笋、菘等7种），以“今日良宴会，欢乐难具陈”十字分韵赋诗。“甘志”于《诗事》中收录了这次雅集盛会上所有的诗作，因此，刘寿曾等人之热心参与编写“甘志”，一点也不需要觉得奇怪。

“甘志”的写作时间（或大体上的成稿时间）应当早于光绪十一年（1885），因为“甘志”全部手稿只字未提是年刊印的《续纂莫愁湖志》，更未提及3年后的《添修莫愁湖志》；而应当晚于同治十一年（1872），是年寿安重印《莫愁湖风雅集》，而“甘志”《艺文》已引用上元张鉴所写的《重印弁言》。

“甘志”成稿过程中常常与“马志”进行对照，因此较“马志”多有独到之处。如门目（章节）的设置上更清晰、更合理，“杂缀”（旧闻）一门收集有关莫愁湖的奇闻逸事，颇具创意，而“诗事”中除抄录“马志”《莫愁湖风雅集》中部分棹歌、雅集作品外，大量增入同治光绪时代（相对于甘氏而言的同时代）新人新作，如邓嘉缜《莫愁湖棹歌》（四十首）、冯煦《无题》（三十二首）、同治辛未（1871）千龄雅集、同治癸酉（1873）挑菜会雅集等等。可惜“甘志”终未能成书。

二、“续纂本”与“添修本”作者考

“续纂本”作者之署名为醉吟馆主人，而不肯署真名，“添修本”作者三山二水吟客对此行为做过一个解释：“自号醉吟主人……其自隐姓名，亦虑有未当也。”[①]实际上，“添修本”作者也只是署了一个“三山二水吟客”名号，是不是同样因为“虑有未当”呢？

吴小铁在所编纂的《南京莫愁湖志》中提出醉吟馆主人应该是苏有炯（庆生），他注意到“续纂本”《词证》里录用了曾行淦一首题词，题为《高阳台·苏庆生少府索题莫愁湖》：

① （清）三山二水吟客续撰：《添修莫愁湖志》，《金陵全书》甲编·方志类·专志5，南京出版社，2013年，第276页。

柳外寻歌，荷边约梦，携尊来访鸥乡。打桨城西，依然十里湖光。郁金香冷空堂闭，奈燕归、不见雕梁。最难忘、头上钗痕，次第成行。

芳名乐府争传遍，怎南朝烟水，都付斜阳。赢得而今，可怜愁比波长。当年赌墅知何处？算几番、历尽兴亡。与商量、仙尉风流，重写新妆。

这首词被放在“词证”的最后位置，是相对醒目的位置。词作者曾行淦（芊湘）我们所知不多，大概生于1845年，长宁县（今属四川宜宾市）人，曾任直隶州知州。题目里“索题”应该是苏有炯（庆生）向曾行淦为自己新编的湖志索取题词，犹如“马志”编成而马士图向黄钰等四人索题的做法。末句里的“仙尉风流，重写新妆”，应该是指苏有炯写《莫愁湖志》一事。关于苏有炯，经吴小铁考证，我们已经获有较多的认识。

苏有炯（1840—?），字庆生，福建德化人，苏履吉孙，苏寿椿子，光绪元年由监生捐官上元县典史。诗才敏捷，屈在下僚，人以“小苏”称之。尝多次参加愚园雅集，《白下愚园集》中有其题诗，在晚清金陵文坛有一定知名度，但记载不多，与胡恩燮、范志熙、赵彦修以及刘寿曾、冯煦、陈作霖、甘元焕等金陵文人多有往来。家有书斋“金陵左右修竹斋”，刻有《友竹山房燹馀集（附苏有炯诗）》等。

苏有炯曾担任上元典史，屈在下僚，因此曾行淦在词中称之为“少府”“仙尉”。“仙尉”典出《汉书·梅福传》：“梅字子真，为郡文学，补南昌尉。后归里，一旦弃妻子去，传以为仙，故称。”前蜀韦庄《南昌晚眺》诗：“南昌城郭枕江烟，章水悠悠浪拍天。芳草绿遮仙尉宅，落霞红衬贾人船。”后因以“仙尉”为县尉的誉称。李白《送当涂赵少府赴长芦》诗：“仙尉赵家玉，英风凌四豪。”清代金农《元日过张少府小饮花下》诗：“仙尉逢梅福，同为上日吟。”

另外，据醉吟馆主人“续纂本”《自叙》，“余居金陵十余年，暇游湖上……”，亦可见其非金陵人也。查民国28年版《德化县志》卷十三：“苏有炯，光绪元年由监生任江苏上元典史。”从光绪元年（1875）到任上元县（今南京）至光绪十一年（1885）写成“续纂本”，正符合《自叙》所谓“居金陵十余年”。

如果上述考述足以证明“醉吟馆主人”是福建德化人江宁府上元县典史苏有炯的化名，那么“三山二水吟客”是另有其人，或者不过是苏有炯的另一个化名？《南京莫愁湖志》的编纂者吴小铁在与笔者所做的有关讨论中，明确指出：“续纂本”和“添修本”都为苏有炯所作，从某种意义上说，“续纂本”和

"添修本"实际上是一本书。这从"续纂本"与"添修本"这两个文本中可以找到很多论据，用以支持吴小铁的"醉吟馆主人"与"三山二水吟客"不过是同一个客居于金陵左右修竹斋的"醉吟客"这一结论。

唐代诗人白居易有一首《九日醉吟》诗："有恨头还白，无情菊自黄。一为州司马，三见岁重阳。剑匣尘埃满，笼禽日月长。身从渔父笑，门任雀罗张。问疾因留客，听吟偶置觞。叹时论倚伏，怀旧数存亡。奈老应无计，治愁或有方。无过学王绩，唯以醉为乡。"这首诗很能表达"醉吟客"的人生况味。李白《登金陵凤凰台》："凤凰台上凤凰游，凤去台空江自流。吴宫花草埋幽径，晋代衣冠成古丘。三山半落青天外，二水中分白鹭洲。总为浮云能蔽日，长安不见使人愁。"这是"三山二水"的出处，繁华易逝，浮云蔽日，李白的情绪也暗合苏有炯"怀才不遇""屈在下僚"的处境。《添修莫愁湖志》之光绪十五年（1889）重订刻本上印有"光绪己丑三月重订于金陵左右修竹斋中"的字样，表明"金陵左右修竹斋"是苏有炯金陵住宅里的书斋名，而不是书坊（印书局）名。据目前掌握的资料，苏有炯用这个"左右修竹斋"名号印过三种书："续纂本""添修本"和上文所说《友竹山房熨馀集（附苏有炯诗）》。"醉吟馆主人"和"三山二水吟客"这两个名号也只分别见于"续纂"和"添修"的署名。这些现象都不会是偶然发生的。

认定"续纂本"与"添修本"为同一人所写，当然还有如下一些重要的理由。

"续纂本"《文考》仅录一篇文章，这就是署名"苏有炯（庆生）"的《莫愁传》，原文如下：

莫愁，洛阳女儿也。生而慧，十三能织绮，妙绝，为人所称。且勤，尝采桑南陌。貌美闻天下。归秣陵卢氏，方十五，明年生子阿侯。卢，巨室也，其堂郁金，其梁桂，其室兰，画阁朱楼相望。良人出入乘骢马，玉为勒，意气骄奢，虽季伦之富未足拟。莫愁头上金钗十二，珊瑚挂镜，妆罢熏香。嗜鱼，每食，侍女金盘进脍鲤。家有湖，广十里，驾莲船夜游，残月归来，上沉香楼，倚瑶瑟，其风流盖古今第一也。无何，用兵辽阳，良人远征，十年不还。昔之夜短，今之夜长。寒砧木叶，燕栖月照，皆离索可怜之境，自有思妇以来，无莫愁若者。

时移世易，其湖入他姓，属之官，犹曰"莫愁湖"。明洪武中，太祖与徐中山王弈于湖畔华严庵楼中，赌莫愁湖，太祖负，湖赐中山王。而莫愁之名益彰于天壤间焉。

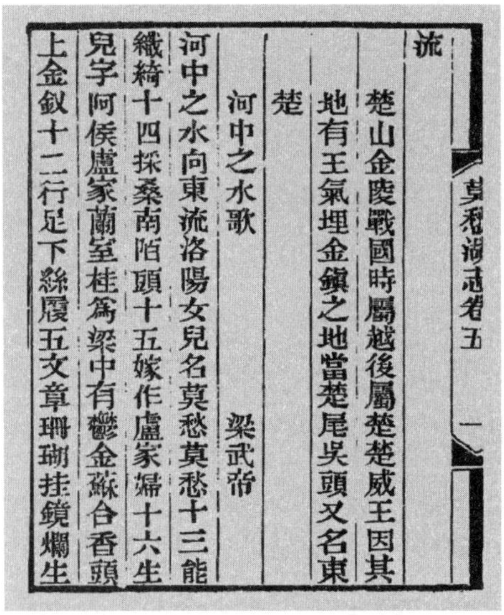
莫愁湖志卷五　一

流

楚山金陵戰國時屬越後屬楚楚威王因其

地有王氣埋金鎮之地當楚尾吳頭又名東

楚

河中之水歌　　梁武帝

河中之水向東流洛陽女兒名莫愁莫愁十三能

織綺十四採桑南陌頭十五嫁作盧家婦十六生

兒字阿侯盧家蘭室桂爲梁中有鬱金蘇合香頭

上金釵十二行足下絲履五文章珊瑚挂鏡爛生

图6　马士图《莫愁湖志》书影

苏子曰：天之生莫愁，岂偶然哉！后世徒慕其美，至于妓女字曰“莫愁”，形之篇章，入诸乐府，使莫愁蒙垢，悲夫！唐诗人李商隐曰“神女生涯原是梦，小姑居处本无郎”，知莫愁矣！

读这篇莫愁女传，令读者马上想起传为梁武帝萧衍所作的《河中之水歌》：“河中之水向东流，洛阳女儿名莫愁。莫愁十三能织绮，十四采桑南陌头。十五嫁于卢家妇，十六生儿字阿侯。卢家兰室桂为梁，中有郁金苏合香。头上金钗十二行，足下丝履五文章。珊瑚挂镜烂生光，平头奴子擎履箱。人生富贵何所望，恨不嫁与东家王。”[①]还有唐代沈佺期的《独不见》：“卢家少妇郁金堂，海燕双栖玳瑁梁。九月寒砧催木叶，十年征戍忆辽阳。白狼河北音书断，丹凤城南秋夜长。谁为含愁独不见，更教明月照流黄。”[②]

苏有炯这篇并非于史无据的莫愁女传，声情并茂，文采斐然，对莫愁女的珍爱之情，仿佛邻家少妇；对莫愁女被“污名化”的愤怒，溢于言表。

“添修本”《文考》则采用了两篇人物传，一是《徐中山王传》，作者已署名“苏有炯”，一是《曾文正公传》，无署名，而文末有“苏有炯曰”，可见也是出自苏氏之手。“三山二水吟客”又在两文前加了一段“引言”：

前志《莫愁传》脍炙人口，余最喜诵之。今于卷首既添徐中山王、曾文正公二像，是不可以无传，乃就苏君言之。盖本于史传，又复博综群书，稿凡数十易而成。其间详略断制，具有法度，无一字无来历，非率尔操觚也。

“引言”中所谓“乃就苏君言之”，意思是往请苏君写徐曾二传，可见“添修本”作者与“续纂本”作者二人关系非同一般，或者就是同一个人，“乃就苏君言之”云云，不过是一个幌子。

“续纂本”刊行于光绪十一年（1885），3年后“添修本”书成，且只针对“续纂本”而添修，所谓“添修”也只是“添数页、修数字”而已，从传统道德角度看，仅做一些“添修”当然算不得“新作”，而二书却以合印本形式由

①（清）马士图：《莫愁湖志》，《金陵全书》甲编·方志类·专志5，南京出版社，2013年，第132页。
②（清）马士图：《莫愁湖志》，《金陵全书》甲编·方志类·专志5，南京出版社，2013年，第134页。

同一个书坊（或书斋，即金陵左右修竹斋）编辑出版，一年后又出合印本的重订刻本，算是一出而再出。且“续纂本”之单印本（单行本）在二书合印本中，于“山水”“古迹”“祠庙”等章节有数十处说明文字遭改动，包括“北圩”“茭菰塘”“中山王湖田”等条后，“续纂本”原作均无说明文字，而合印本里的“续纂本”均加添；单印本“关梁、古迹、山水、祠庙”的先后顺序被改为更合理的顺序“山水、关梁、古迹、祠庙”，如二书非同一人所作，“添修本”作者只管针对“续纂本”做自己的“添修”，写出自己的“添修本”，断不会同时去篡改别人之“续纂本”。

“添修本”作者每于各章节之“添修”前对“续纂本”有关章节内容做点评，不乏溢美之词，语气多活泼顽皮，除上文已述“添修本”《叙》对“续纂本”的褒词“前志小小一本志耳，一时为之纸贵”，又如“添修本”《山水》，前缀评语“前志《山水》，其点染妙绝古今，惟登览之顷有未尽，今为添入”之类，可见二人关系非同一般，或即为一人。如果二书作者为二人，而二人关系如此密切，为什么不合作一书，或联合署名？这正可反证醉吟馆主人与三山二水吟客就是同一个人。

三、《莫愁湖志》里的莫愁湖与莫愁女形象

“马志”《莫愁湖序》说：“莫愁湖在江宁省会石城门西，因六朝刘宋时卢莫愁居此，故名。尝考历代诗词，惟泛咏佳人莫愁，而不及于湖。至元人叶天民有《莫愁烟艇》诗，而湖始著，明人诗词渐有莫愁湖名。又因为中山王别墅，所以游屐罕到。至国朝，咏是湖者始多。嗣经李松云太守重为修建，遂称金陵第一名胜，而留题者终岁无虚日。”

马氏这段话包含如下几个要点：

1.莫愁湖名因卢莫愁而起；

2.卢莫愁为六朝刘宋时人，居莫愁湖上；

3.历代诗词惟泛咏莫愁，而不及于湖，至元代叶天民《莫愁烟艇》诗，而湖始著；

4.至明代，其诗词中方才渐有莫愁湖名；

5.因为湖为徐达家族别墅，所以明人游屐罕到，诗词中咏湖者少，至清代咏湖者始多，又至李松云重建湖上建筑，遂称“金陵第一名胜”，而留题者终岁无虚日。

莫愁湖名因莫愁女而来，似乎毫无疑问。说“似乎”，是因为历史上有人认为此湖名亦可由拟写湖景而来。如袁枚《乾隆江宁县志》之《莫愁烟雨》图注：“古云‘石城女子名莫愁’，又云‘卢家字莫愁’，是盖不可考，然此湖得名久。湖特澄泓，如新拭镜，虽天大晴朗，觉烟雨迷蒙，上与清凉山气相吞吐，正如楚泽悲风，眉纹双结，时不知何谁爱其湖而拟似名之也。”此可谓湖名由来之“拟似说”。只不过袁枚“拟似”二字费解，“眉纹双结”正是一种愁态，何能名之以“莫愁”？或烟雨迷蒙、楚泽悲风云云，是对居住莫愁湖畔的莫愁女生活处境的一种比喻性的摹写？聊备一说吧。

“甘志”中专拟了“湖名”一门（章），以讨论包括湖名之由来等问题，在其手稿中有“凡史乘、笔记有叙及湖之得名者，依次编列，而以考证之文注其下，有应驳者随条举正”[①]的设想，只是今天在遗稿中只读到罗列出来的十九条“史乘”“笔记”，而考证、举正之文均未见，惜其未完稿也。

不过“甘志”《湖名》从《元诗选》中引用了“马志”提到的元人叶天民（1296—1368）那首《莫愁烟艇》诗：“莫愁江上艇，月夜扣舷歌。甚欲寻遗迹，江空烟浪多。”凡稍能细心的读者，都可以注意到莫愁所乘坐的是江上之艇（小船）而非湖上之艇。马士图在《莫愁湖序》中说：“尝考历代诗词，惟泛咏佳人莫愁，而不及于湖。至元人叶天民有《莫愁烟艇》诗，而湖始著”，也就是说，“莫愁湖”一名不见明以前历代诗词，至明代“诗词渐有莫愁湖名”。马氏之“而湖始著”，非谓湖名始著也，谓湖也，谓湖始渐为人所知也。那么，这么广大一个湖面，又近在南京水西门外，举目可望，这一带是过去的水码头，南都水运的集散地，人烟阜盛，为什么长期不为人知，或者说不为骚人墨客所青睐、所图画、所歌咏呢？“马志”在这里解释得很清楚：因为湖为明开国功臣徐达后人的私家别墅，所以明人游屐罕到，至清代咏湖者始多，至乾隆末年江宁知府李松云重建湖上建筑，遂称“金陵第一名胜”，而留题者终岁无虚日。

而历代文献中是哪一本书最早出现“莫愁湖”这个湖名的呢？“马志”《文考》从清代江宁府、县志（陈开虞《康熙江宁府志》暨高岑绘四十景图注、袁枚《乾隆江宁县志》）以及明末清初私人著作（余孟麟《金陵雅游编》、朱之蕃《金陵四十景图咏》、杜士全《春星堂集》、蔡方炳《增广舆记》、余宾硕《金陵览古》）等书籍中，摘出与湖有关的资料，罗列而不加考订。“甘志”《湖名》即“马志”之《文考》，所摘引书籍达到19种之多，时代跨度更大，从

① (清)甘勋撰:《莫愁湖志》,《金陵全书》甲编·方志类·专志5,南京出版社,2013年,第393页。

后晋刘昫、张昭远等撰写的《旧唐书》到同时代金鳌的《金陵待征录》，考证的意识更加显明，但也是列而不考（或未及考）。其实甘氏是很有必要对所罗列摘抄的文献加以考订的。因其所引用宋乐史《太平寰宇记》卷九十“莫愁湖在三山门外，昔有妓卢莫愁家此，故名”，与其所引用金鳌《金陵待征录》写莫愁湖的那段“宋、元志无言‘莫愁湖’者，言之自《应天志》始。吕《志》谓见《太平寰宇记》，《记》无此文也”是相互矛盾的两段材料。

至今仍有人认为“莫愁湖”一名最早见于《太平寰宇记》。《太平寰宇记》是北宋初期乐史所撰的一部著名的地理总志，也是研究南京历史人文、自然地理的宝贵资料。而这本书初刻本极少，流传不广，到明代海内宋版已无踪影。明末清初刊本不一，已残缺不全，无足本。晚清及以前，读书人所容易看见的一般是四库全书本（乾隆中）和金陵书局本（光绪八年，1882），或者是以这两个本子为底本的校本。金陵书局本卷九十《昇州》里有说：“莫愁湖在三山门外，昔有妓卢莫愁家此，故名。”而《四库全书》本却未见类似记载。查中华书局2000年版《宋本太平寰宇记》，也是只字未提莫愁湖。

对金陵书局本的说法，古今许多学者都曾深表怀疑。清人宋翔凤在“清溪杂事诗注”中就说：“《寰宇记》此类甚多，皆其浅谬。”吴小铁在《南京莫愁湖志》里提出，“三山门”为朱元璋在南京修建城墙时所开内城十三个城门之一，清代改称水西门，宋人的书里出现明朝的城门名称，足证《寰宇记》此记载实为后人附会窜入。金鳌之所以说“吕《志》谓见《太平寰宇记》，《记》无此文也”，大概也是因为金鳌所见的《太平寰宇记》刊本里无此记载。

在可信可考的官方文献中，“莫愁湖”一名最早见于明朝王诰、刘雨纂修的《正德江宁县志》。该书卷二“川泽”说：“莫愁湖，在县西京城三山门外。莫愁，卢氏妓，时湖属其家，因名。今种芰荷，每风动，香闻数里许。”而《正德江宁县志》这个最早文献既不见引用于较早“马志”《文考》，又不见于最晚“甘志”《湖名》，想想又是一件令人困惑的事情。也许是“正德县志”里有一个“妓”字而故意忽略？也许是马士图、甘元焕等人在编纂湖志的时候，就不曾在意从逻辑上区别湖名“莫愁湖”与人名“莫愁”这两个概念。比如“马志”说“莫愁湖……因六朝刘宋时卢莫愁居此，故名”，这句话的含义是含混不清的。如果马氏说，“莫愁湖一名因卢莫愁而来”，则没有什么问题；而如果他说，“刘宋时因卢莫愁居此而彼时已有莫愁湖之名”，那么这个说法既缺少文献依据，也缺少事实依据。

据地质学家和历史地理学家提供的研究资料，隋唐以前，甚至可能在宋元以前，长江沿南京城墙西侧流淌，与秦淮河汇合于石头城下，其后长江逐渐改道北移，留下大片淤积地与一系列沼泽、池塘及湖泊，莫愁湖也许只是其中较大而保存至今者。长江北移与湖之形成是一个对应变化的过程，明清直至民国，多有关于莫愁湖以及湖畔建筑荒废于江潮引发的洪水中的记录，这些记录从侧面证明莫愁湖确曾处于大江不断北移而偶或回摆的滩涂地带，它的历史远远短于人们的想象。

莫愁湖的得名自然与莫愁女的传说有关，而莫愁女这个文学人物的诞生要远远早于莫愁湖。

除了《文考》《莫愁湖序》《莫愁湖赋》，马士图还在《莫愁湖志》里编写了《郁金堂诗证》《郁金堂词证》两章来考证莫愁女的历史。马氏说："夫诗词证云者，乃历来才子之作，传诵既久，确凿可据。今自我辑而刊之，既以证明于已往，兼可释疑于将来。篇后间缀鄙见数言，无非发明作诗之旨，欲使卢家少妇与此湖并传不朽耳。"①

《诗证》之第一篇即为南朝刘宋时无名氏《莫愁乐》，其一："莫愁在何处？莫愁石城西。艇子打两桨，催送莫愁来。"篇下马氏注云："石头城又名石城。诸葛武侯至江东，云：'钟山龙蟠，石城虎踞，此帝王之都也。'"马注引诸葛亮语，意在证明诗中"石城"为金陵石头城。其二："闻欢下扬州，相送楚山头。探手抱腰看，江水断不流。"马氏注云："楚山：金陵，战国时属越，后属楚。楚威王因其地有王气，埋金镇之。地当楚尾吴头，又名东楚。"如果诗中"楚山"确为"东楚"之山，则从金陵顺江而下当然是"闻欢下扬州"。

《诗证》第二篇为梁武帝《河中之水歌》："河中之水向东流，洛阳女儿名莫愁。……人生富贵何所望，恨不早嫁东家王。"马氏注云："武帝此歌，直指刘宋时，洛阳美女名莫愁者，远嫁江东之卢家。借河流东来不返，譬其独离乡土。李松云太守《棹歌》云'洛阳风景逊昇州'，亦发明远嫁之意。歌末谓虽处富贵，欢会实稀，何如早嫁故乡之东家为得所也。"

马氏在这两篇注文中力证莫愁女为金陵人，或者起码为远嫁而来的金陵卢家少妇。

第三篇为唐人沈佺期《独不见》(古意呈补阙乔知之)："卢家少妇郁金堂，海燕双栖玳瑁梁。九月寒砧催木叶，十年征戍忆辽阳。白狼河北音书断，丹凤城南秋夜长。谁为含愁独不见，更教明月照流黄。"马注云："题曰《古意》，指刘宋莫愁而言，分明是《河中之水歌》注解。白河北，乃良人远戍之

① (清)马士图撰：《莫愁湖志》，《金陵全书》甲编·方志类·专志5，南京出版社，2013年，第119页。

所。考北朝魏，此时远都山西平城，‘丹凤’非金陵都城而何?”

至此，那个诞生于古乐府中的莫愁女终于在马氏的笔下成长为一个有血有肉的形象丰满的美丽思妇。

马氏还在《词证》周邦彦（美成）《西河·金陵怀古》篇后注云：“美成此阕，题虽《金陵怀古》，意似专为莫愁而发。前段用刘梦得是题诗意，暗点出石头城；中段用《莫愁乐》意，暗点出石头城莫愁；末端乃明点出莫愁家依傍孙楚楼边，而湖近乌衣巷口。言之凿凿，与韦端巳‘南国佳人字莫愁’句吻合，洵足释洛阳、汉水之疑矣。”

马氏努力排除“汉水莫愁说”“洛阳莫愁说”，坚守“金陵莫愁说”。很多人不接受马士图的这些解释。甘元焕在其湖志手稿中写道：“马氏谓莫愁洛阳女，嫁于金陵卢家为妇说，甚凭臆。石头城、石城，浑而为一；丹凤，按指刘宋都城，尤非。”①

对此类纠结，全椒人薛时雨在为“马志”重锓本（1882）作序时说：“夫润色风土，藻雪衿抱，随所适以为之名。必谓莫愁在汉石城，非江宁石头城，譬之秭归王嫱，钱塘苏小，求其地以实之，毋乃胶柱调瑟耶?”薛氏认为一部湖志“润色风土，藻雪衿抱”而已，而不主张“胶柱调瑟”。(不过，薛氏还是倾向认为莫愁在汉石城而非江宁石头城的吧?）是的，“莫愁”是一个吉祥美好的名字，寄托着人们对幸福生活的愿望。湖由莫愁女而扬名，女由莫愁湖而传世，一个文学作品中的人物又何必“求其地以实之”?

四、《莫愁湖志》的主要内容及其成就

马士图首创《莫愁湖志》，号醉吟馆主人与三山二水吟客者加以续纂与添修，唯甘元焕志拟另起炉灶，惜未修成。故下文仅再对“马志”内容略做说明，并对四种湖志的总体成就略做总结。

马士图《莫愁湖志》6卷，分订为上下册。上册“卷首”为莫愁湖志自序、莫愁湖志题词（黄钰、鲍淳、车持谦、吴藻）、目录、莫愁湖序、明中山王遗像（徐鹏绘）、莫愁湖图（马士图绘）、莫愁湖赋。

卷一为莫愁湖诗借，分为“前八景”“后八景”两部分。“前八景”引言说：莫愁湖一景之内能收八景，即钟阜晴云、石城霁雪、清凉环翠、冶麓幽栖、秦淮渔唱、报恩灯塔、雨花闲眺、牛首烟峦，而此八景都在明末朱之蕃所

① (清)甘勋撰:《莫愁湖志》,《金陵全书》甲编·方志类·专志5,南京出版社,2013年,第393页。

图7 马士图《莫愁湖志》书影

著《金陵图咏》之中，而今即“借”《金陵图咏》所录朱之蕃与杜士全歌咏八景的唱和，以及明末余孟麟《金陵雅游编》内余孟麟与焦竑、朱之蕃、顾起元4人有关唱和，合计四十八联（首）。“后八景”于华严庵释恒峰《莫愁湖风雅集》中抄录江宁知府李尧栋与江宁知县袁枚唱和诗作，其所歌咏八景为郁金堂、胜棋楼、湖心亭、茭菰塘、渔村、鸭栏、石城渡、九里山，除九里山在江北，余多为莫愁湖内之景。马氏因此在后八景“引言”之中说：“前八景系借明代诸公题咏，而远景居多。读《风雅集》李、袁两太史唱和《棹歌》，内多近景，仍各借八截，以补前八景所未及。合六十四首。”可见“马志”所谓“诗借”，亦即所谓“借景”，借用前人诗作，歌咏莫愁湖景，不但莫愁湖及其内景、近景，也包括了湖之远景，乃至如牛首山、九里山之类遥不可及之景，也都被借了进来，以致甘元焕有“因一湖而借及全城之景，适形其窘”之讥。中国古代园林建筑史上一直有“借景”一说，苏州园林是其典范，就是在一个小园林里，利用门窗花墙以及高处的楼阁亭台远眺的功能，把不在园林内的外景借入园林之中，移步换景，引人入胜。胜棋楼等处，除湖内景色，也能眺望湖外美景。马氏《诗借》所录李尧栋《九里山》一诗，即颇能体现借景的艺术效果，其诗云：“东望钟山翠嶂开，南看木末雨花台。隔江九里山明灭，也逐风帆叶叶来。”而借到远如牛首山之类，实授人以口实。“马志”大量“借景”，同时借诗，用心亦在增加卷帙，使之“裒然盈尺”，南国佳人，于今宛在，怎么“肯让淡妆浓抹者之千秋独步也哉?”

卷二为山水、关梁、祠庙、古迹。按湖之东南西北不同方位，“山水”列举莫愁湖周边冶城山（今朝天宫所在）、清凉山、钟山、秦淮河、大江等近二十个条目，大多附有扼要说明，也有不少只列目而不作解说。“关梁”列举“石城门”“石城桥”等十个条目。“祠庙”对郁金堂、胜棋楼、湖心亭、华严庵、报恩寺塔、普惠寺、明黄侍中祠有说明，观音庵、玉皇阁等六座寺庙只列目。“古迹”篇幅较大，屈大均宅、乌衣巷、孙楚酒楼、石头山、投书渚等二十四处古迹，或长或短，一一作了说明。“马志”卷二《诗借》与卷三《山水》等，意在从时间、空间两个维度上借重以凸显莫愁湖，为湖光生色之用心良苦也。

卷三为“文考”。马氏首先自陈开虞《康熙江宁府志》、袁枚《乾隆江宁县志》、蔡方炳《增订广舆记》、余孟麟《金陵雅游编》、余宾硕《金陵览古》等两种官修府县志以及五种私人著述中摘出有关莫愁湖的文字，又自撰《金陵莫愁考》《莫愁非妓辩》两文缀于后。余宾硕持“三莫愁说”（竟陵莫愁，洛阳莫愁，金陵莫愁），而马氏持“二莫愁说”，一为竟陵石城卢氏女，一为自洛阳远嫁金陵之卢氏妇，《金陵莫愁考》对此有简要的讨论，结论是“予谓卢女、卢妇名同实异，不待辨而知为二美矣”。马氏不敢妄议官修江宁府、县志“昔有妓卢莫愁居湖畔”记载之非，唯撰《莫愁非妓辩》一文，先从语言学上辨析“妓”有二义，“夫古人之妓，家妓也，女乐也，如谢太傅、白太傅携妓游山，不过借歌舞侑觞，原非妻妾可比。近代之妓，青楼人也，徒荐枕席而已。”而后以《河中歌》为证，云“既云嫁、云妇，又云生儿，且非桃叶、樊素之比，岂可以妓目之乎?”文末表示困惑：“历代诗词皆未有言妓者，不知此字何人作俑也。”但马氏认定袁枚修志时，“未忍明指前人之失，惟将妓字删去而已”，“今予亦慨为删去此字，庶不使南国佳人抱恨于千载之下焉”。确实如此，除《文考》所摘录《康熙江宁府志》有“相传旧有伎卢莫愁居此”，“马志”全书无一处指莫愁为“妓”（伎）者。其所摘抄朱之蕃《金陵四十景图咏》之《莫愁旷览》诗注，为：“昔有卢莫愁家此，故以名湖。”马氏刻意删去原著“卢莫愁”前“妓”字。后来“添修本”谓“元纂”（指“马志”）“芜秽，不堪寓目”，若仅仅指责“马志”《文考》照抄《康熙江宁府志》句，不避“妓”字，则足见三山二水吟客对南国佳人卢莫愁之爱惜已登峰造极，无以复加，否则无法解释。“甘志”手稿在引用《金陵图咏》这句话时也故意删弃“妓”字。

卷四为“画社”，马氏亦诗亦画，收录于此门下者，一篇是马氏用杜少陵

（杜甫）《丹青引赠曹将军霸》原韵所作之七言古体诗《莫愁湖丹青引》，一篇是《金陵同人姓名录》。诗前有序，原来是嘉庆五年（1810）五月七日，张白眉（寿民）、朱羽士（道士朱岳云）、金仙峦、何春圃等四人，招金陵善画诸同人，集于华严庵内胜棋楼，结丹青雅社，到场共33人，马氏亦应招而来，每人即席作画一帧，张之壁上，以永其传，而马氏另作"丹青引"诗，"用纪胜地盛宴，并胜友盛事云"。《姓名录》除记录到场33人姓名、字号、籍贯、书画所擅长，又补录当日因雨阻而未得入社之同人，"以志吾乡绘事之盛，无过于今"，计补录58人。

下册为《郁金堂诗词证小引》、自绘莫愁女小像、自拟并歌咏郁金堂八景，再为卷五《诗证》、卷六《词证》。所谓"郁金堂八景"为马氏自拟，即波镜窥容、月梳掠鬓、山黛描眉、莲粉凝香、莺簧偷语、柳丝织恨、秧针倦绣、燕剪裁绮，每景缀以七绝一首，诗皆思妇情绪，缠绵悱恻。序云："湖上前后八景，皆就古今名人题咏借出。郁金堂据一湖之胜，岂可缺如？触目生情，亦拟八景，缀以小诗。""甘志"手稿对"马志"所撰八景不以为然，而愿意"存其诗于'艺文'可矣"。

马氏作"诗证""词证"的用意在"小引"中有清楚说明："《湖志》'文考'草创既成，虑览者未能惬望，愚就案头诸家诗词各集，凡有关于金陵莫愁者，广为搜辑，共得若干首，绘像题景，以补斯志之不足，即名曰'郁金堂诗证'，而词亦另附于后。……既以证明于已往，兼可释疑于将来。"马氏"诗证"抄录自南朝刘宋乐府《莫愁乐》至唐宋明清直至当时名家诗作100余篇，内含马氏个人作品10多篇，"词证"录词20余篇。

"马志"最末一篇《补梦》，为全书最离奇古怪而又最有趣味、可读可玩味可兴叹的一篇妙文。《补梦》略云：

庚午秋七月十二日晓，同车秋舲、曹羲池暨羽士沈兰皋，买舟赴板桥浦，入小山访单雪樵明经。归迟不得进西水关，借宿于郁金堂上，喜晤陈弱侯孝廉、陈菊农、姚献林，听栖碧师弹《水仙操》，既而就寝。忽闻异香袭幕，隐隐湖波作环珮之声，予悄起倚栏，望见水月光中，一艳妆美人，风鬟雾鬓，衣翠衫、曳红裙，背立于白莲花上。有垂髫婢侍侧，眉目如画，手执奇花一枝，歌《莫愁乐》二曲。彼美侧耳徘徊，终不回顾，低向婢曰："他日孙楚楼西，沽春赊月，五六同心，非待彼凭栏者乎？"惊庵钟一杵，冉冉凌空而去。予醒，急白同人，皆不解莫愁梦中之语，反以予言为妄。次日，赋诗寄雪樵，云："月照卢家僧舍邻，归舟不许渡关津。暂窥玳瑁梁间燕，忽梦郁金堂上人。风软柳眉疑展皱，露寒莲脸似生嗔。湖天夜有携琴客，又约山阴探小春。”阅六年乙亥秋仲，邀表弟鲍漱石游湖上，话及借宿金堂，旧梦如昨。漱石忽拍案曰：“噫嘻！我知之矣！今君《莫愁湖志》著成将刊，而莫愁入梦隐语明矣！曩所谓孙楚楼西，指此湖也；沽月，湖字也；五六合十一，非士字乎？士同心，志字也。言他日为作《湖志》，待梦中凭栏人也。”予闻之惊喜如狂，惟望莫愁画像焚香再拜而返。叹人生文字因缘亦有定数也！爰补是篇于志尾。

日有所思，夜有所梦。一部湖志，历四五年时间写就，朝夕涵泳其间，爱彼之美，怜彼之幽独，情有所钟，恍兮惚兮，故而托梦一节，未必凭空虚构。一旦梦解，惊喜如狂，惟望莫愁画像焚香再拜，乃马氏真性情之流露也！“马志”至此篇结束，可谓戛然而止，余音绕梁。

《添修莫愁湖志》也以马氏“补梦”为话题作结，三山二水吟客《自跋》末几句说：“余添修湖志成，与……挑灯话此（莫愁托梦一事），曰：‘莫愁英灵，至今尚在，是不可湮没？……君臣、夫妇，人之大伦。女辞家而适人，臣出身而事主，其致一也，维万古纲常之重，争九天日月之光，于是乎在。’”三山二水客是相信马氏实有其梦的，相信“莫愁英灵，至今犹在”，只是旨归纲常礼教，“女辞家而适人，臣出身而侍主”云云，以今人眼光看来，未免迂阔冬烘。“甘志”手稿云：“马氏《补梦》亦可叙入（《杂缀》）。《补梦》入此门，则见为删弃之余，不援以为重矣。”甘氏意思是《补梦》篇不够重要，然而弃之可惜，姑置入“杂缀”，所谓删弃之“余”，存留而已。马氏《补梦》一文而众说纷纭，亦足可见其文学之价值。

可以把四种《莫愁湖志》放在一起，小结其共同的成就，或曰其艺术与人文价值。

首先，当然是它们因集中保存了有关莫愁湖史料而具有重要的文献价值。四种湖志以莫愁湖这一地理空间为中心，爬梳、发掘、汇聚历代累计而来的有关史料，举凡与莫愁湖有关的诗词、歌赋、散文、传说、书画、楹联、碑刻、题额、寺庙、古建，以及古代士人于湖上开展的雅集、结社（诗社，画社）、修禊等传统文化活动之中形成的诗词书画作品等等，无不加以辑录。总观四种湖志，其体例一以贯之（“甘志”更加合理化），而都以综合性、人文性见长，涉及广泛而深入，实可谓金陵地方历史文化之大全。

其次，四种湖志辑录了大量的明清尤其晚清时期金陵地方有关莫愁湖的诗词、歌赋、散文、楹联、传说等作品，这些赖湖志以保存至今的文学作品，实

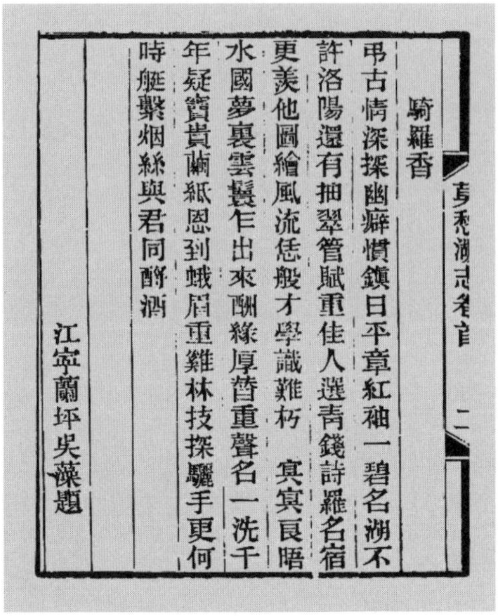
莫愁湖志卷首　二

騎羅香

弔古情深探幽癖慣鎮日平章紅袖一碧名湖不許洛陽還有抽翠管賦重佳人選靑錢詩羅名宿更羨他圖繪風流恁般才學識難朽　寘寘良晤水國夢裏雲鬟乍出來酬緣厚晉重聲名一洗千年疑竇貴蘭紙恩到蛾眉重難林技探驪手更何時艇繫烟絲與君同酹酒

江寧蘭坪吳藻題

图8　马士图《莫愁湖志》书影

为我国文学宝库的一个重要组成部分，刘寿曾、冯煦、苏有炯、陈作霖、邓嘉缜、甘元焕、秦际唐、易顺鼎等一大批活跃于晚清金陵诗坛词林里的人物及其作品，借着湖志展现出各自不同的人格形象和特色鲜明的文学魅力。

再次，四种湖志还充分展示了明清时代文人雅士的生活方式，呈现出他们雅致的生活情趣、丰富的精神生活以及洋溢在他们周围的植根于传统文化的人文精神。嘉庆文人陈文述评价才女吴藻为“前生名士，今生美人”。吴藻在答复马士图索题后，写了一首《绮罗香》词，吴藻说马氏“吊古情深，探幽癖惯，镇日平章红袖。一碧名湖，不许洛阳还有。抽翠管，赋重佳人，选青钱，诗罗名宿。更羡他，图绘风流，恁般才学识难朽。”[①]笑马氏对莫愁女一往情深，数年来沉醉其间，至于一碧湖水，也不许洛阳人染指，写一部湖志，才、学、识，俱被马氏占全。全然诙谐调侃口气，又句句切题，令人莞尔。词末“更何时，艇系烟丝，与君同酹酒”，同样显示古代士人之间深厚的友情与儒雅的生活态度。

毋庸赘言，即使只从奠定莫愁湖在金陵文化遗产中的历史地位，形象地再现莫愁湖的历史盛况，为湖光山色增添历史厚度，这四种湖志也已具备其恒久迷人的魅力和无限的价值。“马志”重锓本之薛时雨《序》中有“润色风土，藻雪衿抱”句，说一部湖志，既可为莫愁湖生色，兼以展示古士人高雅的胸襟，这也许是对四种湖志价值最简洁的概括吧。

南京市浦口区文史研究员、地名专家组成员　甘继民

① (清)马士图:《莫愁湖志》,《金陵全书》甲编·方志类·专志5,南京出版社,2013年,第18页。

东吴遗脉 城南旧影

《运渎桥道小志》导读

南京，十朝故都，人文荟萃。

追溯历史，周元王三年（公元前473），越国消灭吴国。翌年，越国大臣范蠡在南京秦淮河畔长干里筑城，史称“越城”，迄今已接近2500年。

时隔700年后，即东吴黄龙元年（229），吴主孙权在武昌（今湖北鄂州）称帝，是年九月，迁都建业（今南京）。“建业”者，大抵建功立业之意。此名是建安十六年（211），孙权将其治所从京口（今镇江）迁至秣陵（今南京）时所改。可见，吴帝孙权决心立足江东这方沃土以大展宏图。而随着东吴建都，南京也由此拉开“十朝故都”的序幕，迄今已达1700多年。

图1 《运渎桥道小志》书影

滨江而居，依山控水，是南京得天独厚的地理条件。诚如诸葛亮此前所做的精辟点评：“钟阜龙盘，石头虎踞，真帝王之宅。”[①]原本山水形胜，钟灵毓秀，自东吴建都之后，秦淮两岸的经济与文化，更是呈现出一派空前繁荣。当此时，国都初创，土木、水利等各项建设方兴未艾，而随着太初宫、大市、建初寺、潮沟、运渎等工程相继完成，建业（今南京）这座秀甲东南的大都市，便逐渐露出它令人惊艳的容貌。若干年后，西晋诗人左思在《吴都赋》中，曾不无艳羡地描绘过它的繁华景象：“高闱有闶，洞

① (南宋)张敦颐撰，王进珊校点:《六朝事迹编类》，南京出版社，1989年，第23页。

门方轨。朱阙双立，驰道如砥。树以青槐，亘以绿水。玄荫眈眈，清流亹亹。列寺七里，侠栋阳路。屯营栉比，解署棋布。”[①]通俗地说，就是夸赞建业城的宫殿巍峨，驰道宽阔，青槐成荫，绿水环绕……通过这些诗化语言所描摹的场景，我们不难想见当年吴都建业的宏丽风采。

今天，在经历了1700余年的风雨沧桑后，南京城市肌理早已发生翻天覆地的变化，东吴时期的文物古迹，除零星碑石外，几已荡然无存。不过，透过历史烟云，我们似乎还能够感受到来自往古的缕缕遗韵。运渎——这条开凿于东吴，至今仍在汩汩流淌的城市人工运河，便是这缕缕遗韵中的一脉。陈作霖的《运渎桥道小志》，则由此溯源寻根，以循序渐进的纵深式、全景式画面，为我们讲述了运渎流域的人文底蕴、街衢里巷的前世今生。

一、书香世家一代通儒

陈作霖（1837—1920），清末民初生活于南京的著名文人，曾被誉为“通儒”。他字雨生，号伯雨，晚号可园、可园老人，因暮年目疾复明，故又自号重光老人。

清道光十七年（1837）农历四月十四日，陈作霖出生于金陵城南乾道桥畔（今红土桥）的一所书香门第。其先祖本为河南颍川人氏，明末清初之际迁居占籍南京，结庐斗门桥直东街道北（今昇州路陡门桥北），凡七世。至其父辈，分户迁居于此。清光绪元年（1875），陈作霖乡试中举，时值老宅圮毁，遂予以重建，名之“可园”（今秦淮区安品街20号），其晚年自署“可园先生”，便由此而来。关于可园，《运渎桥道小志》载有陈作霖自述，大体可知之原委：“予家适当道北，宅毁于兵乱。后重建，一瓦一木，备极经营。予《迁居诗》所谓‘绸缪成牖户，毋乃父母劳’，盖纪实也。宅后有隙地数亩，强名之曰‘可园’。土阜陂陀，筑亭其上。诸山苍翠，近接檐楹。种竹莳花，以悦晨夕。蔬肥笋脆，甘脂足供。园居奉亲，无复进取志矣。”[②]

陈作霖祖上几代均为读书人。他的曾祖父陈授，字石渠，虽为乾嘉时期的诸生（秀才），却以经学享誉儒林，后入祀乡贤祠。祖父陈维垣，字丰之，为陈授的次子，嘉庆二十四年（1819）与弟陈维屏同榜中进士，后官至内阁中

---

① 叶皓：《金陵颂——历代名家咏南京诗文精选》，南京出版社，2005年，第2—3页。

②（清末民初）陈作霖编：《运渎桥道小志》，《金陵全书》甲编·方志类·专志3，南京出版社，2013年，第120页。

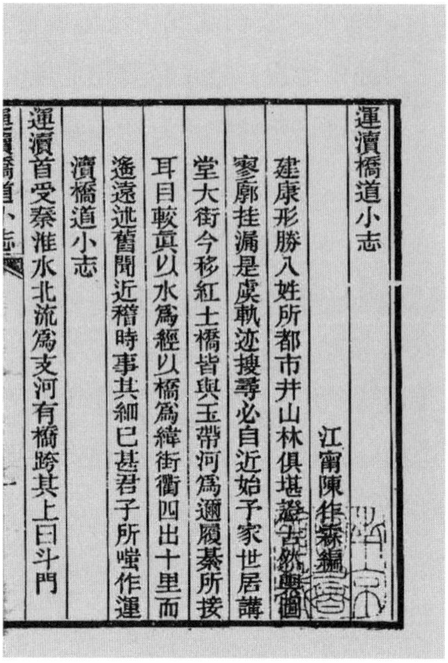
運瀆橋道小志
江甯陳作霖編
建康形勝八姓所都市井山林俱堪蒐討然輿圖
寥廓挂漏是虞軌迹搜尋必自近始予家世居講
堂大街今移紅土橋皆與玉帶河爲邇履綦所接
耳目較眞以水爲經以橋爲緯街衢四出十里而
遙遠述舊聞近稽時事其細已甚君子所嗤作運
瀆橋道小志
運瀆首受秦淮水北流爲支河有橋跨其上曰斗門

图2 《运渎桥道小志》书影

书。父亲陈元恒（1819—1893），字葆常，同治六年（1867）乡试举人，曾官东台训导（官学教授），告老还乡后，于古稀之年闭门谢客，专心搜罗、研究金陵方志文献。《金陵通传》称之“上采六朝，下稽明史，旁及诸名家之记载，以至碑版文字，凡有关于乡邦掌故者，皆刺取之。”正是在世代书香的熏陶下，自幼聪慧的陈作霖备受庭训，秉承家风，好学不已，四岁起便开蒙识字，十五岁前，他几乎遍读诸如《毛诗》《论语》《左传》《资治通鉴》等国学经典，由此奠定了厚实的学养功底。清咸丰元年（1851），年方十五岁的陈作霖获县学“增生”（不享月廪的生员）资格。入泮仅两年时间，即咸丰三年（1853）太平军攻占南京，陈作霖随父举家避乱于江淮间，先后辗转宣城、全椒、凤阳、盱眙、宝应等地。即便流离失所，陈作霖依然手不释卷，好学不辍。

同治三年（1864）战乱平息，陈作霖举家重返故里。自此，他相继问学于钟山和惜阴书院，因才华过人，分别赢得两位山长、宗师级的学问大家李联琇和薛时雨的激赏，以致肄业时，还曾担任惜阴书院的“都讲”（学舍主讲）。光绪元年（1875），年近不惑的陈作霖参加乡试，以第八名成绩中举。但接下来的科举之途却异常不顺，三次赴京春闱，竟都名落孙山！为此，他心灰意冷，决计不再耗费光阴去博取功名，而是潜心学问，课徒授业，诗文会友，著书立说。这就是《运渎桥道小志》自述“园居奉亲，无复进取志”的原因。他先后出任过文正书院讲习、奎光书院山长、县学总教习、上元县学堂堂长等职，倾心教学，诲人不倦。

大抵受父亲热衷乡邦文献的家学亲炙，陈作霖在勤奋读书教学的同时，也“弦诵余闲，不废游览”，对十朝故都的山水城林和人文历史作深度的实地考察了解，并由此生发独立为乡贤立传、为乡邦撰志的想法。此前，同治十三年（1874），他曾受聘参与修撰《上江两县志》，由名儒汪士铎（1814—1889）任总纂，陈作霖为分纂，负责该志《大事记》《名宦录》《乡贤录》《忠义孝悌录》。至光绪六年（1880），陈作霖再度受聘参与修撰《续纂江宁府志》，仍由汪士铎担任总纂，他为分纂，负责人物志的《先正传》《孝友传》《仕绩传》等。在参与官方修志的同时，陈作霖已从浩如烟海的史籍中通过爬罗剔抉，开始独立编纂《金陵通纪》，凡14卷，于光绪六年（1880）完成。这是南京历史上第一部跨世纪编年史，始于先秦而迄于清代，博采文献，内容宏富，汪士铎评价此书的贡献为："详载郡中丰歉忧乐之由，寇乱时诸军屯戍之地，措置先后得失之机，后世可奉为鉴戒。"[①]之后，他又着手编撰更为宏大的《金陵通传》，于光绪二十六年（1900）定稿，洋洋50万言，凡45卷，共收录乡邦人物3000余人。可谓鸿篇巨制，影响空前，一时赢得好评如潮。

陈作霖如此呕心沥血，孜孜于乡邦文献的发掘与弘扬，固然是受其父影响，但更多的，恐怕还是那份对桑梓故里的深挚之情。正如他自己所言："每当春秋佳日……，陟跻冈阜，搜胜探奇，就父老以咨询，感古今之兴废。归即翻阅故籍，证以见闻，件系条分，慨然有撰述之志。"[②]于是，在完成《金陵通传》这一巨著初稿后，他便通过亲历寻访、记录见闻、考据史料，分门别类地撰写出5部地域性专属性"琐志"——《运渎桥道小志》《凤麓小志》《东城志略》《金陵物产风土志》《南朝佛寺志》（与孙汶川合著），既填补了官修史志的空白，也由此通过"专"的聚焦，去彰显城市的沧桑变迁和风土人情，开掘深蕴在寻常巷陌中的人文底蕴，为子孙后代留下了一笔弥足珍贵的文化遗产。

民国学者夏仁虎曾满怀崇敬地评价陈作霖的治学生涯：可园"有寿藻堂、瑞花馆。地不甚广，先生著书其中，萧然自得"[③]。正是在此"不甚广"的可园中，陈作霖毕生留下的诗文、史志等著作竟达36种，近200卷，可谓著作等身，功德无量。他的一生与仕途无缘，却以杰出的文化成就，奠定了一代通儒的地位，从而赢得后世的缅怀与敬仰。

二、寻根溯源运渎沧桑

光绪九年（1883），陈作霖完成了他的第一部琐志——《运渎桥道小志》。称之"琐"，顾名思义，细小也。这恐怕是相对于煌煌巨作的说法。事实上，一部区域性很强的专志，其内涵之"琐"，恰恰是精微细致所在。俗话说得

---

①（清末民初）陈作霖编：《金陵通纪》，《中国方志丛书》，台北成文出版社，1970年，第3页。

②（清末民初）陈作霖编：《凤麓小志》，南京稀见文献丛刊《金陵琐志九种》，南京出版社，2008年，第23页。

③（民国）夏仁虎撰：《秦淮志》，《金陵全书》甲编·方志类·专志3，南京出版社，2013年，第53页。

運瀆橋道小志　一
運瀆者吳赤烏中所鑿也建康實錄吳赤烏三年使左御史郗儉監鑿城西南自秦淮北抵倉城通運於苑倉謂之運瀆按城宮苑城也倉城石頭倉城也苑倉宮苑倉也仲謀創業營建石頭倉穀轉輸由淮入瀆糧艘萬斛廓其有容今裁通舟夏漲冬涸民居迫束流緩易淤穢惡所傾日積日甚汲飲濁胃職此之由苟舍濬治別無善策明南京工部尚書丁公賓濬河疏畧云自水西門覓渡橋起入水關至北門橋止是為正河由斗門橋紅土橋乾道橋又由淮青橋四象橋內橋會同橋笪橋二水會同俱從小新橋倉巷橋望仙橋周家橋鐵窗欞出城是為大支河包藏於正河之內又有各支小河環於大河之外用以吐納靈潮疏流穢惡通利舟楫故居不病涉小民生業有資譬如人身臟腑居內有血脈營衛以周流也若使血脈一淤則

图3 《运渎桥道小志》书影

好：寸有所长，尺有所短。《运渎桥道小志》虽仅一卷，计12000余言，但其内涵之丰富、表述之详细，足以比肩任何一部方志力作。其好友秦际唐说：“志无大小，惟要于可信而已。”此言可谓一语中的。

何为运渎？按《说文解字》：“渎，沟也。一曰邑中沟。”由此可知，所谓“邑中沟”，便是城里的小河；而运渎，则应专指在城市里开凿的人工运河。据唐人许嵩《建康实录》载：吴帝孙权移都建业（今南京）后，由于宫城及仓库离秦淮河较远，为了便利货物、粮食运输，遂于赤乌三年（240）十二月“使左台侍御史郗俭监凿城西南，自秦淮北抵仓城，名运渎。”接着还自注云：“建康宫城即吴苑城，城内有仓，名曰苑仓，故开此渎，通转运于仓所，时人亦呼为仓城。”[①]这是有关运渎来历的最早文献记载。《至正金陵新志》引《东南利便书》说得更为详细：“古城向北，秦淮既远，其漕运必资舟楫，而壕堑必须水灌注。故孙权时引秦淮名运渎已入仓城。”[②]可见，运渎实为秦淮漕运功能的延伸。如今运渎的遗脉犹在：东起内桥，西至虎踞南路铁窗棂的这条秦淮河支流，便是当年古运渎的航道之一。

作为十里秦淮的重要支流，运渎开凿与存续的历史堪称“源远流长”。按《运渎桥道小志》的说法，当年运渎的源头有二：其一，南起渡船口（今秦淮区玉带巷西侧）与十里秦淮相连，然后向北流经斗门桥（今陡门桥）、南乾道桥（今红土桥）、北乾道桥（今草桥），此为运渎之南源；其二，东起内桥接青溪之水，然后向西流经鼗子桥（今鸽子桥）、杨烈桥（今笪桥）、小新桥（今鼎新桥）、崇道桥（今仓巷桥）、文津桥等桥梁，出铁窗棂而汇入栅塘（今外秦淮河），此为运渎之东源。东源、南源在草桥以北、羊市桥（今废）以南、笪桥以西呈“T”字形汇合，由此串联起秦淮、青溪水系，不仅使“仓谷转输，由

---

① (唐)许嵩撰:《建康实录》,《金陵全书》乙编·史料类1,南京出版社,2010年,第69页。
② (元)张铉修纂:《至正金陵新志》,《金陵全书》甲编·方志类·府志6,南京出版社,2010年,第113页。

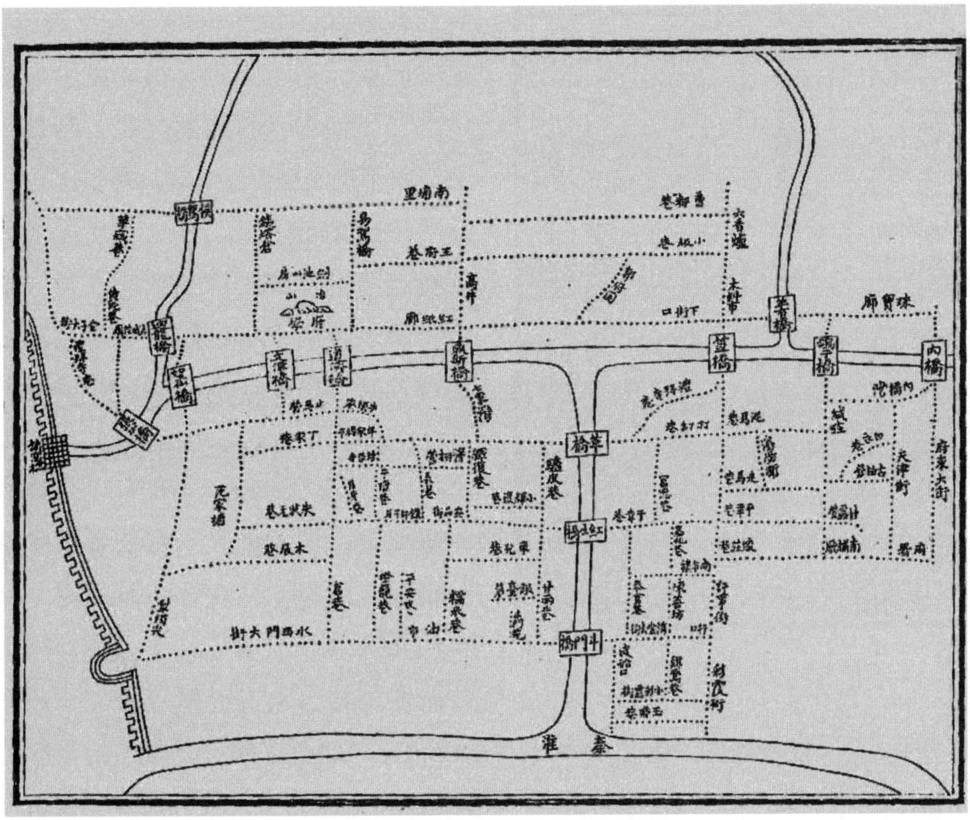

图4 《运渎桥道小志》书影

淮入渎。粮艘万斛，廓其有容”，极大地便利了当时城内的交通运输，且能“吐纳灵潮，疏流秽恶”，极好地发挥起城市排污及调节旱涝的功能。让人称奇的是，如今的运渎虽历经1700多年的岁月沧桑，除了南源，即渡船口至草桥的一段河道已随着城市建设与变迁而荡然无存外，自内桥至铁窗棂的一段主流，仍横贯南京市区的西南部，成为十里内秦淮河水系延伸的一道风景线，这不能不说它是南京城市发展史上的一方“活化石”。

需要说明的是，或因城市变迁、河道淤塞之故，《运渎桥道小志》关于运渎的文字记载，只限于河道已发生重大变化的晚清时期，而非古运渎全貌。南宋周应合的《景定建康志》称：“今所凿城在西门近南，其水东行过小新桥，而南经斗门桥流入秦淮，又东北过西虹桥，循宋行宫城西迤逦向北，乃其故道，其自闪驾桥经天津桥而东者，合于青溪。”[①]文中所说的“小新桥”即今之鼎新桥、“西虹桥”即今已废的羊市桥、“闪驾桥”即今之鸽子桥、“天津桥”即今之内桥。按此说法，运渎南流经过斗门（陡门）桥连接秦淮河自是无误；

① (宋)马光祖修，周应合纂：《景定建康志》，《金陵全书》甲编·方志类·府志2，南京出版社，2010年，第289页。

至濟南知府直節當官居鄉行惠著述宏富聲溢陪都東
南之碩彥也橋西道南有長生茶棚中元晦日會盛
清涼沿路彩亭香花供佛此其一也每七月杪地藏誕日賽會極盛
沿路設茶棚以爲赴清涼山者憩息之所自此以西則爲笪橋北口矣
鴿子橋水西流至笪橋
笪橋者相傳茅山二十六代笪宗師所建也故以其
姓氏之今句容多笪姓皆其裔也準諸古之揚烈橋適當其地烏
衣王郎從容觀鴨雅人深致彷彿遇之南史王僧虔觀鴨於揚烈
橋 在唐曰太平橋乾元侯佛惠及衆生曾公置池碑

图5 《运渎桥道小志》书影

向东流经鸽子桥至内桥“合于青溪”也没问题；而运渎折向东北过羊市桥（今废）“循宋行宫迤逦向北，乃其故道”则不见了踪影。

《运渎桥道小志》中，其所附《运渎桥道图》以图示的方式反映了《景定建康志》的记载，但对运渎故道之变迁，其文字表述则未涉及。关于运渎北流消失的问题，民国学者朱偰曾推论：“盖今日所存之运渎，一自笪桥西流至铁窗棂出城，一自笪桥东流至内桥与青溪合，一自笪桥西南流，至斗门桥入秦淮，皆有下游而无上流，故淤泥壅塞，水道垂绝。据《同治上江两县志》（县城内图）考之，则当日运渎犹通北门桥干河沿之水，由管家桥东南流经塘坊桥至等驾桥，折西南至样米桥，再折东南流过大香炉经羊市桥合运渎水。惟屈折过多，必非吴时所凿运渎故道。”①朱偰的推论虽属一家之言，但大致合乎后来的钻探发现：20世纪90年代中期，在鸽子桥以北张府园地区的建筑工地之下，发现了古河道遗址，因与《景定建康志》记载吻合，由此可推定其为运渎故道。至于运渎故道北行的轨迹，估计还必须以吴太初宫、仓城的准确位置而定。《金陵古迹图考》依据民国时期新街口破布营、上乘庵一带遍布大大小小的池沼，且与进香河断续相连的状况，疑之为运渎故道遗迹。这一状况，如今我们通过1910年的《陆师学堂新测金陵省城全图》（南京出版社2012年出版）仍清晰可见。但是否可为结论，恐怕最终还有待于考古的新发现。

其实，学富五车的陈作霖不可能不清楚《景定建康志》的记载，之所以《运渎桥道小志》没有明确论及故道，恐怕还是城市肌理发生了巨变，运渎北行之故道在宋时已废，且逐渐湮没在人烟稠密的地下，既渺不可寻，也史无确证。这对于言必有据的史家来说，大抵不会率尔操觚。不过《运渎桥道小志》记载羊市桥时，也曾有过某种类似的表述：

羊市桥，一名大市桥，吴时贸易之区也。古有建初寺在其地（《宫苑

① 朱偰:《金陵古迹图考》,中华书局,2006年,第87页。

记》：吴大帝立大市在建初寺前，其寺亦名大市寺）。桥下所跨之水，则护龙河之北折处，故又谓之西虹桥。城东北诸沟之水皆汇于是。

应该说，陈作霖著述《运渎桥道小志》的年代，科技尚未发达，亦无考古发现，而古志记载的那些地上参照物，诸如宫城之类建筑实体荡然无存后，凭空侈谈运渎故道，则无异于信口开河。因此，他仅立足“当下”存在的实物而修志，这或许正是《运渎桥道小志》不提及运渎北行故道的原因。

三、情系桑梓辑佚成志

陈作霖是颍川陈氏流寓金陵的第七代，因而事实上，他已完全成了“土生土长”的南京人。自幼生活在运渎河畔，小桥流水，春花秋月，耳闻目睹之处无不带有六朝烟水气息。因此，对于一位锐意文史的学者而言，慨然为之撰志，正是对桑梓之恩的最好回报。其同窗诗友秦际唐所表达的观点，准确地反映出陈作霖的心境：“儒者侈言六合，求千里万里外，以夸多斗博。而桑梓敬恭之地，童时钓游嬉戏之所，或瞠目不能对。数典而忘其祖，识者讥焉。”斯言信哉！

固然在陈作霖之前已有一些关于运渎的记载散见于方志文献中，如《建康实录》《景定建康志》《至正金陵新志》《同治上江两县志》等，但寥寥百余言的叙述，仅限于运渎的地理方位、开凿年代及其大致路径，显然不足以反映运渎的全貌，更遑论去彰显其流域深厚的人文底蕴。而《运渎桥道小志》则自成体系，即以河流为经，桥道为纬，再由桥梁为节点串联全篇，纵横交错，有条不紊，通过采摭相关史乘、掌故，拾遗钩沉，考证辨误，上自孙吴，下迄晚清，全景式地展现出运渎流域的历史变迁、里巷逸闻以及人物故事，犹如一幅生动细腻的历史风情画长卷，让人沿着其精心规划的经纬路径，饶有兴味地回顾那历史长河中的如烟往事。

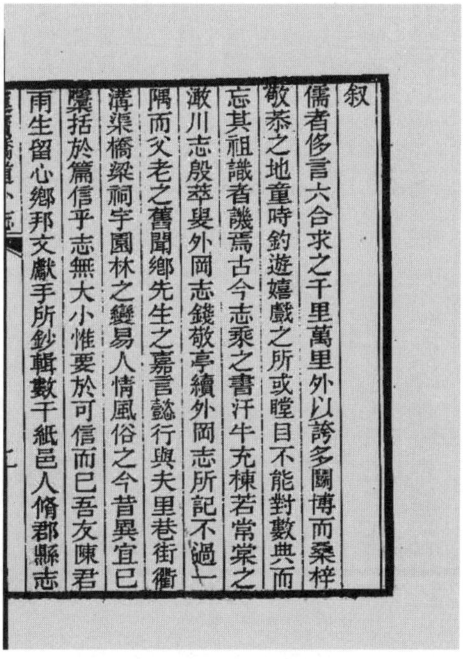
敘

儒者侈言六合求之千里萬里外以誇多闘博而桑梓敬恭之地童時釣遊嬉戲之所或瞠目不能對數典而忘其祖識者譏焉古今志乘之書汗牛充棟若常棠之溆川志殷萃叟外岡志錢敬亭續外岡志所記不過一隅而父老之舊聞鄉先生之嘉言懿行與夫里巷街衢溝渠橋梁祠宇園林之變易人情風俗之今昔異宜已囊括於篇信乎志無大小惟要於可信而已吾友陳君雨生留心鄉邦文獻手所鈔輯數千紙邑人脩郡縣志

图6 《运渎桥道小志》书影

从内容看，《运渎桥道小志》的记载所涵盖的流域面积——今东起中华路三山街至内桥一侧，西至虎踞南路涵洞口，南临玉带巷、渡船口，北迄汉中路——虽不足3平方公里，但作为金陵“老城南”标志性地貌，却是里巷纵横、人烟稠密。

自古以来，南京有两条水系关乎人居生活与城市发展，堪称城市的“血管动脉”——城北的金川河水系与城南的秦淮河水系，而秦淮河流域作为南京地区最早的人文发祥地之一，则显得尤为重要。1700多年前，西晋诗人左思以生花妙笔写下的《吴都赋》，其中就有很大篇幅，用于描绘当时建业（今南京）城南沿河两岸人居富裕、商贸兴旺的景象：

横塘查下，邑屋隆夸。长干延属，飞甍舛互。……水浮陆行，方舟结驷。唱棹转毂，昧旦永日。开市朝而并纳，横阛阓而流溢。混品物而同廛，并都鄙而为一。士女伫眙，商贾骈坒。……轻舆按辔以经隧，楼船举帆而过肆。……□贿纷纭，器用万端。金镒磊砢，珠琲阑干。……富中之氓，货殖之选。乘时射利，财丰巨万。竞其区宇，则并疆兼巷；矜其宴居，则珠服玉馔。①

赋中描写，虽不无诗人的浪漫与夸张，但天时地利所造就的鱼米之乡，其富庶繁荣则毋庸置疑；而左思笔下聚集“富中之氓”的“横塘”“查下”“长干”，也无一不是位于南京的城南或城西南。正是在此前提下，运渎作为秦淮河的重要支流及其功能之补充，自然毫无例外地同千秋风雅的主河一样，有着它与生俱来的深厚人文底蕴。

運瀆橋道小志
文可考唐顏眞卿爲昇州刺史奏臨江帶郭置放生池八十一所昇州太平橋其一也碑今在新
廊舊鍾山書院南宋時置有酒庫蕭鵾巴之所幹管也收息
犒軍於是焉取見建康志詩人汪瀛汪膠嘗居之尤蕭范
陸具體而微矣見金陵詩匯在明曰欽化橋以欽化坊得
名成祖使都督譚深沈梅駙馬處也駙馬諱殷甯國公主壻也嘗拒
燕兵於淮安及成祖立召至京陰令譚深擠之於笪橋下戚臣孤節難以顯誅授
旨武人陰行毒害酷已以其爲夜市所集故今謂之
笪橋市橋南舊有曠地一區燈市之所萃也上元月
夜曼衍魚龍光迸星芒目不給賞今地變市廛而貰

图7 《运渎桥道小志》书影

鉴于此，浓郁鲜活的地域文化元素，自是《运渎桥道小志》为人称道的显著特色。

古街曲巷、小桥流水，是金陵老城南最常见的画面，运渎两岸更是如此。《运渎桥道小志》共载有170多条（处）里巷街衢、桥梁寺观、园林以及公署的名称（含别名、俗称），几乎每一处都蕴藏着与之相关的故事和逸闻。如今，这些实物或仍存在，或已随着城市变迁而消亡，但通过该书的

① 叶皓：《金陵颂——历代名家咏南京诗文精选》，南京出版社，2005年，第3页。

记述，在时隔130多年后，我们似乎仍能感同身受，沉浸在当年的民俗民风中，去追寻祖辈的足迹。

例如，元宵节观赏花灯，为秦淮人文盛事，但现代人通常只认为夫子庙贡院才是秦淮灯会之所在。是时，火树银花，璨若星河，人潮如涌，蔚为壮观。殊不知，笪桥也曾经是秦淮赏灯胜地之一。《运渎桥道小志》记载了笪桥灯市曾经的辉煌以及式微的原因：

桥南旧有旷地一区，灯市之所萃也。上元月夜，曼衍鱼龙，光迸星芒，目不给赏。今地变市廛，而贳灯者亦徙而南矣。

陈作霖自注说："市旧有料丝灯，极光明，予幼时最爱之。今市中不复见此种。"可见，笪桥灯会曾给他留下难忘而美好的印象。有关笪桥灯市曾经的辉煌，比陈作霖年长40岁的著名学者甘熙（1797—1852）也曾有过类似记载："笪桥灯市由来已久。正月初，鱼龙杂沓，有银花火树之观，然皆剪纸为之。若彩帛灯则在评事街迤南一带，五光十色，尤为冠绝。"[①]由此可知，笪桥灯市亦曾闻名遐迩。相比两位文化名家的记载，《运渎桥道小志》不仅亲历过灯市的辉煌，也目睹了它由盛转衰的过程。

位于鼎新桥南的七家湾，东起今鼎新路、西迄仓巷，曾为南京回民聚集地之一。盖因回民擅长烹饪牛羊肉食品，以致如今名为"七家湾"的回民小吃店遍布南京大街小巷，这在无形中也极大地提升了这条小巷的知名度、美誉度。关于七家湾之地名的来历，一向众说纷纭，但被基本认同的，还是《运渎桥道小志》的记载：

……七家湾。吴人轻薄，隐语刺君，明祖怒屠，仅余数户。虽语同小说，而非尽无稽。谚曰"眼泪到了七家湾"，盖伤痛之极也（相传明太祖于上元夜微行至此，见有画不缠足妇女怀抱西瓜，以刺马皇后者，大怒，令屠其里门，有张灯者尽杀之，仅余七户云）。

马皇后，即明太祖朱元璋的原配夫人，史称孝慈高皇后马氏。据《明史》载，马氏早年丧母，其父将她托付给好友郭子兴；父去世，郭子兴将其为养女，视同己出，疼爱有加。元末之际，红巾军兴，郭子兴被推为首领。郭子兴发现麾下朱元璋足智多谋，堪称帅才，遂将养女许配给他为妻。马氏从未受过缠足之苦，总以一双天足示人，世人称之为"马大脚"。马氏祖籍安徽宿州，古属淮西路。大脚妇人怀抱西瓜，岂不等于"明示"淮西大脚女子！朱元璋称帝后一向多忌嗜杀，眼见皇后如此遭人羞辱，焉能不大开杀戒！

① (清)甘熙:《白下琐言》,《南京稀见文献丛刊》,南京出版社,2007年,第34页。

《运渎桥道小志》的这段故事虽于正史不载，但它却是流传甚广的“老南京”热门掌故。其实，稗官野史，未必皆是空穴来风，往往可补正史之不足。陈作霖以俗谚“眼泪到了七家湾”来证“虽语同小说，而非尽无稽”，大约就是此意。

坊间俗谚俚语，多出自百姓之口，原本鲜活形象，但通常为某些自诩高雅的文人所不屑。陈作霖则广泛采摭，载入志书，故而读来不乏幽默，很接地气。

南京斗门桥（陡门桥）一带曾为篾匠集中地，盛产箩筐、蒸笼和筷子等竹器。《运渎桥道小志》称：

自桥坡而下，旧为贸毛竹者所居。削筋断梧，比户皆是。谚曰“斗门桥筷子，两头忙。”得讽刺之旨焉。

何为“斗门桥筷子”？其实就是一种寻常百姓用的圆竹筷，上下一样粗细，不分头尾，所以称之“两头忙”。这是南京人用于讥讽那些两头讨好，四处钻营之人的歇后语。

运渎故道上的羊市桥（今废），为运渎东、西、北流汇合之处，古人常视这类地方为暗流涌动之处，应当谨慎趋避为是。《运渎桥道小志》记载羊市桥时，也不忘将当年流行南京的一句俗语拦入：“三回不过羊市楼。”随后他又补充说：“贰过者，宜知警矣”。俗谚所说的羊市楼，即羊市桥。南唐时期建宫城，其西侧借运渎故道为护龙河，羊市桥时名“西虹桥”。后南唐亡，皇宫改作行宫，而曾经的运渎故道护龙河却渐淤塞，至明清时期已是“上踞屋舍，下穿沟渠，后为张府园、裕民坊，皆系菜圃”[①]。俗谚“三不过羊市楼”也作“二不过三羊市桥”，大意为：凡事当警惕，万不可心存侥幸，否则祸事就会接二连三。

对于一些老地（桥）名的演变或以讹传讹，《运渎桥道小志》也做了很多正本清源的工作。首先，依次说明运渎所有桥梁的“前世今生”，有典则繁，无典则简。繁者如“笪桥者，相传茅山二十六代笪宗师所建也，故以其姓氏之。准诸古之杨烈桥，适当其地”“望仙桥者，宋名武卫桥，即古西州桥也”，简者如“红土桥者，南乾道桥之俗名也”，凡此种种，不一而足。其次，对一些因讹、转而已既成事实的地名，逐一指出它的本名。例如，“甘雨巷，古名干鱼巷。曰甘雨者，音之讹也”；“豆腐苑，即斗门苑。曰豆腐者，音之转也”；“竹竿里，即古之竹格巷，以临竹格渚而名。格、竿者，声之转也”；“评

① (清)甘熙:《白下琐志》,《南京稀见文献丛刊》,南京出版社,2007年,第20页。

事街，本名皮市街。曰评事者，音之转也”。这些，无疑为后人对地名文化之研究与传承，提供了翔实的依据和佐证。

以史为据，互为印证，是《运渎桥道小志》用以挖掘寻常巷陌历史底蕴的特点之一。

例如，《运渎桥道小志》记载述说竹竿里的来历时，引出了一段重大的历史事件：

……贯评事街而过，为竹竿里。（东通鸽子桥。）即古之竹格巷，以临竹格渚而名。……晋王含犯顺之师尝从此济。（见《晋书》。）狼奔豕突，间道出奇。沿淮溯青，此为要隘矣。

竹格渚，又名竹格渚航，曾是六朝时期著名的24航之一。《运渎桥道小志》引《晋书》称，东晋时期，王含率叛军进攻建康（今南京），即从此处渡河的。那么，王含是何许人？为什么要兴“犯顺”（反叛作乱）之师？这就不得不提起他的两位弟弟：一位是他的亲弟王敦，一位是他的堂弟王导，这两位都是身份显赫的人物，同为东晋王朝的开国元勋。王敦官至大将军，王导位居丞相，王氏豪门名震朝野，曾有“王与马，共天下”之说。但王导、王敦虽是兄弟，性格却各异：王导忠心耿耿，行事沉稳低调；王敦则野心勃勃，屡屡拥兵自重。永昌二年（322），王敦在武昌（今湖北鄂州）兴兵谋反，史称“王敦之乱”。太宁二年（324）王敦派其兄王含为统帅，领兵3万攻打建康（今南京），从竹格渚渡过河，但在东晋军队的奋勇抗击下，王含惨败而退。《资治通鉴·晋纪》记载了这一战事过程：

丁亥，刘遐、苏峻等帅精卒万人至，……沈充、钱凤欲因北军初到疲困，击之，乙未夜，充、凤从竹格渚渡淮。护军将军应詹、建威将军赵胤等拒战，不利，充、凤至宣阳门，拔栅，将战，刘遐、苏峻自南塘横击，大破之，赴水死者三千人。遐又破沈充于青溪。①

史载，王含兵败后一路向上游狂奔，打算带着儿子投靠荆州的堂弟王舒，不料父子俩被王舒捆绑一体，沉入江中喂了鱼虾。

这场1600多年前的历史事件，倘不是《运渎桥道小志》的挖掘记载，人们怎会相信，一条寻常巷陌的前生，居然曾有过如此惊心动魄的战争经历！

面对沧桑巨变，陈作霖自己也不免为之兴叹。如在《运渎桥道小志》中叙述斗门桥附近的街道状况时，联想到南朝梁军统帅王僧辩曾率师从这里登陆，以平定侯景之乱，不禁感慨道：“艨艟巨舰，衔尾而前，奔浪惊涛，渺弥可

① (宋)司马光编,(元)胡三省注:《资治通鉴》卷九十三《晋纪十五》,中华书局,1956年,第2928页。

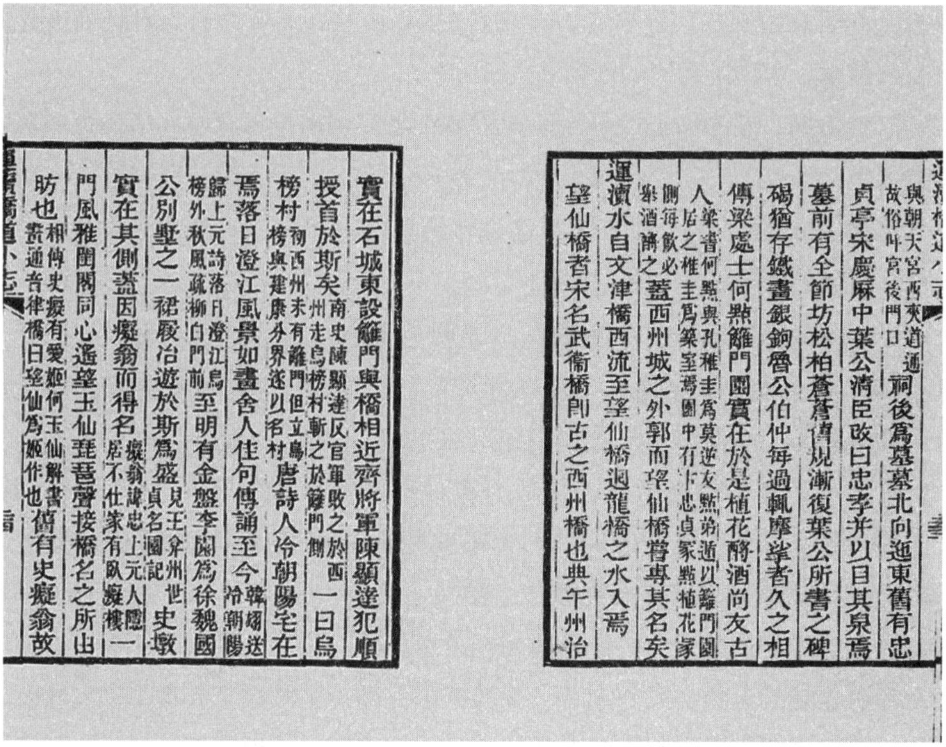
與朝天宮西夾道通故俗呼宮後門口祠後爲墓墓北向迤東舊有忠
貞亭宋慶麻中葉公清臣改曰忠孝并以目其泉焉
墓前有全節坊松柏蒼蒼傳規漸復葉公所書之碑
碣猶存鐵畫銀鉤魯公伯仲每過輒摩挲者久之相
傳梁處士何點籬門園實在於是植花酵酒尚友古
人梁書何點與孔稚圭爲莫逆友點弟胤以籬門園居之稚圭爲築室焉園中有卞忠貞冢點植花冢
側每飲必舉酒酹之蓋西州城之外郭而望仙橋嘗專其名矣
運瀆水自文津橋西流至望仙橋過龍橋之水入焉
望仙橋者宋名武衛橋即古之西州橋也典午州治
實在石城東設籬門與橋相近齊將軍陳顯達犯順
授首於斯矣南史陳顯達反官軍敗之於西州走烏榜村斬之於籬門側一曰烏
榜村初西州未有籬門但立烏榜與建康分界遂以名村唐詩人冷朝陽宅在
焉落日澄江風景如畫舍人佳句傳誦至今韓翃送冷朝陽
歸上元詩落日澄江烏榜外秋風疏柳白門前至明有金盤李園爲徐魏國
公別墅之一裙屐冶遊於斯爲盛見王弇州世貞名園記史墩
實在其側蓋因癡翁而得名癡翁諱忠上元人隱居不仕家有臥癡樓一
門風雅闔閭同心遙望玉仙琵琶聲接橋名之所出
昉也相傳史癡有愛姬何玉仙解書畫通音律橋曰望仙爲姬作也猶有史癡翁故

图8 《运渎桥道小志》书影

想。以今相况，殊觉不侔。陵谷变迁，匪朝伊夕矣！”

再如，在文津桥与张公桥之间，古代曾有望仙桥（今朝天宫西街中段），《运渎桥道小志》认为这就是“古之西州桥也”。同时，引《南史》记载指出，南朝时期萧齐将领陈显达谋反兵败，就是在这里被斩杀的，因而推论此地也称“乌榜村”。

乌榜村是早已亡佚的南京古地名。东晋时期曾在冶城以西设置西州城，因无篱门，便竖起乌榜以作分界标志，故此得名。相传唐代大历年间，江宁（今南京）籍诗人冷朝阳就曾居住此处。为了强化推论的说服力，《运渎桥道小志》还特别援引唐代诗人韩翃的《送冷朝阳归上元》诗为证：“落日澄江乌榜外，秋风疏柳白门前。”就这样，一处早已被世人忘却的南京古地名，通过《运渎桥道小志》所挖掘出的诗情画意，便立刻意境生动起来。

审慎地对待前人的某些误说，通过引经据典，予以辨误厘清，也是《运渎桥道小志》所秉持的唯实学风。例如，玉带巷临近上浮桥口有一处大宅院，有人说是明代开国功臣虢国公俞通海的府邸。但《运渎桥道小志》则认为这是误传，并举证《南都察院志》，指出它为明代成国公朱仪的住所。由此，我们可略窥陈作霖的治学态度。晚清学者甘熙曾说：“志乘为一方掌故，攸关一切。”①信哉！唯有怀着对“攸关一切”的敬畏，把历史的真实视同生命一样可贵，才能做到治学严谨，让修撰的方志具有永恒的生命力。

四、追思先贤弘扬正气

清代史学家章学诚曾经说过：“凡欲经纪一方之文献，必立三家之学，而始可以通古人之遗意也：仿纪传正史之体而作志，仿律令典例之体而作掌故，仿文选文苑之体而作文徵，三书相辅而行，缺一不可。”②斯言诚哉！

自古以来，凡关乎先贤人文道德的余泽遗风，优秀的方志总是把它作为重中之重，搜罗挖掘，发扬光大。从这一层面说，《运渎桥道小志》虽是一篇关于运渎流域的专志，但它在志地的同时，不忘做好志人的工作。当然，受篇幅之局限，《运渎桥道小志》不可能像通常的县志、府志那样单列纲目，灿然成篇，而是笔随经纬路径，依次记载某地之掌故，将曾经生于斯长于斯的先贤之事迹，以史家的真知灼见、概括性的文字，真实而客观地记载他们的嘉言懿行，褒美扬善，倡导正气。

在篇幅不长的《运渎桥道小志》中共记载了40多位人物的事迹。他们或为名宦，或为硕儒，或为节烈，或为隐逸，通过寥寥数笔“点睛”式的勾画，先贤们的精神风貌跃然于纸上，其事或成雪泥鸿爪，其人却已流芳后世。

位于评事街上的南市楼，原为明代洪武时期所设的官妓场所，是当时名闻遐迩的“花月春江十四楼”（或云十六楼）之一。后随着社会变迁，十四楼相继衰亡，至万历时期，便只剩下南市楼了。谙熟金陵掌故的明代南京探花顾起元曾在《客座赘语》卷六中论及此事：“国初，市之楼有十六，……而《南畿志》止十四，曰南

運瀆橋道小志 三

頭忙得諷刺之旨焉今業此者僅數家矣再東爲果
子行口街衢交午處也南爲彩霞街北爲評事街肉膩魚腥米鹽
糅雜市廛所集萬口一囂街北有巷曰陳善坊舊名
松竹園再北爲嘉兆巷北通章巷千交午於二巷之間者
曰南市樓東通評事街西通泰倉巷明十四樓之一也本宋安遠
樓故址金陵瑣事引蘋林學山云永樂中晏振之金陵春夕詩花月春汇十四樓蓋洪武中建來
賓重譯鶴鳴醉仙樂民集賢謳歌鼓腹輕烟淡粉梅妍柳翠南市北市十四樓於南京以處官妓油
檀裙屐膏首塗脣勝國獎風教坊爲甚浸淫閭里殆
三百年太守陳公欲革靡俗妓寮盡毀閈閎車輿月

图9 《运渎桥道小志》书影

① (清)甘熙撰:《白下琐言》,《南京稀见文献丛刊》,南京出版社,2007年,第35页。

② (清)章学诚著:《文史通义》卷六《外篇一·方志立三书议》,上海书店,1988年,第1页。

市、北市……今独南市楼存，而北市在乾道桥东北，似今之猪市。”时至清康熙年间，一代名宦陈鹏年擢知江宁府后，以为前朝遗迹，有伤风化，便拆了南市楼而改作“读法”讲堂，其南遂有讲堂大街（今昇州路西起陡门桥，东至评事街段）之名。不曾想，陈鹏年这一做法竟引发一场轩然大波。《运渎桥道小志》记载了这一历史事件：

……南市楼（东通评事街，西通泰仓巷），明十四楼之一也。本宋安远楼故址。……油檀裙屐，膏首涂唇，胜国敝风，教坊为甚。浸淫闾里殆三百年。太守陈公，欲革靡俗。妓寮尽毁，闬闳聿兴。月吉岁时，与民读法。讲堂之号，实肇于斯。（《金陵闻见录》：长沙陈公鹏年来知江宁府，折毁南市楼，改讲堂。命父老于朔望讲孝弟、忠信、礼义、廉耻，今讲堂大街是也）

《运渎桥道小志》援引清人彭绍升《二林居集》的相关记载讲述了风波的原委：

总督阿山欲劾陈公，据摭无所得，则以公尝逐娼建亭其中，月朔宣讲圣谕，为大不敬，奏之，几罹不测。

公道自在人心，陈鹏年被构陷入狱后，南京城的市民以呼号罢市、读书人以向皇帝上书的方式为陈鹏年鸣冤叫屈，足以印证陈鹏年为官一任、造福一方的民望。耐人寻味的是，康熙皇帝曾与他的肱股之臣大学士李光地谈起阿山为官如何，李光地说：“臣尝与同僚，廉干，果于任事。其失民心，独劾陈鹏年一事耳。”[①]而康熙听后也认可“颔之”。由此可知，“大不敬”实为莫须有之罪名，而身为康熙中后期、雍正前期的一代名臣，陈鹏年总能体恤民情，不惧权贵，且政绩显著，声震朝野。时隔170多年后，对于这桩发生在运渎之畔的历史往事，陈作霖的记载看似不著一字褒贬，只是援引相关史料录而纪之，但他褒扬先贤、彰显正道的立场却非常坚定。更为关键的是，虽然历史终有公论，《清史稿》已为陈鹏年洗刷了罪名，但《清史稿》修纂成书是在1927年，而《运渎桥道小志》却撰写于清光绪九年（1883），也就是说，早在《清史稿》成书44年前，陈作霖就以史家之识、不著褒贬之“春秋笔法”，高度赞扬了陈鹏年的作为，充分显示出持论公允的良史风范。

对出身或生活于运渎两岸的乡贤名流，陈作霖也总是怀着一种崇敬之情来颂扬他们的遗风余泽。例如，甘雨巷中有曾任晚清兵部尚书何汝霖（？—1852）的故居，于是《运渎桥道小志》记载道：

……甘雨巷中，道西有太平会馆。与会馆相向者，有尚书何恪慎公旧宅

① (清)赵尔巽等:《清史稿》卷二七八《阿山传》,中华书局,1977年,第10104页。

（公讳汝霖，字雨人，江宁人。道光中，以举人官至礼、兵二部尚书）。风度温温，谥称其行。达官听事，旋马仅容。

何汝霖是江宁举人，他不同于那些通过进京会试博取功名的进士，而是在省试中举后便直接考进工部，由此步入仕途，从七品小吏做起，一直擢升到“一品顶戴”大员，“恪慎”正是他去世后朝廷赐予的谥号。何汝霖被谥“恪慎”，典出《尚书·周书·微子之命》，“恪慎克孝，肃恭神人，予嘉乃德，曰笃不忘”，意即恭敬谨慎，可见朝廷对他评价甚高，当属美谥，这正是《运渎桥道小志》赞美何汝霖“风度温温，谥称其行”的由来。何汝霖于清史有传，所记载的几件事颇能印证陈作霖对他的评价：

……二十五年，擢兵部尚书。值太后七旬万寿，汝霖母丁年九十，五世同堂，赐御书匾额。寻以母忧归，江苏大水，命在籍襄治赈务。先是，总督陶澍于江宁立丰备仓以备荒，县令亏挪谷价，大吏许以他款抵。汝霖曰：“仓谷以备凶。今荒象如此，汝霖不敢欺朝廷，当各为奏上。”乃以给赈用。服阕，命以一品顶戴署礼部侍郎，寻署户部尚书，仍直军机处，授礼部尚书。①

由此，我们不难发现何汝霖的为官之道：既恪守原则，不徇私情，同时也宅心宽厚，与人为善。因此，《运渎桥道小志》称颂何汝霖“风度温温”，可谓十分中肯。

陈作霖一生虽未步入仕途，但他心中似乎始终洋溢着“穷则独善其身，达则兼善天下”的信念，故而对曾经的忠臣良吏，其《运渎桥道小志》总是不吝赞美之辞。如甘雨巷中西侧曾有条小巷名曰“银台第”（后曾俗称“云台地”），乃因雍正时期通政司官员罗秉伦的故居而得名。通政司为明清时期的中央机构之一，专门受理奏章和申述文书，俗称“银台”，故名之。罗秉伦字振彝，康熙癸丑（1673）进士，雍正朝曾任河南道御史，后擢通政司左通政，因刚直不阿，弹劾权贵，因此《运渎桥道小志》予以“直节清风，光被乡国；鸣珂改里，桑梓之恭”这样的好评。再如平安巷西曾有解元坊，因乾隆三年（1738）江南乡试解元陶绍景居此而得名。陶绍景字京山，乾隆二十七年（1762）任台湾知县，后署淡水同知。因政声颇佳，《运渎桥道小志》遂留下“缙绅耆艾，领袖里闾；任恤睦姻，世济其惠”这样的赞誉。凡此种种，不一而足。总之，为贤者歌功颂德，是《运渎桥道小志》的“主旋律”且贯穿始末。

当然，对于崇尚读书传道的通儒而言，那些格调高古的风骨之士更让他景

① (清)赵尔巽等:《清史稿》卷三七五《何汝霖传》,中华书局,1977年,第11567页。

仰不已。在今水西门昇州路与莫愁路交会处，有一条东起仓巷、西至莫愁路的小巷，称作朱状元巷，因明万历时期状元朱之蕃的府邸而得名。《运渎桥道小志》如此记载曰：

……与木屐巷相并者，为朱状元巷，以侍郎故里得名（侍郎讳之蕃，万历中，以南京锦衣卫籍成进士，廷试第一，官至工部侍郎）。高文狷节，殊俗向风。晚岁告归，怡情诗酒，旷怀远韵，无愧龙头矣。

朱之蕃（1558—1624）字元升，一作元介，号定觉主人等，万历二十三年（1595）科考举进士第一，为状元，授翰林院撰修，后官至礼部、吏部右侍郎。万历三十三年（1605），他曾奉诏出使朝鲜，著有《奉使朝鲜稿》四卷。其不仅文才出众，丹青技艺亦独步一时，是明代唯一以画名世的状元画家。《中国美术辞典》（1987年上海辞书出版社出版）称之“工山水，可与米芾、吴镇之作乱真。亦善竹石，兼有文同、苏轼之妙。也工花卉，并善书法”。相传他出使朝鲜期间，慕名向他求画的人络绎不绝，但他只收人参貂皮为润笔，然后又悉数用以换取流失在朝鲜的中国历代字画和古玩，把它们带回国内，捐献国家，可见其人之淡泊。

大抵是对万历皇帝荒政及官场腐败太失望，心怀高古的朱之蕃萌生退意。万历三十七年（1609）其母去世，朱之蕃辞官回乡丁忧；期满后，屡屡托词回绝朝廷征召，彻底退隐江湖，诗酒酬唱，鬻画为生，直至天启四年（1624）于南京家中辞世。这恐怕就是《运渎桥道小志》称颂他“高文狷节，殊俗向风。晚岁告归，怡情诗酒，旷怀远韵”的原因所在。

朱之蕃的原籍并非南京，这并不影响朱之蕃对六朝古都的挚爱，由他亲自选景赋诗、学生陆寿柏作画的《金陵四十景图咏》，便是这位状元留给南京的一份弥足珍贵的文化遗产。这或许也是同样热爱金陵掌故的陈作霖对此先贤尤为敬重的原因。

顾炎武（1613—1682），明末清初杰出的思想家，享誉天下的学林人望。明亡后，他曾寄寓朝天宫冶山之麓，后人为纪念这位伟大的遗民硕儒，特在冶山他修建了专祠，《运渎桥道小志》记载斯地斯祠时，情不自禁地向这位心系家国的儒林宗师表达了由衷的敬意：

……再上，为顾亭林先生祠（先生讳炎武，昆山人。明季职方司员外郎。国亡不仕，踪迹遍天下。尝过金陵，谒孝陵，寓朝天宫。学行为东南儒者冠。祠仿京师慈仁寺之例也）。胜朝遗老，佣署蒋山，履迹所经，山川增色。

梁启超在《中国近三百年学术史》中曾这样评价顾炎武：“论清学开山之

祖，舍亭林没有第二个人。”顾炎武初名绛，亭林是他的号，国变后改名炎武。在清军入关、南明垂亡之际，顾炎武曾多次参加抗清复明的斗争。他谨记嗣母之遗训，“无为异国臣子，无负世世国恩”，遂退隐江湖，甘为遗民。他曾七次来南京拜谒明孝陵，曾在钟山之南结茅而居，自号“蒋山佣”以明志。顾炎武寄寓南京期间，写成《建康古今记》一书，通过为大明故都撰述志书的方式，寄托了对故国的深深眷恋。康熙年间，朝廷开博学鸿词科。鉴于顾炎武在儒林的声望，有人特别举荐之，他屡屡拒绝，严词声明：“七十老翁何所求？正欠一死。若必相逼，则以身殉之矣！”不惜以死抗争。同治三年（1864）值顾炎武逝世162年之际，在著名学者何绍基等人的倡议下，南京于朝天宫建起顾炎武祠堂，以纪念这位铁骨铮铮的学者和思想家。面对如此饱学忠贞之士，陈作霖怎能不为之肃然起敬！故以“履迹所经，山川增色”来表达他对先贤的景仰之情。

对待曾经生活在这一地区的自家先辈们，陈作霖本着举贤不避亲的原则，实事求是地予以记述。如其曾祖父陈授，生前是江宁（今南京）诸生，学识过人，精于考据，且还以寒儒之身而乐善好施，广济灾贫。同治十二年（1874），为旌表其行，朝廷颁旨将陈授入祀乡贤祠。《运渎桥道小志》以“兰生空谷，无言自芳；盛德感人，望庐致敬”来表达他的崇敬与缅怀之情。其祖父陈维垣与叔祖陈维屏同为嘉庆己卯（1820）进士，分别官授内阁中书和广西右江道。《运渎桥道小志》记载斗门桥直东街道北的祖宅时，对祖父伯仲，以“故老相传，当时攻苦。寒鸡再唱，犹闻书声。乱后楼夷，变为房闼。眷怀先德，感慨实多”来颂扬他们当年刻苦读书的精神。这些赞扬先祖功绩盛德的言辞，并无丝毫溢美之处，更多的，倒是将他们归于乡贤而依据事实客观的评价，这正是陈作霖的史德之所在。

五、行文典雅要言不烦

陈作霖虽是名盛学林的一代通儒，但他同时也是一位凭借《可园诗存》名世的卓越诗人，因此，《运渎桥道小志》的行文绝少装腔作势的学究气，而字里行间涌动着的，则是一股灵动优雅的诗情。

我们不妨从《运渎桥道小志》中摭取几段文字，以领略其诗化语言之美：

街南有聚峰园，湖石嵌空，梓荫蔽日，林亭点缀，郁为茶寮。予幼时犹及见之。

巷尽头为范家塘。雉堞参差，环如屏障。垂杨蘸水，掩映鸭栏，画中之文待诏也。

宅中旧有津逮楼。缥缃彝鼎，充栋度藏，千顷五车，差堪为匹。

额曰“冶山道院”。一径曲入，丛树幽深，剑池山房之所在也。旧从飞霞阁历阶而下，今已隔断，留为羽士之居。殿宇高凉，房廊虚敞，星冠霞帔，嘘吸仙灵。过之者有飘飘凌云之致焉。院东月中门为竹居，合肥张氏所筑精舍也。寥天一碧，润滴琴书。逭暑延秋，此焉憩息。

寥寥数笔，清新洗练，状物写景，如诗如画，这在《运渎桥道小志》可谓俯拾皆是。那么，其描摹景物如此，写人叙事同样也精彩纷呈。我们不妨再看几段写人的文字：

会馆侧有塞巷，曰银台第，以罗振彝通政居此得名。直节清风，光被乡国；鸣珂故里，桑梓之恭也。

与木屐巷相并者，为朱状元巷，以侍郎故里得名。高文狷节，殊俗向风。晚岁告归，怡情诗酒。旷怀远韵，无愧龙头矣。

通过以上所引文字，我们不难看出，无论状物还是写人，《运渎桥道小志》语言的运用都一样文笔绚烂，诗情横溢，颇具六朝小品文的特征，有着很强的可读性。因此，与其说它是部志书，倒毋宁说是一篇按既定路径述说历史掌故的美文。抑或这是受北魏郦道元《水经注》的影响？当年正是郦道元以清丽如诗的文字为《水经》作注，且为之补充了大量的历史典故、逸闻传说，遂使一部枯燥的地理学专著享誉文坛。或许，陈作霖撰写《运渎桥道小志》，不仅从编纂方式上参照了《水经注》，其行文也不例外？有一点却毋庸置疑，陈作霖在《运渎桥道小志》之后撰写的《凤麓小志》《东城志略》等4部小志，都一样讲求文字美，这大抵正是其诗人风格使然。

六、略存瑕疵眚不掩德

修撰一部方志，必广征博引，爬罗剔抉，采撷大量史料，《运渎桥道小志》也不例外。但智者千虑，难免一失，或因陈作霖采撷古志记载未细加检索，以致前人之误讹，也一并收录其志书中。

在运渎南源与秦淮河交汇处（今斗门桥南），六朝时期水中曾有一方小洲，这里便是梁军都督王僧辩率师讨伐侯景的登陆之处。《运渎桥道小志》记载曰：

其淮水支港通渎处，古谓之禅灵渚，梁都督王僧辩讨侯景之师所从入焉。（《梁书·王僧辩传》：乘潮入淮，进至禅灵渚）

这段史实看似无误，但典故出处则是其问题所在。检《梁书·王僧辩列传》，其率师攻入建康（今南京）的经过记载较详细，其文从进军建康到大获全胜，并没有所谓“乘潮入淮，进至禅灵渚”的说法。倒是《资治通鉴》记载这段历史时，文字表述基本与之一致：

庚辰，僧辩督诸军至张公洲。辛巳，乘潮入淮，进至禅灵寺前。景召石头津主张宾，使引淮中舣及海艟，以石缒之，塞淮口；缘淮作城，自石头至于朱雀街，十余里中，楼堞相接。[①]

清初史学家顾祖禹的《读史方舆纪要》，也载有萧梁时期发生在禅灵寺的这段历史事件：

禅灵寺在府西南。梁承圣初王僧辩至张公洲，乘潮入淮，进至禅灵寺前。又招提寺，在石头城北。王僧辩与侯景战处也。[②]

顾祖禹的《读史方舆纪要》，是采集海量史志文献而撰写出的历史地理巨著，这段文字虽未说明出处，但比对《资治通鉴》便不难看出两者措辞的相一致。

出现如此情况，抑或陈作霖在征引史料时，只是照录了前人方志？而这一瑕疵，后来夏仁虎也照单全收：

斗门桥，古禅灵渚也。景定三年，马光祖修。桥西有禅灵寺。《梁书·王僧辩传》：僧辩讨侯景，乘潮入淮，进至禅灵寺，是也。寺在今范家塘侧，道光间犹存。[③]

倘言修志误记典故出处是为瑕疵，那么将历史人物张冠李戴，则定属纰漏。《运渎桥道小志》记载笪桥如是道：

笪桥者，……准诸古之杨烈桥，适当其地。乌衣王郎，从容观鸭，雅人深致，仿佛遇之。（《南史》：王僧虔观鸭于杨烈桥）

这是一段六朝名士的趣闻轶事。彼时斗鸭风行，达官名流都很热衷此道；而杨烈桥（今笪桥）畔有斗鸭场，专供人观赏。所谓乌衣王郎者，就是专指来自山东琅琊的东晋豪门王导之后代，王僧虔正是王导的五世孙。但问题是，在

---

①（宋）司马光编，（元）胡三省注：《资治通鉴》卷一百六十四《梁纪二十》，中华书局，1956年，第5079—5080页。

②（清）顾祖禹：《读史方舆纪要》，中华书局，2005年，第976页。

③（民国）夏仁虎撰：《秦淮志》，《金陵全书》甲编·方志类·专志3，南京出版社，2013年，第22页。

扬烈桥观鸭并名留青史者，根本不是王僧虔，而是他的从兄（族兄）王僧达。

王僧达（423—458），山东琅琊临沂人，南朝刘宋时期文学家，太保王弘的幼子。《宋书》称之“少好学，善属文”。宋文帝刘义隆听说王僧达“早慧”，便召来聊天，结果“应对闲敏，上甚知之”。其实，王僧达虽才华出众，但好高骛远，为官荒怠，耽于酒色逸乐。后被宋孝武帝赐死。杨烈桥观鸭的故事，倒可略见其人一斑：

年未二十，以为始兴王濬后军参军，迁太子舍人。坐属疾，于杨列桥观斗鸭，为有司所纠，原不问。性好鹰犬，与闾里少年相驰逐，又躬自屠牛。[①]

用通俗的话说，就是王僧达上班时间泡病假，偷偷溜去杨烈桥看斗鸭，结果被上司当场逮到，而宋文帝居然不追究他。而他不仅热衷豢养鹰犬游猎，还有亲自杀牛的嗜好！这段故事《宋书》记之，《南史》亦载之。

至于王僧虔，虽与王僧达为同宗兄弟，童年时常在一起玩耍，但他属于“书圣”王羲之的直系后代，故而书承祖法，是南朝萧齐时期的著名书法家。王僧虔在《南齐书》《南史》皆有传，不过通读两篇传记，也难觅所谓扬烈桥观鸭的记载。可见，称王僧虔在杨烈桥观鸭，纯属张冠李戴之误。

出现这一纰漏，其源头还在《建康实录》。在该书《太祖·下》的自注中，许嵩言及运渎诸桥时称：“次南有杨烈桥，宋王僧达观斗鸡处。”这恐怕就是《运渎桥道小志》过于确信，以为无误而直接引用的结果。

同在笪桥，《运渎桥道小志》还有一条记载颇存争议。其云：

笪桥……在明曰钦化桥，以钦化坊得名。成祖使都督谭深沉梅驸马处也（驸马讳殷，宁国公主婿也。尝拒燕兵于淮安。及成祖立，召至京，阴令谭深挤之于笪桥下）。戚臣孤节，难以显诛，授旨武人，阴行毒害酷已。

梅驸马梅殷（1360—1405），孝慈高皇后嫡女宁国公主之夫，明成祖朱棣的妹婿。明太祖朱元璋在世时，对梅殷颇为器重，夸赞他“精通经史，堪为儒宗”（《明史》卷一百二十一）。太祖临终时，曾托付他辅佐幼主。建文元年（1399年），燕王朱棣发动“靖难之役”，梅殷坚决支持建文帝而得罪了他。永乐三年（1403）冬十月，梅殷在上朝途中，突然被前军都督佥事谭深、锦衣卫指挥赵曦合伙“挤”入河中淹死，后朱棣虽把谭深、赵曦杀了灭口，但谁都看得清楚，朱棣才是真正的幕后主使，这就是《运渎桥道小志》为什么指称“授旨武人，阴行毒害酷已”的原因。关于梅殷究竟死于何处，自明以来，一直存在两种说法。《明史》称之死于笪桥之下，而《明太宗实录》则称之死于竹桥

① (梁)沈约撰:《宋书》卷七十五《王僧达传》,中华书局,1974年,第1951页。

（竺桥）之下。《明史》为清人所修，《明实录》为当朝所记，倘从两书的史学价值而言，《明实录》的可信度显然要高于《明史》。更何况，梅殷是在上朝途中遇害的，笪桥位于城西南，远离皇城，竺桥却近在咫尺，为上朝必经之路。那么，从常理推论，也应是竺桥才合乎逻辑。甘熙便采信了死于竹桥（竺桥）的说法：

明驸马都尉梅殷守淮，燕王招诱之，不屈。及即位，谓曰："驸马辛苦！"对曰："劳而无功！"有愤色。成祖阴使都督谭深、指挥赵曦拉杀之于竹桥。今竹桥一水通明故宫，即古青溪之一曲也。旁有一小桥，名挺尸桥，相传为被害处。①

通常而言，修志倘遇一事两说，则不妨存另一说示人，以为客观规范。当然，以上几点毕竟是修志过程中在所难免的小问题，可谓白璧微瑕，终不掩其大美。之所以逐一举证，无非本着"吾爱吾师，吾更爱真理"的精神，故不揣简陋，举而论之，以供读者鉴别。

七、可园之风永励后人

在陈作霖之前，南京历史上已有过"一隅小志"，如明人陈沂的《献花岩志》、盛时泰的《牛首山志》《栖霞小志》、赵官的《后湖志》等，但是，为一条河流撰志，《运渎桥道小志》则是首部拓荒之作，这对南京方志文献的健全、繁荣与发展，无疑具有开创性和里程碑之意义。

清代史学大师章学诚在《文史通义》中曾提出："志属信史""方志乃国史要删""方志乃一方全史"，这些曾被学人奉为圭臬。《运渎桥道小志》正可谓运渎流域的"一方全史"。它所采摭征引的文献既有历代史书、相关人物的传记，也有笔记野史、俗谚俚语、诗文作品等，可谓兼收并蓄，来源广泛，这为子孙后代从事历史、地域、民俗等文化之研究，提供了极为丰富的资源宝藏。

陈作霖同窗好友，亦为文史学家的秦际唐说得好，《运渎桥道小志》"以水为经，以桥为纬，纵横仅十里，而父老之旧闻，乡先生之嘉言懿行，与夫里巷、街衢、沟渠、桥梁、祠宇、园林之变易，人情风俗之今昔异宜，慨乎言之，而出以谨严，则固《澉川志》与《外冈》两志之例也"。

解读秦际唐的这段评价，我们不难得出如下结论：首先，《运渎桥道小志》不仅是对运渎流域的历史作了全方位的挖掘、钩沉，全景式的叙述、展

① (清)甘熙撰:《白下琐言》,《南京稀见文献丛刊》,南京出版社,2007年,第23页。

现，而且更为关键的是，他始终把握住历史脉络，着眼于运渎流域环境的“变易”与“人情风俗之今昔异宜”，这对我们今天如何做好这一历史文化遗产的保护工作，有着十分珍贵的参考价值与借鉴作用。其次，从著述层面而言，《运渎桥道小志》的体例虽效仿《水经》而谋篇，但内容的翔实与谨严，则足以媲美《澉川志》（案：当为《澉水志》。澉水为浙江海盐澉浦镇的别称）和《外冈志》；而这两部方志均为“一隅小志”，前者为南宋人常棠所撰，是现存最早的镇志，后者由明代方志学家殷聘尹著述，两书皆以撰述严谨而著称。因此，传承了这一精神的《运渎桥道小志》，在学术上对后代方志文献的著述工作，亦有着深远影响和垂范效应。

欲成一代史家，“才学识三者，得一不易，而兼三尤难。千古多文人而少良史，识是故也。……能具史识者必知史德。德者何谓？著书者之心术也”。[①]章学诚的这段论述，一向被认定为良史之笔的标准。倘以此衡量，那么陈作霖一生才、学、识兼备，成就宏丰，硕果累累，已然通儒。晚清大诗人陈散原为他所作的《墓志铭》概括得非常精当：“醇德劬学，岿然系东南之望！”至于陈作霖在乡邦文献方面所做出的巨大贡献，当代学者来新夏在《近代地方文献学家陈作霖》一文中说得非常透彻：“陈作霖一生从事以地方文献为中心而兼及经史诗文的学术事业所做的贡献卓越，使他不愧为近代的一位‘通儒’。他的工作对于六朝古都的文献起到了搜集、保存、整理、撰著和刊行的重要作用。他的全部著作是给后人留下的一份珍贵遗产。”这应该是学界对陈作霖十分中肯的评价。

今天，当我们捧读《运渎桥道小志》之时，联想起可园先生一生孜孜不倦，以一己之力，数十年寒窗，为南京留下如此丰富的文化遗产，便不能不满怀敬畏，举目仰望。正如范仲淹在《岳阳楼记》里的那句名言：“微斯人，吾谁与归？”先生之风，必将永励后人！

南京楹联家协会常务副秘书长 曹福华

① (清)章学诚著:《文史通义》卷三《内篇三·史德》,上海书店,1988年,第63页。

存史留旧 内容丰赡

《浦口汤泉小志》导读

汤泉，原属六合县浦子口巡检司管辖。巡检司始设于五代，盛于两宋，金及西夏也有类似设置，元因宋金遗制，所设巡检司主要为州县所属捕盗官。巡检司在元朝、明朝与清朝为县级衙门底下的基层非常设组织，通常用于管辖人烟稀少地方，其功能以军事为主。明洪武九年（1376）六月析六合孝义乡（含浦子口）、滁州丰城乡及和州白马乡、遵教乡、怀德乡、任丰乡建立江浦县后，汤泉隶属江浦县治，故民国时期合肥人龚心铭把他所编纂的专志汤泉志定名为《浦口汤泉小志》。

图1 《浦口汤泉小志》书影

《浦口汤泉小志》主要摘录旧“江宁府志”“江浦县志”等相关资料进行汇编，并把辛亥革命以后来汤泉旅游的中外人士及其留言、诗词等收入其中。《浦口汤泉小志》也通过大量的图片展示了编纂者龚心铭在汤泉的别墅“周爰秦量之室”里的藏品面貌，发表和保存了他写于汤泉别墅的有关考据文章以及当时诸名家就这些藏品所做的题记、跋语。这部分内容虽然篇幅不大，但因为事关“商鞅方升”等国宝级文物，使得这本小志成为国内文物研究的重要史料之一。

《浦口汤泉小志》最终成书于民国17年（1928）秋，今存戊辰年铅印本，全一册，不分卷。南京出版社2013年出版的《金陵全书》即以此为底本原大影印出版。

一、编者龚心铭生平

龚心铭（1865—1938），字景张，又字伯新，号渠生，清朝安徽庐州府合肥县（今合肥市）人。龚心铭初为附贡生，任职刑部郎中奉天司行走，光绪十五年（1889）中己丑顺天乡试第八十三名举人，奖戴花翎，诰授奉政大夫，光绪十八年（1892）中进士，授翰林院编修，其后以庶吉士改职考取商部。龚心铭后与蔡尔康为广学会第一批华人会董，曾兴办铁路、煤炭等实业，任上海阜丰面粉公司及汇昌机器制造公司总理。

龚心铭一生处在新旧两个时代的转折时期，当时有一大批人物能够比较顺利地与时代基本同步地完成人生转换，龚心铭就是这样的一个能够应时而化的人物，他从一个旧式举人兼朝廷官员成功转型为旧学功底深厚而生活富裕趣味博雅的实业家与文物收藏家、鉴赏家。当然，这也与他出身于富贵家族有直接的关系。

合肥在近现代史上有“龚张李段”四大家族之说。“张”是张树声（1824—1884），字振轩，廪生出身，清末淮军将领，历任道台、按察使、布政使、巡抚、总督、通商事务大臣等职，思想开明，政治上提倡“采西人之体以行用”。“李”是李鸿章，晚清重臣，“洋务运动”和《马关条约》是他最为世人熟知的两个历史标签。“段”是段祺瑞，历史上最后一位在名字后面缀以“合肥”二字的（此前一位是李鸿章），号称“北洋三杰”之一。这位“段政府”时期的总理兼皖系军阀首领原是六安县太平集（今六安市金安区三十铺镇太平村）人，幼年随父亲迁居合肥西乡，因致电逼迫清帝退位、抵制袁世凯称帝和讨伐张勋复辟这三件事，因而有“三造共和”的美誉。与北洋军阀的其他巨头相比，段祺瑞有一个地方是值得我们钦佩的，那便是一生为官清廉如水，不爱敛财，更不用人唯亲，因此他在当时赢得了“六不总理”的美名，即不贪污肥己、不卖

图2 《浦口汤泉小志》书影

官鬻爵、不抽大烟、不酗酒、不嫖娼、不赌钱。

四大家族中，龚氏尚在张、李、段之上，居四大家族之首。龚氏发家最早，在明末清初，龚家就出过一个名人龚鼎孳（1616—1673），字孝升，号芝麓，明崇祯七年（1634）进士，授兵科给事中，崇祯十七年（1644）被李自成任为直指使，清军入北京，起为吏科给事中，康熙间历任刑、兵、礼部尚书。龚鼎孳文名驰誉一时，其诗文与钱谦益、吴伟业（吴梅村）合称“江左三大家”，著有《定山堂集》《香严词》等。“合肥龚”家族之兴盛不但历史悠久，而且经久不衰，至清末又出了一个名人龚照瑗（1835—1897）。龚照瑗，字仰蘧，号卫卿，曾任江苏候补道，中法战争期间为台湾守军转运军械。1886年任上海道台。1887年受李鸿章委托重办机器织布局，1890年建成。1889年与各国领事磋商后，建立专管洋商租地事宜的上海会丈局。1891年迁浙江按察使，后任四川布政使、驻英法意比等国公使，1896年曾在英国组织诱捕孙中山，同年回国，任宗人府丞。

龚照瑗有两个儿子，长即龚心铭，次龚心钊。龚心钊比龚心铭晚几年中进士，学养甚厚，是清代最后一任科举考官，光绪年间，曾出任加拿大总领事。

龚氏家族几代为官，一门显赫，家道殷实，资本雄厚，老合肥城的几条街道都有龚家的店铺。虽历经数百年风风雨雨，至今龚氏的遗迹在合肥犹有稻香楼、逍遥津等多处。

进入民国后，龚心铭兄弟一时思想还难以适应，当时他们寓居上海，起初采取“不仕新朝，不忘故里”的态度，在合肥那边继续建造取名来自父亲字号的“蘧庄”，这个被称为“豆隐大千界，池环小五洲”的逍遥津。自号豆隐的龚心钊仍时而回合肥，将逍遥津工程收尾并完善，以存一处祖业遗于后世。但龚氏兄弟最后并未回合肥，他们在上海兴办实业，创办上海阜丰面粉公司及汇昌机器制造公司等，同时在上海做起了收藏文物的生意。其实龚家的文物收藏至少在龚照瑗之前就在合肥开始了。但能称得上“收藏兼鉴赏家”的，还是龚心铭、龚心钊兄弟。他们的收藏鉴赏活动从合肥延伸到上海，又从上海延伸到南京（汤泉），终又延续回合肥。因此，所藏之历代玉玺、金饼、印章、字画、青铜、瓷器等数量可观，其中以楚国金饼（所谓周爰）及商鞅方升（所谓秦量）为著。龚氏昆仲一生的心血几乎全用在文物上，即使到了晚年，家中并不宽裕，对看中的器物还是决不肯罢手，就是借钱或者卖掉首饰也要买回来。对所收藏的文物又讲究精致优雅的装潢包装，显示出高雅不凡的收藏品位与风格。

龚氏兄弟不仅笃好文物，而且潜心研究，认真考证。龚心铭在所编印的这本《浦口汤泉小志》里，就收录了他自己撰写的《周爰金考》《秦鞅量考》。这两篇文章是对国宝级文物“周爰”“秦量”最早的解读、赏鉴和考据的成果，对于我国的文物学史具有重要的文献价值。

龚心铭写《浦口汤泉小志》当然主要并非为了收录这些文物研究论文，对于作志的原因，龚心铭在该志“序”中有所说明：“同光中，先光禄仰蘧公督金陵机器局。有顾问马格里者，英之医学博士也，予与弟怀希从学英文。马喜游秣陵左右诸名胜，足迹殆遍，尝谓先公曰：‘去浦口不六十里，山脉回环，有泉为暖流，浴之可以已疾。泉侧有庙，久圮，惜无人注及之者。’先公……顾心铭，使稽其事。”于是龚心铭遵父亲旨意考地稽史，发现“泉源出其南之汤泉山，庙即萧梁时汤泉院，昭明太子读书处也，南唐韩熙载有记，宋初易名惠济，元祐间又改院为寺。明太祖临幸，赐名香泉”。这样一个有山有泉水有丰厚的人文积淀的千年古镇，“上下千年，固当煊赫人口，私心辄向往之”[①]，于是终成《浦口汤泉小志》。

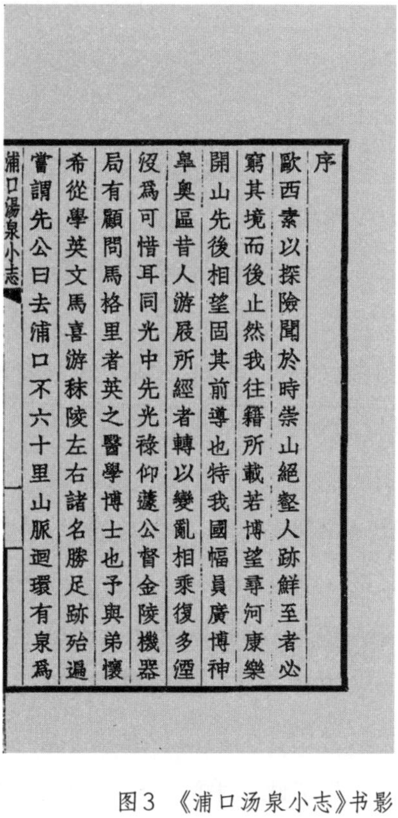
序
歐西素以探險聞於時崇山絕壑人跡鮮至者必
窮其境而後止然我往籍所載若博望尋河康樂
開山先後相望固其前導也特我國幅員廣博神
皋奧區昔人游屐所經者轉以變亂相乘復多湮
沒爲可惜耳同光中先光祿仰蘧公督金陵機器
局有顧問馬格里者英之醫學博士也予與弟懷
希從學英文馬喜游秣陵左右諸名勝足跡殆遍
嘗謂先公曰去浦口不六十里山脈迴環有泉爲
浦口湯泉小志

图3 《浦口汤泉小志》书影

也就是说，作者考地稽史，写成《浦口汤泉小志》，是为完成父亲龚照瑗的遗愿。实际情况可能更要复杂一些。龚心铭从宣统元年（1909）起在汤泉陆续购置温泉，营建别墅，占据山林，修造茔地，又辟养鹿场，设电报房，招徕与相往来的达官、权贵、文人、外宾沐浴温泉，游览山水，又借文字风流，风雅附会，诗词酬唱，累牍连篇，可谓极一时之盛，龚心铭将这些唱和往来的作品辑成《龚氏别墅题襟集》，也收入《浦口汤泉小志》一书之中，可见作者对友情、对朋友笔墨文章极为珍视的态度。

汤泉别墅又被龚心铭题为“周爰秦量之室”，在这里陈列着龚心铭所收藏着包括周爰（楚金）秦量（商鞅方升）在内的许多珍贵文物，也是在这里龚心铭写成了包括《周

①（民国）龚心铭撰：《浦口汤泉小志》，《金陵全书》甲编·方志类·专志5，南京出版社，2013年，第557—558页。

爰金考》《秦鞅量考》等文物研究文章，这些文章的大部分内容写出来后被作者复印、分发到诸多朋友处，引发许多篇来自朋友的题词、品评和论议，作者也择要收录在《汤泉小志》中。

总之，一本汤泉小志，林林总总，收录了这么多材料，在作者，也许只是一本私人著作，藏之于名山大川，传之于家族之中，最多用于友朋间往来馈赠，而在我国人文历史的时空里，却汇总和保存了一批珍贵的资料，给关心地方文化和人文历史的读者提供了不少依据。

二、本志的内容

2002年，原江浦县与浦口区合并，建立新的浦口区，古汤泉镇隶属浦口区汤泉街道。汤泉镇南倚老山，北临滁河，千峰攒起，百嶂连云；且又山多洞穴，地多温泉，可疗疾。著名古刹惠济寺遗址在街北，遗址上有千年古银杏三株，参天覆地，呈品字形，伫立在山峰掩映云雾半遮之中。清末宣统元年(1909)，龚心铭在汤泉购泉买地，建造龚氏别墅，自谓龚庄，乡人至今犹记龚老爷庄园，龚氏于此悠游遣兴、接待宾客、鉴赏文物，并结集为一本《浦口汤泉小志》。

这本书可以分成四个部分：汤泉史料汇编、宾客唱和作品集、文物鉴赏集以及附录。

第一部分，作者给的题目是“浦口汤泉小志”，大约在民国10年（1921）已经写定。所谓“小志”，实际上就是有关汤泉镇的史料摘录与汇编，共摘录26段（篇），来自13种书籍（含明代江浦知县余枢《游汤泉记》那篇古文）。前11段摘自5种史书，即《明史・地理志》、《康熙江宁府志》(陈开虞本)、《雍正江浦县志》、《光绪江浦埤乘》、《金陵待征录》，主要说明汤泉的地理历史信息。汤泉“地本六合县浦子口巡检司，洪武九年六月改为江浦”；关于汤泉温泉的历史记载，最早可以上溯到六朝前期，《雍正江浦县志》卷一《封域志》“汤泉”条：汤泉治北三十里，又名“太子泉”，梁昭明所游温泉数处在浦地，汤泉镇者有三，浴之可疗痼疾，去疮痍，颇资灌溉。《宋书・州郡志》：孝武帝登六合山，如尉氏观温泉，即今县境。《江宁府志》：太子松在治北汤泉，昭明太子尝浴此，手植二松，极盘曲攫拿之势。

这一部分史料还着重介绍汤泉的寺庙、名胜古迹，大约是为回应父亲当年的嘱托。本书序中叙述了那场发生在英国人马格里博士与龚照瑗、龚心铭父子之间的那场重要的对话：

有顾问马格里者，英之医学博士也，予与弟怀希从学英文。马喜游，秣陵左右诸名胜，足迹殆遍。尝谓先公曰：“去浦口不六十里，山脉回环，有泉为暖流，浴之可以已疾。泉侧有庙久圮，惜无人注及之者。”先公曰：“有明都建业，时未久，或未及此。然昔南朝人多慧业，当有建设，特未若今之重验气质之详晰耳。”顾心铭使稽其事。

龚心铭辑录《雍正江浦县志》：“惠济寺在汤泉镇，（旧）为‘汤泉院’，南唐韩熙载撰碑记，宋为‘惠济院’，熙宁中漳南道人隐此。孙莘老、秦少游、释参寮尝往访焉。语在秦观《游汤泉记》中。元祐间改名‘寺’。”

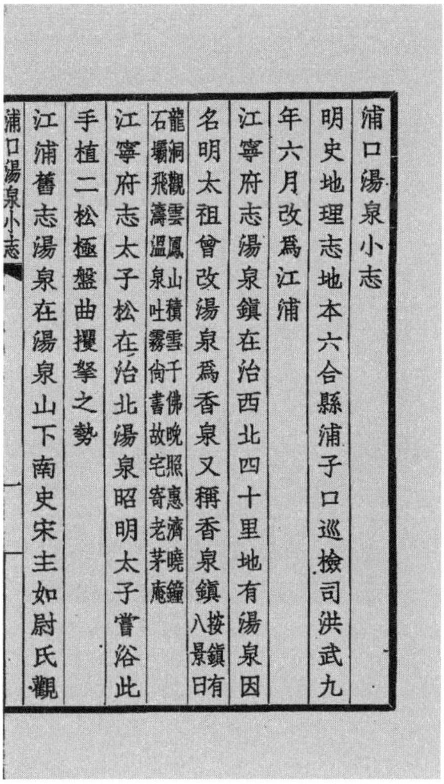
浦口湯泉小志

明史地理志地本六合縣浦子口巡檢司洪武九年六月改爲江浦

江寧府志湯泉鎮在治西北四十里地有湯泉因名明太祖曾改湯泉爲香泉又稱香泉鎮按鎮有八景日龍洞觀雲鳳山積雪千佛晚照惠濟曉鐘石壩飛濤溫泉吐霧尙書故宅寄老茅庵

江寧府志太子松在治北湯泉昭明太子嘗浴此手植二松極盤曲攫拏之勢

江浦舊志湯泉在湯泉山下南史宋主如尉氏觀

浦口湯泉小志 一

图4 《浦口汤泉小志》书影

这里提到的“南唐韩熙载碑记”，龚心铭与该石碑有过照相，照片收在本书中，照片右上角题写：“碑额阳文‘汤泉禅院之碑’，篆书清晰，文则剥蚀殆尽，直无一字可读。”这方“汤泉禅院之碑”为青石质地，宽117厘米，厚12厘米，“文化大革命”中被毁，今汤泉惠济寺中只存有部分残片。

除惠济寺，据《雍正江浦县志》《光绪江浦埤乘》《金陵待征录》等，汤泉尚有司徒庙、千佛庵、寄老庵等寺庙和古迹。

龚心铭辑录11段史部尤其地理类之相关史料之后，又选录与汤泉镇以及温泉相关的共7种诗文集中的15段诗文，分别为王安石《王荆公诗集·题汤泉壁》诗（寒泉诗所咏……），秦观《淮海集》之《游汤泉记》《寄老庵赋》两文，贺铸《庆湖遗老集》之《汤泉道中》《题乌江汤泉寄老庵》两首诗，陈献章《白沙集》之《香泉示定山》《宿香泉寺》两首诗，庄昶《定山集》之《香泉和白沙先生韵》《宿香泉寺和白沙》两首诗，张瑄《观庵集》之《游惠济寺》诗，朱绪曾编纂《金陵诗征》中收录的明末江浦人陈所学《汤泉观梁昭明太子手植双松》、清代江浦文人金相《旅次汤泉》、清代上元人孙谦《游汤泉山》等三首诗，另有明代万历年间江浦知县余枢的《游汤泉记》。

图5 《浦口汤泉小志》书影

余枢这篇《游汤泉记》仅见于《光绪江浦埤乘》。再拿《光绪江浦埤乘》比对龚心铭题为“汤泉小志”里所摘录的全部二十多段（篇）诗文，包括诗文中的小一号字体的“按语”（夹注）等细节，可以断言，龚心铭《汤泉小志》这些诗文是全部从《光绪江浦埤乘》一书中抄录出来的。如庄昶《香泉和白沙先生韵》一诗之后的按语：“按和州境有香泉，《历阳典录》：‘凡引香泉诗，概属和州之香泉。’然惠济汤泉，明太祖尝赐名香泉矣，《府志》可证也，故陈、庄诸公咏和之香泉则别之曰香淋泉；而所谓香泉者，则固浦之汤泉也。因录其诗而附辨之。”这个按语即完全抄自《光绪江浦埤乘》卷四，而庄昶《定山集》中固无这些按语。

作者在抄完秦观《寄老庵赋》之后，又抄录了一段话：“《淮海集》：太子泉在治北四十里，旧传梁昭明太子尝游其处，手植二松于泉上，名太子汤，今废于野。”查《淮海集》，原话并非如此。类似这段话的句子就出自秦观《游汤泉记》一文中，作者在上文已经全文抄录过：“……有泉五，一曰太子汤，旧传梁昭明所游，今废于野。”而《汤泉小志》中的这段，基本上抄自《光绪江浦埤乘》卷四《山水下》：“太子泉：在治北四十里。旧传梁昭明太子尝游其处，手植二松于泉上，名太子汤。今废于野。（《淮海集》）”只是略做改造。

龚心铭所从抄录的《光绪江浦埤乘》初刻于光绪十七年（1891），书中所有引用的“江浦旧志”，均系雍正四年（1726）项维正所主持编纂之《雍正江浦县志》。《光绪江浦埤乘》之前共有5种江浦县志刊行，即万历七年（1579）刊印的沈孟化《万历江浦县志》、万历四十六年（1618）刊印的余枢《重修万历江浦县志》、崇祯十四年（1641）刊印的李维樾《崇祯江浦县志》、康熙二十四年（1685）的郎廷泰《康熙重修江浦县新志》以及项维正《雍正江浦县志》。除《雍正江浦县志》，《光绪江浦埤乘》的“采摭书目”中未见江浦其他各版县志，而且所有注明出自“旧志”“旧邑志”的句子，经比对，均是从《雍正江浦县志》中抄出来的。

说龚心铭《浦口汤泉小志》一书之第一部分“汤泉小志”全部从《光绪江浦埤乘》转抄而来，当然不是一个什么了不起的发现，只不过这样一个并非不太重要的事实，需要予以指明。这个发现可以部分解释本书在编排上一个奇怪的现象，这个奇怪的现象是：为什么不把秦观《汤泉赋》以及秦观、孙莘老、参寥3人间在汤泉期间的唱和诗作，放入本书第一部分，即“汤泉小志”部分，而是另做一个“附录”补缀于全书之末呢？原来“汤泉小志”各段（篇）均取自《光绪江浦埤乘》，或许早已先行编出，而“附录”中各篇均不被收录在《光绪江浦埤乘》中，待到全书即将付印，作者或方从秦观《淮海集》中检出，而临时补入该书。对此种现象，龚心铭于“附录”之末写了一个简单的说明，如下：

余辑印《汤泉小志》既成，复检《淮海集·和孙莘老初至汤泉》，为熙宁九年丙辰，少游时年二十八，同莘老、参寮子访漳南老人于历阳之惠济寺，浴汤泉，游龙洞山，谒项羽祠，得诗三十首，今集中已不尽可稽。《汤泉赋》亦作于是年。次年丁巳，莘老寄老庵成，淮海为作《寄老庵赋》，复作《游汤泉记》，追叙登临之美。又次年元丰戊午，苏公为之跋后。莘老与淮海同籍高邮，登进士第，熙宁间，移守庐州，而寄老于汤泉。丁巳距今八百五十年矣。今古异同，不无兴感，因补录《汤泉赋》、莘老、参寮唱和诸诗并东坡跋语于志中，以志慨慕。

“附录”所补录的诗文，为秦观《汤泉赋》及其苏轼《跋》，秦观《还自汤泉十四韵》，孙觉（莘老）《初至汤泉》，秦观《次韵莘老初至汤泉二首》、秦观《题汤泉二首》，孙觉《游龙洞》，秦观《和孙莘老游龙洞》，参寥《和孙莘老游龙洞》，共8篇。

从抄自《光绪江浦埤乘》的“汤泉小志”到补录入的“附录”诸篇，明人余枢的那篇古文《游汤泉记》是适合今人品读而且读起来可以令人兴味盎然的：

余束发时，读秦少游《汤泉记》与子瞻之《跋》，卧游有年矣，恨不得一寓目焉。甲寅岁，余领浦令，泉适在部中，窃自幸可以尝夙愿矣。然（邑）当孔道，使节征车往来如织，令持手版，望紫气，逢迎无停晷，何暇问诸水滨。明年春，以劝耕出西郊四十里许至泉上，于焉濯缨清流，洒然有春风沂水之趣。信哉，涵云注玉，不火而燠，古人非欺我也！

东望数里，青霭飞来，空洞而奇峭者，则神龙之所窟宅也，余向题“龙宫”二字镌于石。南望烟雨中，阛阓纠纷，桑麻绕屋者，则少游所称“一区成小市”者也。独恨蚩蚩之民，旁为秽壤。余立逮其人诘责之，复其侵地。好事者又为竖数楹，其上憩游者，足备雅观矣。

薄暮，有衲子以苦茗来饷，问之，乃惠济院僧也。因思寄老诸贤，一时文字风流，至今传为佳话，令人欣然向往之。衲子且邀余随喜上方，至则清磬琅琅，与松籁相间。试问南朝四百招提，于今几佛灯也？余低徊不忍去，乃止宿焉。衲子复询吾乡山水之胜，因语之曰：“余家西山有洪井，世传为葛洪丹井也。此泉暖而香，可以浴；洪井清而美，可以漱。两者称胜敌。浴则体洁，漱则齿洁，吾所取于天地不既多乎？抑岂山水固自有宿缘耶？子瞻有言：‘天地之间，物各有主，惟明月清风取之无禁。’然则山水也，风月也，得趣者皆可为主，固知造物不我忌也。”

父老向余乞记，图不朽，余笑而答曰：“天下事安在其不朽也？即如少游、子瞻，相去未五百年，今欲其残碑于寒烟蔓草中，杳不可得。余又何以记为？虽然，浮萍聚海，飞鸿踏雪，人生聚散，何常之有？即吾今日与父老游于此泉，亦偶为聚之，吾亦偶为记之耳，至于异日者，此碑之存与否，吾弗得问也。”①

据《光绪江浦埤乘》，这篇古文的作者余枢，字寿叔，江西新建举人，万历四十二年（1614）任江浦知县。此人德高望重，存心厚道，一到任，就督修黄悦岭（今黄山岭）驿道，公私称便；兴圩田水利，以便民事；请革漕粮滥耗，以苏民困；开学宫、新河，建浦子口江干书院，以培文教；岁荒，不俟上级批复，预先发常平仓米赈济，士民德之。他还延请邑人熊师望、弓九德、张可仕等搜罗讨订，重修了江浦县志，就是前文所说的《万历重修江浦县志》。居六载，升湖广兴国知州。

龚心铭《浦口汤泉小志》第二部分题为“龚氏汤泉别墅题襟集”。“题襟”一词来自唐文宗时期的书名《汉上题襟集》，该书收集温庭筠、段成式、余知古3人间题诗唱和之作，有10卷。后遂以“题襟”谓诗文唱和抒怀。龚心铭的族祖龚鼎孳之友钱谦益《和东坡西台诗韵》之二有“肝肠迸裂题襟友，血泪模糊织锦妻”之句。龚心铭的“汤泉别墅题襟集”收录的也是被龚氏视为挚友的当时一批与相往来的达官贵人、武将文友的诗文作品，前人所谓藉名贤题咏，以为地方生色也，此为其目的之一。当然收录这一批清末民初闻人的写汤泉别墅、写龚氏的诗文，在龚氏的私心里也未尝没有展示与炫耀的意思，何况客观

① (清)侯宗海、夏锡宝纂:《光绪江浦埤乘》,《金陵全书》甲编·方志类·县志37,南京出版社,2013年,第226—227页。

上还起着对于汤泉以及温泉而言的广而告之的作用。

“题襟集”共收录24人的诗文。依次为：易顺鼎一首七言古体诗，十五联；陆文麓七绝四章（首）并序；陆梁敏（陆文麓之女）五律两首；陈宗彝《拟小游仙》十五首并序；勒大鹏七绝两首，题为《汤泉》，又写七绝《白筱岭老松》、五律《汤泉东岳庙古柏》各一首；杜福堃七绝一首并序；奚侗五律一首并序；王景韶七绝两首并序；张继垕五律一首；沙嘉树七律四首，题为《游汤泉》；李荣国七绝两首并序；龚怀希（龚心铭弟弟心钊）七律一首并序；杨毓瓒题为《题松阴别墅图》七律一首；冯煦一首五古，十联，题为《题浦口汤泉小志》；刘文揆七绝三首并序，题为《游汤泉》。这些诗人大多是晚清到民国早期风云一时的人物，或官吏，或要员，或文人，或武将，或实业家、银行家、教育家、慈善家。这些诗篇虽然多属委蛇应酬之作，但也不乏优秀的作品，反映特定的时代内容，尤其是在诗序之中透露出大量的值得研究的历史信息。

如勒大鹏《汤泉》诗：

万山环列碧泉香，此地名传太子汤（梁昭明太子曾浴此）。三尺温温长皎洁，不知世态有炎凉。一泓沸水泻清漪，凿引为池浴最宜（龚氏宅内用三合土筑成方池，大可十丈，游客常往浴之）。洒向神州成法雨，好教黎庶洗疮痍。

勒大鹏《白筱岭老松》诗：

白筱群峰翠黛皴，孤松悄立自全真。虬枝横作拏云势，独占空山万古春。

勒大鹏《汤泉东岳庙古柏》诗：

古柏森森直，空山旧庙颓。早怀霄汉志，谁识栋梁材。百尺游龙化，千年老凤回。岁寒挺奇节，看尔出尘埃。

又如刘文揆《游汤泉》诗并序：

景张姻丈经营汤泉有年矣。宣统纪元，南洋开劝业会时，文揆适佐张忠武戎幕于浦口江防营，嗣忠武一再移军江宁浦徐间，闻丈不时往浴，心艳羡之。鼎革后，甲寅至丁巳，忠武常川驻徐，文揆与丈追随，既稔，相知亦最深，屡邀观泉，以事未果。丙寅春，遘丈于秣陵，得同附车至东葛，易肩舆抵别墅。日暖风和，一波澄碧，不减沂水之乐。再与登龙洞诸山，遥望大江南北，风景依稀，无复旧时营垒。抚今追昔，多所振触，感而赋此。

滚滚江心东逝水，迤迤山脚北行车。林阴如晦云如海，合与高人作寄庐（登龙洞山，左顾津浦路车行如蚁，右视长江若带，山云忽合，如置身云海间，亦奇景也）。将军战马今何在，此地惟馀长耳公（忠武赠丈一卫，至今犹在，往来常策之)。君自高风媿湖上，我惭朝策赠无功（丁巳复辟之役，君有所献替，不蒙采纳，致失败，故云。景注)。临潼关外悲闻角（曾览华清池之胜)，东葛城边喜濯缨。二十年来一回首，旧游难得更同行。

张勋，原是清朝的江南提督，统帅江防营驻扎南京浦口。辛亥革命爆发后，革命军进攻南京，张勋为清王朝负隅顽抗，战败后率溃兵据守徐州、兖州一带，继续与革命军为敌。后来归顺民国政府，但他和他的队伍仍顽固地留着发辫，表示仍然效忠于清廷。

从诗前小序以及诗中夹注中，可读到刘文揆与龚心铭都曾经追随这位“辫子军”首领，担任其幕僚，而且二人深度参与帅府机密，与张勋的关系非同一般。据龚心铭所作补注，刘文揆于丁巳复辟之役（即张勋复辟），刘文揆对张勋军事战略曾献计献策，可惜“不蒙采纳，致失败”。而龚心铭离开帅府时候曾获赠毛驴一头，这头驴一直被龚心铭带在身边，带到汤泉别墅，故而刘文揆诗中有“将军战马今何在，此地惟馀长耳公”之句。《浦口汤泉小志》里收有一张照片，题为“龙兴策蹇”，为龚心铭珍惜与张勋友情的证明。

上述15人诗作之后，“题襟集”还收录了一组龚氏温泉别墅宾客们留下的题记一类的短文，计有王震昌、章之汶、周学熙、金邦平、周明焯、张鼎勋、王铸人、王荔书、陈调元等9人9篇。这些文章虽然多篇幅短小，但同样包含值得研究的内容。如民国时期农业专家章之汶的那篇“记”：

民国十一年十月，赴景张先生约，偕美国农学博士郭仁凤、芮思娄，并学友章元玮、邵仲香、周明懿、寿标、孙枋、李映惠、陈佳枝、童德富等，来汤泉演新剧《农民泪》，意在开导民智，改良农业。是日参观者甚众，无男妇老幼，皆欢欣鼓舞，似能受新剧之感化者。穷乡僻壤，非得热心者，平日为之提倡，不易语此，足征先生导扬风气，敦俗劝农，十余年来，其造福于是乡者，诚未可以道里计也。

有心人可以从中读到民国早期有关江浦地区现代戏剧的发生发展的一些情况。又可以注意到民国初期那一批读书人（包括龚心铭这样的旧知识分子）勇于承担启蒙民众的社会责任，“五四运动”是中国近代史上的一场波澜壮阔的伟大社会革命运动，在“五四运动”之前后许多年，中国出现了一大批觉醒的知识分子，通过办报、结社、送戏下乡等活动，广泛而深入地面对普通国民开展科学与民主的启蒙教育。

章之汶（1900—1982)，字鲁泉，安徽省来安县相官乡板桥村人，幼时读书，18岁时考入金陵大学农学院。求学期间，在美国植棉专家郭仁凤教授指导下，用中棉育成“百万华棉”新品种，开创了在我国以中棉作亲本培育成功优良品种的先例，一举成为全院学生中之佼佼者。1922年，毕业后留母校执教，翌年，升任该校农业专修科主任。他为了以学理证诸实验，亲自主持该校的农业推广实验区（设于安徽省和县乌江）的工作。1924年，章之汶还与徐中迪、孙仲威、康子证等合译了《美国退还庚子赔款余额经过情形》一书。陶行知在为此书所做的序中说：“现在将这小册子译出刊布，不但要使国内关心退款的人洞悉经过的真相，并且希望能够藉此书将人类公正无私的精神，‘传染’一切世界!”①

除了章之汶，考“题襟集”里出现的人物，可看出龚心铭所倾心交游者多属当时社会名贤闻人。

易顺鼎（1858—1920），清末官员、诗人，寒庐七子之一。字实甫、实父、中硕，号忏绮斋、眉伽，晚号哭庵、一广居士等，龙阳（今湖南汉寿）人，易佩绅之子，光绪元年（1875）举人，曾被张之洞聘主两湖书院经史讲席。《马关条约》签订后，上书请罢和议。曾两去台湾，帮助刘永福抗战。庚子事变时，督江楚转运，此后在广西、云南、广东等地任道台。辛亥革命后去北京，与袁世凯之子袁克文交游，袁世凯称帝后，任印铸局长。帝制失败后，纵情于歌楼妓馆。工诗，讲究属对工巧，用意新颖，与樊增祥并称“樊易”，著有《琴志楼编年诗集》等。

陆文麓（1855—1927），字崧侯。上海市人，清附贡生。曾任保安善堂与栖流公所董事、市公所名誉董事、上海县修志局纂修员、市征访局主任、商会董事和法租界公董局华董等职。光绪三十二年（1906），与张继曾、瞿庆善等人将栖流公所、保安善堂义塾与栖流义塾合并，陆文麓筹拨6130银圆，创办和安小学堂（今静安区第三中心小学），后又捐助建筑费一万银圆扩大校舍。民国7年（1918）获“急公好义”匾额紫绶褒彰。陆待人和蔼，遇事一秉至公，不肯稍事迁就，凡所规划，一以便民为主，并注重躬行实践。陆氏女儿陆梁敏是才女，“题襟集”中也存有其诗。

陈宗彝（1871—1942），学者、诗文家。原名秋涛，字雪峰，号嗜古，江宁（南京）人，诸生。宗彝为学，不屑制举业，酷嗜金石，所手拓遍荒崖丛莽，毡椎无虚日。著有《汉蜀石经残字考》《钟鼎古器录》《古砖文录》《续古

---

①（民国）徐中迪、章之汶、孙坊、康瀚、赵叔愚译：《美国退还庚子赔款余额经过情形》，商务印书馆，1925年，第3页。

篆》《重编金石文跋》《重编访碑录》。其校勘古籍甚富，而以《景泰本尔雅郭注》《章草急就篇》《华严音义》为最精。性严峭，不谐时俗，十分贫困，竟以饥寒而卒。

奚侗（1878—1939），以字行，原当涂县霍里人，史学家，对中国古典哲学、文学很有研究。所著《庄子补注》4卷414条，人称“解庄自郭氏以下殆无有善于此者”。《老子集解》2卷，以老子传本颇有异同而校核是非。其对老庄之研究，颇受国内外研究者的钦佩。

冯煦（1842—1927），原名冯熙，字梦华，号蒿庵，晚号蒿叟、蒿隐，江苏金坛五叶人。少好词赋，有江南才子之称。光绪八年（1882）举人，光绪十二年（1886）进士，授翰林院编修。历官安徽凤阳府知府、四川按察使和安徽巡抚。辛亥革命后，寓居上海，以遗老自居。曾创立义赈协会，承办江淮赈务，参与纂修《江南通志》。冯煦工诗、词、骈文，尤以词名，著有《蒿庵类稿》等。

周学熙（1866—1947），字缉之，号止庵，安徽至德（今东至）人，中国近代著名实业家。其父周馥曾任两广、两江总督。周学熙最初在浙江为官，后为山东候补道员。1900年入袁世凯幕下，主持北洋实业，是袁世凯推行新政的得力人物。1903年赴日本考察工商业，回国后总办直隶工艺总局。1905年，出任天津道，1907年任长芦盐运使，办商品陈列所、植物园、天津铁工厂、高等工业学堂等。他开办的滦州煤矿公司在数年后与英商投资的开平煤矿公司联合，组成开滦矿务总局。

金邦平（1881—?），字伯平，安徽黟县人，光绪二十五年（1899）留学日本早稻田大学，二十八年（1902）毕业回国，任翰林院检讨、直隶总督兼北洋大臣袁世凯文案，次年任北洋常备军督练处参议，后任宪政编查馆谘议官，1906年任天津自治局督理，后任资政院秘书长。民国成立后，1912年任中国银行筹办处总办。1914年充政事堂参议，次年三月改任农商部次长，八月兼全国水利局副总裁，1916年4月任北洋政府农商部总长，两个月后即去职。1927年后在天津英租界居住，其间主要致力于实业活动，曾任天津启新洋灰公司经理。1931年任上海启新洋灰公司经理，1938年任耀华学校校长。

陈调元（1886—1943），字雪暄，河北安新人，国民革命军陆军一级上将，毕业于保定陆军军官学校，1913年入北洋军，在直系冯国璋部镇压二次革命。后历任宪兵营长、第47旅旅长、江苏第五混成旅旅长、徐海镇守使等职。1923年任安徽督军，第二次直奉战争后投靠奉系，任第六师师长，1925年升皖军总司令、安徽督办，属于孙传芳系统。

杜福堃，字霭篸，河北大兴人，约光绪八年（1882）出生。北京农科大学毕业，先后任临时参议院秘书、吉林省公署实业司科长、江苏省公署咨议，民国4年（1915）任商品陈列所所长，民国6年（1917）任省立第五工场场长。后历任川沙县知事，南汇县知事，江阴县知事。民国9年（1920）调任江浦县知事，民国18年（1929）六月离任，赴任津浦线总务处编查课课员。

《光绪江浦埤乘》刊印于光绪十七年（1891），江浦县自此以后的近现代史，尤其从晚清至民国早期历史，虽有江浦人詹其桂所编《民国江浦县新志稿》（约成稿于20世纪30年代初期），但一者该书稿不曾刊印，二者留传至今之书稿已然残缺不全，《浦口汤泉小志》能为江浦方志研究填补一些空白。如“题襟集”收录的王荔书一篇短文：

汤泉之名胜，景老之德望，余企慕久之矣。乙丑，余权斯邑，应景老之招，腊日来游，见沿路居民种作往来，怡然自乐，知平日受煦育于先生者深矣！先生言此地可称“野世界”，余敢易其名为“福世界”。

从这段文字可知王荔书曾代理过江浦县知事。大约在其知事江浦前后直到日军侵华之前，这里的城乡还是一幅鸡犬相闻怡然太平的景象，只要不赶上大的自然灾害，“白水明田外，碧峰出山后”，老百姓的生活也还是过得去的。

《浦口汤泉小志》一书之第三部分，展示龚心铭“周爰秦量之室”藏品面貌、《周爰金考》《秦鞅量考》两篇文物考证文章，以及诸家题记、跋语。这些题记、跋语的作者有孙家鼐、丁立诚、汤寿潜、杨钟义、翁斌孙、张士珩、马其昶、易顺鼎、郑孝胥、吴士鉴、杨毓瓒、冯煦、翁增祥、顾震福诸名家，龚氏自己在《周爰金考》跋语中解释说：“予筑汤泉既成，因辟一室以庋此金与商鞅之量，题为‘周爰秦量之室’。今春辑印《汤泉小志》，因以拓本影印，并附诸家题咏与考证。”这些“题咏与考证”中最重要的当是清末民初朴学家顾震福的那篇《郢爰陈爰考释》。所谓周爰，世称印子金，最早记载见于宋代李石的《续博物志》及沈括《梦溪笔谈》中。它的制法是在一块金板上划出若干规则的小方格，格内有篆文“郢爰”“陈爰”等字，形式似印章，故称为印子金。在币上记以地名是战国时黄金币的一种特殊风格。如赵国有“中都”“晋阳”，魏国有“山阳”“安邑”，韩国有“屯留”“郑子”，齐国有“即墨”，燕国有“渔阳”，楚国有“楚爰”，陈国有“陈爰”等等。龚心铭把自己所收藏的32枚“周爰”一一做了释读文字、测量称重、拓片影写，极为珍爱。

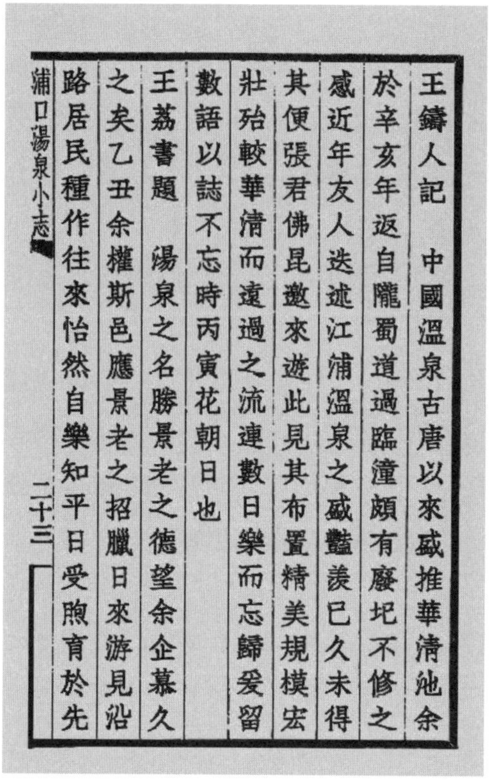
王鑄人記　中國溫泉古唐以來咸推華清池余於辛亥年返自隴蜀道過臨潼頗有廢圮不修之感近年友人迭述江浦溫泉之盛豔羨已久未得其便張君佛昆邀來遊此見其布置精美規模宏壯殆較華清而遠過之流連數日樂而忘歸爰留數語以誌不忘時丙寅花朝日也

王蕎書題　湯泉之名勝景老之德望余企慕久之矣乙丑余權斯邑應景老之招臘日來游見沿路居民種作往來怡然自樂知平日受煦育於先

浦口湯泉小志　二十三

图6 《浦口汤泉小志》书影

“周爰秦量之室”中最珍贵的文物当然还是“秦量”——商鞅铜方升，这是中国度量衡史上极重要的珍品，现收藏于上海博物馆，为战国时秦国商鞅监制的铜质一升标准量器，器形完整，铭文翔实，器壁三面及底部均刻铭文，前后又经历了120多年的实际使用时间，从秦孝公变法时商鞅统一秦国度量衡到秦始皇统一六国，是天下尽用秦制最有力的物证，同时也充分说明秦始皇统一度量衡，是商鞅在秦国变法的继续和发展。《史记·商君列传》记载商鞅“平斗桶（斛）、权衡丈尺”，为了在秦国建立起完备的度量衡制度，商鞅亲自督造了一批度量衡标准器发放到全国各地，今天仍流传于世的方升便是其中幸存的一件。

龚心铭是商鞅方升铭文最早的释读者，并写成这篇考证文章《秦鞅量考》。龚心铭考释此器左壁上的铭文为：“十八年，齐率卿大夫众来聘，冬十二月乙酉，大良造鞅，爰积十六尊五分，寻一为升。”对这段文字，龚氏做了如下解释：“按大良造鞅乃商鞅也。《商君列传》：商鞅姓公孙，少好刑名，因秦孝公宠臣景监以求见孝公。三年，卫鞅说孝公变法，十年，以为大良造。令民父子兄弟同室内息者为禁，而集小都乡邑聚为县，置令丞，凡三十一县。为田开阡陌封疆，而赋税平，平斗桶（音勇，今之斛也），权衡丈尺。此量十八年诏，当在秦孝公时商鞅治秦所凿，后人只知丞相绾法度量衡石丈尺，不知商鞅治秦平斗桶已在前也（丞相绾，王绾也）。”

底部一段文字为龚氏考释秦始皇的一篇诏书：“廿六年，皇帝尽并兼天下诸侯，黔首大安，立号为皇帝，乃诏丞相状、绾，法度量则不一歉疑者皆明一之。”对这一段文字，龚氏解释如下：“按此诏乃始皇帝兼并天下后，诏李斯改小篆所凿，故字文较肥，前诏文细，仍是先秦文字，乙酉‘酉’字尚有钟鼎笔意，‘重泉’二字似与前诏同时刻，‘临’字当是后刻（以意揣之，此量始行用

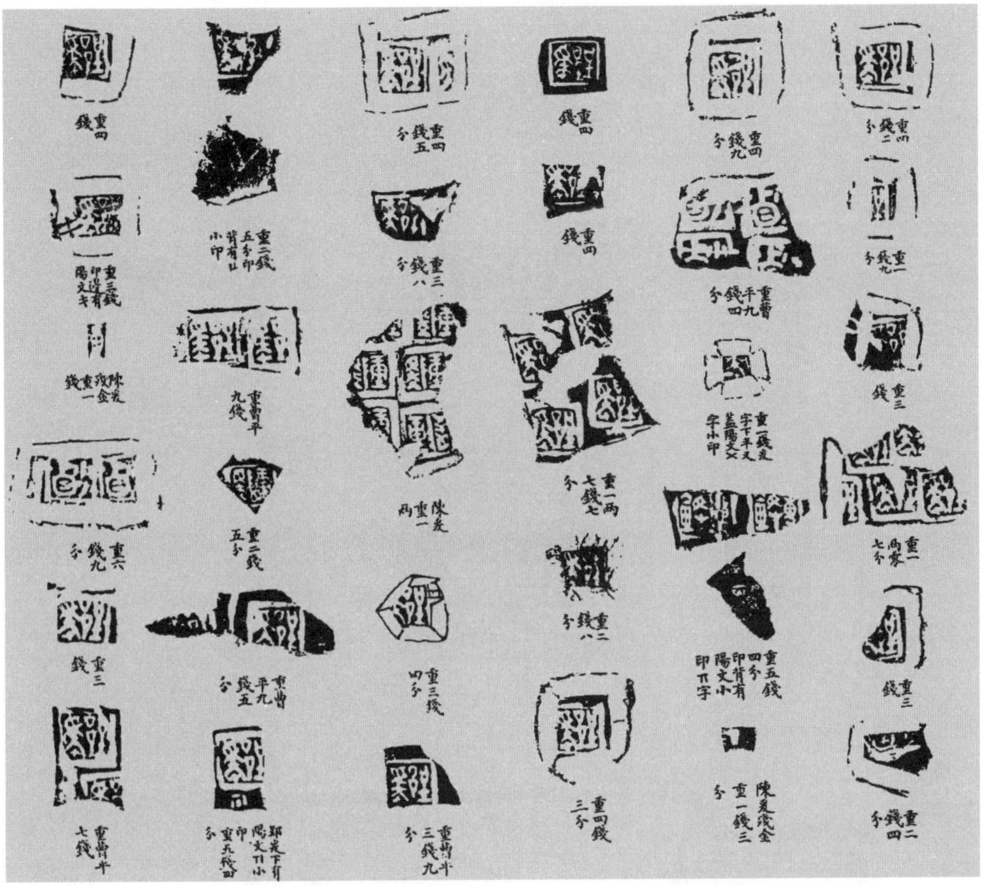

图7 《浦口汤泉小志》书影

于重泉地方，继又用于临)。重泉，《史记·秦本记》：秦简公六年，令吏初带剑堑洛，城重泉（《地理志》：重泉县属冯翊，在陕西同州府蒲城县，周时为晋邑，秦为重泉县)。临：《左传·哀公四年》，荀寅奔鲜虞，赵稷奔临。临，晋邑，在直隶临城县东。”

这两段铭文及龚氏的考释，为后人铺平了道路，其后引用者甚多，或进一步深入研究，或加以扩展，这都说明龚心铭的研究为中国计量史作出了卓越的贡献。

三、本书的特点价值

龚心铭《浦口汤泉小志》一书最大的特点也许就在内容丰富而驳杂，而内容的呈现方式也多种多样不拘一格，充分利用当时已经较为成熟的照相技术，

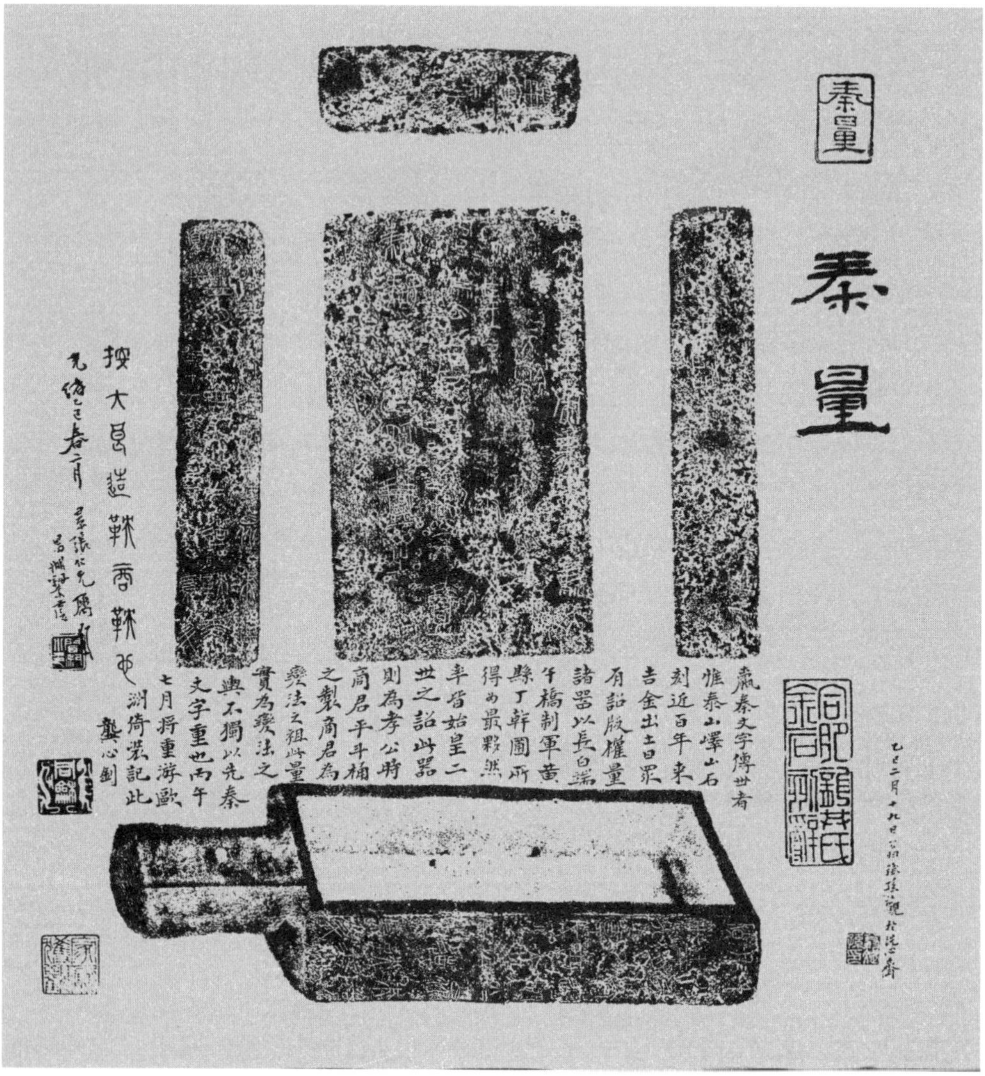

图8 《浦口汤泉小志》书影

全书采用了大量的照片、拓片（照相制版）、地图。

全书为16开本铅印竖排线装，插页3张8开本地图、手迹、秦量拓片等。除了这几张大尺寸插页，全书还随处插页，收录了《汤泉全镇图》《龚庄》等近30张照片，吴昌硕、陈三立、翁同龢、曾广钧等晚清民国初期的文化名家手迹近10幅，郑板桥题写“双忠遗石”、南朝时惠济寺（时为汤泉院）住持海会大师圆寂后的“灵骨海会之塔”的石塔经文、惠济寺内宋元祐银函题记碑、惠济寺明崇祯题名石等拓片数十张，以及清宫藏本历代帝王名人画像（昭明太子、楚项王），绘图（周爰秦量之室、吴昌硕摹画“淮海先生遗像”）、地图，这些插页极大地丰富了《浦口汤泉小志》的内容，保存了大量的史料，有的史料极为珍贵，比如照片《南唐韩熙载惠济禅院碑记》《寄老茅庵遗址》《千佛禅林》《东岳庙古戏台》《石坝观涛》等，可谓迄今为止开展有关历史研究时候我们所能找到的唯一的照片资料。龚心铭以他文物收藏家兼鉴赏家的眼光，走遍清末民国初期的汤泉，拓印、拍摄并保存了这些拓片、照片，为后人保留了许多珍贵资料。

在《浦口汤泉小志》书末，作者还收入了上海东亚同文书院工业及化学研究所所长、日本农学士山崎百治分析制成之《江浦温泉化验成分表》，内含太子泉、五柳泉、川堂泉等8处温泉的化学成分之分析报告，这些报告形成于1921年秋，是汤泉温泉历史上采用现代科技手段所做出的最早的科学报告，为今日科学地开发利用汤泉的温泉资源提供了一份重要的历史数据。

这本书由龚心铭一人手编而成，涉及当时众多人物，搜集罗列这些生活在晚清民国初年的重要人物的诗文、题跋、手迹，而该书的价值正是通过这些丰富而驳杂的材料得以体现，其价值大体上分为“保存史料”和“提供线索”两个方面。前者除上文已陈说之外，诸如清末民初一部分闻人名流的社会活动轨迹，他们对地方民众的精神生活的影响，浦口汤泉镇的古迹、寺庙（现状、残存的碑刻等）等等。后者如汤泉镇的历史文化研究、清末民初汤泉对温泉的开发利用情况、汤泉地方社会发展情况，等等。

四、商鞅方升的结局

龚心铭在编印《浦口汤泉小志》后，世人皆知商鞅方升和大量的印子金等文物珍品藏于龚家。

龚心铭对自己所收藏的商鞅方升（秦量）等文物也十分得意和自豪，也十分了解这些藏品的文物价值，他把汤泉别墅命名为“周爰秦量之室”，曾经为所收藏的周爰金、汉金饼、古印玺等采用上等木料、绸缎一一制作木匣子，分别编号、解说、珍藏，可见其珍爱这些藏品的心态，他生前给子女们的遗嘱是：穷死也决不可出卖转让这些宝物。

抗战爆发前，龚心铭将汤泉别墅作价转让，别墅里的5处“龚氏温泉”或为女子公共浴池（川堂泉），或被开发为“温泉山庄”（五柳泉），今已废。龚氏1938年去世后，日本人多次上门寻找商鞅方升等文物，而无论施以权势，或出重金换取，龚家人都从未动摇过。新中国成立后，上海博物馆馆长沈之瑜亲自出面，在上海国际饭店宴请其子龚安东、朱静宜夫妇，商请出让这传世珍宝，但被婉拒。“文化大革命”初期，造反派冲进龚家强索，子孙亲戚们均矢口否认，闻讯而来的上海博物馆专家劝走了造反派。造反派并不甘心，又抓走龚安东，连续审问一个月后，把龚妻朱静宜内侄藏于上海师范大学校园的商鞅方升“起获”，上海博物馆再次出面与造反派较量，诱哄造反派将那把“铜铲子”（商鞅方升）先“由上博代管”。商鞅方升被抄期间，龚安东由于大悲大怒，心脏病发而亡。“文化大革命”结束后，龚家“理”字辈后代将星散之余悉数转让上海博物馆，其中包括按政策归还龚家的商鞅方升，这样，这件流传了两千多年的珍贵文物，最终走进了上海博物馆，成为上海博物馆的镇馆之宝。

南京市浦口区文史研究员、地名专家组成员 甘继民

陶情诗书 温泉流芳

《南汤山志》导读

民国时期的南汤山，也称“汤山”，在南京城的东部，距城约60里。汤山得名较早，以温泉著称于世。《南汤山志》收录了《景定建康志》转引的西晋张勃《吴录》，文曰：“丹阳江乘县有汤山，出泉三所。”[①]张勃是三国时期孙吴大鸿胪张严之子，《吴录》成书于西晋平吴之后，由此，汤山得名至少可追溯至西晋。

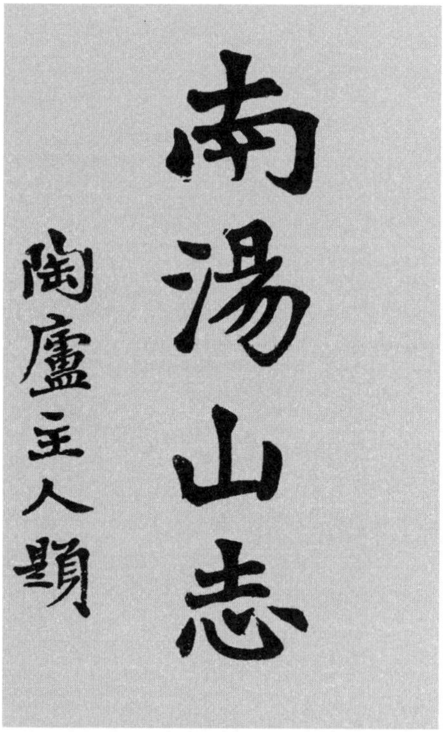

图1 《南汤山志》书影

唐代的时候，汤山称为“圣汤村”，宋周应合的《景定建康志》“拾遗”之《圣汤延祥温汤元序》中有这样两句话，“值滉小女有恶疾，浴于镇之温汤即愈”“镇之大族夏氏，世传其法，药以温汤为名，志其所自也”[②]。文中“滉”，即韩滉（723—787），唐代画家，宰相。两句话中分别提到了地方建制单位“镇”，这似乎表明，汤山地区在唐玄宗开元到唐德宗贞元年间，就曾经设“镇”。只是设镇时的名称和时间，有待进一步考证。宋代汤山地区，称为“汤泉市”；元代，这里改称为“石野村”；明、清之际属上元县神泉乡、宣义乡。《同治上江两县志》卷二七《同治上江两县总图》中，神泉乡标

① (民国)严伟著:《南汤山志》,《金陵全书》甲编·方志类·专志2,南京出版社,2012年,第676页。
② (宋)马光祖修,周应合纂:《景定建康志》,《金陵全书》甲编·方志类·府志4,南京出版社,2010年,第817—818页。

注有“汤水镇”，说明在清代，汤山为“镇”的建制。

民国肇始后，神泉乡和宣义乡合并为汤泉乡，改属于江宁县，并在汤山设镇，仍称“汤水镇”。汤水镇又被称作南汤镇、汤山镇等。由于北京有座汤山，因此，江宁县的汤山，也就被称为“南汤山”。

南汤山自民国9年（1920）钟汤路开通，陶庐、汤山饭店及汤山俱乐部相继开业后，赴汤水镇的游人渐多，再加上其他事业的建设，推动了汤水镇的发展，也为南汤山留下了不可多得的历史资料，催生了一部专志，即《南汤山志》。

一、水到渠成汤山存志

民国十六年（1927），国民政府定都南京，至民国二十六年（1937），被誉为民国时期南京发展的“黄金十年”。

这一时期，在文化上最重要的体现，就是编修地方志。“民国十八年（1929）十二月，国民政府内政部颁布《修志事例概要》22条，在全国开始大规模修纂地方志之役”[①]。编修地方志是中华民族优秀文化传统，历史悠久、连绵不断。盛世修志，志载盛世，南京这一时期先后有多部方志问世。如：30年代初、中期，詹其桂的《江浦县新志稿》，陈迺勋、杜福堃编纂的《新京备乘》，夏仁虎的《玄武湖志》，陈诒绂撰的《金陵园墅志》，傅焕光撰的《总理陵园小志》，陈邦贤的《栖霞新志》，王焕镳撰的《明孝陵志》，以及叶楚伧、柳诒徵主编，王焕镳主纂的《首都志》等。方兴未艾的方志编纂活动，为《南汤山志》的诞生，提供了借鉴和参考。

当时久负盛名的南汤山，“要人暇常休沐于斯，于是这历史上并不著名的汤山，便别墅宏开，宾至如归，那些温泉多数已被利用了。”[②]再加上京杭国道经过汤山，每天定期来往南京、汤山间的汽车有六七次，宁镇公路也以汤山为起点。南京、杭州、上海、镇江等各地都可以汽车直达，交通便利，游客渐多，汤山也逐渐繁盛起来。

与此同时，中央模范林区管理局、汤山林场、汤山卫生事务所、汤山俱乐部、汤山镇公所、农业推广区、汤山区农会、土地测量局、国立教育林、汤山

① 杨献文:《奇迹华章 志以塔名——〈金陵大报恩寺塔志〉》,“品读南京”丛书《南京历代名志》,南京出版社,2017年,第192页。

② 奕因:《京杭国道线上之汤山》,《道路月刊》1936年第52卷第1期。

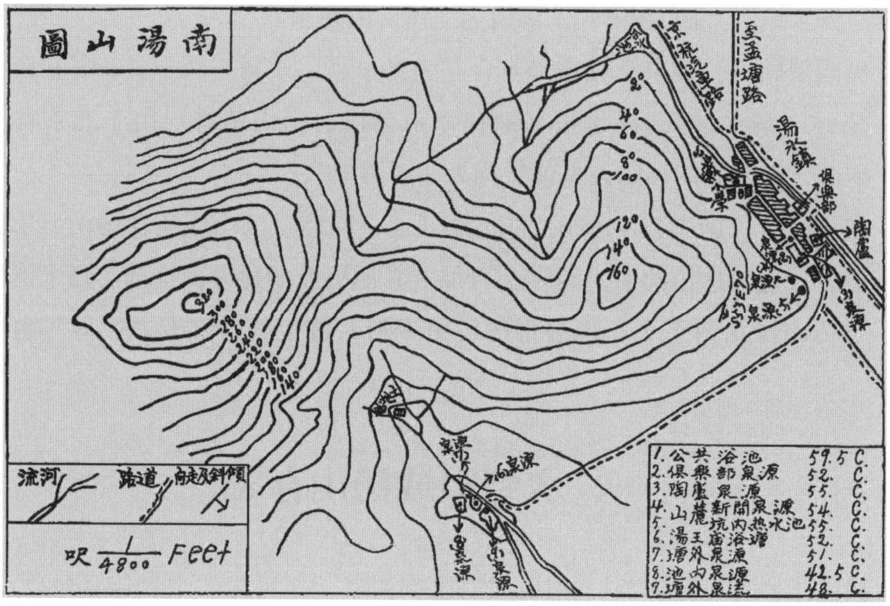

图2 《南汤山志》书影

电报局、省立汤山农民教育馆、汤山邮政局、京杭养路所、汤山公安局、汤山教育会、汤山塾师研究会等纷纷在南汤山区域落地生根。机关林立，促进了南汤山各项事业的进步与发展。

在外因和内因的作用下，编纂与南汤山相关的志书，可谓水到渠成。然而鲜为人知的是，在《南汤山志》编纂成功之前，还有一部反映汤山地情的志书——《汤山志》，差点新鲜出炉，后来因编纂者的故去而沉寂于世。

《文澜学报》民国26年（1937）第3卷第1期载有《汤山志之编撰》，转引了《晶报》民国26年（1937）2月5日的一则消息称："曾著《汤山赋》得名之孙巩甫（毅成）词家，于本年一月间逝世，闻易箦前，尚搜集汤山事迹及古今文物，预备于一年之内，完成《汤山志》……现闻京中词人拟推张慧剑君担任续撰斯志之责云。"

这则消息最引人瞩目的地方是，在南汤山专志——《南汤山志》出版之前，《汤山志》的编纂，已经提到了议事日程上来。

《汤山志》的拟编者孙巩甫，字毅成，擅长填词，因撰《汤山赋》而出名，民国26年（1937）1月逝世。为撰汤山志，孙巩甫搜罗了大量与汤山有关的历史资料，准备用一年时间，编成《汤山志》。我们无从知晓孙巩甫编纂《汤山志》的缘起，以及框架内容，只能通过《南汤山志》"艺文"收录的《江宁孙毅成〈汤山赋〉》中寻得蛛丝马迹。孙巩甫编纂《汤山志》的缘由，大概是因为汤山"名之不播，知者盖希"。在孙巩甫的眼里，汤山应当建成娱乐休闲的场所，从而形成“届春秋之佳日，直休假之良期，游人接袂，盛侣联骑”的盛况。

这则消息还透露，“拟推张慧剑君担任续撰斯志之责云”，也就是说，在孙巩甫去世后，南京的文人们对继续编纂《汤山志》抱有强烈愿望。

张慧剑，安徽石埭（今石台县）人，生于清光绪三十年（1904），原名嘉谷，笔名辰子，著名报人、作家、评论家。著有《辰子说林》《赛金花故事编年》《马斯河的哀怨》《明清江苏文人年表》《李时珍》，还校注过《儒林外史》等，是《新民报》的三张之一。张慧剑经常在《民众文学》《紫罗兰》《红玫瑰》《新家庭》《新上海》《虞美人》等报纸杂志发表作品，因此享有很高威望。张慧剑有没有接手参与《汤山志》的编纂工作？一系列疑问，已经无从知晓。

虽然，《汤山志》没有编纂成功，但从这则消息中透露的信息来看，编纂与汤山相关的志书，已是势在必行。或许正是孙巩甫的努力，成为陶保晋邀请严伟编纂《南汤山志》的动因，促成了《南汤山志》的问世。

民国26年（1937）夏，仪征人严伟受江宁陶保晋之托，编纂《南汤山志》。

纵观《南汤山志》“旧闻”和“名胜”，其记述的空间范围大致如下：东至距南汤山80里的茅山，西至离南汤山48华里的中山门，南面到汤山南麓，北至与南汤山相隔12里的宝华山。

由于《南汤山志》无凡例，因此其上限和下限并不明确。鉴于《南汤山志》收录了《景定建康志》转引的西晋张勃《吴录》，也是书中年代较久的历史文献之一，因此可将西晋定为上限。而下限的确定，则根据《南汤山志》辑录的靳志《丁丑立夏前五日游汤山三十韵》一诗分析，“丁丑立夏前五日”，即民国26年（1937）5月1日，故《南汤山志》的下限，可定在民国26年（1937）。

《南汤山志》全书2万余字，是一部反映南汤山地情资料的志书，目前所见版本有3种。

在这3种所见版本中，民国版本两种。其一，封面署“大真怡情/南汤山志/陶庐主人题”，《南汤山志目次》；其后为4页10幅插图；《南汤山志序》2页；版权页为“中华民国二十六年七月出版/著述者 严伟/出版者 南汤山陶庐/经售处 各大书店/印刷者 瑞文印刷所/武学园三十六号/定价 每册国币伍角”；另有申明“版权所有 不许复制”8个字。

其二，封面署“南汤山志/陶庐主人题”，《南汤山志目次》；其后为4页十幅插图；《南汤山志序》2页；然后为正文。版权页为“中华民国二十六年七月

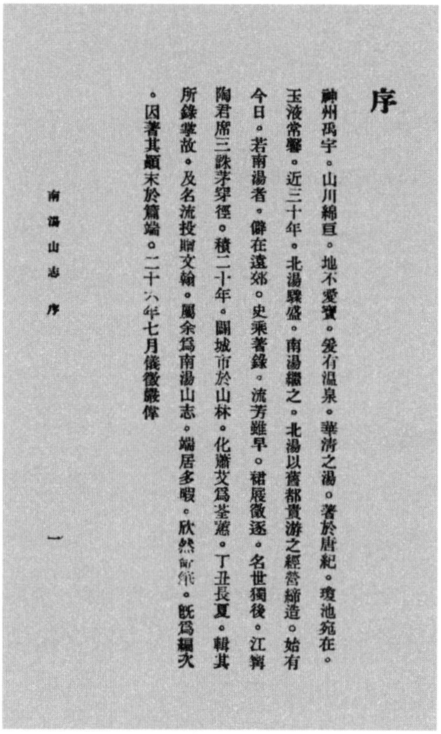

序

神州禹宇。山川綿亘。地不愛寶。爰有温泉。華淸之湯。著於唐紀。瓊池宛在。玉液常馨。近三十年。北湯驟盛。南湯繼之。北湯以舊都貴游之經營締造。始有今日。若南湯者。僻在遠郊。史乘著錄。流芳雖早。裙屐徵逐。名世獨後。江寧陶君席三誅茅穿徑。積二十年。闢城市於山林。化蕭艾爲荃蕙。丁丑長夏。輯其所錄掌故。及名流投贈文翰。屬余爲南湯山志。端居多暇。欣然命筆。既爲編次。因著其顚末於篇端。二十六年七月儀徵嚴偉

南湯山志　序　一

图3 《南汤山志》书影

出版/著述者 严伟/出版者 南汤山陶庐/经售处 各大书店/印刷者 瑞文印刷所/武学园三十六号/定价 每册国币伍角”；另有申明“版权所有 不许复制”8个字。笔者所见《南汤山志》，封面钤有“南京大学 地理学系”椭圆形印。

第三种版本为2012年4月南京出版社出版的《金陵全书》甲编·方志类·专志之《南汤山志》影印本，与《牛首山志》《献花岩志》《盋山志》《石城山志》《覆舟山志》等合为一册，《金陵全书》版本即以南京图书馆所藏版本为底本原大影印出版。

《南汤山志》封面题签者陶庐主人，即陶保晋（1875—1948），字席三，又作锡三（道名陶道开），江宁县人。毕业于上海格致书院，后赴日本法政大学学习法律。光绪末年毕业归国，任上元县视学员兼劝学所总董事、江南法政讲习所所长。民国2年（1913），被选为众议院议员，兼全国商会联合会南京总商会代表，并担任律师，同时兼任江宁律师公会会长；还历任金陵法政专门学校校长、江苏省谘议局议员、江苏银行检查员、江苏评议员等职。民国5年（1916），第一次恢复国会时，任众议院议员；民国8年（1919），在南汤山建陶庐，自称“陶庐主人”。民国11年（1922），第二次恢复国会时，仍任众议院议员。陶保晋曾在《宪法会议公报》上提出过“宪法草案第八十六条修正案”“宪法草案第百零四修正案”，与人合作提出过“对于宪法草案第十一章第一百一十二条解释宪法权修正案”。

有学者将陶保晋的一生，分成两个阶段：民国26年（1937）12月南京失陷之前，陶保晋是一个地道的慈善家。王人文的《题记》，对陶保晋的所从事的慈善工作进行了描述：“而主人（指陶保晋）不私所有，公之同好，已复奔走红卍字会慈善事业，频年前往直鲁豫鄂各省，赈救灾黎，置身度外。”另一位名“显斋”的居士，也对陶保晋的慈善事业给予了肯定：“陶庐主人慈祥恺恻，于地方慈善事业勇猛精进。”

日军侵占南京后，陶保晋的人生走入了歧途，留下了历史污点。抗战胜利

后，陶保晋被判入狱，出狱后于民国37年（1948）去世。

陶保晋开发汤山温泉的想法，由来已久。据《南汤山志》收录陶保晋的《陶庐别业记》载，早在光绪三十三年（1907），时在上元县劝学所任职的陶保晋到四乡视察农村教育，经过汤山，“见温泉潮涌，如汤沸然，与日之箱根温泉相埒，惜污秽不治，未能入浴”。民国8年（1919），陶保晋在上海与友人刘伯森谈及此事，刘伯森“并不知南京尚有此天然温泉也”，听陶保晋一说，欣然同意。于是决定采用新式建筑“布置园林，点缀风景，以为休养沐浴之所”。陶保晋由此被誉为“最早启动温泉效应，率先对汤山温泉进行商业性开发的先行者”[①]。

被称为“江宁绅士”的陶保晋，对南汤山的温泉开发，倾注了很多心血。时人王桂林有这样的评价：“席三先生经营温泉路工，始终不懈，竟底于成。谨缀数语，以志钦仰，并祝类此公益事项精进不已。”

民国26年（1937）夏，经过积累与准备，陶保晋邀请仪征人严伟，开始编纂《南汤山志》。《南汤山志》所需的原始资料，特别是“艺文”及“杂俎”部分，主要来源于陶保晋的平时积累。正如编纂者严伟在“序”中所言：“江宁陶君席三诛茅穿径，积二十年，辟城市于山林，化萧艾为荃蕙，丁丑长夏，辑其所录掌故，及名流投赠文翰，属余为《南汤山志》。”“巧妇难为无米之炊”，没有丰富的原始资料，想编纂成功一部志书，是不可能的，有了这些资料，也就预示着成功了一半。再者，选择合适的人参与编纂，成为志书完成的重要保证。陶保晋慧眼识珠，适时选择了严伟主持《南汤山志》的编纂工作。而严伟扎实的国学功底，也在《南汤山志》中一览无遗。

《南汤山志》的编纂者严伟，字觉之，江苏仪征人，生卒年不详。严伟的早年经历，因资料缺乏，已不可详考。

光绪二十六年（1900），严伟在陕西同州府。光绪二十八年（1902），其出陕西潼关，作“夜烛苍茫数知己，秋风激楚感雄才”[②]题壁诗。光绪三十四年（1908），在沈阳为幕僚。民国元年（1912），严伟应江苏都督程德全之聘，入南京督府。民国2年（1913），任无锡县知事，后调任南汇县知事。民国4年（1915）7月至民国5年（1916）4月，任浙江温岭县知事。后转任南汇县知事，并历任江苏省署秘书、合肥县县长、江苏省议员等职。抗战期间，任汪伪政权盐务署秘书，南京市政府聘任专员。

---

① 杨松涛:《陶保晋与汤山温泉的商业性开发》,《江宁春秋》2017年第16辑。

② (民国)严伟:《心太平斋笔记》(续),《礼拜六》1922年第164期。

民国5年（1916），严伟出版《民国春秋》一书。此书自武昌起义写起，到袁世凯病死为止。数年之中，凡与时局有重大关系的事件，纪年系日，秉笔直书，被称为民国初年史料价值极高的纪实书籍。除此之外，严伟还著有《定海鲁王宫》（1915年）、《诸将十章》（1916年）、《心太平斋笔记》（1922年）、《今人表》（1922年）、《录感知新录》（1940年）、《观世音菩萨灵感记》（1940年）、《前题》（1942年）、《康瓠院长以闱中补作九日扫叶楼登高诗见示是日愚亦未往仅赋一诗寄去录呈钧诲》（1942年）、《寥士先生约扫叶楼登高以事未能赴约赋呈一章即作为躬预龙山高会何如》（1942年）、《林霜杰先生挽诗》（1942年）、《煦园杂感（并序）》（1942年）、《观世音菩萨圣威记》（与江仰尊合著，1944年）等。

从上述严伟著作年表来看，他的生活年代，大致如此。

《南汤山志》竖排右读，繁体，有句读，有目录和页码，不分卷，无章节。

《南汤山志》首为"南汤山志目次"。"南汤山志目次"分插图和文字两部分。10幅插图目录由阿拉伯数字排序，按序号分别为：（1）南汤山图、（2）汤山陶庐摄影、（3）汤山陶庐菊展、（4）汤山桥侧汤山俱乐部、（5）汤山森林公园、（6）汤山小学大礼堂、（7）汤山吴倚沧墓、（8）汤山倚云书屋、（9）汤山陶庐回廊休憩、（10）汤山陶庐花房，均为黑白照片，弥足珍贵。

"南汤山志目次"插图中的解释文字与正文10幅插图的解释文字相对照，除了"南汤山图""汤山森林公园""汤山小学大礼堂""汤山陶庐花房"4幅图片解说文字相同外，另有6幅图片解释文字与"南汤山志目次"插图中的解释文字略有不同，分别是"南汤山陶庐别业园林摄影""南汤山陶庐菊展留影""汤山俱乐部""吴倚沧先生墓""汤山戴氏倚云书屋""陶庐回廊休憩"等。

需要说明的是，"南汤山图"实为南汤山地区的地形图，比例尺为1∶4800，图中标注了道路、河流、等高线等地图诸要素，由于需要反映南汤山的温泉，所以"南汤山图"突出了9口温泉泉眼的位置，并标注每一个泉眼的水温，使人一目了然。

剩余的9张为摄影照片，其中陶庐照片比重很大，共有4张，这些老照片，使人宛如亲涉陶庐这座高级"会所"般历历在目。

将"插图"编入"南汤山志目次"，排列于正文之前，这种编排方法，在近现代志书编纂中，还是较为常见的。如民国14年（1925），合肥龚心铭编纂的《浦口汤泉小志》；民国23年（1934）6月，王焕镳编纂的《明孝陵志》，也是如此编排的。再如朱洁轩编纂的《栖霞山志》，就将"图相序列"编入"栖

图4 《南汤山志》书影

霞山志详目”中。这说明，有了摄影图片后，特别是民国时期人们在编纂志书时，将图片排列在志书中，已成为一种时尚。这既能生动展示地貌风情，又能为后世留下记忆的瞬间。

“南汤山志目次”文字部分涉及（一）序言、（二）旧闻、（三）建置、（四）名胜、（五）艺文、（六）杂俎6个单元。需要指出的是，严伟在编纂本志正文时，并没有按照“南汤山志目次”中列举的顺序排列，而是增添了“汤泉”一个单元，使得“南汤山志目次”与正文内容的顺序不一致。目录与正文有出入，这是极为罕见的现象。其正文编排顺序为：旧闻第一、建置第二、汤泉第三、名胜第四、艺文第五、杂俎第六。

按照志书编纂的惯例，《南汤山志》前冠编纂者自序。“序”作于民国26年（1937）7月，说明此时《南汤山志》已经编纂成功。从“序”中“丁丑长夏……属余为《南汤山志》”来看，《南汤山志》从开始编纂到编纂完成，时间大概在两到三个月之间。“序”中坦言，北汤因经营有方而“骤盛”，“始有今日”；南汤却由于“僻在远郊”，虽然“史乘著录”，然比北汤山出名迟。编纂的原始素材，是陶保晋平时所辑录的掌故，及名流赠送、题写文章。“序”中简单叙述了编纂经过，“因著其颠末于篇端”。

《南汤山志》无“凡例”，而是直接进入正文，这样的编纂方式，是极为少见的。

对于凡例，张乃格在《整密赅博 志乘典范——〈景定建康志〉》一文中说：“其中冠于‘修志四事’之首的凡例，犹如志书的‘宪法’，是制约志书编纂的行为准则，对志书具有指导和规范的作用。刘知几《史通·序例》所谓‘史之有例，犹国之有法。国无法，则上下靡定；史无例，则是非莫准’。自此以后，凡例逐渐为各级志书广泛采用，最终成为志书不可或缺的必设内容，几乎是开卷伊始，必为凡例，概莫能外。”①

民国时期陈邦贤的《栖霞新志》、胡祥翰的《金陵胜迹志》等，无一例外，均设凡例。《南汤山志》不设凡例，“既为编次”，也就是说，按照编排次序编纂，这是异于众多方志的地方。

在检索民国时期出版的方志时发现，民国23年（1934）出版的《明孝陵志》，恰恰也是这样编纂的。图片、目录，无“凡例”，也是“形胜第一”“规制第二”等顺序排列，是否借鉴，不得而知。但《南汤山志》与《明孝陵志》

① 张乃格：《整密赅博 志乘典范——〈景定建康志〉》，“品读南京”丛书《南京历代名志》，南京出版社，2017年6月，第14页。

在编纂方法上，应是如出一辙。

二、品读史乘汤泉潮涌

“述旧闻第一”，编者引摘《太平寰宇记》《石迈古迹编》《六朝事迹编类》《景定建康志》《丹阳记》《江乘地记》《方舆汇编》《大清一统志》《江宁府志》《江宁县志》等十种典籍之中关于汤山的记载，记言叙事，颇为简洁，纂辑而成旧闻。从旧闻中可知，汤山温泉与汤山一样，历史悠久。

“秦都壮温谷，汉京丽汤泉。英德资远液，暄波起斯源。”这是南朝宋刘义恭的《汤泉铭》。千古名篇，不收录在艺文中，却置于“述旧闻一”，开门见山，让我们直面感受到汤山1000多年来积淀的厚重历史和独特温泉文化。

《六朝事迹编类》说：“圣汤延祥寺，隶汤山下。”而根据民国文献记载，当时的汤山小学礼堂位置，就是圣汤延祥寺大雄宝殿的旧址。

“旧闻”《太平寰宇记》提到“旧有汤泉馆，今废”，而《方舆汇编》则说“有温泉馆久废”。“汤泉馆”“温泉馆”，名称虽然不同，但从吴敬恒《题记》中得知，这是南唐时期徐锴所建筑的一处古迹，久废。民国时期，吴敬恒主持重建。

“述建置第二”，“建置”的意思是建立、设置。《南汤山志》的“建置”，并未连篇累牍叙述南汤山地区行政区划的历史沿革，而是简洁并有重点地叙述了自民国8年（1919）以来，在南汤山区域创办的20个机构的名称及简介，类似机构名录。文字介绍最多者“钟汤路”，124字；最少者“汤山电报局”，仅5字，可谓惜字如金。

钟汤路，起于钟山，讫于汤水镇，故名“钟汤路”。在筑路过程中，南汤山兴业公司曾捐资万元。道路筑成后，遂有南汤山汽车开通：“逐日均有数班，车资甚廉。”[①]有意思的是，钟汤路是民国时期为数不多的、筹款养路的一条公路，也是如今收费公路的雏形：“系在朝阳门口，设一临时售卖车票处，凡马车、人力车由该路行走者，均须购买此种临时车票，贴于车后，方许通行。马车票每张1角，人力车票每张5分，每月此项收入之款，即作该路修理之用，尚称敷用。”也就是说，当时马车和人力车经过此路时，必须购买车票后才可以通行。而“尚称敷用”，即收取的车资，与正常维护钟汤路的开支相当，达到以收养路的目的。

---

① 郁冠英:《南京钟汤马路之状况》,《申报》1922年10月21日。

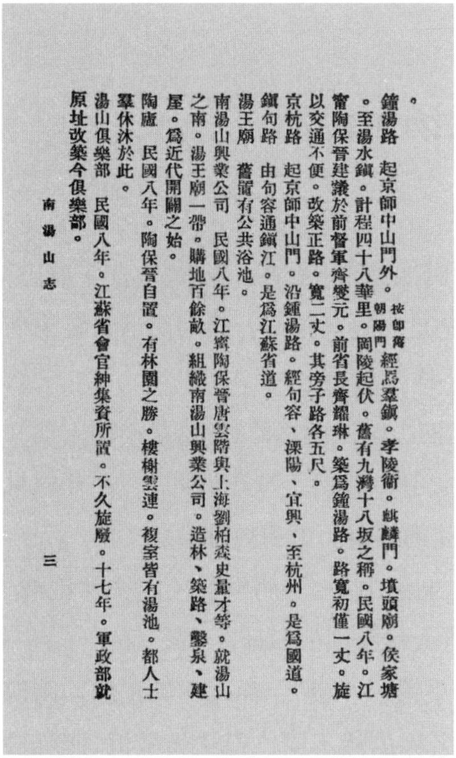
。

鍾湯路　起京師中山門外。(按即舊朝陽門)經馬羣鎮。孝陵衛。麒麟門。墳頭廟。侯家塘。至湯水鎮。計程四十八華里。岡陵起伏。舊有九灣十八坂之稱。民國八年。江甯陶保晉建議於前督軍齊燮元。前省長齊耀琳。築爲鍾湯路。路寬初僅一丈。旋以交通不便。改築正路。寬二丈。其旁子路各五尺。

京杭路　起京師中山門。沿鍾湯路。經句容、溧陽、宜興、至杭州。是爲國道。

鎮句路　由句容通鎮江。是爲江蘇省道。

湯王廟　舊置有公共浴池。

南湯山興業公司　民國八年。江甯陶保晉唐雲階與上海劉柏森史量才等。就湯山之南。湯王廟一帶。購地百餘畝。組織南湯山興業公司。造林、築路、鑿泉、建屋。爲近代開闢之始。

陶廬　民國八年。陶保晉自置。有林園之勝。樓榭雲連。複室皆有湯池。都人士羣休沐於此。

湯山俱樂部　民國八年。江蘇省會官紳集資所置。不久旋廢。十七年。軍政部就原址改築今俱樂部。

南湯山志　三

图5 《南汤山志》书影

介绍钟汤路时，编者在“起京师中山门外”加了“按即旧朝阳门”的按语，这也是书中唯一一处按语。中山门原名朝阳门，是明代南京内13座城门之一，因位于南京城的东侧，故名朝阳门。为纪念孙中山先生，1928年改称中山门。

关于望云书屋，文中载：“民国二十一年，吴兴戴传贤置。建筑宏丽，松杉蔽日。”实际上，望云书屋又称倚云书屋，是戴传贤的私人别墅。戴传贤，即戴季陶，国民政府考试院院长，中国近代史上重要的思想家、理论家和政治人物。

戴传贤的别墅，建在半山间，建筑设计颇费匠心，曲径通幽，禅房花木，古色古香，颇具诗意。房屋构造，为中西结合，引泉专辟浴室。与其他温泉浴室不同的是，戴传贤的别墅里，有冷热两股清泉，浴室内设备完善。戴传贤对汤山温泉十分推崇，有诗赞曰：“天地钟灵气，清泉沸似汤。濯缨兹已足，养拙更何乡。”

别墅建成后，成为众矢之的，媒体竞相报道。《涛声》刊载了一则消息：“戴传贤近在汤山购买空地二十余亩，建筑别墅三幢，外观完全采宫殿式，未建楼房。三屋距离成一角形，以正廊贯通，曲折相接。屋之中央及前方，拓为大花圃，绿草如茵，艳花如织，饶园艺之美丽。花圃左侧建月亮门，以通幽室。正屋为客厅及书室，左为戴寝室，右为奉经室，供奉佛像甚多，四周筑有瞭望台，备卫士卫用。闻全部建筑费约十余万，工程大部告竣。戴定月底由城内迁居该处避暑，由张筵欢宴各要人，庆祝新屋落成。汤山大建筑一为俱乐部，一为张静江别墅，然不逮戴所居之宏丽。今得此点缀，益将为名胜生色不少。”[①]意味深长的消息发出不久，《旁观》杂志民国22年（1933）第20期刊登了一则作者“鸣”的文章，《时事述评：敬祝汤山宫殿式的别墅落成》。别墅建

①《戴传贤新筑汤山别墅落成 富丽堂皇为名胜生色 采宫殿式费资十余万》，《涛声》1933年5月8日。

图6 《南汤山志》书影

成，褒贬不一。颇具心得的编者在《南汤山志》中，以“望云书屋”替代“戴传贤别墅”这个刺眼的名称，低调，也省去了诸多不必要的麻烦。

“造林、筑路、凿泉、建屋”，这是陶保晋、唐云阶、刘柏森、史量才等人，组建南汤山兴业股份有限公司后的举措。热心公益的善举赢得了一片赞许。民国9年（1920）7月23日，江苏省省长公署对南汤山兴业股份有限公司代表刘柏森等《呈为发现硫磺矿泉组织兴业公司请求特许创设并捐资修路以为盛举由》给予批复：“呈及章程均悉，该绅等就汤山地方筹设公司，点缀名胜，并愿捐款万元，宽筑道路，热心公益，至堪嘉尚。应准备案。并候派员测勘路线，估报工程，再筹改筑，余仰遵照公司条例办理，此批！”这样的批复，无疑为公司增添了信心，难怪《南汤山志》称其“为近代开辟之始”，实至名归。

江宁县第六学区中心小学校，也就是今天汤山小学的前身，位于南汤山市街的北面，学校的礼堂，是由延祥祠改建的。抗战前，许炳清、唐覆谦等先后任该校校长。

写南汤山，“汤泉”是绕不过去的，因此，《南汤山志》特辟“汤泉”一门。正是由于新辟“汤泉”一门，从而导致《南汤山志》目录与正文内容不一致的情况发生，这在方志编纂中，是绝无仅有的。

汤山温泉能治病养身，这是古人的发现。在《景定建康志·拾遗》之《圣汤延祥温汤元序》中，我们就能找到这样的例子。不仅《景定建康志》有记载，《六朝事迹编类》还有更加详细的记录：“圣汤延祥寺，隶汤山下，旧有汤泉十所，今存者六。唐德宗时，韩晋公滉为浙江观察使，滉小女有恶疾，浴于汤，应时而愈。乃以女妆奁，建精舍于汤山之右，且求僧以主寺事。得竹林寺，一市蛊毒，药僧远近赖之，多获全济。故其药至今以温汤为名。”

《石迈古迹编》“用以洗浴治疮”和《舆地志》“饮之能治冷疾”这些记载汤泉治病养身例子的典籍，都被编者收录。岑春煊《题记》、王苏宇《题记》、张公衡《游记》，篇幅不长，是作者们沐浴汤泉后，治病养身的亲身经历。最好的宣传，无非就是这些作者的文字。这几篇短文，又可弥补民国时期正史对汤泉治病养身记载的不足，同时也为这些民国人物留下了“到此一游”的资料。

为了更好地推广利用温泉，《南汤山志》以数据说话，辑录了20世纪初期科学界对汤山地理、地质和温泉的研究成果。专业人士从专业角度出发，是汤山温泉提档升级开发的基础。《南汤山志》列举了农商部工业化验所《分析南京汤山温泉成绩表》、医学士王若俨的《鉴定书》、日本地质学家山崎百治及尾崎金右卫门《化验表》、民国21年(1932)5月1日化学科吴目的化验者古杕任翊提供的《中央卫生试验所化验报告书》等。

考察医学士王若俨的《鉴定书》发现，汤山温泉为石灰泉的一种，所含钙量约居全固形物的四分之一。“若肺痨、若各种慢性呼吸器病（气喘慢性气管枝炎）、若皮肤病（温疹丹毒寄生性血行性皮肤病）、若淋疾、若全身病（肥胖病糖尿疾软骨病之类）、若传染病（现已有报告，对于猩红热，用钙盐类注射数次而愈之数例）、若偻麻帝斯等，皆以钙为最有效之治疗药。”也就是说，温泉对治疗多种疾病，都有疗效。

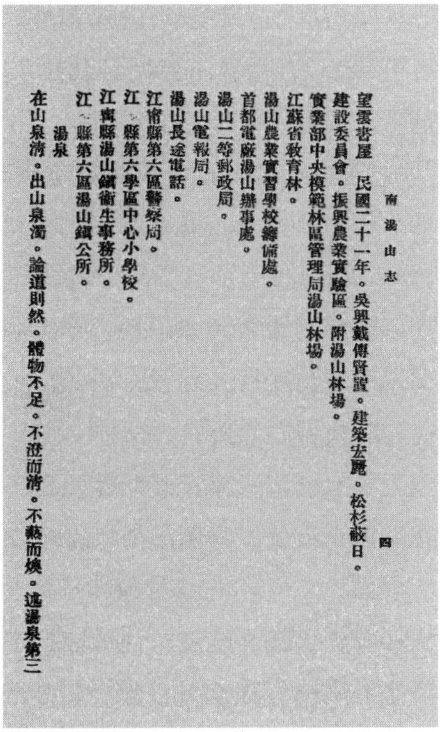
南湯山志　四

望雲書屋　民國二十一年。吳興戴傳賢設。建築宏麗。松杉蔽日。
建設委員會。振興農業實驗區。附湯山林場。
實業部中央模範林區管理局湯山林場。
江蘇省教育林。
湯山農業實習學校籌備處。
首都電廠湯山辦事處。
湯山二等郵政局。
湯山電報局。
湯山長途電話。
江甯縣第六區醫察局。
江ゝ縣第六學區中心小學校。
江甯縣湯山鎮衛生事務所。
江ゝ縣第六區湯山鎮公所。
湯泉
在山泉清。出山泉濁。論道則然。體物不足。不澄而清。不爇而煥。述湯泉第三

图7 《南汤山志》书影

山崎百治和尾崎金右卫门俩人对中国有过深入的调查。山崎百治是一位农学博士。早在民国14年（1925）《浦口汤泉小志》编纂出版时，就收录了山崎百治对浦口汤泉的调查报告书。山崎百治还与他人合著有《绍兴酒之研究》《中国之粮食问题与酒类》《中国产面之研究》等。而尾崎金右卫门也曾与他人合著发表过《中国地史概说》，并独著《上海自然科学研究所汇报特刊第5号·中国地质地理文献》等。

严伟编纂《南汤山志》时，将山崎百治及尾崎金右卫门的《化验表》收录书中，初衷是想留下与温泉相关的权威数据，其实不经意间，也让我们读到了两位日本人“热衷”中国地热资源的事实。

汤泉罕见的天然奇特疗效，使慕名者络绎不绝。《南汤山志》载有《黄学乾之轶事》的“无虑万金”，“闻南京有温汤极佳，乃独携仆役十余人，买大舟，沿淮南行十余日，抵宁一浴即返”。清中叶，河南黄学乾费万金赴汤山沐浴治病的例子，成了汤山津津乐道的故事。

《南汤山志》“名胜”一门，包括汤山附近山、谷、陵墓、洞、林场、碑材等。

汤山周边相对较远的几座山，如雉亭山、骑亭山、张山、宝华山、茅山，《南汤山志》都做了介绍。而位于汤水镇的狼山、赤燕山、棘山等几座山峰，却未见记载。

《南汤山志》还介绍了几座名人墓葬，主要有南朝陈文帝的永宁陵，北宋叶学士祖洽墓，皖北张楚宝“活死人墓”，以及陈果夫撰、杨谱笙书丹的吴倚沧墓。

南朝陈文帝的永宁陵，《南汤山志》引《建康实录》：“陈文帝天康元年，葬永宁陵，隶雁门山之北”。

陈文帝，名陈蒨（522—566），是南北朝时期陈朝开国皇帝高祖武皇帝陈霸先长兄陈道谈的长子，陈朝第二位皇帝，在位7年后亡，葬于永宁陵，即现在的南京市栖霞区栖霞街道狮子冲。现陵前200米处有石兽二，一为天禄、一为麒麟，伫立在池塘草地间，左右对峙，两兽长宽均为3米以上，张牙舞爪，威猛难挡，极为精美，被认为是南朝陵墓神道石刻艺术的集大成者。1988年，狮子冲南朝石刻被公布为“陈文帝陈蒨永宁陵石刻”，并列为全国重点文物保护单位。

吴倚沧墓，在《南汤山志》中分别有图片和文字介绍，足见编者对吴倚沧的关注。

吴倚沧（1887—1927），原名莹，初字雨苍，后改倚沧，以字行，广东平远县人。参加黄花岗起义，后赴美国伊利诺大学留学，民国6年（1917）学成归国，在南京、上海等大学任教。民国10年（1921）春，奉孙中山之命返回广东开展东江收抚工作。民国16年（1927），国民政府定都南京后任代理组织部部长兼财务委员会委员，后又被任命为国民政府法制委员会委员等职。民国16年（1927）8月底，在南京病逝，葬于南汤山。

“名胜”一门，还介绍了朱砂洞、洪武石即今阳山碑材，唐云阶的私人园林——云谷，以及江宁陶觉三的“安吉山林场”等。

南汤山的名胜，并不是太多。为了充实名胜一节，编者还别出心裁地节录了陶保晋于民国13年（1924）6月9日发表在《申报》上的《茅山游记》。

作为《南汤山志》最出彩的部分“艺文”由诗、题词、赋、记、联句、题联、题句等组成，共收录清代袁枚及民国时期80多位政要、文人吟咏汤山的作品118篇，其中不乏邵元冲、熊希龄、韩国钧、戴传贤等著名人物，也有笔名为“老梅”“中天阁主”“师佛子”“鼓支”等人的诗作。诗作主要以五绝、七绝、五律、七律、五言长诗为主，其中七绝52首、七律25首、五绝7首、五律

10首；还有王卓山题词1篇，金世和《汤泉赋》、孙毅威《汤山赋》各1篇；记两篇，为江宁陶隆倎《汤山陶庐记》和江宁陶保晋《汤山陶庐别业记》。联句有熊希龄、张謇、冯梦华、陈匪石及沈葆荫等题陶庐主人联句，有王人文、戴季陶、仇涞之题陶庐联句；另有仇继恒重游汤山陶庐题联两幅，以及题句若干。透过这些名人作品，陶庐的影响力可见一斑。

《南汤山志》收录诗人的诗作，基本上为1首，也有2首者，如靳志、白龙山人王一亭、陈秉良、金仲子、龙斋禧等人；包天笑诗3首；袁枚七绝6首，五律1首，共7首诗。最多者为周庆云，11首诗，其中五绝2首、七绝3首、五律1首、七律4首、五言长诗1首。

清代及以前的诗人，独袁枚一家。编者将袁枚放在第一位，应该与袁枚曾任江宁县知县，又是著名的诗人，具有很大的影响力有关。袁枚在乾隆五十四年（1789）游历了汤山，除了《南汤山志》收录的《浴汤山五绝句寄香亭兼谢荷塘明府》《汤山高处有感》《浴汤山见路上翁仲感而有作》诗作外，他还做了《洪武大石碑歌离汤山十五里》，诗曰：

青龙山前石一方，弓尺量之十丈长。两头未截空中央，旁有赑屃形更大。直斩奇峰为一坐，欲负不负身尚卧。相传高皇开创气概雄，欲移此碑陵寝中。大书功德告祖宗，压倒唐汉惊羲农。碑如长剑青于倚，十万骆驼拉不起。诏书切责下欧刀，工匠虞衡井中死（碑下有井）。芟刈群雄笞八荒，一拳顽石敢如此。周颠仙人大笑来，天威到此几穷哉。但赦青山留太朴，胜扶赤子上春台。丁丁从此停开凿，夜深无复山灵哭。牧竖宵眠五十牛，村氓画晒三千谷。材大由来世莫收，此碑千载空悠悠。昭陵石马无能战，汉代铜仙泪不流。吁嗟乎！君不见项王拔始皇鞭山石，何尝不可迁，威风一过如轻烟。惟有茅茨土阶三五尺，至今神功圣德高于天！①

洪武大石碑，即我们所说的阳山碑村，《南汤山志》称其为“洪武石”，“石在坟头镇，距汤山十里”。不知为何，袁枚这首《洪武大石碑歌离汤山十五里》并没有收录。

细细考察《南汤山志》，会发现“艺文”一门，收录的诗作有不少与原作有出入。比如袁枚的《浴汤山见路上翁仲感而有作》的标题，与原作略有出入。原作收录于《小仓山房诗集》卷十六，标题作《赴浴汤泉见路上翁仲感而有作》。

《南汤山志》收录的其他作者的诗作与原作也存在不同之处。如：《南汤山

① 吴稚晖：《吴稚晖全集》，九州出版社，2013年，第46页。

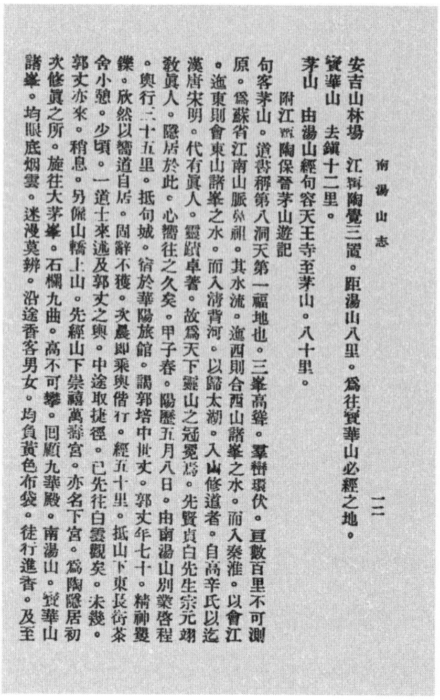
南湯山志　二二

安吉山林場　江寧陶覺三置。距湯山八里。爲往寶華山必經之地。
寶華山　去鎮十二里。
茅山　由湯山經句容天王寺至茅山。八十里。
附江西陶保晉茅山遊記
句容茅山。道書稱第八洞天第一福地也。三峯高聳。羣巒環伏。亘數百里不可測原。爲蘇省江南山脈發祖。其水流。迤西則合西山諸峯之水。而入秦淮。以會江。迤東則會東山諸峯之水。而入溧胥河。以歸太湖。入山修道者。自高辛氏以迄漢唐宋明。代有眞人。靈蹟卓著。故爲天下靈山之冠冕焉。先賢貞白先生宗元翊教眞人。隱居於此。心嚮往之久矣。甲子春。陽歷五月八日。由南湯山別業啓程。輿行三十五里。抵句城。宿於華陽旅館。謁郭培中世丈。郭丈年七十。精神矍鑠。欣然以嚮道自居。固辭不獲。次晨即乘輿偕行。經五十里。抵山下東長街茶舍小憩。少頃。一道士來迓及郭丈之輿。中途取捷徑。已先往白雲觀矣。未幾。郭丈亦來。稍息。另僱山轎上山。先經山下崇禧萬壽宮。亦名下宮。爲陶隱居初次修眞之所。旋往大茅峯。石欄九曲。高不可攀。回顧九華殿。南湯山。寶華山諸峯。均眼底烟雲。迷漫莫辨。沿途香客男女。均負黃色布袋。徒行進香。及至

图8 《南汤山志》书影

志》中《邵元冲游汤山诗》就与原作略有不同。

《南汤山志》载《邵元冲游汤山诗》：“寒烟媚疏林，大地回春曙。出郭遂幽悰，林泉一容与。道为斯民康，尘岂元规污。众芳信摇落，相斯葆真素。邈然荆茨间，远峰散重雾。”

邵元冲，字翼如。诗原载《华东》杂志，民国21年（1932）第46期，标题为《二十一年元旦休沐汤山偕默君》。诗曰：“寒烟媚疏林，大地回春曙。出郭遂幽悰，灵泉一容与。道为苍生劳，尘岂元规汙。众芳信摇落，相期葆真素。邈然荆茨间，远嶂散重雾。”

《南汤山志》中第四句、第五句和第六句为“林泉一容与。道为斯民康，尘岂元规污”，而原作则是“灵泉一容与。道为苍生劳，尘岂元规汙”；《南汤山志》中第八句“相斯葆真素”，而原作则是“相期葆真素”；《南汤山志》中第十句“远峰散重雾”，原作为“远嶂散重雾”。

《南汤山志》收录的邵元冲夫人张默君《题汤山俱乐部诗》中，也有不同之处。张默君这首诗也是原载《华东》杂志，民国21年（1932）第46期，标题为《二十一年岁朝汤山偕翼如》。《南汤山志》只录了四句：“十里幽泉洗垢氛，乱峰无语郁春云。一双人醉梅花底，香海苍茫百不闻。”如果不是读了原作，会以为张默君这首诗是一首七绝。其实是一首七律，后四句为：“冰雪清凉贮古胸，娟娟流水濯夫容。寒山高卧睨群鼠，一任风雷起蛰龙。”正可谓夫唱妇随，伉俪诗作双双入志，成为佳话。

再如陈向元诗：

“汤山富林墅，陶庐尤得名。主人五柳裔，高蹈辞飘缨。卜筑温泉旁，轩馆何珑玲。园成不自居，惟供游屐登。我来值春仲，戒驾风日晴。追陪侍元老，黄发今耆英。嘉招趁休沐，爱此玉一泓。永怀沧浪趣，聊澹忧国情。吾闻在山泉，激骨喷寒琼。此水独内热，名以汤著称。阴阳备炉炭，山泽起郁蒸。利物资灌溉，草木争敷荣。乃知伊尹志，不效孤竹清。氤氲作云雾，犹是蛟龙

腾。淘淘流浊世，湍激何时平。相从无垢人，一洗万劫轻。”[①]

《南汤山志》第二句“陶庐尤得名”，原诗作“陶园尤得名”；《南汤山志》第四句“高蹈辞飘缨”，原诗作“高蹈辞影缨”；《南汤山志》第十句“戒驾风日晴”，原诗作“戒严风日晴”；《南汤山志》第二十四句“草木争敷容”，原诗作“草木争敷荣”；《南汤山志》第二十八句“犹是蛟龙腾”，原诗作“犹足蛟龙腾。”

原诗作有跋语“朱子有诗：‘客来争解衣，万劫同一洗’。”《南汤山志》不收录。

黄郛题陶庐汤泉诗：“洗身容易洗心难，富贵功名梦正酣。南北汤山曾几涤，陶庐啸傲且偷闲。”原载《兴华》杂志民国16年（1927）第24卷第41期，题名为《题南汤山浴池》，第四句为“陶庐笑傲且偷闲”，并有附注：“三个韵脚，用寒、覃、删，三韵，亦是诗学革命家。”

《南汤山志》艺文中分别收录了仇涞之《题陶庐联句》和仇继恒《重游汤山陶庐题联》。对民国南京历史稍有了解的人都知道，仇涞之与仇继恒其实为同一人。仇继恒（1855—1935），字涞之，晚号赘叟。清上元（今南京）人。联句和题联，分别用作者的名和号，如此避免重复，可见编者的煞费苦心。

《南汤山志》在录入戴季陶诗作时，用了戴季陶的名“戴传贤”，而录入戴季陶题陶庐联句：“一天明月，五柳清风”时，则用了他的字“戴季陶”，以示区别。

为防止跳跃性阅读，编者在编纂时，初衷是为了便于阅读，遂将同一作者的诗作，前后有序排列。尽管如此注意，但百密难免一疏。跳跃性阅读的现象，还是出现在书中。《南汤山志》第19页录金仲子诗：“山左归来未有诗，朝阳门外柳如丝。汤泉浴罢浑无赖，斜倚胡床午梦迟。”而在第26页，再次出现金仲子诗：“打麦声传午梦中，深堂寂寂一帘风。小扉日落人初醒，坐对青山忆谢公。”这也是全书中唯一一次跳跃性阅读，并不影响全书的历史价值。

《南汤山志》收录“赋”两篇，一篇是前文所提到的孙巩甫的《汤山赋》，另一篇为江宁金世和的《汤泉赋》。两篇赋各具特色。

孙巩甫《汤山赋》末尾，附有铜山张伯应作于1936年的跋：“抽閟骋妍，上攀鲍谢，当与魏《温泉颂》，唐《汤泉铭》相鼎足。异日《汤山志》成，有此伟著，可增文苑之光。丙子小暑节铜山张伯应拜读。”

张伯应更看中的是《汤山志》，因此才有了“有此伟著，可增文苑之光”

① 陈向元：《子超主席招游汤山陶园赋谢》，《北洋画报》，民国21年（1932）第17卷第811期。

的感慨，从跋中可以体会到，张伯应对孙氏即将编纂的《汤山志》充满了期待。只可惜，孙巩甫事业未竟身先去，《汤山志》也就付之东流。

张伯应的跋中所提到的“鲍谢”，可能是南朝诗人鲍照和谢朓的并称，也可能是南朝诗人鲍照和谢灵运的并称。但谢灵运有赋10余篇，就孙巩甫著有《汤山赋》而言，多数指的是鲍照和谢灵运的并称。由此及彼，《汤山赋》的文采，可见一斑。

跋中还提到了《温泉颂》，即北魏《温泉颂》，为北魏著名碑刻。碑高183厘米，宽100厘米，碑额刻阳文篆书“魏使持节散骑常侍都督雍州诸军事安西将军雍州刺史松滋公河南元苌振兴温泉之颂”，现存临潼华清池温泉总源前西壁。

而《汤泉铭》则为南朝宋江夏王刘义恭1500多年前为南京汤山温泉所作。身为宗室王子、勋戚重臣的刘义恭，所作《汤泉铭》在当时必然有人为之捧场，以致传播四方。这对于宣传南京汤山温泉、扩大其在历史上的知名度，毋庸置疑曾起过重要的作用。

张伯应将孙巩甫《汤山赋》与《温泉颂》《汤泉铭》相提并论，形成三足鼎立之势，显然过于恭维和夸张，但从“曾著《汤山赋》得名”的评价来说，孙巩甫的《汤山赋》的确是一篇不可多得的名篇。

“记”有江宁陶隆僎《汤山陶庐记》和陶保晋《汤山陶庐别业记》。

陶隆僎与陶保晋为同宗兄弟，陶保晋邀请陶隆僎赴汤山陶庐沐浴，陶隆僎“遂即解衣磅礴，一浴此泉”，浴后陶隆僎神清气爽，“起时犹有振衣千仞之势”，随后又“烹汤茗，坐汤石，指点风景，同放声长啸而归”。如此经历，才有了这篇《汤山陶庐记》。

陶保晋《汤山陶庐别业记》是一篇不可多得的汤山文献。文章写到了如何发现汤山温泉、如何组织成立南汤山兴业公司、如何开辟钟汤路、如何构筑“陶庐”的经历，是南汤山温泉开发的纪实资料，对研究南汤山温泉开发与利用，有着重要的参考价值。

根据笔名“圣人”的《汤山小志》记载：“余等到汤山后，即入陶庐……汤山故有一名人题名册。”[①]《南汤山志》能收录如此众多民国名人“诗、题词、赋、记、联句、题联、题句”，应该与此题名册有很大关系，这也是陶保晋细心搜罗的结果。

虽然，徐复、季文通在《江苏旧方志提要》坦言，“但《艺文》《杂俎》占

① 圣人:《汤山小志》,《国闻画报》1928年第20期。

全书三分之二，篇幅畸轻畸重，且多系陶园酬酢之作，未免影响志书的资料价值”①，但如此众多的作品，还是起到了存录文献的作用。

既然是“系陶园酬酢之作”，不妨了解一下陶园。陶园，因陶保晋所筑，所以一般称为“陶庐”。始建于民国8年（1919），是南汤山第一个私人温泉别墅，被形象地称为民国高级“会所”。《陶保晋与汤山温泉的商业性开发》一文，对“陶庐”有着较为详细的描述：“它是一座中西合璧的建筑群体，馆、榭、亭、廊，错落有致，被称为‘大厅’的五间平房建于高台之上，青砖黛瓦，歇山式屋顶，显得十分典雅和气派。大厅不仅有落地玻璃门窗和幽静的庭院，而且四周有通透无栏的宽大回廊，可供人歇息，眺望风景。庭院和回廊四周遍植花木，松竹长青，花香四季。”②

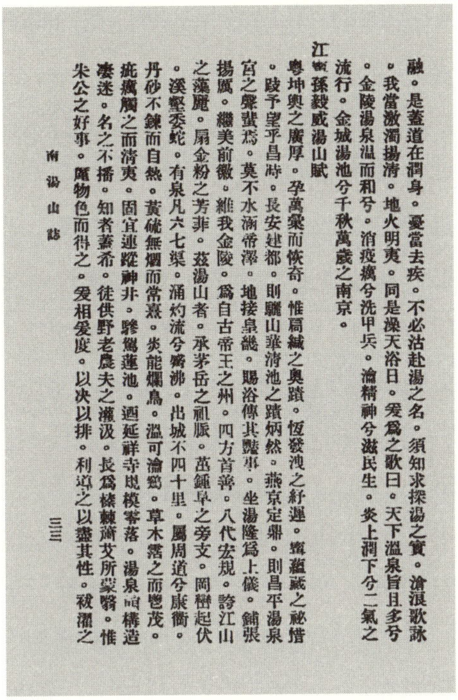
融。是蓋道在潤身。憂當去疾。不必沾赴湯之名。須知求探湯之實。滄浪歌詠
。我當激濁揚清。地火明夷。同是澡天浴日。爰爲之歌曰。天下溫泉旨且多兮
。金陵湯泉溫而和兮。消疫癘兮洗甲兵。瀹精神兮滋民生。炎上潤下兮二氣之
流行。金城湯池兮千秋萬歲之南京。

江寧孫毅威湯山賦

粵坤輿之廣厚。孕萬彙而恢奇。惟扃鐍之奧賾。恆發洩之紆遲。蓄蘊藏之祕惜
。跂予望乎昌峙。長安建都。則驪山華清池之蹟炳然。燕京定鼎。則昌平湯泉
宮之聲蜚焉。莫不水涌帝澤。地接皇畿。賜浴傳其豔事。坐湯隆爲上儀。鋪張
揚厲。繼美前徽。維我金陵。爲自古帝王之州。四方首善。八代宏規。誇江山
之藻麗。扇金粉之芳菲。茲湯山者。承茅岳之祖脈。峙鍾阜之旁支。岡巒起伏
。溪壑委蛇。有泉凡六七渠。涌灼流兮觱沸。出城不四十里。屬周道兮康衢。
丹砂不鍊而自熱。黃硫無爓而常熹。炎能爛鳥。溫可瀹雞。草木露之而鬯茂。
疵癘觸之而清夷。固宜連蹤神非。驂鶩蓮池。迺延祥寺規模零落。湯泉尙構造
淒迷。名之不播。知者蓋希。徒供野老農夫之灌汲。長爲榛棘蕭艾所蒙翳。惟
朱公之好事。厯物色而得之。爰相爰度。以決以排。利導之以盡其性。祓濯之

南湯山誌 三三

图9 《南汤山志》书影

陶庐内悬有张謇的对联一副“听松试筑三层阁，藉草频临一洗泉”。这里可以供游人休息住宿，费用按日计算，住宿费用有4元、5元、6元不等。精致幽雅，清洁卫生。洗温泉，澡资1元，虽然略嫌昂贵，但游客较多时，要排队等上数小时方能入浴。春、秋两季，陶庐每月收入约为1400元，全年收入在1万元以上。

“艺文”中诸多联句、题句、诗作，提升了温泉的知名度，成为温泉文化的重要组成部分。

杂俎，包括题记、调查报告、轶事、游记等，辑录了岑春煊、吴敬恒、王人文、褚民谊等人之题记，辑录了《孙云铸之发明》《张更之调查报告》《黄学乾之轶事》，辑录了杨灏子译、日本加藤明子的《南汤山温泉游记》，以及《余名铨游记》《张冠善游记》等26篇文章。

《张更之调查报告》，题名为《汤山附近地质报告》，原载《科学》民国17

① 徐复、季文通主编：《江苏旧方志提要》，江苏古籍出版社，1993年，第86页。
② 杨松涛：《陶保晋与汤山温泉的商业性开发》，《江宁春秋》2017年第16辑。

年（1928）第13卷第5期，是一部权威的汤山地质调查报告，《南汤山志》节录其部分。

作者张更（1896—1982），字演参，清光绪二十二年（1896）生于浙江省瑞安县北区卢浦村。中学毕业后，在浙江瑞安集广镇澄江小学任教。民国11年（1922）考入国立中央大学地学系。民国17年（1928），成为中央大学地学系的第一届毕业生，到两广地质调查所工作。民国18年（1929），调中央研究院地质调查所。其间，他调查了大量金属和非金属矿床，写出了许多有价值的论文。民国23年（1934）考入美国哈佛大学，成为世界著名矿床学家林格仑的学生。民国25年（1936）回国，任南京中央研究院地质研究所研究员。民国30年（1941），任重庆沙坪坝中央大学、重庆大学等校地质系教授兼系主任。中华人民共和国成立后，历任燃料工业部石油管理局陕北勘探大队总地质师等职。1953年，北京石油学院成立，参加建校工作并任地质系主任。

值得一提的是，在国内修纂的方志中，收录外国人的作品是较为少见的。80多年前，严伟以超前的眼光，创造性地辑录了由杨灏子翻译的日本加藤明子的作品《南汤山温泉游记》，这是本志的独特价值所在。

《南汤山志》录入作品时，不少作者，既有诗作，也有联句。如熊希龄《题陶庐诗》《题陶庐主人联句》、戴季陶《题诗》《题陶庐联句》、王人文《题陶庐联句》《题记》、陈秉良《题诗》和合著《游记》、余名铨《诗》《游记》、俞寰澄《诗》《题记》，靳志有《立秋后四日南汤山浴诗》《丁丑立夏前五日游汤山三十韵》《题记》，显然两首诗不是同一时期所作，这说明靳志多次来汤山游历。陶保晋除了《汤山陶庐别业记》外，还收录了一篇《茅山游记》。都是有感而发，才情思路汩汩而出，留下了一篇篇传世佳作。

三、特色亮点汤水流韵

金陵龙蟠，石头虎踞。磅礴郁蒸，一气东注。滃此神汤，山灵呵护。述旧闻第一。

嘉此周道，宏我汉京。亭障既缮，庠序斯营，美哉轮奂，对宇望衡。述建置第二。

在山泉清，出山泉浊。论道则然，体物不足。不澄而清，不热而燠。述汤泉第三。

一岩挺秀，众壑生姿。青峦翠巘，高下参差。远或百里，近亦连枝。述名胜第四。

登高能赋，斯为大夫。沧浪之歌，慨想黄虞。流连咏叹，属在吾徒。述艺文第五。

松风入坐，既见君子。竹径通幽，亦招游士。摭拾遗闻，往往可记。述杂俎第六。

通读《南汤山志》六个单元后，不难发现，编者无一例外地采用了六句四言诗开篇，这是《南汤山志》的创举，也是亮点之一，堪称一绝。

严伟在《自序》中，虽然不是完全采用四言诗作序，但已经透露出四言诗的端倪：“神州禹宇，山川绵亘。地不爱宝，爰有温泉。华清之汤，著于唐纪，琼池宛在，玉液常馨。近三十年，北汤骤盛，南汤继之。”

四言诗，即以四言句式为主组成的诗歌体式。我们最熟悉的四言诗，以《诗经》最为经典：“关关雎鸠，在河之洲。窈窕淑女，君子好逑。参差荇菜，左右流之。窈窕淑女，寤寐求之。求之不得，寤寐思服。悠哉悠哉，辗转反侧。参差荇菜，左右采之。窈窕淑女，琴瑟友之。参差荇菜，左右芼之。窈窕淑女，钟鼓乐之。”这是《诗经》中《关雎》的内容，这首短小的诗篇，在中国文学史上占据着特殊的位置。它是《诗经》的第一篇，而《诗经》是中国文学最古老的典籍。

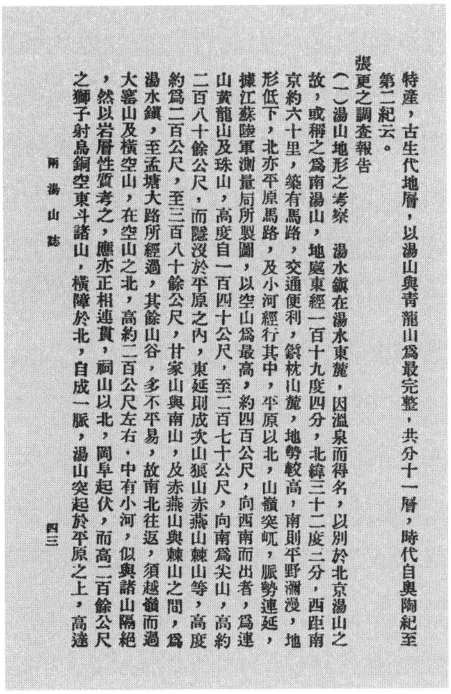
特產，古生代地層，以湯山與青龍山爲最完整，共分十一層，時代自輿陶紀至
第二紀云。
張更之調查報告
(一)湯山地形之考察　湯水鎭在湯水東麓，因溫泉而得名，以別於北京湯山之
故，或稱之爲南湯山，地處東經一百十九度四分，北緯三十二度二分，西距南
京約六十里，築有馬路，交通便利，鍚枕山麓，地勢較高，南則平野瀰漫，地
形低下，北亦平原馬路，及小河經行其中，平原以北，山嶺突屼，脈勢連延，
據江蘇陸軍測量局所製圖，以空山爲最高，約四百公尺，向西南而出者，爲連
山黃龍山及珠山，高度自一百四十公尺，至二百七十公尺，向南爲尖山，高約
二百八十餘公尺，而隱沒於平原之內，東延則成次山狠山赤燕山棘山等，高度
約爲二百公尺，至三百八十餘公尺，甘家山與南山，及赤燕山與棘山之間，爲
湯水鎭，至孟塘大路所經過，其餘山谷，多不平易，故南北往返，須越嶺而過
大窰山及橫空山，在空山之北，高約二百公尺左右，中有小河，似與諸山隔絕
，然以岩層性質考之，應亦正相連貫，祠山以北，岡阜起伏，而高二百餘公尺
之獅子射烏銅空東斗諸山，橫障於北，自成一脈，湯山突起於平原之上，高遠
南湯山誌　四三

图10　《南汤山志》书影

正如张炜在《唐代四言诗研究》中所言：“先秦时期，《诗经》的结集见证了四言体诗歌的辉煌，到汉魏六朝，四言诗继续发展，产生了韦孟、曹操、曹丕、王粲、阮籍、嵇康、陶渊明等四言诗大家。”[①]而自隋唐以后，四言诗每况愈下，宋、元、明、清，四言诗的主流地位，早已经被五言诗和七言诗所取代。《诗经》是四言诗的最高峰，“《诗经》以后的四言诗作者，在汉魏六朝诗人中也仅推崇曹氏父子、王粲、陆机、陶渊明等寥寥几人……虽然对四言诗的没落起于何时说法不一，但四言诗在后代衰落，而没有像五言诗、七言诗那样

① 张炜:《唐代四言诗研究》,科学出版社,2016年,第1页。

成为‘百代不易之体’，是古人的共识”。从这个角度来说，我们能在民国时期的《南汤山志》中读到四言诗，是幸运的。

几乎所有的志书，都要设置“人物”一门。细细一数，该志中所涉及的人物竟然有100多位，按理说，韩滉作为典籍记载的第一位实践汤山温泉能治病养身的人，可以入志；作为声名远播的《汤泉铭》的作者宋江夏王刘义恭，也是值得一书的人；还有著名诗人袁枚等。如此众多的古代人物，都对南汤山产生过不同程度的影响，编者对他们的事迹，似乎视而不见，并没有给他们立传。

或许是因为古代人物的事迹文献中都有记载，因此，《南汤山志》不必再费笔墨，重复为这些古代人物树碑立传；而民国人物，也因其时不远，各种信息都容易搜集，再加上生不立传的原则，因此，也没有必要立传。《南汤山志》如此独辟蹊径，居然不设“人物”单元，这是编者新思想、新思路在编纂过程中的体现。

在《南汤山志》网罗的在汤山留下了足迹的100多位人物中，我们不难发现，涉及门类很多，可以说是包罗万象。有古代的帝王将相，也有民国重量级人物。区分一下，民国时期的人物可分为政要人物如林森、岑春煊、戴季陶、熊希龄、邵元冲、韩国钧等，报界人物史量才，军界人物黄郛、熊式辉，文学界人物靳志、陈匪石，银行界人物陈其采，教育界人物蒋维乔、仇继恒、江恒源，实业界人物张謇，地质界人物张更、孙云铸，他们慕名而至汤山，为汤山留下了大量的作品，也是汤山温泉宣传者，传播者。

《南汤山志》编纂成功，作为倡议者，陶保晋居功至伟。因而，《南汤山志》有意识地记叙陶保晋的功绩，也是人之常情。苦于志书有“生不立传”之说，故编者没有为陶保晋立传。而是巧妙地将陶保晋的事迹，贯穿志书始终，与志共存，以垂久远！

“建置”介绍钟汤路时写道：“民国八年，江宁陶保晋建议于前督军齐燮元、前省长齐耀琳，筑为钟汤路。”

南汤山兴业公司的设立，也与陶保晋密不可分。“南汤山兴业公司：民国八年，江宁陶保晋、唐云阶与上海刘柏森、史量才等，就汤山之南，汤王庙一带，购地百余亩，组织南汤山兴业公司，造林、筑路、凿泉、建屋，为近代开辟之始。”

再者南汤山影响极广的“陶庐”，也是陶保晋的杰作。“陶庐：民国八年，陶保晋自置。有林园之胜。楼榭云连，复室皆有汤池，都人士群休沐于此。”

“陶庐”的成功建成，开辟了在汤山建造私人温泉别墅的先河，随之，名人私家别墅接踵而建。

除上述记载外，《南汤山志》还将陶保晋《茅山游记》和《汤山陶庐别业记》收录书中，以期流芳。

难能可贵的是，《南汤山志》编者在编纂志书时，取舍度把握较为准确到位。

民国8年（1919），江苏省会官绅集资置办汤山俱乐部，不久旋废。到了民国17年（1928），军政部就原址改筑为俱乐部。“汤山有总司令部俱乐部，为蒋介石所建。为总司令部同人娱乐之所。”①《南汤山志》并没有因为“汤山俱乐部”的显赫地位，而大书特书。

国民政府定都南京后，作为国民革命军总司令的蒋介石，经常与国民政府要人来到汤山休沐，也经常在汤山官邸处理要务。《南汤山志》中仅在吴敬恒的《题记》中出现了“蒋委员长独捐五千元，宋部长允捐四千元”的记载。而民国19年（1930），“蒋主席捐助南汤山小学二千余金建筑校舍，并题‘慈庵课堂’四字”的事，却不见描述。

综观《南汤山志》，为汤山留下了宝贵的文史资料。譬如：《南汤山志》载有许多地名、道路名及寺庙名称，汤山、张山、雁门山、神泉乡、汤泉市、孝陵卫、马群镇、麒麟镇、侯家塘、汤水镇、汤山镇、钟汤路、京杭路、镇句路、坟头庙、圣汤延祥寺、汤王庙、朱砂洞、义兴巷、桃花源等，这些多数为大众耳熟能详的地名，对研究当地及周边地区历史有一定的参考价值。

《南汤山志》还记载了众多机构名称，如：建设委员会振兴农业实验区附汤山林场、实业部中央模范林区汤山林场、江苏省教育林、汤山农业实习学校筹备处、首都电厂汤山办事处、汤山二等邮政局、汤山电报局、汤山长途电话、江宁县第六区警察局、江宁县第六区中心小学、江宁县汤山镇卫生事务所、江宁县第六区汤山镇公所、安吉山林场等，这些机构在南汤山发展过程中，都做出过一定成绩，是南汤山人文历史的组成部分。

因观点不同，编纂思路不同。就今天而言，《南汤山志》也有一些缺项。如：民国18年（1929），在南汤山成立的江苏省立汤山农民教育馆的事迹，就未见载入。江苏省立汤山农民教育馆以改善农民素质，探索实验农民教育实施方法为己任，在汤山五年多时间的农民教育实践过程中，影响却很深远，成为那个年代农民教育运动的典范，受到了方方面面的关注。蒋介石几次到汤山，

① 圣人：《汤山小志》，《国闻画报》1928年第20期。

视察了江苏省立汤山农民教育馆，并鼓励他们通过加强农民教育、植树造林、修建桥梁，进一步改变汤山的面貌。张学良、张治中、宋子文、孙祥熙、戴季陶、钮永建、李寅恭、陈鹤琴等名流，也曾来此参观。

再如：著名农学家过探先墓，是南汤山的名人墓之一，也未能入志。过探先，光绪十三年（1887）出生，江苏无锡县人。民国4年（1915），被任命为江苏省立第一农业学校校长。其后，又历任东南大学农科教授；金陵大学校务委员会主席；江苏农民银行总经理等职。民国18年（1929）3月22日，过探先在南京病逝，享年43岁。这年5月7日，过探先灵柩安葬在中山门外汤山南麓的汤山林场。国民党元老吴敬恒为过探先撰写了墓志铭，高度评价了过探先短暂的一生，“农学界之先哲”，这是过探先的真实写照。过探先从事农业教育及科研工作，对我国植棉业、林业及农业经济、农业教育事业的发展有所贡献。

民国时期的南汤山，以温泉和陶庐驰名，也因此成了文人笔下的常客，留下了众多的游记和诗作。如：笔名遁庵的《南汤山温泉游记》、笔名琴章的《游汤山温泉》、笔名忆秋的《汤山漫记》、徐澹庐《汤山滴墨》、姜超岳《汤山试浴记》、蒋梅笙《汤山游记》、赵君豪《京杭国道游观记》之《汤泉休沐》等。诗歌有柳弃疾《十九年四月七日游汤山归途车坏偕庚白无垢步行二十里始抵中山门》、海涛《登汤山感赋》、公展《游南汤山归途杂诗》、胡汉民《在汤山养病口占二律》、萧义田《服务汤山俱乐部》等。透过这些题咏汤山及汤泉的作品，美丽的南汤山跃然纸上，令人神往。或许是因篇幅关系，抑或是囿于文献查阅困难，也有可能是这些作者没有到“陶庐”一游，总之，这些作品，并没有令《南汤山志》的编者心动。

《南汤山志》出版后颇受欢迎，流传甚广。80多年过去了，在中国科学院文献情报中心、首都图书馆、浙江图书馆、南京图书馆、金陵图书馆等单位均有收藏。作为汤山宝贵的文化遗产，由于编纂时间紧凑，该志难免有其不足之处，但并不影响志书对汤山的旅游经济和温泉文化所起的积极作用。

南京市作家协会会员　张智峰

文献名家 园墅首志

《金陵园墅志》导读

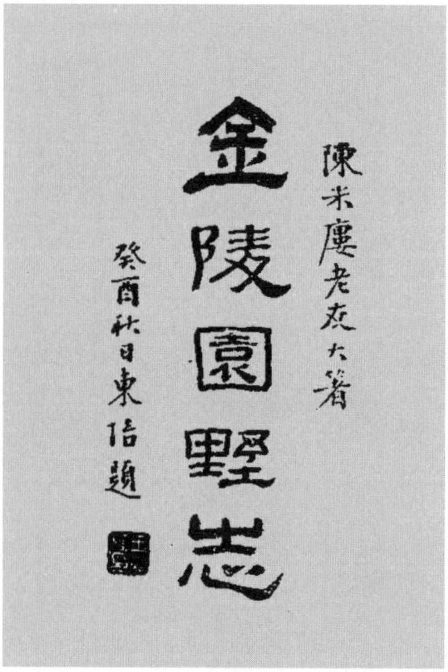

图1 《金陵园墅志》书影

中国源远流长的地方志，是中华民族独特的“文化瑰宝”，是某一地域或某一领域的百科全书，与国史、家谱一起，共同记载并传承着中华民族丰富而宝贵的历史文化遗产。作为一种传统文化载体和文化传承方式，地方志在中国文化中有着非同寻常的独特地位和深远的文化影响，中国现存古籍中的十分之一是地方志书。南京号称六朝古都、十朝都会，是国家公布的第一批历史文化名城，南京的地方志在我国方志中占有相当突出的地位。南京地方志门类齐全，品种繁多，佳作迭出，地方文献名家陈诒绂所撰的《金陵园墅志》，便是一部专记南京一地园墅历史的传世名篇。

一、陈诒绂其人及家族

陈诒绂（1873—1937），字稻孙，一字蛰斋，号无何居士、石头老人，是民国时期南京地方文化学者。其先祖在明末清初时从河南移居南京，居住在运渎南面的南乾道桥西。南乾道桥位于安品街与千章巷之间，上跨运渎，有人曾在南乾道桥下掘地三尺，发现下面的泥土皆为红色，所以，该桥又俗称为“红土桥”。大约在20世纪40年代，南乾道桥下的河道被填，桥不存，桥名遂废，但红土桥这个地名却沿用至今。今安品街20号院落，即为陈氏家族在南京的繁衍生息之地。

南京是我国著名的古都，是中华文明的重要发祥地和兴盛地。深厚的文化底蕴，优良的文化传统，使得南京地区有代表性的文化人物，多祖孙、父子相传而成为一个文化世家。以近代为例，南京就出现了不少相沿五世以上的文化世家，陈诒绂家族便是其中之一。陈诒绂的父亲陈作霖，是清代同光两朝南京地区文化界有影响的人物，他对南京地方文化所做的贡献，至今为人们所称道。陈作霖的父亲陈元恒为举人、官学教授，一生致力于南京文献资料的搜集。陈作霖的祖父陈维垣、叔祖陈维屏为嘉庆二十四年（1819）恩科同榜进士。陈作霖的曾祖陈授，诸生，入祀乡贤。从陈作霖的曾祖陈授到陈诒绂，陈家已经是五世书香，代有传人。陈诒绂的儿子陈祖同，曾参加江苏省志的编纂，并为祖父陈作霖记录口述，整理出版了《可园备忘录》。陈诒绂的孙子陈鸣钟，曾为中国第二历史档案馆的研究馆员、《民国档案》杂志总编。世代书香的陈氏家族，堪称南京文化史上经学、文学、史学名家的杰出代表，特别是在南京地方文献的整理、著述上，陈作霖、陈诒绂父子贡献尤多。陈鸣钟在《东南文化》1987年第二期上撰文《同光两朝南京文化概貌与文化世家》中说："同光之际陈作霖撰有《运渎桥道小志》《凤麓小志》《金陵物产风土志》《东城志略》《南朝佛寺志》（合称《金陵琐志五种》）……其后陈作霖哲嗣陈诒绂著有《钟南淮北区域志》《石城山志》，合《金陵琐志五种》中《南朝佛寺志》以外之四种，于是整个南京地区及附廓之志遂全。"陈作霖有影响的作品还有《金陵通纪》《金陵通传》《江苏兵事纪略》等；陈诒绂则子承父志，撰有《续金陵通传》《续金陵文钞》以及《金陵艺文志》《金陵陵墓志》《金陵小品丛书》《金陵隐逸传》《金陵耄贤传》等多种专述金陵一地乡邦文化的著作。中国科学院文献情报中心藏有陈诒绂纂修的《江苏通志艺文志》稿本，并且将其与其他88种珍稀方志合并编入《中国科学院文献情报中心藏稀见方志丛刊》，为"十一五"国家古籍整理重点图书出版规划项目"著名图书馆藏稀见方志丛刊"的子项目，具有重要的文献价值和文物收藏价值。

陈诒绂的人生轨迹与成长经历，既与当时及当地的时代背景息息相关，又与其家族及父亲的影响密不可分。陈诒绂出生于同治十二年（1873），其时太平天国运动对南京这座古城所造成的破坏，触目皆是，就连陈家焚毁于这场战乱的祖居，也还没有来得及重建。直到光绪元年（1875），父亲陈作霖才将位于南乾道桥侧的祖居构建成功，并将屋后隙地筑亭建廊、种竹莳花，名其为"可园"。光绪十一年（1885），陈诒绂跟随父亲寓居在古城西南隅、邻近凤凰台山麓的李氏宅中。这里山水清嘉，景色幽美。每当春秋假日，陈诒绂便跟着父亲“陟跻冈阜，搜胜探奇，就父老以咨询，感古今之兴废。归即翻阅故籍，证以见闻，件系条分，慨然有撰述之志”。[1]陈诒绂回归可园后，一直居住在蛰斋中。时任江宁提学使的李瑞清曾对陈诒绂说：“尔性潜默，园中蛰斋尔居之，继志述事毋忽也。”[2]事实证明，陈诒绂没有辜负父亲和师长对自己的栽培和期望，他用自己的不懈努力，为南京地方文献书写了不朽篇章。

陈诒绂最初以诸生任津逮学校教员，当时的校长为出身文教世家的卢益卿。卢益卿的同学张通之在所著《秦淮感逝》中提到，每次路过津逮学校，“常闻稻孙之教课，极其详细。学生静坐听讲，堂上若无人而只有稻孙一人言论。其循循善诱，致人皆信仰，诚不愧为良教师焉！”[3]陈诒绂先后任南京中学堂、师范学堂教习近30年，其教学之暇，心系金陵地方文献。他在所著《钟南淮北区域志》的凡例中提道：“咸丰以后，古迹大半毁烬。余受生也晚，百不知一。每日余闲，请家君话所见闻，随笔录之。升平风景，想象而知，庶可不作残山剩水观也！”[4]《钟南淮北区域志》起初是其父陈作霖在编撰，后来由于眼病发作，无法继续撰述，陈诒绂便接下父亲未竟书稿，父子接力，终成一家之言。当时陈诒绂认为，金陵西北已有顾云的《盋山志》，加上父亲和自己所撰《运渎桥道小志》《凤麓小志》《东城志略》《钟南淮北区域志》，金陵全城叙述已经完备。陈作霖却认为，顾氏的《盋山志》虽有其长处，但疏于考据，且体例上也与其他几志有差异。他叮嘱陈诒绂说：“尔既抱精勤之愿，拾零搜遗，岂可惮涂抹之烦？因陋就简，略者详之，散者整之，系珠以贯，若网在纲，小子之责也。”[5]在父亲的鼓励和鞭策下，陈诒绂很快又完成了《石城山志》的编撰。陈诒绂在《石城山志》一书的凡例中说：“是志以顾氏《盋山志》为张本，略者使详，散者使整，与《运渎》诸志同一体例。所谓道并行而不相悖，非欲争胜前贤也。”[6]这段话蕴涵了陈诒绂的人品和文品，至此，陈诒绂已经走向成熟，对他来说，“道并行而不相悖”，编撰整理乡邦文献不仅是一

---

① (清末民初)陈作霖、(民国)陈诒绂撰:《金陵琐志九种》上册,南京出版社,2008年,第35页。

② (民国)陈诒绂撰:《金陵园墅志》,《金陵全书》甲编·方志类·专志6,南京出版社,2013年,第57页。

③ (民国)张通之《秦淮感逝》,民国37年(1948)十一月南京文献委员会通志馆印行《南京文献》第23号,第29页。

④ (清末民初)陈作霖、(民国)陈诒绂撰:《金陵琐志九种》下册,南京出版社,2008年,第360页。

⑤ (清末民初)陈作霖、(民国)陈诒绂撰:《金陵琐志九种》下册,南京出版社,2008年,第390页。

⑥ (清末民初)陈作霖、(民国)陈诒绂撰:《金陵琐志九种》下册,南京出版社,2008年,第391页。

种家族的传承，更是一种与生俱来的造福后人的责任。

陈作霖老年频患眼疾，最后发展到事事不能离人的地步，为此，陈诒绂辞去教员一职，专门在家侍奉父亲。张通之在《秦淮感逝》中提到，陈作霖的眼疾自从用了陈诒绂设法寻来的西医眼药水后，大有功效。然而眼疾虽好转，却又散光厉害，陈诒绂又用收瞳药水以敛之，陈作霖这才视物如常。陈作霖晚年眼睛复明并自号重光老人，其中饱含着陈给绂对父亲的精心照料和一片孝心。1920年陈作霖去世，陈诒绂于次年赴北京，协助徐世昌辑《晚晴簃诗汇》，并任四存学会编辑主任，专事研究颜（元）李（塨）学派。1923年，陈诒绂从北京回到南京，受其父亲陈作霖的影响，一心致力乡邦文献，不愿复出。

陈诒绂六十岁生日即将到来之时，曾自带宣纸一张，到居住在红土桥附近仓巷的张通之家中，想请他给自己画一幅蟠桃。张通之是当时的文化学者，诗书画都很擅长，见陈诒绂来访，便对他说：您是不是要做寿过生日啊？陈诒绂答道：现今时世艰难，那里还有心思做寿啊！我的小儿子绳其倒有这个意思，但我没允许。我来是想请您帮我画幅蟠桃留作纪念，想来您不会不答应吧！张通之闻说后，不仅为陈诒绂作了画，并且还在画上题了一首七律。诗曰：君年六十乐如何？人世桃源乐事多。老妇老夫身并健，佳儿佳媳色皆和。窗前课女勤针黹，阶下听孙学唱歌。料到冰盘称寿日，宾筵我亦醉颜酡。事后陈诒绂专程面谢，并对张通之说：君之画固大佳，而诗尤能顾到予全家，予家中人皆甚感激。张通之后来对此诗第二句“人世桃源”注解说，当年城中曾遇兵变，抢劫一空，唯独陈诒绂家免遭劫难，故有此说。这段小掌故既记载了陈诒绂花甲之年的家庭状况，又反映了南京当时的时局动乱。

民国22年（1933）春天，已过花甲之年的陈诒绂住在安品街可园，因空暇时间较多，便又想做点什么。陈家是文化世家，与金陵各阶层的名人特别是文化名人有着广泛的接触，陈诒绂便想编一本《金陵名人住址集》。后来得知同乡王孝煃正在编撰此作，于是另开思

中華民國二十二年十一月出版
（金陵墅園志）全一冊
（實價大洋六角）
著作者 江甯陳詒紱
出版者 翰文書店
代售者 各大書局
不許照樣翻印
總發行所 南京朱雀路四象橋 翰文書店
分發行所 南京朱雀路益仁巷 存古書店

图2 《金陵园墅志》书影

路，决心编一本《金陵园墅志》。陈诒绂在《金陵园墅志》自序中说：“今春园居多暇，欲编《金陵名人住址集》，而王君寄沤已有此作，尚未成书。余于是遂编《园墅志》。”由于陈诒绂长期关注并从事金陵一地的史乘工作，先前父亲及自己的几部著作中对金陵园墅也多有涉及，加上家中资料的丰厚，特别是祖父陈元恒、父亲陈作霖对南京地方文献资料所做的大量搜集工作，经过几个月的努力，陈诒绂很快编成了一部“上自高辛，下逮并世，专载金陵名园、别墅”的专志——《金陵园墅志》。

二、《金陵园墅志》的体例内容

园林是建筑和自然景物的艺术结合，私家园林往往附设于宅旁或宅后，这样常常就有东园、西园、后花园之称谓。纽约大学兼职教授何勇认为：“在世界上独树一帜的中国园林，是中国文化的优秀代表，其美妙绝伦的山石亭台、泉池花木和诗酒雅集，蕴藏着深厚的哲学思想、丰富的艺术理念和优雅的文化生活。更重要的是，中国园林在实用操作方面，有着巨大的实践价值和推广优势。”[①]明清两代是中国造园的盛世，时至今日，尽管明清两代所造园林大多不存，但中国园林之美，美到消失后依然能名动天下。陈诒绂的《金陵园墅志》，便是一本领着人们去寻觅并了解中国园林的重镇——南京历代园墅的图书。

《金陵园墅志》全书共分上、中、下三卷。卷上为园墅汇总，作者以历史的角度，由远而近地向世人展现金陵园墅的完整脉络；卷中为园墅游记，重点推出有代表性的游记文章；卷下为园墅诗词，尽显金陵园墅的精华题咏。三个部分既有交叉却并不重复，各有所长却互为补充，体现了陈诒绂扎实的文化功底和完美的资料支配能力，从而形成了《金陵园墅志》文化气息极强、可读性极佳的专业志书特色。

上卷记载历代所建园墅的地址、建筑者姓名、台榭景物的位置、形制等，从太古到民国，共376条目。其中太古至明代以前园墅共有62条，明代有130条，清代有172条，民国年间12条。这些条目除极少数仅录园名外，大多都有较为准确、简洁的介绍，使我们对南京一地园墅建筑的历史情况，有了一个系统、完备的了解。虽然这些园墅大都因各种原因而不存，但这些宝贵的文字记载，却领着我们走进一座座不同历史时期的园林别墅，唤醒了南京这座历史文

① (清末民初)陈作霖、(民国)陈诒绂撰：《金陵琐志九种》下册，南京出版社，2008年，第390页。

化名城在园林建筑史上的珍贵记忆。民国文化学者卢重庆在为《金陵园墅志》一书作序时提道："金陵自郡乘外，一物一事而为之志，所在多有专志。园墅始于顾、王两氏，顾、王而后，园墅之变迁兴废，又不知凡几。因思六代以降，吾郡恒为首都，园墅之盛，甲于通国；而被兵之数，亦甲于通国。自辛亥革命迄于今日，仅二十寒暑，而郡之被兵，殆及十次，其不幸为何如？其园墅之变迁兴废，又何如哉？"卢重庆还在序中感叹道："一亭、一榭、一花、一木，向之流连觞咏于其中者，或一过之而墟焉，或再过之而墟焉。耳熟其名而目不辨其地者，往往然也。失今不志，后之人虽欲志之，将愈远而愈不可得。"卢重庆的这段话，解析了金陵园墅的兴废原因，同时说明了修志的必要性和及时性。以本书所收条目较多的明、清两代为例，有的只存其名，却无法考证具体所在，而明代以前失传园林的数目应该更多。陈诒绂以所著《金陵园墅志》，挽救了金陵一地园墅史料的湮灭和丢失，准确而又尽可能完备地展示了金陵一地在历史长河中的园墅长卷。他以严谨的治学态度，流畅简洁的语言，统一规范的取舍，使得卷上的每一条记载都有其不可替代的价值。

瞻园是南京现存的一处最著名的古代园林，陈诒绂在书中记道："徐中山王达园，在南门街。表其门曰'大功坊'（今改中华路）。园以石胜，有最高峰，极其峭拔。友松、倚云、长生、凌云、仙人、卷石，亦名称其实。石之下，邃谷、集祥、伏虎、仙姑、三猿、明通、垂云诸洞，盘纡曲邃。又有亭台池馆。清为江宁布政使司署，今为内政部。"以上叙述不足百字，却留下了这座园林由明代到民国的主要信息。首先，明确了瞻园的主人乃是明中山王徐达，其次，瞻园位于南门街，即今日的中华路上。为什么不说位于瞻园路上呢？查《南京地名大全》"瞻园路"条："清代，此路上设有江宁布政使衙署、盐巡道署、藩台、粮台等道台衙门，分别称使署口、道署街，1934年5月合并，以瞻园得路名。"也就是说，《金陵园墅志》问世一年以后，才正式有了"瞻园路"这个地名。另据《金陵琐事》记载：高帝以魏国公达勋业非常,于居第左右特各建一坊，榜曰大功，以旌异之。有南园，本徐八公子所创，在府第对门，右曰西园，今司署内瞻园是也。这段文字说明：瞻园原名西园，是明中山王徐达的花园。明代所建的瞻园跟历史上的许多园林一样，尽管主体位置未变，由于时代的变迁，进出园林的大门是有变化的。陈诒绂突出了瞻园以石胜，而对于瞻园的其他水面及地面建筑，仅以"又有亭台池馆"一笔带过。有趣的是，陈诒绂在这段文字的最后说，"清为江宁布政使司署，今为内政部"，仅10余字，便将这座明代徐达王府的园林至清、民国时的用途择要言之，但对瞻园在太平天国占领南京期间一度为忠王李秀成等人的府衙，则绝口不提，体现了陈诒绂纂修志书时对史料的取舍原则。至于“瞻园”命名的来历，陈诒绂并未提及。据《南京地名源》一书介绍：“瞻园是明清以来南京的著名园林之一。因在魏公丽宅之西，故称西园，后为别于凤台园（当时亦称西园），又称‘魏公西圃’。清乾隆皇帝南巡时，御书‘瞻园’二字，园遂以‘瞻园’名之。”①

南京历史上还有一处建于清代的瞻园，却多为今人所不知。有的人不明就里，还将两处的典故事迹混淆穿插，以讹传讹。陈诒绂在书中写道：“在武定桥东，江宁秦磵泉学士大士归里所筑者。土人以其官名所居，曰‘大夫第’（今改长乐路）。大士取欧阳永叔‘瞻望玉堂，如在天上’之意，名曰‘瞻园’。有东山楼，日与子弟吟讽其上。又树柏、梓、桐、椐四木于庭，名堂曰‘百子同居之堂’。旁有秋声馆。相传园址本明桐城何文端如宠赐第。”陈作霖《东城志略》中对此也有记载。秦大士故居建筑群原是明末崇祯皇帝赐给当朝首辅、大学士何如宠的府邸，清兵入金陵，何家日渐衰落。乾隆三十五年（1770），秦大士年老退任，时任陕西巡抚的大儿子秦承恩买下了何如宠故居，送与其父秦大士，称状元府。该处建筑原有五路九进，其范围大约在今南到长乐路、北至钞库街、东达琵琶巷、西近武定桥一带地域，有九十九间半之称。整座建筑厅堂在前，楼宅居后，侧有花园，旁建书房，布局合理，错落有致。该故居后来一直是秦大士的后人居住，因年久失修，破损严重。2001年政府投入1000多万元，搬迁40多家住户，多方征集相关史料，对秦大士故居进行了大规模的整体整修，并辟为秦大士状元府展览馆，于2007年6月28日对游人开放。由于秦大士故居的花园早已不存，历史上南京秦大士的瞻园逐渐淡出人们的记忆，而瞻园便成为专属于原明中山王徐达花园的名称。

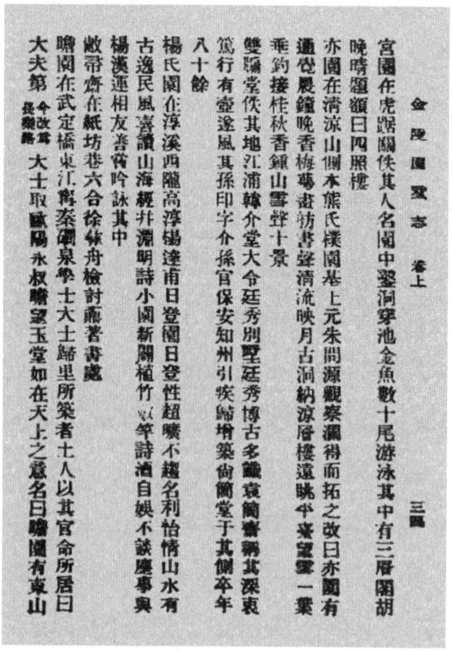
金陵園墅志 卷上 三四

宮園在虎踞關佚其人名園中鑿洞穿池金魚數十尾游泳其中有三層閣胡曉晴題額曰四照樓

亦園在清涼山側本熊氏樸園基上元朱問源觀察瀾得而拓之改曰亦園有通德殿鐘晚香梅萼畫舫書聲清流映月古洞納涼層樓遠眺半亭望雲一葉垂釣接桂秋香鍾山雪聲十景

雙驛堂佚其地江浦韓介堂大令廷秀別墅廷秀博古多識袁簡齋稱其深衷篤行有壺遂風其孫印字介孫官保安知州引疾歸增築尙簡堂于其側卒年八十餘

楊氏園在淳溪西隴高淳楊達甫日登園日登性超曠不趨名利怡情山水有古逸民風喜讀山海經并淵明詩小園新闢植竹數竿詩酒自娛不談塵事與楊漢運相友善賓吟詠其中

敝帚齋在紙坊巷六合徐餘舟檢討鼐著書處

瞻園在武定橋東江寧秦澗泉學士大士歸里所築者士人以其官命所居曰大夫第（今改為長樂路）大士取歐陽永叔瞻望玉堂如在天上之意名曰瞻園有東山

图3 《金陵园墅志》书影

① 冯秋红:《一座消失300多年的江南园林,为何成为中国园林代表》,《扬子晚报》2018年12月6日。

愚园是晚清至民国年间南京城西南的一处著名园林，因其主人姓胡，民间称其为“胡家花园”。其所在地原为明代巡抚吴用光的宅园，毁于太平天国战火。同治十三年（1874），胡恩燮兄弟买下吴家花园的数十亩地，于清光绪元年（1875）开始构筑愚园，光绪三年（1877）建成春晖堂、清远堂等胜景。胡恩燮去世后，其子胡光国继续打理兴建，使其成为金陵古城一处文人雅集、民间集会的重要场所。1929年胡光国辞世后，愚园失去经济来源和得力主管，从此一蹶不振。《金陵园墅志》一书中是这样记载愚园的：“江宁胡煦斋太守恩燮园，前临鸣羊街，后倚花盝冈，有清远堂、春晖堂、水石居、无隐精舍、分荫轩、依琴拜石之斋、镜里芙蓉、寄安松颜馆、牧亭、城市山林、集韵轩、漱玉觅句廊、青山伴读之楼、愚湖、渡鹤桥、柳岸波光、养俟山庄、西圃、春睡轩、在水一方、鹿坪、延青阁、啸台、梅崦、界花桥、课耕草堂、容安小舍、秋水蒹葭之馆、竹坞、栖云阁、小沧浪、憩亭、小山佳处、岩窝诸胜。先为吴用光园，仍西园旧址。筑园时得六朝石，一时名流题跋殆遍。恩燮性至孝，园居不离母侧。母没，投园池以殉，家人觉而救。后以孝子被旌，建坊园中。其子光国增建孺慕亭，以表先德。又筑瑞藤馆、怀白楼等处。”该书对愚园的记述有来历又有故事，简略而又完备，若将其与陈作霖所撰《凤麓小志》中“考园墅第三”中的“愚园”参照阅读，则能对愚园有更加清晰的认识。尤为难得的是，《凤麓小志》还收有《愚园全图》，恰可补《金陵园墅志》之不足。陈氏父子如此钟情愚园，内中的原因，除了愚园在晚清、民国年间的名气大，还因为胡、陈两家关系密切，文气相通。据陈作霖所撰《凤麓小志》自序中记载，愚园主人胡光国曾过问《凤麓小志》的出版事宜，并为该小志撰写了后序。胡光国的高夫人病逝，陈作霖为高夫人撰写了“墓道之文”。胡光国还经常邀请陈作霖到愚园相聚酬唱，在其所辑《愚园诗话》四卷中，内中数陈作霖的诗作最多。胡光国得知陈作霖之子学弹古琴而无佳琴时，随即将家中古琴赠送给他。陈作霖与胡光国交往40多年，其情谊也传递到后代。陈诒绂所生活的时代与愚园建成的时代几乎同步，加上陈诒绂所居住的可园与胡氏愚园相隔不远，陈诒绂与愚园主人也多有交往，并曾撰写了《愚园瑞藤记》《怀白楼赋》等。他在《游愚园诗》中写道：“凤凰台下路，无恙好林峦。俯仰沧桑感，追随杖履欢。鸟喧贪荫密，鱼戏乐池宽。月上钟山顶，归来兴未阑。”1982年，愚园被确定为南京市第一批文物保护单位。2008年至2010年，政府拨款复建愚园，2012年基本完成。2016年5月1日，愚园正式对外开放。南京出版社2017年出版了陶起鸣所著的《南京愚园史话》，对这座园林有全面而详尽的撰述。

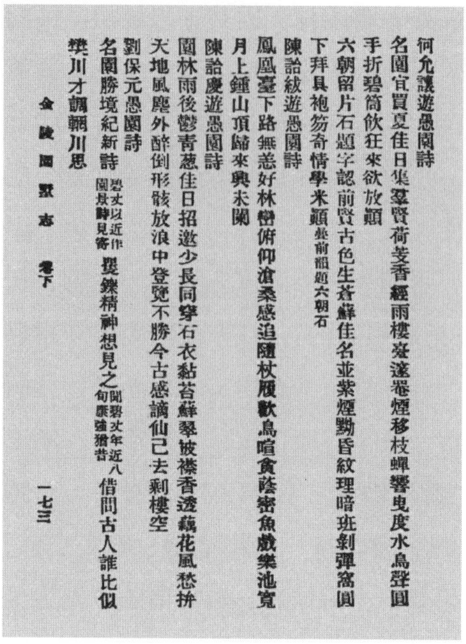
何允讓遊愚園詩
名園宜買夏佳日集羣賢荷芰香經雨樓臺遠卷煙移枝蟬響曳度水鳥聲圓
手折碧筒飲狂來欲放顛
六朝留片石題字認前賢古色生蒼蘚佳名並紫煙黝昏紋理暗班剝彈窩圓
下拜具袍笏奇情學米顛疊前韻題六朝石
陳詒紱遊愚園詩
鳳凰臺下路無恙好林巒俯仰滄桑感追隨杖履歡鳥喧貪蔭密魚戲樂池寬
月上鍾山頂歸來興未闌
陳詒慶遊愚園詩
園林雨後鬱青葱佳日招邀少長同穿石衣黏苔蘚翠被襟香透藕花風愁拚
天地風塵外醉倒形骸放浪中登覽不勝今古感謫仙已去剩樓空
劉保元愚園詩
名園勝境紀新詩碧丈以近作園居詩見寄擬鍊精神想見之聞碧丈年近八旬康強猶昔借問古人誰比似
樊川才調輞川思
金陵園墅志 卷下 一七三

图4 《金陵园墅志》书影

陈诒绂所居住的可园不得不提。书中写道："在红土桥西（古名南乾道桥，与安品街接壤）先君子于宅后隙地辟而扩之，莳花植树。有养和轩、寒香坞、丛碧径、望蒋墩、延清亭、蔬圃香、无隐廊、蕉径豆篱、桐竹交翠堂、蠹窠、稚松坪、通溜桥、看山待月之台、留春亭、读来生书斋、冶麓山房、棠芬书屋、蛰斋、洗桐书屋、竹巢、笋香斋。光绪己卯，丽春花开，有并蒂同心数朵，筑瑞华馆以纪盛。南为凝晖室，与叔父奉先王父母居养于内。北接征文考献室，日肆著述，学者称可园先生。宣统辛亥，举重游泮水典礼。临川李梅庵学使瑞清题'芹藻长春'匾额，名堂曰'寿藻堂'。尝诏诒绂曰：'尔性潜默。园中蛰斋，尔居之，继志述事毋忽也。'"整篇文字以时间为序可分三大段落：第一段文字将可园的地点、何人所建、有何景点一气呵成，使人有目不暇接之感。第二段文字从"光绪己卯"起，至"学者称可园先生"结束，以叙事记物的方式，讲述了可园中瑞华馆的来历以及凝晖室、征文考献室各自的用途。第三段落从宣统辛亥起到文末，依然以叙事的方式，说明了"寿藻堂"的来历以及"芹藻长春"匾额为何人所题。更为巧妙的是，陈诒绂以他人的激励之语，说出了作者日常身居可园何处，以及作者的性情及志向，可谓神来之笔！通观全文中所提到的建筑，与读书治学有关的建筑名称竟出现了"读来生书斋""棠芬书屋""洗桐书屋""征文考献室"等4处，这是可园与其他园林所不同的地方，也是可园主人与其他园林主人的不同之处。该书的卷中还收有可园的建造者、陈诒绂之父陈作霖的《可园记》，卷下还收有陈作霖的《可园八咏》《可园新咏》十首以及汪士铎、杨长年、濮文暹等人与可园相关的诗作，比对阅读，昔日红土桥西的可园昭然若现，令人神往！时至今日，陈作霖、陈诒绂的故居已经是残败不堪，可园更是荡然无存！若是能将陈氏故居修复完善，将可园原地原样恢复，使之成为南京地方文献的收藏展示之所，成为陈氏父子的纪念之所，那是一件多么顺应民心、多么令人期待的事啊！

《金陵园墅志》中卷专收不同历史时期有关金陵园墅的游览记载，以所记园墅的最初建筑年代为序，依次编排，全卷共收录游记、笔记类文章55篇。首两篇为清人顾云的《游一拂祠记》《游半山寺记》，所记均为宋代遗存，故排列在前；末篇为民国沈秉彝的《蛰庐记》，所记为作者建于民国年间位于门东仓门口的蛰庐，故为压篇之作。特别值得一提的是，仅随园一处就收录了袁枚的随园“六记”以及袁起的《随园图说》共7篇；薛庐则收有汪士铎、左宗棠、顾云等人记述共9篇；愚园则收录有邓嘉缉、陈诒绂等人的文章共4篇。这一状况既反映了这几处园林在文人雅士中的影响力，同时也体现了陈诒绂在所收文章的取舍上，不仅看重作者的水平及影响力，同时注重所记园墅的代表性、独特性以及园主人所体现的人品和文化气息。由于游记、笔记类文章大多精细独到，作者多为园墅的主人或当时当地的名流，所以，这些不同角度的记载和描绘，不仅弥补了上卷中相关园墅记载的不足，同时还蕴含了不少珍贵的地方史资料，许多游记还是我们怀古思今、考证作者、陶冶性情的有益篇章。

随园是清代乾隆年间袁枚所经营的私家园林，是南京历史上有名的胜迹之一。我国近代造园理论研究的开拓者、建筑教育家童寯在《随园考》一文中说：“南京清凉山东脉名小仓山，分南北两支，中间低洼，是今天广州路，路中段即随园故址。本来有起伏的小仓山，现已不见峰岭，是因太平天国建都金陵时，为增产军粮，削平成梯田。”[①]袁枚（1716—1798），字子才，号简斋，晚年自号仓山居士、随园主人、随园老人。钱塘（今浙江杭州）人，清朝乾嘉时期代表诗人、散文家、文学评论家和美食家。乾隆四年（1739）进士，授翰林院庶吉士。乾隆七年（1742）外调江苏，先后在溧水、江宁、江浦、沭阳任县令7年，为官颇有名声，奈仕途不顺，遂生退意。乾隆十年（1745），袁枚买下了原江宁织造隋赫德的隋园，加以葺治，改名随园。乾隆十三年（1748）辞官隐居园中，退出仕途，徜徉于烟霞之中，吟诗作文，时间长达近半个世纪。袁枚从1749年写下《随园记》，直到1770年写下《随园六记》，20余年的时间里，先后为自己的私家园林写下6篇文章，这在园林史上是罕见的。

在《随园记》里，袁枚首先说明了随园的地理位置。“金陵自北门桥西行二里，得小仓山。山自清凉胚胎，分两岭而下，尽桥而止”。这里南面有雨花台，西南有莫愁湖，北面有钟山，东面有冶城，东北有孝陵、鸡鸣寺，“登小仓山，诸景隆然上浮。凡江湖之大，云烟之变，非山之所有者，皆山之所有也”。从袁枚的表述中，可见他对随园所处的地理位置是非常满意的。接着，

① 童寯:《江南园林志》附《随园考》,中国建筑工业出版社,1984年,第50页。

袁枚对这座园林的来历以及为何取名为随园做了说明。袁枚以三百两银子购下隋赫德的隋园后，“随其高，为置江楼；随其下，为置溪亭；随其夹涧，为之桥；随其湍流，为之舟；随其地之隆中而欹侧也，为缀峰岫；随其蓊郁而旷也，为设宧窔。或扶而起之，或挤而止之，皆随其丰杀繁瘠，就势取景，而莫之夭瘀者，故仍名曰‘随园’，同其音，异其义”。以上这段文字中接连出现了大量的“随”字，这便是袁枚改“隋”为“随”的原因。同其音而异其义，实则是袁枚对原园林的一次提升。袁枚在《随园记》一文中，谈及治园的过程，处处紧扣一个“随”字，洒脱中寓谋思，随意中藏巧妙，随心所欲、随遇而安，顺其自然、顺势而成，体现了袁枚的处世态度和治园情操。对于所购随园的评价，袁枚并没有费什么笔墨，而只是在文章的结尾说：“余竟以一官易此园，园之奇，可以见矣。”袁枚在接下来的岁月里，乾隆十八年（1753）写作了《随园后记》，乾隆二十二年（1757）写作了《随园三记》，乾隆三十一年（1766）写作了《随园四记》，乾隆三十三年（1768）写作了《随园五记》，乾隆三十五年（1770）写作了《随园六记》，5篇文章篇篇精彩，各有侧重。在《随园记》中袁枚曾说：“使吾官于此，则月一至焉；使吾居于此，则日日至焉。二者不可得兼，舍官而取园者也。”

袁枚在随园居住3年后，曾带着任命的文书去了陕西，结果不满一年又告退归来。此时园内种植的花卉都已枯萎，屋顶上瓦片滑落压到了梅树，屋内房梁布满积灰，已到了不得不翻修改建的地步。袁枚的《随园后记》就写于从陕西归来的乾隆癸酉（1753）七月。该文提到，袁枚一回到随园，就率领工匠仆役清除杂草、乱石，察看地势，增加高敞明亮的建筑，修建了一年多时间，耗费千金还没有完工。宾朋中有人对他说：用您花的这些钱，什么样的高大房屋得不到？您却为什么偏偏喜欢这荒凉偏僻的地方呢？袁枚回答说：东西虽好，不是亲自动手得来的不爱惜；味道虽美，不是亲自品尝过的没有感觉。如今园子的工程虽然没有完成，修园的费用虽然很庞大，却并没有迫切地要求限期完成，哪里像我往年带着手板低头哈腰，听乡长、里正喧闹折腾呢?锄除恶草，修剪枝条，顺乎我的心意去做，并没有谁拖住我的胳膊肘妨碍我，哪像我往日仰上级衙门的鼻息，等待大官、小吏做决定呢？袁枚还在《随园后记》中说，五代时的傅檀在宣德楼设宴，叹息建造的人不居住，居住的人不建造，我今年才三十八岁，已经决定归隐，既建造又居住，也许是可以做到的。文章最后袁枚还歌曰：“前年离园，人劳园荒。今年来园，花密人康。我不离园，离之者官。而今改过，永失勿谖。”整篇文章表明了自己矢志不移、辞官归隐随园的意志和决心，读来深受启迪。

袁枚的三记、四记、五记、六记篇篇可读，每篇文章都从不同的角度阐述了袁枚的治园理念，每篇都构思不同的意境，每篇都有点睛之笔，每篇都蕴含着作者的思想情感，实在是不可多得的好文章。但今人若要了解随园的完整概貌，袁起的《随园图说》则更加直观准确。袁起是袁枚的孙辈，《随园图》印本现藏于南京博物院，画卷上首有“同治乙丑仲春日”字样，可知此图绘成于1865年。据史料记载，随园毁于太平军占领南京期间，当时太平军为了确保粮草，在小仓山造田种庄稼，随园遂废。《随园图》绘于1865年，其时随园已惨遭破坏，整个画面应该是袁起根据自己的记忆和文献记载而完成的。尽管如此，这幅《随园图》和袁起的《随园图记》非常珍贵，是迄今为止最真实、最直观反映随园全貌的文献，如果没有袁起所做的这项工作，后人只能通过袁枚的“六记”去揣摩，去推断；正因为有了袁起的《随园图说》，丰富了南京这座城市的文化记忆，使得今人能窥见随园的全貌。袁枚1797年卒于随园，葬小仓山南岭（今五台山）百步坡。袁起的《随园图记》最后提到：“西南百步外柏翠松苍处，为先大夫佳城。”令人遗憾的是，1973年建五台山体育馆，袁枚墓被平，当时曾出土袁枚及其妻妾墓葬遗物50件。从此，随园便只剩下孤独的地名，让人们或深或浅地记起袁枚、记起一代金陵名园。

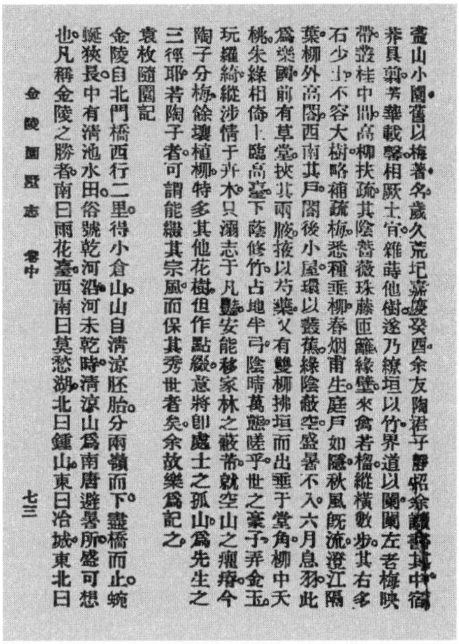
盋山小園舊以梅著名歲久荒圮嘉慶癸酉余友陶君子靜招余讀書其中篟
莽具翦芟華載馨相厥土宜雜蒔他樹遂乃繚垣以竹界道以闌闌左老梅映
帶叢桂中出高柳扶疏其陰薔薇珠藤匝籬緣壁來禽若榴縱橫數步其右多
石少土不容大樹略補疏梅悉種垂柳春烟甫生庭戶如隱秋風既流澄江隔
葉柳外高閣西南其戶閣後小屋環以叢蕉綠陰蔽空盛暑不入六月息犽此
爲樂閣前有草堂挾其兩腋掖以芍藥又有雙柳拂垣而出垂于堂角柳中天
桃朱綠相倚上臨高臺下蔭修竹占地半弓陰晴萬態嗟乎世之豪子弄金玉
玩羅綺縱涉情于卉木只溺志于凡豔安能移家林之薮蒂就空山之癰瘠今
陶子分梅餘壤植柳特多其他花樹但作點綴意將即處士之孤山爲先生之
三徑耶若陶子者可謂能繼其宗風而保其秀世者矣余故樂爲記之

袁枚隨園記

金陵自北門橋西行二里得小倉山山自清涼胚胎分兩嶺而下盡橋而止蜿
蜒狹長中有清池水田俗號乾河沿河未乾時清涼山爲南唐避暑所盛可想
也凡稱金陵之勝者南曰雨花臺西南曰莫愁湖北曰鍾山東曰冶城東北曰

金陵園墅志　卷中　七三

图5 《金陵园墅志》书影

2016年11月12日，袁枚雕像落成仪式在南京宁海路与广州路交会的绿地广场隆重举行，这里曾经是“随园”的区域，是袁枚生活过的地方。当袁枚雕像身处随园却面对着不断更新的地标，他又该做何感想呢？苏州地方志办公室徐刚毅所编著的《苏州旧街巷图录》一书中有这样一段话：“当历史名城以日益崭新的面目出现在世人面前的时候，这座城市离开历史也就越来越远。”[①]因此不得不感谢陈诒绂的《金陵园墅志》，不得不感谢千千万万方志工作者为历史文化所做的奉献和努力。

① 徐刚毅编著:《苏州旧街巷图录》,广陵书社,2005年,第13页。

《金陵园墅志》中卷所收文章最多的一处园林为薛庐。薛庐的主人为晚清著名文人和词作家薛时雨（1818—1885）。他出身书香门第，清咸丰三年（1853），与仲兄春黎同科登进士第，后被派至浙江，任嘉兴县知县、嘉善县令、杭州知府。48岁时称病辞官，退任杭州崇文书院山长。同治八年（1869），薛时雨应邀来到南京，执掌江宁尊经书院，后又主讲惜阴书院，直至终老。早年薛时雨在杭州主讲崇文书院时，士民感其恩德，于西湖之滨凤林寺为其筑宅，名为薛庐。光绪六年（1880），门下弟子考虑到薛时雨来南京已10年有余，仍居无定所，遂合力集资，在乌龙潭畔惜阴书院对面的寤园旧址，为老师新建了一座宅院。后来薛时雨将这个宅子扩大成为别墅，仍名为薛庐。本书中卷共收与薛庐相关的文章共9篇，其中标题为《薛庐记》的分别为汪士铎2篇，谭献、袁昶、刘寿曾、顾云各1篇，另有左宗棠的《美树轩记》、王廷训的《金陵薛庐图记》、许景澄的《薛舫记》各1篇。这些文章各有特点、各有侧重，分别从不同的角度、不同的重点讲述了薛庐的由来及故事，通过薛时雨主讲尊经书院，反映了晚清南京的文化背景和教育状况。

顾云的《薛庐记》介绍该处园墅的具体布局和状况最为详细。顾云为晚清文化名人，能诗会画。据《金陵园墅志》上卷记载，顾云所居深柳读书堂在龙蟠里、乌龙潭畔。这样说来，顾云既是薛时雨的高足，亦是薛时雨的芳邻，所以，顾云的《薛庐记》描述准确、叙物详细，文笔流畅、清新可读。薛庐原位于龙蟠里4号，1982年曾公布为区级文物保护单位，惜于1991年因城建需要而拆除。还有一位晚清名人魏源的别墅小卷阿，也位于龙蟠里乌龙潭上，只是魏氏家道逐渐衰败后，到20世纪50年代，魏宅已拆毁殆尽，仅存两间瓦房，魏源亲题“小卷阿”石刻宅名在“文化大革命”中也被砸毁。魏源的曾孙女魏韬于1992年去世后，因无子嗣，故居变成公房，现已辟为魏源故居，列为南京市文物保护单位。

中卷共收各类游记、笔记类文章共50余篇，其他如王世贞的《太傅园记》、姚鼐的《怀豳园岘亭记》、焦竑的《欧阳氏式好堂记》、管同的《抱膝轩记》《因寄轩记》、何允恕的《偶园记》等，均文采斐然，保存了不少的稀见资料。

《金陵园墅志》下卷选录不同历史时期与金陵园墅相关的诗词歌赋，以所咏园墅的时代先后为序；如果几首诗所咏园墅的时代相同，则以作者的生活时代先后为序。例如，本卷的第一首诗为清初诗人余宾硕的《登冶城诗》，而唐代诗人李白的《答从弟幼成过冶城园见赠》则排在第19首。之所以这样排列，那是因为余宾硕诗中的“冶城”为东吴时期所立，而李白诗中所提到的“冶城园”，虽然位于冶城山下，却是作者当年避乱居金陵时所拓，谁先谁后，一目了然。再如本卷中的第一首诗和第三首诗分别为余宾硕的《登冶城诗》和陈文述的《冶城诗》，两首诗所咏均为冶城，但余宾硕生于1637年，其主要活动时期为清早期，而陈文述出生于1771年，是清中期的诗人，所以，余宾硕自然要排在陈文述的前面。

本卷尤其注重收录园墅主人的作品。在所收录的诗歌中，作者多为园林的主人或后人，且作者相对集中；涉及的园墅则以明、清代居多。以顾起元为例，这位明代官至吏部左侍郎的江宁人，乞退后在南京筑遁园，避居园中，潜心著述，朝廷七次诏命为相，均婉辞不出。本卷所收他的《园居杂咏》，分别对自己所构建的遁园以及园中的小石山、快雪堂、月鳞馆、花径、高卧室、懒真草堂、横秀阁进行了咏叹。此外，还收录了顾起元对二弟的羽王园、三弟的周南园、四弟的太复园所作的诗词。其中在《三弟周南园诗》中注有“弟构此园，未终而没。余每过之，不胜人琴之恸”，而在《四弟太复园诗》中注云“园规摹大概如遁园而加整饬”，这些，都是金陵园墅史上的第一手资料。他如清人袁枚的《随园二十四咏》、孙星衍的《五亩园落成口占》十二首、汤贻汾的《琴隐园杂咏二十四首》、许穀的《市隐园十八咏》，都是园宅主人用诗歌的形式对自家园林的欣赏和品读，均为金陵园墅的一手资料，同时也是我们探究南京一地不同时间、不同地点、不同风格之园林实况的重要依据。

唐代诗人常建的《题破山寺后禅院》有“曲径通幽处，禅房花木深”句，元代诗人谭惟则的《狮子林即景》中有“人道我居城市里，我疑身在万山中”句，一首优美的园林诗歌，既是当时园林美景的真实写照，也是作者身居园林中的真实情感，表达了诗人对人间桃花源的向往和追求。本卷所收与金陵园墅相关的诗词，其作者不乏大家名流，其内容也包含着历代名人的金陵记忆。例如唐代李白的《答从弟幼成过冶城园见赠》，既让我们欣赏到了李白的诗作，又向我们讲述了李白避乱金陵、其从弟来访的这段往事。再如宋代诗

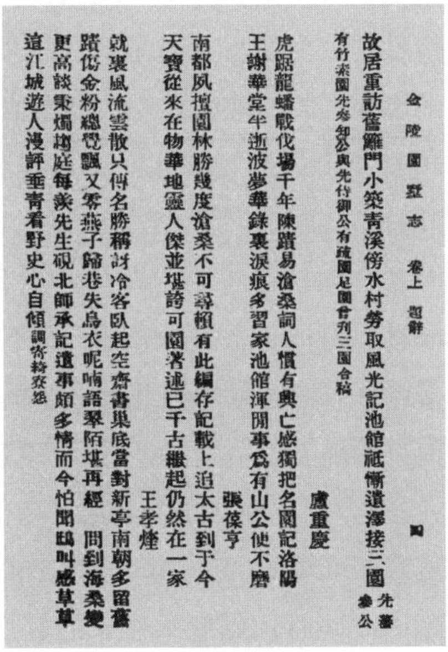
金陵園墅志　卷上　題辭
故居重訪舊籬門小築青溪傍水村勞取風光記池館祇慚遺澤接三園先蓍參公
有竹素園先參知公與先侍御公有疏園足園曾刊三園合稿
盧重慶
虎踞龍蟠戰伐場千年陳蹟易滄桑詞人慣有興亡感獨把名園記洛陽
王謝華堂半逝波夢華錄裏淚痕多習家池館渾閑事爲有山公使不磨
張葆亨
南都夙擅園林勝幾度滄桑不可尋賴有此編存記載上追太古到于今
天寶從來在物華地靈人傑並堪誇可園著述已千古繼起仍然在一家
王孝煃
就裏風流雲散只傳名勝稱討冷客臥起空齋書巢底當對新亭南朝多留舊
蹟傍金粉總雲飄又零燕子歸巷失烏衣呢喃語翠陌堪再經　問到海桑變
更高談秉燭遊庭每羨先生硯北師承記遺事頗多情而今怕聞鵑叫感草草
這汇城遊人漫評垂青看野史心自傾調寄綺寮怨

图6 《金陵园墅志》书影

人王安石的《谢公墩诗》《题半山寺壁诗》等，不但展现了王安石的诗歌风格，同时也为我们补充了王安石在南京活动期间的史料。其他如甘福的《津逮楼落成诗》、魏源的《小卷阿对乌龙潭夜坐诗》、张謇的《太夷置酒吴园修禊诗》、郑孝胥的《濠堂落成诗》等，均为其他文献记载或出版物中所不多见。这些作品既是金陵园墅的优美诗歌，亦是金陵古都的珍贵史料，同时也是了解诗歌作者的重要资料。民国年间曾任南京通志馆编纂的张葆亨在为《金陵园墅志》一书的题诗中说："南都夙擅园林胜，几度沧桑不可寻。赖有此编存记载，上追太古到于今。天宝从来在物华，地灵人杰并堪夸。可园著述已千古，继起仍然在一家。"

三、《金陵园墅志》的独特意义

《金陵园墅志》的三大篇章既相互关联又相互补充，为我们展示了专志编纂的一种新的体例，具有地区性、资料性、独特性等几个重要特点，是同类志书中出版时间最早、时间跨度最长、收集资料最全的一部志书。

《金陵园墅志》最重要的意义，在于它是南京地区第一部园林专志，同时也是国内同类志书中出版时间最早的一部专著。南京号称十朝都会，自东吴建都一直到民国定鼎，其间园墅之盛，甲于全国。然而，由于南京历史上多次被兵，园宅屡建屡废，大多荡然无存，许多园墅只在诗文中留下名称，有的连园名也没有留下。所以，现当代人在谈论中国园林时，多以苏州、扬州为代表，南京则较少提及。中国的地方志书号称一个地方的百科全书，江苏是我国最早编纂地方志的地区之一，也是地方志书门类最多最全的地区。江苏古籍出版社1993年出版的《江苏旧方志提要》，共著录了1170部各类志书，但其中观以"园林"或"园墅"类志书的，则只有《金陵园墅志》一种；即便单个的园林专志，也只有《寄畅园志》《休园志》等寥寥数种。历史上出现过大量著名的园林，园林专志却很鲜见，这不能不说是一种文化上的缺失；即便在府、县志书中，有关园墅的记载也未能单独列出，而是将其附属在其他分志中表述。以南京的地方志书来说，《景定建康志》将"园苑"纳入"城阙"之中，《万历上元县志》《乾隆江宁县新志》等志书则将"苑墅"归入"古迹志"之中。明代虽有顾（璘）、王（世贞）二氏的《金陵名园记》，所记也局限于部分名园。与陈诒绂同时代的里乘作家的著作中虽有一些园林的记载和描述，但都不是专志，而仅仅是分时期、分区域的对园林的零散记述，更谈不上从历史的角度全面反映南京一地的园林建筑情况。由此看来，《金陵园墅志》是南京地区第一部园林专志，在全省乃至全国都具有开创的意义。

《金陵园墅志》的第二个特点是时间跨度长，这同样与南京这座具有悠久历史文化的名城有关，同时也是许多同类城市所无法比拟的。南京的历史最早可以上溯到50万年前的“南京猿人”；距今6000到4000年，多种新石器时代文化分布于南京市区大江南北；东周列国争霸时期，南京先后成为吴、越、楚三国的重要军事据点。从公元三世纪开始，南京市区是封建王朝在东部最早建都的地方，相继有东吴、东晋、宋、齐、梁、陈六代以此为首都。五代十国时期，这里又成为南唐的国都。宋元时期，江南地区经济文化持续发展，南京地区成为东南的重镇。明朝在南京建都后，这里作为都城50余年、留都200余年，其经济文化的繁荣冠于全国。清朝时，南京是江南经济和文化的中心，康熙、乾隆二帝均6次巡游南京，印证了这座古都的魅力以及统治者对这座城市的重视。“中华民国”成立后，南京被定为国都，再次成为全国的政治、经济和文化的中心，城市的规划和格局又迈上了一个新高度。中国的园林与历史相连，与经济相连，与文化相连，对于南京这座历史悠久、文化发达、经济繁荣且经久不衰的城市来说，中国园林史发展的每一个重要阶段，南京这座历史文化名城都有自己的代表成果。

《金陵园墅志》中最早的两条园林记载，为太古高辛氏时期所建的李园和五果园，这样一下就将金陵园墅史的源头拉到了约4000年前。这是南京这座城市历史的使然，同时也是陈诒绂个人学识与胆识的呈现。本书中最早有准确纪年的园林是吴国时所建的梧宫，而民国时高海晴在张公桥所建的梅花别墅，则是时空上距离我们最近的一座园墅，两者间的时间跨度长达1700余年。其间，各个不同历史时期的园墅均有记载，这就是南京，这就是陈诒绂通过金陵园墅介绍给大家的南京。再从所收地域的范围来看，清代江宁府所属的上元、江宁、江浦、六合、句容、高淳、溧水等县均有涉及。尽管所收园墅主要集中在上元、江宁两地的今日城区，但其他县境的园林也有记载。例如卷上“李园”条，“在茅山。高辛之世，有展上公者，筑园句曲伏龙地，遍植李”。茅山在句容境内，而句容长期以来一直是江宁府的辖地。如明代高淳境内的“丹湖书舍”，溧水境内的“二君堂”，清时六合境内的“乐天斋”等，均著录书中。所以说，该书既有时空的长度，又有内容的宽度，无论从时间的跨度还是从收录的范围来看，均无愧于金陵园墅的完整版。

《金陵园墅志》一书的第三个特点是所收集的史料最为全面。陈诒绂出身南京地方文献世家，他的一己之力，建立在陈氏家族数世文献积累的基础之上。晚清以来，南京的地方史料，陈氏家族搜集最多、使用最勤、研究最深、成果最多。陈诒绂的祖父陈元恒一生致力于南京文献资料的搜集，为陈作霖、陈诒绂整理乡邦文献打下了坚实的基础。陈诒绂的父亲陈作霖毕生致力于乡邦文献的整理和编纂，除了积极参加官修志书的编纂，还独立编撰了相当数量的南京地方文化的著作。陈作霖的《运渎桥道小志》《凤麓小志》《东城志略》等著述，加上陈诒绂所撰《钟南淮北区域志》《石城山志》等，这几部南京地域文化志书，为陈诒绂顺利编撰《金陵园墅志》筛选了史料、理清了脉络，充实了陈诒绂编撰《金陵园墅志》的底气。陈诒绂秉承父亲陈作霖的作风，不懈努力、勤于考证，对明、清两代南京一地之园宅搜罗尤详，而对于仅留园林之名而不知其详的少数园林，陈诒绂也绝不舍弃，而是继续探究留名待考。所以，《金陵园墅志》卷上明代部分的最后，陈诒绂特地著录了10多座仅存园名的条目，并引用金鳌《金陵待征录》云："以上诸园才二十年，已变灭如太空。"陈诒绂深知，园墅的名称包含着大量的文化气息、时代气息和园主人的喜好习俗，是后人欣赏园林、品读园林的第一步，许多园林的名字往往是这座园林的精华凝练，是园主人对一座园林的精神寄托。一个遗址、一个园名、一棵古树、一段残石，往往都包含着一段故事，讲述着它的前世今生，讲述着他所经历过的故事。所以，《金陵园墅志》收所能收、记所能记、诗所能诗，其所收历史之长、地域之广、内容之多，在园林志书中是没有先例的。

《金陵园墅志》的成功得益于所收集史料的全面，同时，《金陵园墅志》也为今人提供了许多珍贵的史料。这部著作对于我们了解南京地方文化传承、了解南京城市建设历史、了解南京城市面貌的变迁，对于盛时修志、老城改造、旧景重现等都提供了难得的第一手资料。当人们意识到一座城市应该保存的记忆以及应该纪念的先贤时，许多亟待修复、重建的园墅项目必定能提上议事日程。当这一天来临时，《金陵园墅志》中所载的大量文献资料，便是后人纪念先贤、重建园墅的最好依据。当社会发展到需要调整城市格局、建设园林化城市、实现园墅合一时，《金陵园墅志》同样是一本不可多得的教科书。当人们越来越认识到"民族的便是世界的"以及需要彰显南京这座历史文化名城的地方特色时，《金陵园墅志》无疑也是重要的参照物。卢重庆在《金陵园墅志》一书的序言中说："失今不志，后之人虽欲志之，将愈远而愈不可得。"同样，许多事情我们现在不抓紧去做，将来再想做时，难度将更大！《金陵园墅志》一书的重要性以及所带给我们的启示，将在今后的社会发展中得到不断的重视和证实。

《金陵园墅志》问世以后，在学界产生了较大的影响。一些研究南京地方文化以及园林文化的学者均参阅过陈诒绂的《金陵园墅志》，并大量引用到自己的著作中。朱偰的《金陵古迹图考》、童寯的《江南园林志》等书，均将陈诒绂的《金陵园墅志》作为主要参考读物之一。早在20世纪20年代末的一项调查数据中显示，南京当时的城市公园面积，在世界大城市中名列前茅，远远地高于伦敦、柏林、纽约，和美国的首都华盛顿基本持平。这个数据的成立，很大程度要归功于天工造化，归功于南京市内的山山水水。随着城市现代化的全面铺开，南京的城市绿地面积受到了严重影响，绿化覆盖率大打折扣，但是凭借着历史的丰厚遗存，南京的公园绿地在国内大城市中仍然有着不可比拟的巨大优势。如何保持优势并扩大优势，如何既有优势又有特色，南京所面临的挑战还有很多。

中国园林是中国文化的优秀代表，在世界上独树一帜。近年来，许多中国园林走出国门，在国外落地生根，成为重要的文化平台和当地的标志景观。从1979年美国纽约大都会美术馆联合中国机构建造“明轩”以来，近四十年间已有百余座中国园林落地海外。著名的如法国巴黎的“怡黎园”，德国法兰克福的“春华园”，澳大利亚悉尼的“谊园”，加拿大温哥华的“逸园”，美国洛杉矶的“流芳园”等等，这些园林被誉为“常驻海外的文化大使”“中国文化的形象代表”。当中国园林已经逐步走向世界之时，我们岂能让这一文化瑰宝在中国本土日渐萎缩？当我们的物质生活日渐丰富而对工作和生活的环境提出更高要求时，我们必然要保护、整理和修复老祖宗的家业，使这一文化瑰宝重放异彩。陈诒绂的《金陵园墅志》中记载了大量的园林，但南京存世的园林却非常少。既然中国的园林能够在海外重建，为什么不能将有历史记载、有图片保存的园林有选择的在中国原地重建呢？如何保护好现存的几座园林，如何兴建有条件恢复的园林，如何将记忆还原为现实，如何解决创新和守旧之间的矛盾，都是我们不得不面对的问题。清代湖南巡抚吴大澂所做的《峿台铭》中有这样几句话：“园林之美，豪富所私。山川之胜，天下公之。公者千古，私者一时。”[①]中国存世的古典园林如今基本上都转私为公，成为人们休憩、赏玩的场所。如果这样的场所多些、再多些，那该是多么美妙的事情！

《金陵园墅志》一书首次出版于1933年，有民国翰文书店排印本问世，惜

① 吴大澂：《吴大澂书峿台铭》，湖南美术出版社，1996年。

流传不广，影响不大。近年来，该部著作越来越受到人们的重视和关注。2006年，广陵书社出版《中国园林名胜志丛刊》，将《金陵园墅志》一书收入，是该丛刊所收诸书中篇幅最多、内容最为丰富的一种。2008年，南京出版社出版《南京稀见文献丛刊》，将《金陵园墅志》与陈作霖、陈诒绂的其他几种著作合并编入《金陵琐志九种》，并进行了点校，受到广泛关注。2013年7月，《金陵园墅志》入选南京传世丛书《金陵全书》·甲编方志类·专志，并采用民国翰文书店排印本原版影印，以保持原书风貌。

南京博物院研究员 王明发

文约义丰 度越前贤

《明孝陵志》导读

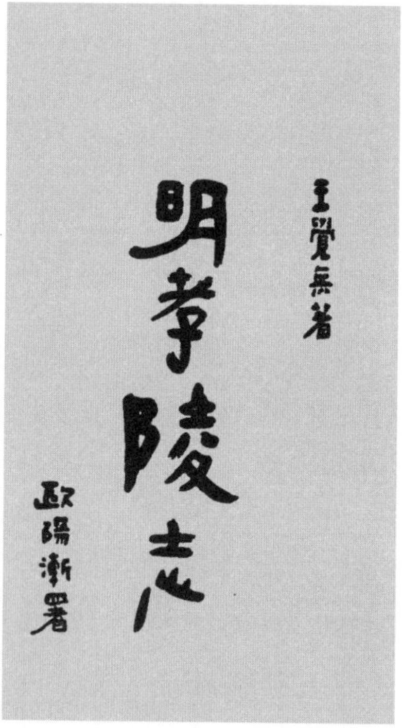

图1 《明孝陵志》书影

明孝陵位于南京紫金山南麓独龙阜玩珠峰，是明朝开国皇帝朱元璋和皇后马氏的合葬墓，也是我国现存建筑规模最大的古代帝王陵墓之一。2003年7月3日，经联合国教科文组织世界遗产委员会第二十七届会议审议，明孝陵以其独有的建筑体制、极高的历史地位、永恒的文化价值、完整的空间序列、优良的生存环境和周全的保护体系赢得全票赞成，被正式列入《世界遗产名录》。

本着“事死如事生”的理念，中国古代帝王一般都“预做寿陵”，自己在世时便倾力营建其陵墓。作为体现王权或皇权至高无上的重要形式，帝王陵墓往往仿照都城而修建，构建的虽是理想的世界，其中却既有现实生活的“折射”，又有对现实生活的“期盼”，从而成为现代人复原、认识古代社会不可或缺的研究资料。近代以来，针对帝陵的研究成果不断涌现，终于出现了专门的方志作品。民国23年（1934）六月，王焕镳编纂的《明孝陵志》由南京钟山书局出版，从而使南京明孝陵成为第一个拥有自己专志的帝王陵寝。

一、艰危著史别有怀抱

王焕镳(1900—1982)，字驾吾，号觉无，出生在江苏南通的一个儒医世家。其父名守诚，字伯承，本为庠生，清末废除科举后随岳父秦云蕉学医甚精，民国初任地方自治会议长。王焕镳为王守诚次子，自幼喜爱经史，随堂叔王守詷学习，民国初年肄业于南通城北小学，后入省立南通第七中学，民国10年（1921）考入南京高等师范学校中文史地部。南京高等师范学校是现在东南大学的前身，学风淳朴笃实，当时名师云集，除了柳诒徵、竺可桢的言传身教，王焕镳还问学于吴梅、王伯沆等名家。

1924年6月，王焕镳毕业（1923年南京高等师范改为东南大学），到设在扬州的江苏省立第八中学执教2年。因军阀混战，局势动荡，生活贫困，他为避兵祸，只身返回南通，后到南京中学任国文教师。

1927年，东南大学与河海工科大学、上海商科大学、江苏法政大学及其他几所专科以上院校合并组建“国立第四中山大学”，设自然科学院、社会科学院、文学院、哲学院、教育学院、工学院、农学院、商学院、医学院9个学院，王焕镳担任文学院助教。

1930年，王焕镳应江苏省立国学图书馆馆长柳诒徵之召，任该馆保管部及编辑部主任，编有《江苏省立国学图书馆印行书书录》《印行书提要》，还与周悫等人共同编成《江苏省立国学图书馆总目》36册，开国内图书馆馆藏总目先河，书中著录图书223848册，分为经、史、子、集、方志、舆地、丛书等7部、85类、832目，纲举目张，极便检索，为全国图书馆提供了范例。国图总目所列类目，打破四库的四分，增立方志、舆地、丛书三部，为七分法。其新文化书刊，均纳入子部，融合新旧于一目，并列单行本与丛书子母，是国图总目的两大特色。

1931年的九一八事变，拉开了日本侵华的序幕，这一时期，王焕镳编纂了《明孝陵志》《明遗民万履安先生年谱》。明孝陵的主人朱元璋是高揭“驱除胡虏，恢复中华，立纲陈纪，救济斯民”旗帜推翻蒙元统治的明朝开国皇帝，万履安即万泰，则是著名的明遗民。在民族危亡之际，王焕镳编撰两书，实有感于世事、激励民众奋起抗日的用意。

清末民国以来，人民早已将元明鼎革视为一场伟大的民族革命。以民主主义先行者孙中山先生为代表的清末革命党人，从一开始就以“光复中华”相号召，把明太祖朱元璋作为他们的精神偶像，1893年，孙中山与陆皓东、郑士良在广州广雅书局聚会，首次提出要建立“驱除鞑虏、恢复中华”为宗旨的革命团体；1894年兴中会成立，誓词即为“驱除鞑虏，恢复中华，创立合众政府”；1903年，孙中山在日本东京创办青山军事学校时，提出了“驱除鞑虏，恢复中华，创立民国，平均地权”的口号；1905年中国同盟会成立，即以这十六个字作为誓词，形成了中国资产阶级民族民主革命的纲领。在同盟会机关报《民报》的发刊词中，又将十六字归结为民族、民权、民生三民主义。以上这些口号和纲领，显然是受到朱元璋《谕中原檄》“驱除胡虏，恢复中华”的启示和影响。

孙中山多次强调明太祖驱逐蒙元的民族革命意义，早在创立兴中会以前，他就将朱元璋、洪秀全尊为历史上的民族革命英雄，1906年《民报》第五号卷首同时刊载了朱元璋、洪秀全、孙中山三人像，题为“中国大民族革命伟人肖像”，朱元璋成为革命派的重要精神支柱。在1906年的《中国同盟会革命方略》中，孙中山指出：“惟前代革命如有明及太平天国，只以驱除光复自任。”①在1913年的《在东京中国留学生欢迎会的演说》中他说道：“迨至明朝，驱逐元胡，创种族革命。”②孙中山对明太祖开创种族革命的强调，给后人留下了深刻的印象。

辛亥革命胜利后的1912年2月15日，清帝宣布退位的第三天，孙中山携南京临时政府文武官员公祭明孝陵，更加强化了明孝陵所具有的民族象征意义。孙中山认为，清帝退位、民国统一，离不开朱元璋的启迪，在以个人名义发表的《祭明太祖文》中说道：“实维我高皇帝光复大义，有以牖启后人，成兹鸿业。”③

在国难深重的20世纪30年代，在抗日救亡的时代主题下，明孝陵越发受到人们的关注，王焕镳编纂《明孝陵志》适得其时。同时，祭扫明孝陵也有了其更为特殊的寓意和象征。1935年，国民政府为了提高民族意识，规定每年清明日为“民族扫墓节”，并派员前往祭扫中华民族始祖黄帝陵。1936年，国民政府将明孝陵列入民族扫墓节祭扫范围，并于当年4月5日举行了隆重的祭谒典礼，主祭的国民革命政府主席林森在《祭明孝陵文》中说：“惟帝天授智勇，奄奠寰区，奋民族之威灵，复黄炎之疆域。”仍然是颂扬明太祖“驱逐胡虏，恢复中华”的民族革命精神。

1935年，王焕镳应叶楚伧之邀主纂《首都志》，首创近代城市志编纂风气，被誉为民国良志，同时还著有《中国文学批评论文集》《曾南丰先生年谱（附补遗）》。曾巩作为唐宋八大家之一，历来为其作谱者甚多，如姚范《南丰年谱》、杨希闵《曾文定公年谱》、周明泰《曾子固年谱》等，但均嫌过于简

① 广东省社会科学院历史研究室等编:《孙中山全集》第一卷,中华书局,1981年,第296页。
② 广东省社会科学院历史研究室等编:《孙中山全集》第三卷,中华书局,1984年,第23页。
③ 广东省社会科学院历史研究室等编:《孙中山全集》第二卷,中华书局,1982年,第95页。王焕镳《孝陵志》著录的这篇《祭明太祖文》,题为《祭明陵文》。

略，王焕镳《曾南丰先生年谱（附补遗）》内容详备，远超前人所作，先发表在江苏省立国学图书馆年刊，后由商务印书馆出版。

1936年，王焕镳应浙江大学校长竺可桢之聘，赴任浙大文学院中文讲席，新中国成立后院系调整，先后任浙江师范学院教授、杭州大学中文系主任兼图书馆馆长，他受教育部委托主持的“先秦文学师训班”，有许多其他高校的教师前来学习，于古代文学的师资培养贡献良多。

教学之余，王焕镳潜心学术研究，先后有《先秦寓言研究》《韩非子选》《墨子校释》《墨子集诂》《晏子春秋校释商兑》等著作问世。《先秦寓言研究》还被译成日文，在北海道中国哲学会《中国哲学》第七、八号上刊出，颇得汉学家好评。《韩非子选》出版于20世纪60年代中期，既肯定韩非学术思想中的进步成分，也深刻指出其不足，多有创见，为学术界所重视。

1982年任浙江省文史馆馆长，1982年12月20日因病辞世，苏步青院士赋诗悼，挽有句云：“一生事业教鞭在，盖世文章故史封。”

二、筚路蓝缕特色鲜明

王焕镳编纂的《明孝陵志》于1934年由南京钟山书局印行，采用直排铅印线装出版，封面书名由国学大师章太炎题写，扉页书名由佛学大师欧阳渐题写，卷首是柳诒徵撰写的序言，后列明太祖高皇帝像、明太祖高皇后像、《金陵梵刹志》中明凌大德绘“孝陵与灵谷寺”图、节印参谋本部陆地总局原图“孝陵与孙陵”图、陆地测量总局航空测量队摄明孝陵航拍照片、顾葆康摄明孝陵风景照片等插图计40余幅。全书共7卷，分别为卷一形胜，卷二规制，卷三丧葬，卷四谒祭，卷五守缮，卷六灾异，卷七艺文。

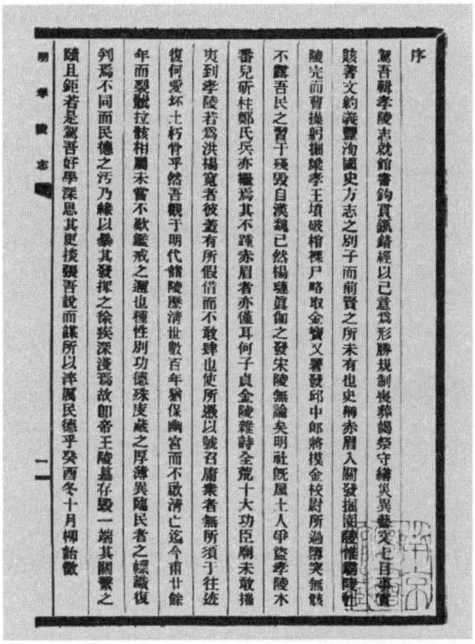
序

駕吾輯孝陵志就館書鈎貫鈲錯綜以己意爲形勝規制喪葬謁祭守繕災異藝文七目事覈賅著文約義豐洵國史方志之別子而前賢之所未有也史稱赤眉入關發掘園陵惟霸陵獨陵完而曹操躬擁梁孝王墳破棺裸尸略取金寶又署發邱中郎將摸金校尉所過隳突無骸不露吾民之習于殘毀自漢魏已然楊璉眞伽之發宋陵無論矣明社既屋士人爭盜孝陵木番兒斫柱鄭氏兵亦爇焉其不蹈赤眉者亦僅耳何子貞金陵雜詩全荒十大功臣廟未敢攜夷到孝陵若爲洪楊寬者彼蓋有所假借而不敢肆也使所憑以號召庸衆者無所須于往迹復何愛坏土朽骨乎然吾觀于明代諸陵歷清世數百年猶保幽宮而不啟清亡迄今甫廿餘年而裂棺拉骸相屬未嘗不歎鑑戒之邇也種性別功德殊庋藏之厚薄異隨民者之標識復判焉不同而民德之污乃緣以暴其發揮之徐疾深淺焉故即帝王陵墓存毀一端其關繫之賾且鉅者是駕吾好學深思其更挾彊吾說而謀所以淬厲民德乎癸酉冬十月柳詒徵

明孝陵志 一

图2 《明孝陵志》书影

对陵墓的记述和研究，自古便有。三国时期，魏文帝曹丕敕令诸儒撰集了《皇览》一书，可惜在隋唐后失传，清代学者孙冯翼曾辑出佚文一卷八十余条，其中就有《冢墓记》的内容。《隋书·艺文志》有李肜撰《圣贤冢墓记》一卷。北宋著名的地理总志《太平寰宇记》中所引用的《古今葬地记》《古今冢墓记》《城冢记》，著名类书《太平御览》中所引用的《苏州冢墓记》，都应该是唐宋年间的书。及至清代，许多方志如《晋江县志》《吴江县志》中，都列《冢墓志》为专章。这些“记”“志”，大多是胪列地方名人、贤士的冢墓方位，记录一下冢墓主人基本情况或者可取的言行，非常简略。

关于明孝陵的建造和规制，存世史料不多，明焦竑《国史经籍志》列有《孝陵纪略》一卷，不过只存名目，书已不存。《金陵梵刹志》中明凌大德绘“孝陵与灵谷寺”图，明朱之蕃编、陆寿柏绘《金陵四十景图像诗咏》第一景“钟阜晴云”图，是明孝陵较早的图像记录，但均嫌简略。

对陵寝尤其是明代陵寝有更为详尽的记述，首推明末清初的大儒顾炎武。他在顺治十六年（1659）至康熙十六年（1677）的18年间6次谒天寿山诸陵，其中后4次都专程到崇祯墓祭拜，其《昌平山水记》以对昌平山水地理概况介绍作为落脚点，较为系统地介绍了明十三陵，是明遗民对天寿山明诸陵最早的全面记载。康熙年间谭吉璁的《肃松录》，也对天寿山诸陵有所介绍，但主要记载了崇祯皇帝的入葬之事。崇祯皇帝自缢煤山后，李自成命人将其和皇后周氏葬于田贵妃之墓，但府库无钱可出，是昌平州吏目赵一桂与好义之士孙繁祉等10人捐钱雇夫安葬了崇祯皇帝和周皇后。

满人入主中原后，将这座葬有崇祯帝、后的田贵妃陵命名为“思陵”，并改葬崇祯帝、后，营建地上园寝建筑。顾炎武拒绝接受“思陵”的提法，认为崇祯的墓只可称为“攒宫”，他在《昌平山水记》中说：“昔宋之南渡，会稽诸陵皆曰‘攒宫’，实陵而名不以陵。春秋之法，君弑，贼不讨不书‘葬’，实葬而名未葬。今之言‘陵’者，名也；未葬者，实也，实未葬而名葬，臣子之义所不敢出也，故从其实而书之也。”[①]认为循名必责实，明朝的国耻未雪、君父之仇未报，因此，崇祯帝虽葬于田妃墓中，但却不能称“葬”，墓也不能称“陵”。至于顺治皇帝的祭奠崇祯，顾炎武《再谒天寿山陵》说“空劳牲醴陈，微寘神岂食？仁言人所欣，甘言人所惑。小修此陵园，大屑我社稷”，认为其不过是蛊惑人心的小恩小惠而已[②]。

① (清)顾炎武撰:《昌平山水记》,华东师范大学古籍研究所整理,《顾炎武全集》第4册,上海古籍出版社,2011年,第607—608页。

② (清)顾炎武撰:《亭林诗集》卷三,华东师范大学古籍研究所整理,《顾炎武全集》第21册,上海古籍出版社,2011年,第409页。

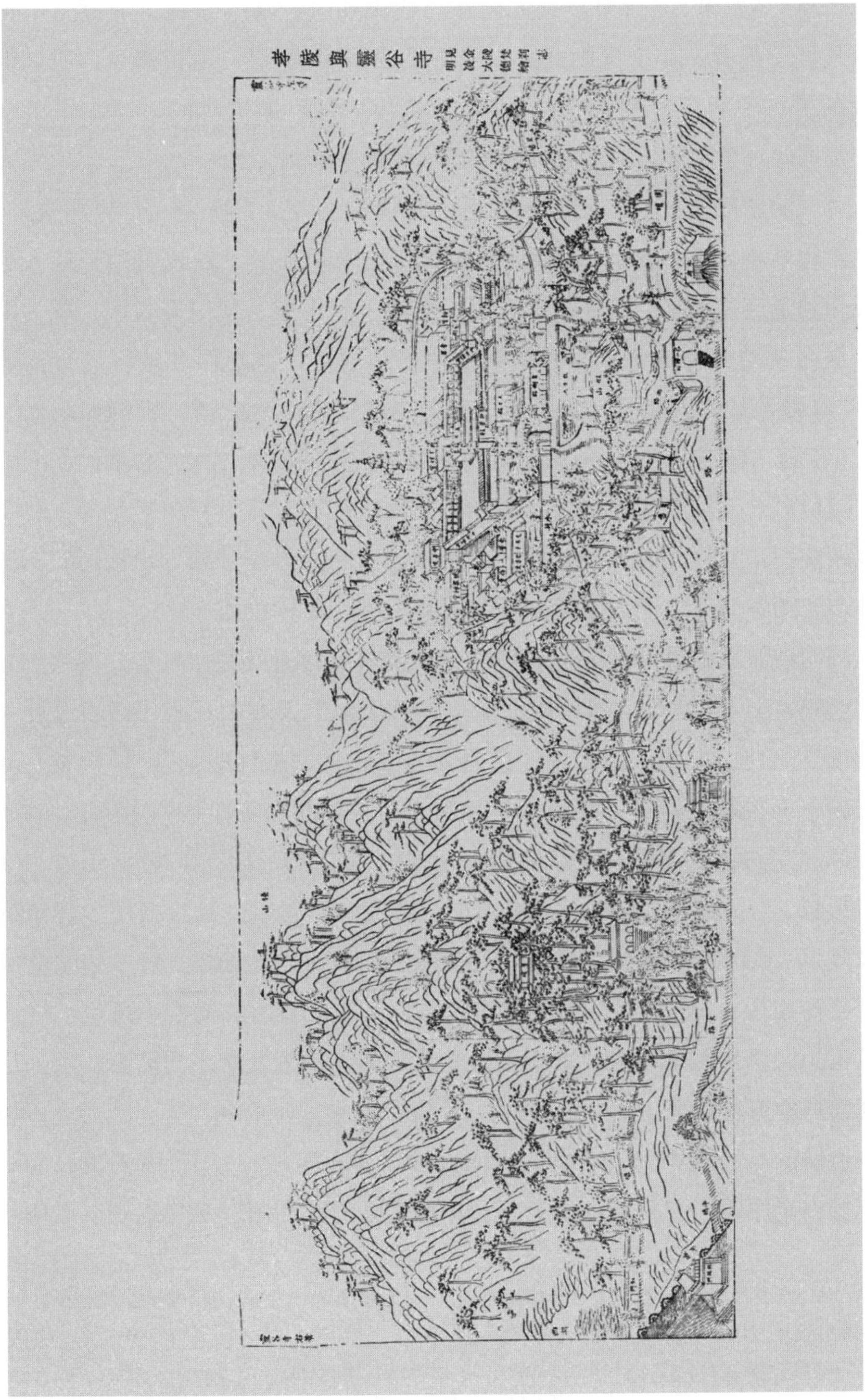

图3《明孝陵志》书影

顾炎武对明孝陵更是念兹在兹，清顺治八年（1651）起，他七谒明孝陵，并曾居钟山脚下，自号“蒋山佣”。顾炎武认为明孝陵建造的典章及故实，“以革除之事，《实录》《会典》并无记述。当先朝时，又为禁地，非陵官不得入焉。其官于陵者，非中贵则武弁，又不能通谙国制”[①]，流传甚少，所以他特意绘制了《孝陵图》并转《序》，希望流传后世。康熙年间，卓尔堪游明孝陵，曾携此《孝陵图》对展，此后便湮没无闻了。

对《明孝陵志》有一定影响的，应为清初学者梁份所著《帝陵图说》。梁份生于康熙十四年（1641），家世寒微，自幼聪颖好学，19岁时因被族人逃避赋税受到牵连入狱9年，遂绝意举业，从师于彭士望、魏禧等名家，成为因学术精湛而名动公卿的布衣学者。梁份留心边事，三次对西北地区进行实地考察，“故得悉其山川险要部落游牧，暨其强弱多寡离合之情，皆洞如观火”[②]，历时6年著《西陲今略》。他四度游访京师，于康熙四十二年（1702）与刘献廷门人黄曰瑚二人徒步前方昌平拜谒明十三陵，往返五日，写出平生另一总要著作《帝陵图说》。《帝陵图说》中“图用宋人石刻开方法，相方用指南针，计里用跬步。图各有说，详证博考，足正《肃松录》诸书之误”[③]。

同明清时期的其他地理学者一样，梁份对当时流行的“风水”理论十分热衷，《帝陵图说》就是一部从风水学角度讨论分析天寿山及明代诸陵选址为主的地理学著作，如说天寿山为“昆仑以来之北干，王气所聚”，说长陵“地脉接居庸，而拔起三峰，中峰正干，蜿蜒奇秀……北之主山环列为障，如御屏，如玉依，左右翼之龙砂，重迭盘绕，回抱内明堂之广大”等等[④]。不过，除了风水形势，《帝陵图说》也对天寿山十三陵及金山景陵的地理概况、建筑群构成及规制、结构等进行了比较详尽的记述和分析。提到崇祯墓，和顾炎武一样，梁份也说：“烈皇帝殡于田妃墓，国耻未雪，不谓之攒宫不可也！以陵称不可也！以思称尤不可也！”[⑤]拒不接受清廷为崇祯帝墓所定的陵名，反映出对明朝强烈的追念意识。

遗憾的是，因梁份没有机会到南京钟山明孝陵考察，《帝陵图说》卷一虽列了钟山全图说、孝陵图说的标题，却无实际内容和图。王焕镳则以居南京之

① (清)顾炎武撰:《亭林诗集》卷二,华东师范大学古籍研究所整理,《顾炎武全集》第21册,上海古籍出版社,2011年,第361页。

② (清)刘献廷撰:《广阳杂记》卷二,中华书局,2016年,第65页。

③ (民国)汤中撰:《梁质人年谱》,《民国丛书》第四编第85册,上海书店,1989年,第63页。

④ (清)梁份撰:《帝陵图说》卷二,《稀见明史史料辑存》第30册,线装书局,2003年,第319页。

⑤ (清)梁份撰:《帝陵图说》卷二,《稀见明史史料辑存》第30册,线装书局,2003年,第456页。

寶城明樓

寶城東西一十八丈七尺南北九丈五尺前高五丈四尺後高三丈一尺明樓前三門後一門左右各一門東西長一十二丈三尺南北長五丈八尺樓中碑亭毀僅存石礎八

图4 《明孝陵志》书影

便，约集江宗浩、顾葆康、陆治安、张骥等好友亲赴明孝陵踏勘，还实地测量了下马坊、神烈山、禁约碑、神功圣德碑等碑刻以及大金门、享殿、宝城明楼的尺寸，确定了神道石刻准确的相对位置，并留下了珍贵的照片资料。值得一提的是，负责摄影的顾葆康为江苏通州（今南通）人，1929年毕业于同济大学土木系，1935年赴德国柏林工业大学进修航空摄影测量，回国后曾任陆地测量学校航测班主任教官、水利部水利航测队队长、广西大学教授，新中国成立后历任同济大学教授、武汉测绘学院教授，设计自动立体测绘仪，是我国较早从事航空摄影测量研究和教学的专业人士，著有《航空摄影测量学》《摄影学》。明孝陵的现场考察成果颇丰，如王焕镳所言，“盖竭一日之力而五百年之胜迹尽收于尺幅之中，昭然如在目前，亦快事也”。

在勘测调查的基础上，王焕镳编纂《明孝陵志》，更锐意穷搜资料，采辑范围涵盖《明史》《明实录》《明会典》《国榷》《明通鉴》《肇域志》《清一统志》《康熙江宁府志》《嘉庆江宁府志》《同治上江两县志》，以及晚清档案、明清笔记、文集等近200种书籍，称得上是前无古人。所以柳诒徵先生在序言中称赞这本书“事实赅著，文约义丰，洵国史、方志之别子，而前贤之所未有也”[①]。

《明孝陵志》的写作用的是古文，简洁文雅，要言不烦，十分耐读，每段正文的后边列出辑录的参考资料原文，往往短短一句话的记述或议论，就有成

①（民国）王焕镳撰：《明孝陵志》，《金陵全书》甲编·方志类·专志6，南京出版社，2013年，第257页。

百上千字的原始史料来说明。早在大学时代，王焕镳的古文写作就得到了吴梅的赏识。吴梅是著名的全能曲家，早年受蔡元培之聘任北京大学教授，讲授"古乐曲"，首次将吹笛、唱曲、订谱、制曲带入高等学校课堂，为我国高等学校开设戏曲课之始，后任东南大学教授，成就后进甚众。吴梅曾说道："余及门中唐生圭璋之词，卢生冀野之曲，王生驾吾之文，皆可传世行后，得此亦足自豪矣。"[①]这里的王生驾吾，就是王焕镳。

三、探微索隐引人入胜

《明孝陵志》的《形胜》卷，主要介绍了明孝陵所在的钟山的山川形势、名胜古迹，其中有关朱元璋亲自选定陵址和迁寺建陵的故事颇为引人瞩目。据书中引用张岱《陶庵梦忆》的记载，定都南京后，朱元璋为寻找自己的万年吉地，曾亲自带领刘基、徐达、汤和等开国功臣选择建陵之地。踏勘完毕，君臣几个人各自把选定的"龙穴"写下来藏在袖子里，一起拿出来看，发现3个人写的都是独龙阜，这才决定了建陵的位置。独龙阜本是南朝齐梁时期的高僧宝志的葬地，它南边的蒋山寺前身即南朝的开山寺，也是梁武帝萧衍为宝志建的。朱元璋决定迁塔建陵，将墓塔和寺院迁到现在的灵谷寺。

洪武十四年（1381），蒋山寺连同志公塔、定林寺、宋熙寺和竹园寺等一同迁至现灵谷寺寺址。第二年朱元璋赐额"灵谷禅寺"，并题书"第一禅林"四字悬于寺山门，以灵谷寺为"天下丛林之首"，将钟山明孝陵禁垣内的数十座寺院统归于灵谷寺。洪武后期，朱元璋在南京陆续建立起以灵谷寺、天界寺、天禧寺、能仁寺、鸡鸣寺为代表的国家五大寺，对五大寺以及名刹栖霞寺，"共赐有赡僧田近五百顷，芦洲亦几其半"[②]，并且免除了这些"钦赐"田地的税、役。重建的灵谷寺作为皇家寺院，有明一代，香火旺盛。

《形胜》卷还提到了孝陵南的"观音阁"，引用的谈迁《枣林杂俎》、顾炎武《肇域志》，都对观音阁后壁的"玛瑙石"赞叹不已。观音阁实为灵谷寺下院，由明成祖朱棣所建。据《金陵梵刹志》："太宗文皇帝（朱棣）尝顾瞻山麓有气不散，命工琢石，肖形构阁，以记其处。"[③]而明孙应岳《金陵选胜》中记"观音阁石镜"则说是灵谷寺建成后，皇帝梦到观音大士，"有手提鱼篮之

① (民国)吴梅:《吴梅全集·日记卷》下册,河北教育出版社,2002年,第667页。
② (明)葛寅亮撰,何孝荣点校:《金陵梵刹志》,天津人民出版社,2007年,第315页。
③ (明)葛寅亮撰,何孝荣点校:《金陵梵刹志》,天津人民出版社,2007年,第243页。

影”，于是建观音阁。阁中有石壁“高广几二丈，厚径尺，白皙红润，光可鉴人须眉。此钟山东岭石也，真堪与茅山争胜”[①]，把这块石壁称为“石镜”。《康熙上元县志》也记载：“孝陵外观音寺，观音座后壁一石，方一丈六尺余，大士背石坐。旁视之，大士眉发正印其间，如对镜然。”

正德五年（1510），观音阁因火烧毁，十六年（1521）由太监萧通募资重建。清同治年间，观音寺因战火损毁，同治三年（1864）再次重建，并勒碑以纪之。民国13年（1924）出版的《中华名胜古迹续篇》云：“今为大士庵，有观世音像石，高广各三丈许。光莹可鉴，亦称水晶屏。有孝感熊赐履书‘水晶屏’三字，勒于石。”民国21年（1932）出版的南京城市志《新京备乘》中将石壁称为“观音大士像石刻”，云“殿上有石高三丈，广如之。背刻水晶屏大字，孝感熊赐履书。正面凿大士像，光泽可鉴，如坐琉璃中。追琢之工，妙绝千古”[②]。后来，观音阁“水晶屏”就在文史资料中失去了踪迹，直到2002年2月宁杭公路拓宽拆迁，在一户人家的墙体中被重新发现。“水晶屏”由整块青石打磨而成，高5.56米、宽4.5米、厚0.5米，重达30吨，其正面顶部刻有梵文观世音菩萨六字大明咒，下刻背光，为佛教八吉祥图案：宝伞、金鱼、宝瓶、莲花、白海螺、吉祥结、胜利幢、金轮。2007年5月，“水晶屏”移入下马坊遗址公园建阁保护，俗称“观音阁大石壁”。

四、有理有据考辨详博

《明孝陵志》的《规制》卷，主要介绍明孝陵的建造过程、规制布局。经过六百年的风雨沧桑，明孝陵建于明代的地面木结构建筑已经湮灭殆尽，只有大金门、大明孝陵神功圣德碑碑亭四壁、方城等砖石结构建筑和神道石刻，还有清代以来重建或修缮的孝陵殿、碑殿、文武方门等建筑保存了下来。《规制》卷的有关记述和引证，为近年来明孝陵的文物保护和修复提供了坚实的史料依据。如明孝陵神帛炉早已不存，根据书中“门内神帛炉，左右各一”，近年终于将神帛炉恢复重建。当然，本志也有不足之处。明孝陵棂星门在陵宫西南方向，《规制》卷说“（棂星门）西有菜坊桥，桥西为明懿文太子东陵”，则懿文太子陵在陵的西侧，但卷三《丧葬》又说“（孝陵）陵东为懿文太子寝园”，显然是矛盾的。卷七《艺文》录清代诗人陈文述的《懿文太子陵》，有

① (明)孙应岳撰:《金陵选胜》,《南京稀见文献丛刊》,南京出版社,2009年,第200页。
② (民国)陈迺勋、杜福堃编:《新京备乘》,南京出版社,2014年,第242页。

“鹤驾定随龙驭杳，夕阳云树孝陵东”，也点明懿文太子陵在孝陵以东。近年经过考古勘测，证实了懿文太子东陵位于明孝陵陵宫东侧，《规制》卷所谓的“懿文太子东陵”，很有可能是陪葬的嫔妃墓。

明孝陵陵区内，除了陵宫宝顶安葬朱元璋、马皇后，东陵葬懿文太子朱标外，还有嫔妃墓、开国功臣墓等陪葬墓，相关情况在卷三《丧葬》中进行了说明，并对一些历史疑案进行了考辨。南京民间至今流传着“十三个城门同时出棺材”的传说，讲的是朱元璋葬礼那一天，大开南京十三个城门，同样的仪仗，同样的棺材，同时抬出城外，谁也不知道朱元璋到底在哪一口棺材里面，更不知道这十三口棺材最后抬到哪儿下葬了。据说如此故布疑阵，遵的是朱元璋的遗嘱，因为他自知杀戮太重，生怕仇人报复，破坏他的陵寝，于是向魏武帝曹操学习，想出了这个办法。

除此之外，自清代以来就有朱元璋葬在南京朝天宫或北京万岁山的说法。清初王棠《知新录》说：“俗说朝天宫是明太祖葬处，此讹言也。帝王大度，断不如是。”[①]说明当时已经有了朱元璋葬在朝天宫的说法，但王棠并不认同。这种说法继续流传，可从乾隆年间全祖望（1705—1755）所做诗歌和嘉道年间的南京著名藏书家甘熙（1797—1857）所著《白下琐言》中找到线索。全祖望《从朝天宫谒孝陵》云：“钟阜衣冠是与非，朝天弓剑尚传疑。难寻玉匣珠襦地，但见神功圣德碑。开国谅无惭汉祖，嗣孤底事学曹丕。当年可笑山陵使，乱命何人为弼违。”[②]诗的自注中全祖望明说世传朱元璋葬在朝天宫而不是明孝陵，还嘲讽朱元璋嗣孙朱允炆学曹操之子曹丕，为先人制作疑冢。朝天宫在宋代时为天庆观，元代时为玄妙观，后来又改称永寿宫，明初才赐“朝天宫”额，成为朝臣练习朝贺礼仪的地方，甘熙《白下琐言》记载，世传朝天宫的三清殿下就是明太祖真正的下葬之处。

朱元璋葬在燕京万岁山的说法可见于清赵执信的《万岁殿》一诗。明代末年，曾有闻孝陵夜哭的说法，一般看作是大明国祚将尽的异兆。《万岁殿》有句云“后来孝陵传夜哭，应缘马后悲孤独”，“煤山万寿耸峥嵘，犹是因依万岁名”，认为明太祖英雄盖世，哭哭啼啼不像话，夜晚传来的定是马皇后的女声独哭，哭的正是太祖的北葬万岁山和自己的独卧金棺。

王焕镳认为，这些异说都不足信。洪武三十一年（1398）闰五月癸未（6

① （清）王棠撰：《燕在阁知新录》卷十九“疑冢”条，《续修四库全书》子部第1147册，上海古籍出版社，2002年，第47页。

② （清）全祖望撰，朱铸禹汇校集注：《全祖望汇校集注》，上海古籍出版社，2018年，第2047页。

月24日）朱元璋驾崩，仅在七天之后的辛卯日（6月30日），皇太孙朱允炆便即皇帝位，并在这一天举办了朱元璋的葬礼。产生这么多异说，恐怕跟朱元璋超常规的迅速下葬有关，因为照《明会典》所载的礼法，皇帝驾崩27天后，嗣皇帝才能正式临朝听政，并主持将先皇棺椁下葬。但也应该考虑到朱允炆面前的难题，当时宁王朱权、燕王朱棣等几个皇叔手握重兵，如果他们以奔丧为名进京作乱，着实不好应付，朱允炆如此高效率，就让皇叔们没了奔丧的机会，所以《皇明大政记》说速葬出自朱元璋的遗命，应该是可信的。对各种异说反驳最有力的，是甘熙的《白下琐言》。甘熙指出，朱元璋葬于孝陵正史上有明确记载，况且明孝陵陵址是朱元璋亲自选定，修建陵墓工程浩繁，前后建造数十年，岂能都是为马后一个人打算的？况且建文帝天性仁孝，又怎么忍心把太祖遗骸置于渺不可知之地呢？如若果有其事，群臣自会目击，怎能堵住悠悠众口？至于朱元璋葬在燕京万岁山的说法，则更不足信。当时燕王朱棣正因为不能参加朱元璋葬礼而愤愤不平，其他诸王也人人自危，蠢蠢欲动，政治空气异常紧张，建文帝更不可能把朱元璋灵柩运往燕京。

现代科技的发展，为澄清朱元璋葬地疑案提供了有效的辅助手段。经国家文物局批准和江苏省、南京市文物主管部门的安排，自1997年起，南京市文物研究所与中山陵园管理局文物处对明孝陵进行了长达6年的考古勘探和研究。考古人员借助磁测（GMP）技术，通过探测地下介质(土、石、砂及人工物质)磁场的空间分布特征，对取得的数据信息进行分析，终于成功查明了明孝陵宝城内地宫的中心位置，确认这座地下宫殿保存完好。考古人员还发现独龙阜山体表面至少60%的地方是经过人工修补、堆填的，宝顶上遍布有规则排列的大量巨型卵石。这些卵石是当年造陵时搬运上去的，除了可以抵抗雨水对陵表的长年冲刷，也可以防止盗陵者的掘挖。这样，通过先进的科技手段和缜密的考古调查，有力回应了广为流传的明孝陵地宫被盗之说。

关于明成祖朱棣的生母是谁，历来也是争论较多的问题。《明孝陵志》收录徐乾学《读礼通考》、潘柽章《国史考异》、刘献廷《广阳杂记》、朱彝尊《静志居诗话》等众说，他们基本同意、确认了《南京太常寺志》的记载，即朱棣的生母并非《大明孝陵神功圣德碑》《长陵碑》及其他正史史料中说的马皇后，而是碽妃。关于朱棣生母，《明孝陵志》没有引用的李清《三垣笔记》、张岱《陶庵梦忆》、谈迁《枣林杂俎》也均认为是碽妃。20世纪30、40年代，围绕明成祖生母问题，傅斯年、朱希祖、吴晗、李晋华、王崇武等明史研究者又展开了激烈的争论，涵盖了治学理论、官私史料价值、史实真伪、学人关系等相关问题，为明史研究带来了一股清新的空气[①]。傅斯年、吴晗、李晋华等人认为是碽妃，朱希祖则提出质疑。朱希祖指出，《南京太常寺志》记载“淑妃李氏，生懿文太子、秦愍王、晋恭王”，《明史·李淑妃传》及《彤史拾遗记》均记述了李淑妃之父李杰早年投靠朱元璋，洪武元年（1368）随徐达北伐中原战死沙场的事迹。根据南京李杰墓神道碑碑文，李杰战死时，“享年三十有八”，他投靠朱元璋的“丙申之岁”即元至正十六年（1356），年龄为26岁。而懿文太子的出生则在至正十五年（1355），当时李杰只有25岁，恐怕当时李淑妃还没出生。假设李杰16岁时李淑妃出生，到至正十五年时也不过10岁，尚且不能生育。所以“淑妃李氏生懿文太子、秦愍王、晋恭王”的说法不能成立，既然如此，《南京太常寺志》中“碽妃生成祖文皇帝”的说法也要存疑[②]。在傅斯年看来，朱希祖的论证软肋在于过信官书记载，将《明史》和《明实录》作为核心史料，但应该注意的是“私书不尽失之污，官书不尽免于讳”，有讲官家记载与私人记载对勘的必要[③]。吴晗也指出，“明初《玉牒》即已经过几度修改，《明史》所据为修改过的官书”[④]，后来王崇武发表的《论皇明祖训与明成祖继统》接续这场讨论，认为“综贯两造持说，择其近情理者，则明成祖生于碽妃、养于高后之推测，盖可以成立”[⑤]。

《丧葬》卷中的嫔妃殉葬问题也格外引人关注。本来中国古代殉葬制度以殷商时期为盛，秦汉时犹存，之后则有所收敛，往往代之以陶俑、木俑。直到明代洪武年间，人殉之风死而复燃。朱元璋次子秦王樉在藩多过失，洪武二十四年（1391）曾被召还京师，次年归藩，洪武二十八年（1395）去世，朱元璋命以王妃殉葬。洪武三十一年（1398）朱元璋去世，嫔妃40多人陪葬，毛奇龄《彤史拾遗记》说其中殉葬的有“宫人十数人”。殉葬宫人的父兄得到建文帝的封赏，由锦衣卫所试百户散骑带刀舍人进为本所千、百户，并允许世袭。永乐初年，有官员建议革去建文帝升授的官员，朱棣对这些殉葬宫人的父兄格外优待，说“这几家都是好职事，不动，通调孝陵卫”，这些人世袭其职，后人称

---

① 李峰:《治史理念与学术分野——以明成祖生母问题的争论为中心》,《史学理论研究》2012年01期,第92—97页。

② (民国)朱希祖:《明成祖生母记疑辩》,《文史学研究所月刊》第2卷第1期,1933年。朱希祖:《再驳明成祖生母为碽妃说》,《东方杂志》第33卷第12号,1936年。

③ (民国)傅斯年:《史学方法导论》,欧阳哲生主编:《傅斯年全集》(二),湖南教育出版社,2003年,第335—338页。

④ 吴晗:《明成祖生母考》,《清华学报(自然科学版)》第10卷第3期,1935年。

⑤ 王崇武:《论皇明祖训与明成祖继统》,《东方杂志》第43卷第7号,1947年。

其为“朝天女户”。

关于殉葬宫人的资料，《明孝陵志》所引史料虽有《国榷》《明史》《读礼通考》《国史考异》等十余种，但均比较简略，提供一些细节的，是其没有引及的清查继佐所著《明书》。《明书》列传卷二《皇后列传·马皇后（诸妃美人附）》提到的殉葬孝陵的嫔妃有3位，分别是李贤妃、李淑妃、翁妃，殉葬的美人数量不明。李贤妃是扬州卫指挥之女，据说出生时有“白气亘天之异”，她“事上有礼，抚下有恩，遇事有断”，被朱元璋称为“班婕妤之流”，委以管理后宫之任，他的两个哥哥也被提拔为金吾指挥，与锦衣卫同掌诏狱。燕王曾试图通过宫人结纳李贤妃，请她帮助自己谋求储君之位，被李贤妃回绝。洪武三十一年（1398），朱元璋病重，对李贤妃说“若朝夕左右，已逾一纪，今日其出晤尔兄，少敦同气之谊”。李贤妃明白，朱元璋是担心他死后李贤妃会干涉朝政，于是毅然上吊而死，结果“上为大恸，殉葬孝陵”[①]。明张萱《西园闻见录》记李贤妃事迹及殉葬缘由，和《明书》互有详略，值得一提的是讲到李贤妃因受宠，进位为“淑妃”，为李淑妃。则这位李淑妃要和《明史》中提到的李杰之女区分开来。《西园闻见录》云：

初李贤妃有宠于上，遂进淑妃。上时以难事访，妃条析皆出人意表，上喜曰：“班婕妤之流也。”有请妃赞建储之事者，妃谢曰：“妾备位嫔，所任者浣濯庖厨之责，储位大事非妾所知。”闻者益贤之。时上疾革，召其兄金吾指挥，赐宴便殿，谓妃曰：“汝事朕逾一纪，朝夕左右，宣力多矣。汝其出见二兄，少敦同气之谊。”妃泣拜曰：“妾知之，死矣，即死耳，见兄何为？”遂自经。上抚尸大恸，谓其兄曰：“朕非不念汝妹贤明，虑他日有武后之祸，抑情为之，勿以朕为薄德也。”二兄泣谢而退，及晏驾，以妃殉葬。[②]

据查继佐《明书》所载，翁妃是元代大臣翁吉氏后人，14岁入宫，很受朱元璋宠幸。洪武三十一年（1398），翁妃24岁，和“李淑妃”一同侍奉病中的朱元璋。朱元璋问两位嫔妃：“能久侍朕乎？”二人不明白朱元璋的意思，满口答应，结果也被赐白练自尽后殉葬。朱元璋临死之前，诸位美人都主动申请殉葬，但在朱元璋驾崩之后纷纷反悔，掌宫者坚持，不能欺皇帝于地下，结果诸美人也逃不脱殉葬的命运。只有宝庆公主的母亲张美人，因为公主只有4岁，虽然也和众人一样请求殉葬，朱元璋没有答应，最终活了下来。

朱元璋重新开启的殉葬之制为他的后世子孙继承，明成祖朱棣死后殉葬嫔妃

---

①（清）查继佐撰：《明书（罪惟录）》，齐鲁书社，2014年，第1226页。

②（明）张萱撰：《西园闻见录》，《续修四库全书》第1169册，上海古籍出版社，2002年。

宫女达30余人，此后的明仁宗、宣宗也分别以五妃、十嫔殉葬。皇族诸王也有效仿者，正统四年（1439），周王朱有燉死后，就有王妃巩氏、施氏等六名妻妾殉葬。直到天顺八年（1464），明英宗朱祁镇病危之际留下遗诏：“用人殉葬，吾不忍也，此事宜自我止，后世子孙勿复为。”[①]明代嫔妃殉葬制度至此才最终废止。

五、言简意赅发人深省

“国之大事，在祀与戎”，谒陵和祭祀是对帝陵王权象征地位的确认，也是卷四《谒祭》关注的重点。洪武十五年（1382），孝慈皇后马氏去世并葬入孝陵，第二年孝陵殿刚建成，朱元璋便命皇太子以牲醴致祭，这是明孝陵祭祀的开始，不过当时祭仪只是草具规模。建文帝时祭祀典礼仪则已经比较完备，建文帝朱允炆和成祖朱棣还曾躬祭孝陵。成祖迁都北京后，明朝皇帝只有武宗于正德十五年（1520）祭谒明孝陵，但那只是为了在平定宁王朱宸濠的叛乱后炫耀武功，举行献俘仪式。南明弘光皇帝登基前也曾到明孝陵祭告，那时已经是明王朝的尾声了。

明孝陵还得到了清代皇帝的格外关注，除了日常派遣官员来祭祀，康熙帝6次南巡，有5次亲自到明孝陵祭谒，乾隆帝“绍承家法”，6次南巡都来奠酒。今天明孝陵碑殿尚存康熙三十八年（1699）康熙第二次南巡时题写的“治隆唐宋”碑，推许朱元璋治绩超过唐宗宋祖；还有乾隆题诗碑两通，慨叹明代后世帝王不能继承光大朱元璋的遗业。两通康熙南巡纪事碑，记录了康熙南巡谒陵的来龙去脉，其中康熙二十八年（1689）南巡纪事碑的碑阴部分，还有曹寅的题名。曹寅时任江宁织造，很受康熙帝信任，康熙题写的“治隆唐宋”便是交给他去刻石立碑。

《明孝陵志》卷五《守缮》收录有曹寅于康熙四十七年七月十五日上的《奏洪武陵塌陷折》，奏报的是明孝陵发生一处塌陷，南京及扬州、镇江等地民间讹传塌陷处深广有十几丈，有人怀疑是因为盗墓引起的，有人怀疑是明初的工程质量有问题，还有人说这表示明朝气数已尽，曹寅随即到实地查看，发现塌陷处只有几丈宽，就是因为年久土松引起的，位置也离宝顶很远，没什么妨碍，于是让守陵人把宝城开放三天，让百姓随意观览，很快平息了谣传。曹寅随后又让人将塌陷处填平，打扫干净，一个舆论事件就这样被化解于无形了。

---

①（明）王圻辑：《稗史汇编》卷十八《人物门·帝王类·禁殉葬》，《四库全书存目丛书》子部第140册，齐鲁书社，1999年，第288页。

曹寅做出的保护明孝陵的姿态，也有助于和江南士人、百姓找到共同语言。曹寅死后，张伯行在祭文中说他“况复荐达能吏，扶植善良，凡所陈奏，有直无隐，天子鉴其诚恳，时赐曲从，以故沈下僚者蒙过擢，罹文网者获矜全”[①]，反映了江南士人对曹寅的感激。

文人墨客，登山临水，总免不了要作文赋诗，感怀世事，聊以自遣，明代以来到明孝陵拜谒的有士子、官员，还有皇帝，《明孝陵志》卷七《艺文》便收录了他们的许多传世诗文，成为考察明孝陵保护措施、祭祀制度、历史变迁的宝贵资料。其中有一篇出自《太平天国文钞》的洪秀全《祭明太祖陵寝文》，颇为引人注目。在这篇祭文中，洪秀全自称“不肖子孙”，奉明太祖为“吾皇”。太平天国“定鼎金陵”是“依吾皇遗烈”，为了“体吾皇之心，与天下付托之重”，他还誓言北征清廷，“驱除异族，还我神州”，解民倒悬。这篇祭文辞气激昂，煞有介事，其实却是出自小说家的杜撰，并非事实，这还要从清末以来太平天国与洪秀全的形象塑造说起。

晚清以来的中国历史进程中，涌现出各种政治立场不同的团体，其中太平天国恐怕是其中评价最多分歧的一段历史。在清朝统治者眼中，太平天国是“长毛”“发逆”；在清末以孙中山为首的革命党眼中，则是一场伟大的民族革命。孙中山的革命密友宫崎寅藏曾经问过孙中山这样一个问题：“先生，中国革命思想胚胎于何时？”孙回答说：“革命思想之成熟固予长大后事。然革命之最初动机，则予在幼年时代与乡关宿老谈话时已起。宿老者谁？太平天国军中残败之老英雄是也。”[②]据宫崎寅藏说，青年时代的孙中山已自命为“洪秀全第二”。与孙中山在香港西医书院同学的陈少白也回忆说，孙中山在校读书时即有“洪秀全”的绰号。黄兴与孙中山似乎也有相似的思想历程。1912年，黄兴曾经与人谈及：“我革命的动机，是在少时阅读太平天国杂史而起。”[③]孙中山、黄兴所处的时代既与太平天国相去不远，他们成长的地方，广东、湖南一带又是太平天国早期的主要活动地区，因此其早期革命思想肇端于太平天国是再自然不过的事情。

大约在1903年前后，早期革命党人开始宣扬太平天国的民族革命性质。比如这一年孙中山在《支那保全分割合论》中倡言：“夫汉人失国二百六十年于

---

① (清)张伯行:《祭织造曹荔轩文》,转引自周汝昌《红楼梦新证》(增订本),中华书局,2016年,第433页。

② 广东省社会科学院研究室等编:《孙中山全集》第一卷,中华书局,1981年,第583页题注。

③ (民国)黄兴:《与李贻燕等的谈话》,湖南省社会科学院编《黄兴集》,中华书局,1981年,第211页。

兹矣，图恢复之举不止一次，最彰彰在人耳目者莫如洪秀全之事。”[①]将清朝的建立称为“汉人失国”，将洪秀全太平天国之事称为恢复汉人天下，太平天国的民族革命由此定性。逐渐将朱元璋覆灭蒙元、洪秀全力图灭清、而孙中山之革命亦在光复汉人天下编织为一脉相承的民族革命脉络。清末革命党人也开始遵循这一脉络进行反清宣传。早期辛亥元老刘成禺的《太平天国战史》记述了洪秀全谒孝陵：

时天王已据金陵……建号太平天国，称明代世嗣。首谒明太祖陵墓，举行大祀典仪式。其祝词曰：“不肖子孙洪秀全，得光复我大明先帝南部疆土，登极南京，规模一遵洪武初年祖制。”……立洪武木主，每月率百官将士一祭。[②]

这一故事并非完全出自刘成禺的杜撰，早在咸丰三年（1853），天地会伪托洪秀全所作的《奉天承运皇帝诏》中就说过：“朕太祖高皇帝以布衣取天下，削平祸乱，统一寰区……朕以天潢嫡派，为中外所推，招集忠良后裔，起事粤西……兹以二月朔日抵南京应天府，祗谒祖陵。”[③]因清末革命党人将朱元璋、洪秀全视为其民族革命的两大先驱，自然很乐于相信洪秀全拜谒明太祖陵的故事，刘成禺遂据此敷衍成文。此后的《清史稿·洪秀全传》也延续了这一说法，称咸丰三年（1853）洪秀全攻入金陵后，“群上颂称明代后嗣，首谒明太祖陵，举行祀典”[④]。

需要指出的是，尊崇明洪武帝，反清复明，主要是在清代的天地会和三合会等秘密会社中盛行的，洪秀全对此则并不接受，他曾对天地会的各种弱点有中肯的批评，对追随者说：“我虽未曾加入三合会，但常闻其宗旨在‘反清复明’。此种主张，在康熙年间该会初创时，虽然不错的；但如今已过去二百年，我们可以仍说‘反清’，但不可再说‘复明’了。”洪秀全认为“复明”不合时宜，还指出了天地会的一些恶习，如拜魔鬼邪神、入会要钱、烦琐的仪式和誓词等[⑤]。

人们常引洪秀全这首七律来说明他对明太祖朱元璋的崇拜：“近世烟氛大不同，知天有意启英雄。神州被陷从难陷，上帝当崇毕竟崇。明主敲诗曾咏

① 广东省社会科学院历史研究室等编：《孙中山全集》第一卷，中华书局，1981年，第222页。

② (民国)汉公(刘成禺)：《太平天国战史》，中华书局，1911年，第21页。

③ (清)佚名：《粤匪杂录》，中国国家图书馆藏民国抄本，第1册，叶49a-b。

④ (民国)赵尔巽等撰：《清史稿》卷四百七十五《洪秀全传》，中华书局，2003年，第42册，第12867页。

⑤ 蔡少卿：《中国近代会党史研究》(增订版)，中国人民大学出版社，2009年，第131—132页。

菊，汉皇置酒尚歌风。古来事业由人做，黑雾收残一鉴中。”[1]刘邦和朱元璋都出身平民，他们揭竿而起，最后建立了国祚绵延数百年的新王朝。尤其朱元璋击败群雄，登基称帝时年已四十，他喜欢自比为秋之菊花，百花凋零之际，独自风华绝美。作此诗之际，洪秀全年三十六岁，三年后他攻入南京城之际，已近四十。不过，洪秀全这首诗不过是通过写汉、明两朝开国之君来自抒政治抱负，大旨仍是要奉上帝旨意行事的，而这一事业与明太祖自然不同。

在洪秀全祭谒朱元璋这一创造性的故事流播的过程中，助力最大的是黄世仲（黄小配）所做《洪秀全演义》，又名《太平天国演义》《洪杨豪侠全集》。黄世仲于1905年加入同盟会，是最早追随孙中山革命的先辈之一，他在同盟会中主要从事宣传工作，是著名的报界人士。此书创作于1906年，是黄世仲最负盛名的作品。出版以后风行海内外，乃至于南洋、美洲各地的华侨也几乎家喻户晓。根据作者自序，这本书“皆洪氏一朝之实录，即以传汉族之光荣”，但其实际上是为了服务于当时革命和“反满”事业的历史文学创作。时人阿英的评价一语中的：“书中竭力宣扬民族思想，并有章太炎的叙文；与史实尽多不符，在当时却是很重要的政治宣传读物。”[2]

正是在《洪秀全演义》第二十五回“李秀成平定南康城　杨秀清败走武昌府”中，讲到太平军攻今金陵城后，洪秀全“迁李秀成为地官丞相，陈玉成、李世贤皆为副丞相。余外进秩有差，于是修明故宫殿为王宫，首谒明太祖寝陵而祭之曰：‘不肖子孙洪秀全，率领皇汉天国百官，谨祭于吾皇之灵曰：昔以汉族不幸，皇纲覆坠。乱臣贼子，皆引虎迎狼，以危中国，遂使大地陆沉，中原板荡；朝堂之地，行省之间，非复吾有，异族因得以盘踞，灵秀之胄，杂以羶腥，种族沦亡，二百年矣。不肖秀全，自惟凉薄，不及早除异类，慰我先灵，今借吾皇在天之灵，默为呵护，群臣用命，百姓归心，东南各省，次第收复。谨依吾皇遗烈，定鼎金陵，不肖秀全，何敢居功。自以体吾皇之用心与天下付托之重，东南既定，指日北征，驱除异族，还我神州，上慰吾皇在天之灵，下解百姓倒悬之急，秀全等不敢不勉也。敢告’”[3]。

这篇流传甚广的洪秀全《祭明太祖陵寝文》，1931年被收录入《太平天国诗文钞》，王焕镳据以收入《明孝陵志》，与《洪秀全演义》原文仅有个别字词

---

① (清)洪仁玕述，(瑞典)韩山文(Theodore Hambury)著，简又文译：《太平天国起义记》，燕京大学图书馆，1935年，第50页。

② 阿英：《晚清文学丛钞·小说三种》“叙例”，中华书局，1960年，第1页。

③ (清)黄小配：《洪秀全演义》，上海古籍出版社，1981年，第193—194页。

有所出入。或许是查证到原文出处，1934年的《太平天国诗文钞》修订本已将此文删去。[①]

六、史料丰赡虚实详明

孝陵防守、巡视、监督皆有定制，这方面留存的史料最丰富，所以《明孝陵志》卷五《守缮》篇幅也最长。《明孝陵志》载："孝陵防守，外则孝陵卫，内则神宫监。……治民之吏，有令史、典史、所司吏。孝陵卫军，为亲军卫指挥使司，听南京中军都督府节制。有士卒五千六百名。其后稍有增损，要以专护陵寝为事。……卫、监守护以外，南京守备官当不时巡视。锦衣卫每季亦委百户等巡禁樵采。"明孝陵作为皇权的象征、政治的圣地，层层设防，俨然成为常人步履不能到的禁地。

据《大明会典·刑律》所载，对盗窃普通陵园树木的，处罚是杖一百、徒三年，而盗砍南京孝陵、凤阳皇陵、泗州祖陵等陵寝树木的，一旦证据确凿，主犯要比照盗窃殿中或大祀场所祭祀神祇或御用的祭器、帷帐等物来定罪，就是处斩，从犯则发边卫去充军，其他如取土取石、开窑烧造、放火烧山的，都要根据情节轻重，参照给予处罚；敢在明孝陵兆域距墙二十里以内开山取石、安插坟墓、筑凿池台的，处枷号一个月，发边卫充军。严刑峻法，并非虚文，隆庆三年（1569），南京神宫监太监王采便因为盗伐孝陵树木被论斩。

在明朝统治者看来，明孝陵、明皇陵等皇家陵寝是列祖列宗的安魂祀祭之所，对它们的保护是为了尊祖敬宗，也是为后世打算，以保证千秋万代、国祚绵长。明末国势衰微，皇帝对帝陵保护也特别重视起来，崇祯皇帝于十四年（1641）特地召阁臣及勋戚等多人入宫询问皇陵事宜，并命成国公朱纯臣、新乐侯刘文炳、礼部尚书林欲楫3人往南京孝陵，会同奉祀及守备、神宫监、礼部、礼科察勘附陵30里经行之处，严禁开石烧灰。凡是新添的窑房，全部拆毁；林木或需要移走，或需要栽补，都要详细考察便宜处理。

崇祯十四年（1641）5月，崇祯皇帝还命人在明孝陵立"禁约碑"。"禁约碑"再申禁谕，敢有砍伐明孝陵墙垣内树木的，主犯处死，但同时也规定说，遭雷击火烧或枯死的树木，务必立即运走并及时补栽。崇祯皇帝恐怕没想到，法纪废弛由来已久，立碑护陵这只是又为办事太监提供了一个通同作弊谋取私利的机会而已。据张岱《陶庵梦忆》记载，"禁约碑"立后的第二年，朱成国

① 参考刘浦江:《正统与华夷:中国传统政治文化研究》,中华书局,第205—208页。

图5 《明孝陵志》书影

与王应华奉敕修陵。他们把枯木全部挖走当柴火卖掉，有些古木枯死已有数百年，连根挖出，要刨几丈深。当时所谓“识者”认为这不免伤地脉、泄王气。张岱痛心疾首，认为甲申之变明朝灭亡，跟这几个树坑关系很大，对王应华恨之入骨，“虽寸斩应华，亦不足赎也”。清刘献廷《广阳杂记》记此事稍异，看法与张岱却差不太多：“崇祯季年，有言孝陵朽木甚多，恐致火灾。有旨搜芟孝陵朽木，内官因之斩伐无忌。数百年乔木，尽罹斧斤。孝陵杉板，沿街贱售矣。而百姓遂有‘皇帝伐卖祖宗坟树’之语。不祥莫大焉！”[①]这块“禁约碑”至今尚存，但它在当时并不能防止有关官员借机作弊，乱砍滥伐。

实际上，明孝陵树木的滥伐和破坏并不止于《明孝陵志》所载。明末诗僧、贤首宗一代宗师苍雪南来的《金陵怀古》云：“石头城下水淙淙，水绕江关合抱龙。六代萧条黄叶寺，五更风雨白门钟。凤凰已去台边树，燕子仍飞矶上峰。抔土当年谁敢盗？一朝伐尽孝陵松。”[②]这“一朝伐尽孝陵松”的罪魁祸首，就是原大明蓟辽总督、在松锦战役中兵败被俘后降清的洪承畴。

明朝南都金陵，入清后改为江宁府。顺治二年（1645）闰六月十三日，清

① (清)刘献廷撰:《广阳杂记》卷一,中华书局,2016年,第41页。
② (清)释读彻撰:《苍雪和尚南来堂诗集》卷三,《续修四库全书》第1393册,上海古籍出版社,2002年,第536页。

廷任命内院大学士太子太保、兵部尚书兼都察院右副都御史洪承畴以原官总督军务，招抚江南各省地方，给“招抚南方总督军务大学士”关防，八月到达江南，开府于江宁府治东北，在明朝西平侯沐英的黔宁王府东侧。江宁驻防本只有满、蒙而无汉军，但红衣炮须由汉军操纵，故有汉军驻扎江宁，顺治三年（1646）起由镶黄旗汉军提督张大猷统辖。

在清初郑与侨《郑确庵遗稿》的《客途纪异》中，苍雪南来的诗被记到了蜀僧寂然的名下，诗注中说：“孝陵松柏蔚然，乙酉五月以后，兵民竞为斩伐，一城尽为炊具，香烟缭绕云端，一夜大火，焚毁一空。（眉批：洪亨九与满兵提督张大猷并马行，张指孝陵曰：汝家好皇帝，当出示禁樵疏。洪出示数千言，无一句是禁止之词，良心死尽）邓孕槐，福建孝廉，鼎革后，以御使巡视上江，出示云：前朝故冢，安的复称曰陵，谓孝陵也。”

在清初文字狱中被掘尸地下、锉骨扬灰的诗人李驎，在其《读大涤子谒陵诗作》诗注中，对洪承畴砍伐明孝陵林木也有提及：“香枫曾树蒋山隈，凭吊何堪剩石苔。衰老百年心独结，风沙万里眼难开。爰居避地飞无牖（处），精卫全身去不回。细把新诗吟一过，翻教旧恨满怀来。（香枫，庵名，洪经略伐山时，荫木俱尽，有老僧乞留枫一树，结茆其下，与陵相望）”①

据徐树丕《识小录》，为洪承畴出主意砍伐孝陵树木的，却是另一个降臣陈之遴。陈之遴是浙江海宁人，海宁陈氏自明代就是江南望族，1900年前的400年间，陈氏一门共出了31个进士、103个举人、74个贡生及千余名秀才，有“一门三阁老，六部五尚书”之誉。陈之遴的祖父陈与相官至贵州左布政使，父亲陈祖苞官至顺天巡抚，他更于崇祯十年（1637）高中榜眼，任翰林院编修。崇祯十一年（1638）冬，清军攻破长城，兵至衡水一带，其父陈祖苞时以右副都御史巡抚顺天，在清军进犯之时，因“守备不周，坐失城池”被捕入狱。陈之遴多方营救未果，在探知朝廷不会宽大处理的情况下，居然将毒药带入狱中，致父于死命。崇祯皇帝大怒，将陈之遴革职拿问，永不叙用。顺治二年（1645），陈之遴降清，授秘书院侍读学士。他北上就职时，“先献策于洪承畴，纵满兵伐尽孝陵松柏以坏明朝气脉，云再不中兴”②。更有甚者，陈之遴“说承畴以掘孝陵，当泄尽明朝秀气”，不过洪承畴没有完全听他的，“承畴但

① （清）李驎撰：《虬峰文集》，北京图书馆善本部藏清康熙庚辰刻本（《四库禁毁书丛刊·集部131册》），北京出版社，1998年，第271页

② （清）徐树丕撰：《识小录》卷二，《笔记小说大观》第40编第3册，台北新兴书局，1985年，第316页。

听人伐松柏而不遽发掘，可谓犹有心之人”[①]。

王夫之在《永历实录》中则认为砍伐明孝陵树木就是洪承畴的责任。南明永历三年（1649），永历帝朱由榔派遣司礼监太监李国辅“剃发变服”，秘密前往南京拜谒明孝陵嘱他完成使命后向永历帝汇报。李国辅到南京后，买了香烛币帛，趁夜登钟山谒陵。他发现明孝陵殿宇墙垣毁坏严重，茅茨丛生，所幸陵宫宝顶保存完好，“梓宫宴安”。钟山当时树木荒疏，李国辅曾在城内找当地人询问缘由，人家告诉他，南京陷落后，清军充斥，四处打柴砍草，但没人敢动明孝陵的林木。后来洪承畴经略江南，“见陵树菁葱，怫然遽怒，遂榜示居民，令樵采为薪。悬榜三月，民无应者。承畴益恚，骂曰：‘大清兵入北都，未尝令居民伐陵树，不三日间，诸山皆芟刈无余。江南蛮子，已出榜令伐，而三月不伤一木，何愚呆至此！’因复榜令诸门，非伐钟山树者，不许通樵苏。城中几至绝炊烟，都民不得已，乃往伐，呜咽震山谷。今一片童山，无尺株矣”[②]。

李国辅说都人被迫才去明孝陵伐树，似有美化的成分，李天根《爝火录》记载，南京陷落时，“秣陵人争往孝陵伐木”，灵谷寺主僧印公对这些伐木的人大呼：“我君虽出，犹有高皇帝在天之灵，吾与若受荫于兹三百年，安可遽忘其恩泽乎？”可惜没人理会他的话。灵谷寺的一个僧人看不过去，奋身冲入人群中夺他们的锯子、斧头，结果也被众人打死。名僧函可埋葬了这个僧人，并以诗哭之：“一身殉陵木，国难见孤僧。便与埋松下，千年护祖陵。”后来，原给事中倪函庆向攻破南京的清军统帅豫亲王都铎求告，都铎才下令禁止人们到钟山采伐。可惜洪承畴受清廷之命经略江南来到南京后，又取消了多铎所颁禁令。这次，有守陵马太监的侄子马二挺身而出，多方护卫，扑杀伐木之人，最后以马二抵命告终[③]。

除了为保护陵木拼命的，还有拒绝烧孝陵柴的顾梦游。顾梦游为南京人，出生在官宦之家，善行草书，平生任侠好义，与黄道周、龚鼎孳、周亮工、冒襄、张风等相往来，为晚明名士。顾梦游入清不仕，其友人名僧函可曾住在他家，写了一部纪述南明福王小朝廷覆灭的私史。事发，函可被抓去审问盘讯。事将连及顾梦游，而他面不改色，口无悔词。后来，由于函可的坚贞不屈，口

① (清)徐树丕撰:《识小录》卷二,《笔记小说大观》第40编第3册,台北新兴书局,1985年,第679页。

② (明)王夫之撰:《永历实录》卷二十五《宦者列传》,《船山全书》第十一册,岳麓书社,1996年,第549页。

③ (清)李天根著,仓修良、魏得良校点:《爝火录》卷十,《明末清初史料选刊》,浙江古籍出版社,1986年,第471页。

神功聖德碑正面
碑高一丈八尺圍七尺厚二尺七寸碑亭外邊八丈三尺
內邊三丈六尺中空每邊一丈六尺高二丈七尺六寸

图6 《明孝陵志》书影

无二词，他才幸免于难。顾梦游不治产业，有二顷洲田在江滨，后多漂没，地方官吏上门索取租税，他只有变卖书籍家产相偿。顺治三年（1646）秋天，钟山明孝陵树木被砍伐一空当柴火，满街是买“孝陵柴”的人，唯独顾梦游不肯买，有人问他原因，他拒绝回答。没过多久，南京城门因事封闭不通，顾梦游家没有柴火，只好把房屋柱子拆下来烧饭，他也毫不后悔。

清朝定鼎后，在明孝陵设立守陵监及陵户，禁止樵牧，并时有修缮。太平天国时期，明孝陵成为清军与太平军的战场，享殿、碑亭、配殿、陵墙纷纷倾毁。清军攻陷南京、镇压太平天国后，对明孝陵进行了一定的整饬维修。《明孝陵志》收录有两江总督饬金陵善后局兴修孝陵的公文札子，金陵善后局估算修缮孝陵的工料数目册，修建御碑、补砌围墙、添设栅栏所需木材、砖瓦、绳索、桐油、烟煤等等料物以及购置用款的细数清册，流程清晰，核算严格，显示了很高的工程管理水平。今天我们看到的享殿、碑亭规模比原建筑都小了很多，都是同治年间修复的产物。

关于民国时期明孝陵的管理和保护，《明孝陵志》只简单提了一句“民国十八年划入总理陵园区，加以修治，又焕然一新矣”，没有举出相关资料加以佐证，其实还有不少可以补充的地方，尤其在环境保护方面。早在光绪年间，左宗棠出任两江总督，在南京劝民植树，鼓励经营林业有业绩者，免征税厘，对明孝陵生态不无助益。民国建立后，裴义理教授和傅焕光对恢复钟山包括明孝陵生态环境最为有功。1912年，金陵大学教习裴义理（Joseph Bailie）“深感农业改进之重要”，和农商部长张謇等人发起成立“中国义农会”，在钟山上开始了近代第一次颇有影响的造林活动。他在钟山南麓老营盘一带营造马尾松、侧柏计1.6万株，并申请政府拨出太平门外钟山北麓及青龙山荒山4000亩，组织流入南京的灾民垦荒植树，以工代赈。1916年又与著名农学家过探先等人筹备成立江苏省第一造林场，在钟山西南营造马尾松林约2000亩。1927年7月，傅焕光被任命为江苏省立第一造林场场长，1928年成立中山陵园管理委员会，接管了义农会及造林场，并收购钟山南部的民有土地用于园林建设。此后几年中，傅焕光苦心经营，到抗战爆发前的1936年，共造林植树近850万余株，成活近650万株，其中仅明孝陵石象路南部的西果园，面积就达120余亩。钟山丹巘青嶂，略复旧观，成为南京东郊的著名风景区。

依据“天人感应”的观念，以“灾异”和“祥瑞”现象作为吉凶的征兆，自春秋时期便受到注意，到了汉代更是变本加厉，对现实政治和人事的变迁产生不小的影响。灾、祥之说是皇帝说明自己身兼沟通天地之职的证据，同时也是人们限制皇权的工具，一直受到重视和利用，明代自然也不例外。《明实录》《明史》等官修史书中记载了许多明孝陵发生的震雷、恒风、地震等“灾异”以及醴泉、甘露等“祥瑞”，多被收录在《明孝陵志》卷六《灾异》中。当然，王焕镳并不相信灾、祥之说，只是为了反映明代人的思想观念，有必要将相关史料整理出来。

七、启迪后学价值凸显

随着明孝陵成为世界文化遗产以及相关研究的深入，王焕镳《明孝陵志》的研究价值进一步凸显，近年出版的《黄帝陵志》《秦始皇帝陵志》《汉茂陵志》《景泰陵志》，均以《明孝陵志》为重要参考和学术标杆。2002年，中山陵园管理局、南京明孝陵博物馆编的《明孝陵志新编》由黑龙江人民出版社出版，并列入“南京文物丛书”，其主要内容为《明孝陵志》的标点、校注，以及近年来明孝陵考古发掘、文物保护的研究论文。2006年，由明孝陵博物馆点校的简体横排本《明孝陵志》由南京出版社出版，并列入“南京稀见文献丛刊”。以上两书均以钟山书局本为底本。明孝陵博物馆分别于2008年、2010年编撰推出了《明孝陵史料汇编》上、下两编，上编在《明孝陵志》基础上进行大规模的史料扩充，下编以民国以来的原始文献、档案、史料为基本内容，可为《明孝陵志》的续编。近年来，南京出版社将分散在全国各地的南京文献进行系统搜集整理，汇编为《金陵全书》影印出版，《明孝陵志》不出意外地入选这一历史长卷，以南京图书馆藏钟山书局本为底本原大影印，一定会给读者更加古雅深邃的阅读感受。

南京明孝陵博物馆副馆长 王广勇

金陵巨刹 世界奇观

《金陵大报恩寺塔志》导读

自佛教传入中国以来，南京就长期作为中国佛教文化的中心，为中国佛教的发展做出了巨大贡献。特别是南朝时期，作为南方的政治、经济和文化中心，吸引了大批西域和天竺高僧前来翻译经典，弘扬教法，南京佛教的发展出现了前所未有的繁荣局面。佛教与中华儒道思想的交流、争鸣和碰撞，促进了佛教文化的本土化、中国化，出现了大量的佛教著名人物，产生了丰富的著述，形成了各宗各派学说。可以说，南京的佛教文化是研究中国佛教文化的一座富矿。

大报恩寺位于南京中华门外，是中国历史最为悠久的寺院之一，作为中国古典建筑文化的典范，是国内经过考古发掘揭露面积最大的寺院遗址，为研究明代皇家寺院的规制、布局提供了极为重要的实物资料。大报恩寺琉璃宝塔更是当时中国的象征，明清时期，一些欧洲商人、游客和传教士来到南京，称之为“南京瓷塔”，将它与罗马斗兽场、亚历山大地下陵墓、比萨斜塔相媲美，称之为中古世界七大奇观之一。尤其受到世界瞩目的是，2007年在塔基考古中发现了始建于北宋大中祥符年间的长干寺地宫，出土了以释迦牟尼佛顶真骨为核心、以七宝阿育王塔为代表的一大批佛教珍贵文物，引起了极大的轰动。

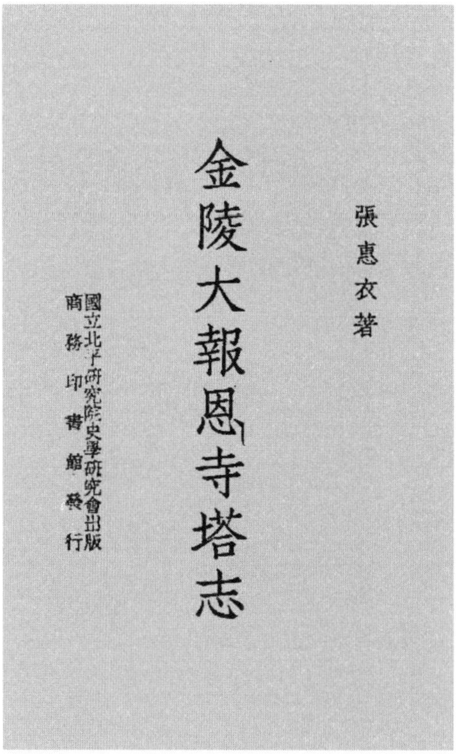

图1 《金陵大报恩寺塔志》书影

《金陵大报恩寺塔志》为张惠衣著，吴世昌作序，1937年由国立北平研究院史学研究会出版，商务印书馆发行。全书连同采摭书目，共12部分，10万字左右。

一、溯自长干瘗藏佛骨

大报恩寺建于长干寺旧址。长干寺得名于其所在位置长干里。“干”是江南对山陇之间平地的称谓。长干里就是南京城南众多丘陵山地中的一片相对较为平坦的区域。这里是江南地区最早的佛教传播地。早在孙吴赤乌十年(247)，康居国僧人康僧会到达南京弘传佛法，因致如来舍利，为吴主孙权所信任，为之建塔造寺，因是江南第一座寺院，号曰“建初寺”，并名其地为“佛陀里”，由是江左佛法始兴。

《佛三昧经》云：“我昔在宫沐头，以尺量发，长一丈二尺，放已右旋，还成蠡文，则与帝所得同也。阿育王即铁轮王，王阎浮提一天下，佛灭度后，一日一夜役鬼神造八万四千塔，此即其一。吴时有尼居其地，为小精舍，孙綝寻毁除之，塔亦同灭。吴平后，诸道人复于旧处建立焉。晋元帝初渡江，更修饰之。”[1]晋太宗简文帝主政期间，下令重建阿育王塔，至孝武帝太元九年(384)，新塔建成。孝武帝宁康年间，长干寺发生了一起重大事件，北方离石胡人刘萨诃（慧达）为礼拜古阿育王塔来到建康。据《南史》记载，他登城见长干里有“异气”，于是“集众就掘，入一丈，得三石碑，并长六尺。中一碑有铁函，函中有银函，函中又有金函，盛三舍利及发、爪各一枚，发长数尺”。《高僧传》记载刘萨诃掘出舍利的地点就在简文帝所造塔之下。从我们现代人的观点来看，刘萨诃应是一位对阿育王塔地下结构非常了解的人。所谓登城望气不过是故作神秘的托词，他应是事先了解阿育王塔，知道旧塔之下原有

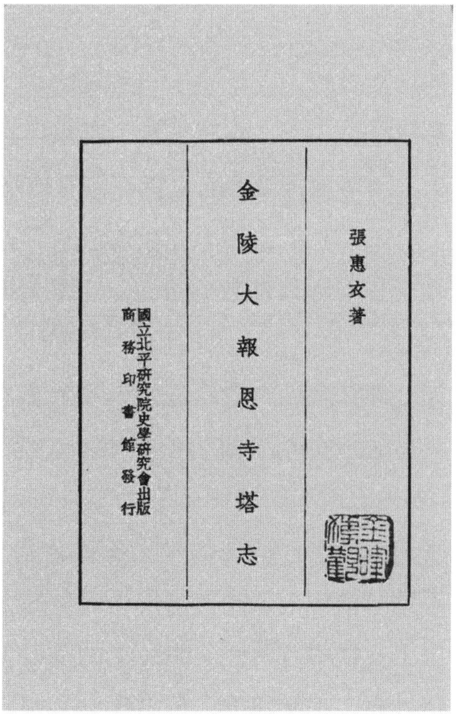
金陵大報恩寺塔志
張惠衣著
國立北平研究院史學研究會出版
商務印書館發行

图2 《金陵大报恩寺塔志》书影

①（民国）张惠衣：《金陵大报恩寺塔志》，南京出版社，2007年，第1页。

地宫和舍利，从而聚众发掘，最终找到了佛舍利。刘萨诃在长干寺发现佛舍利和发爪之事，在我国佛教史上影响深远。唐代高僧道世在撰写《法苑珠林》时，由此将“东晋金陵长干塔”列为东土19座舍利塔之一。刘萨诃发现舍利后，在简文帝所造塔的西北部新造了一座阿育王塔，将舍利重新瘗藏于该塔之下。此塔初为一层，太元十六年（391）加为三层。长干寺因此出现了两座阿育王塔并峙的繁荣局面。

梁大同三年（537），笃信佛教的梁武帝下令改造长干寺阿育王塔，重新掘出塔下瘗藏的佛舍利和发爪。《南史》对此次发掘舍利的过程记载得颇为翔实：

初穿土四尺，得龙窟及昔人所舍金银环、钏、钗、镊等诸杂宝物。可深九尺许至石磉，磉下有石函，函内有铁壶，以盛银坩，坩内有金镂罂，盛三舍利，如粟粒大，圆正光洁。函内有琉璃碗，碗内得四舍利及发爪。爪有四枚，并为沉香色。

阿育王塔的改造工程于次年结束。当年九月十五日，梁武帝在长干寺举办无碍大会。“各以金罂，次玉罂，重盛舍利及爪发，内七宝塔内。又以石函盛宝塔，分入两刹刹下，及王侯妃主百姓富室所舍金银环钏等珍宝充积。”经过这次改造和重瘗，原先藏于一塔之下的佛舍利和发爪，被分别放入了两塔之下的地宫之中。《南史》记录了长干寺在六朝时期不断发展，最终成为南朝大刹的历史过程，可惜这一进程随着南朝的失败而中断。589年隋灭陈之后，为了打压金陵王气，建康城邑、宫殿等重要建筑全部被夷为平地，长干寺亦毁于兵火。两塔地宫更不能幸免，先后被打开。

宋代初年，长干寺在僧俗两界的帮助下得到兴复。兴复之由，源于僧人可政于长干寺故址数感灵迹，并得感应舍利。宋代李之仪《新建法堂记》记载：“久之，舍利数表见感应。祥符中，僧可政状其迹并感应舍利投进，有诏复为寺。即其表见之地建塔，赐号圣感舍利宝塔。”[①]可政通过宫廷宦官（中贵）将其所感应舍利事报告给了真宗皇帝，经过皇帝的批许，可政乃于其感应到的“现光之地”新建佛塔和寺院。塔八角九层，高二百尺，碑铭称作“真身塔”，当为其原名，后被赐号“圣感舍利宝塔”，简称“圣感塔”。主持修塔者可政，不见于僧传记载，在扬州和南京的方志中则有零星记载。2008年宝塔地宫考古出土文物中有两件丝织品上的题记与可政生平事迹有关。根据这些记载，可政俗姓高，生父高洪，母禹氏十一娘，幼从南京升元寺玄月和尚出家，为律宗和

① (宋)马光祖修，周应合纂：《景定建康志》，《金陵全书》甲编·方志类·府志4，南京出版社，2010年，第435页。

尚，后得赐紫，并封号“演化大师”，为长干塔塔主，有些文献称“塔主大律师可政”。端拱元年（988），可政在终南山紫阁寺得玄奘顶骨舍利，带回南京，并于天圣五年（1027）建塔供奉于长干寺之东岗，俗称白塔。可政在建成玄奘顶骨舍利塔后，撰有《天禧寺白塔记》。惜碑刻不存，文字亦不见著录，只存其目。大中祥符年间，可政在长干寺得到感应舍利，经皇帝准许，重建长干寺。重建工作得到滑州助教王文一家的帮助，南京、扬州等地的信众和各寺高僧共襄盛举，使得数年之间长干寺即建成。王文，不见于正史记载。比长干寺圣感塔稍晚的大安塔，其建造即仿照长干寺塔，襄助者中有王文之名，且题为“寿春王文”，二者应为同一人。天禧二年（1018），宋真宗赐长干寺改名“天禧寺”。此塔自宋代初年建好后，一直沿用到明代，中经元文宗拨内帑修缮，一直是长干寺（天禧寺）内最重要的建筑，宋、元、明三代文人墨客凡有登临，多有咏颂，留下众多的斐采诗章。

宋代之后，诸家文献逐渐将长干寺和建初寺相混淆。如明嘉靖《南畿志》明确将“建初寺—长干寺—天禧寺—大报恩寺”看作是一脉相承的:“大报恩寺在聚宝门外，吴赤乌年间，有康居国僧来会，居长干里。吴大帝命致佛舍利，为建塔寺，曰建初。梁天监初，改名长干。宋天禧中改名天禧，元末兵毁。”而主修嘉靖《南畿志》的陈沂，则在其《报恩寺琉璃浮图记》记载:“南都城之南有大佛宇，孙吴时云神僧所居，南朝始有寺，因地长干，曰长干寺。赵宋改名天禧寺。”万历年间，南京礼部祭祀郎中葛寅亮所著《金陵梵刹志》对大报恩寺的前身天禧寺的历史渊源做了如下的叙述:“在都城外南城地，离聚宝门一里许，即古长干里。吴赤乌间，康僧会致舍利，吴大帝神其事，置建初寺及阿育王塔，实江南塔寺之始。后孙皓毁废，旋复。晋太康间，刘萨诃又掘得舍利于长干里，复建长干寺。晋简文帝咸安间，敕长干造三级塔。梁武帝大同间，诏修长干塔，南唐时废。宋天禧间，改天禧寺。祥符中，建圣感塔。政和中，建法堂。元至元间，改元兴天禧慈恩旌忠寺。至顺初，重修塔。”

二、琉璃宝塔世界奇观

洪武十三年（1380），胡惟庸等乱政，明太祖朱元璋将之归结于宝塔太高，觉得影响了大明朝的风水，于是下令拆除，移建于钟山之左。后经工部左侍郎黄立恭发愿修复。永乐六年（1408），寺僧潜于僧室放火，将寺焚毁。崇殿修廊，寸木不存，悉为瓦砾。永乐十年（1412），明成祖朱棣下令重造寺

图3 《金陵大报恩寺塔志》书影

塔，于长干塔旧址新建的佛塔就是名耀中外的大报恩寺琉璃塔。从2008年考古发掘的成果看，明代大报恩寺琉璃塔确实是建筑在宋代长干寺圣感舍利宝塔旧址上。

永乐十年（1412）八月，明成祖朱棣正式下令重建被毁的天禧寺。对此工程朱棣精心擘画，成竹在胸。他不仅将重建后的寺院命名为“大报恩寺”，而且明确要求重建工程要“弘拓故址，加于旧规，像貌尊严，三宝完具，殿堂廊庑焕然一新，重造浮图高壮坚丽，度越前代”①。其中“弘拓故址”“度越前代”可以看作朱棣对于大报恩寺建设工程的基本指导思想。朱棣还赐给大报恩寺其他寺院望尘莫及的特殊待遇——“准宫阙规制”，也就是说，要按照建造皇宫的标准建设大报恩寺。在此后的建设过程中，朱棣的设想得到了完全的贯彻。但是让朱棣没有想到的是，在他的有生之年竟然无法看到蓝图变成现实，甚至其子仁宗朱高炽也未能看到，直至其孙宣宗朱瞻基当政的宣德三年（1428），大报恩寺才最终落成，前后耗费的时间长达17年。大报恩寺建成后占地面积达400余亩，大大超越了以前天禧寺的规模。其地南至雨花台，北抵秦淮河，东至明代虢国公俞通海墓园（今晨光集团厂区内），西至聚宝街（今雨花路），四周总长号称“九里十三步”。与其他寺院坐北朝南的传统朝向不同，大报恩寺在整体上坐东朝西，正门开在西侧的聚宝街。这种朝向的形成，一方面是受制于长干里北依大河、南阻高山的地理形势而因地制宜；更重要的是，以山门朝西表达礼佛西天的愿望。

大报恩寺的建筑布局总体上可分为南北两大部分。寺庙中最重要的宗教性建筑皆分布于北区，而为寺院配套的附属建筑皆位于南区，两者之间以院墙相隔。大报恩寺北区的建筑排列有序，沿着中轴线依次设置山门、香水河桥、天王殿、大雄宝殿、琉璃塔、观音殿、法堂等核心建筑，在中轴线两侧还根据需

① 祁海宁、龚巨平：《南京大报恩寺史话》，南京出版社，2008年，第15页。

要设置了御碑亭、钟楼、油库、祖师殿、伽蓝殿等建筑。御碑亭内各有一块高度近9米的巨型石碑，皆以巨大的石赑屃承托。左侧的御碑上刊刻明成祖朱棣于永乐二十二年（1424）三月亲自撰写的碑文，详细说明了他建造大报恩寺的目的和设想，是研究大报恩寺的重要史料。朱棣在写完碑文的五个月后就驾崩在北征蒙古的路上，可以说此碑是朱棣留在大报恩寺的最后一处印迹。右侧御碑是宣德三年（1428）大报恩寺建成之时宣宗朱瞻基所立，目的是向太祖、成祖和仁宗三位先帝告成，歌颂他们的功德。如果将大报恩寺比喻为一顶璀璨的皇冠，那么琉璃塔无疑是这顶皇冠上熠熠生辉的明珠。大报恩寺建筑群前后用了17年时间方才建成。工程费时如此之久，不是因为人、财、物力方面出现了困难，而是因为琉璃塔的建设难度极大，不得不屡屡延期。宣德三年（1428）三月，琉璃塔最终建成，当年六月大报恩寺工程就宣告全部完工，由此可见琉璃塔在整个大报恩寺工程建设中所占的比重。从中国佛寺发展史来看，早期的佛寺都是以塔为中心在塔的周围安排佛堂、僧房等，因此当时的佛寺又被称为“塔寺”，建初寺就属于这种布局。但是自隋唐以后，中国佛寺的布局逐渐改为以佛殿为中心，塔退居次要的地位，位置也往往偏于寺庙中轴线的一侧，宋元时期的天禧寺应属此种布局。但是大报恩寺将塔重新安排在主轴线上，而且与大殿几乎同处于中心的位置，这种设计无疑是为了突出琉璃塔的重要地位，充分展现其魅力，使之成为整个寺院中最引人注目的标志性建筑。明成祖朱棣是大报恩寺的总设计师，他曾给琉璃塔御赐了“第一塔”的塔名。大报恩寺琉璃塔的杰出可以归纳为三个方面。

图4 《金陵大报恩寺塔志》书影

第一，巨构殊形，高耸云日。大报恩寺琉璃塔是有确切记载的中国古代最高的建筑。它共九层，自底至顶通高为“二十四丈六尺一寸九分”，换算成今天的米制就是78.02米，相当于26层楼房的高度。琉璃塔平面为八边形，底部坐落在一个被称为“莲台”的八边形石砌基座之上，基座的最大径约为24米，高度达3.6米。在石台的西部有一座12级的石砌台阶，供人们走上宝塔。宝塔的最底层建有一圈八边形的回廊，周长40寻（1寻=8尺），约为95米。琉璃塔下大上小，逐级略向内收。每层所用的建筑材料数目相同，但尺寸皆相应缩小。塔的最上部安装塔刹。塔刹主体为铁质，外表镀有当时最为精良的黄铜，名为“黄金风磨铜”。塔顶的底部是两个盆形的“承露盘”，每个都重达900余斤，中间是9个圆形相轮，最大的周长36尺，最小的也有14尺。塔的最顶部是用纯金制成的宝珠，直径约为4米、据说重达2000余两。塔用8根臂粗的铁索与檐角相连，铁索和每层的檐角下都悬挂铜制的风铃，从上至下共152只。即使在轻轻的微风之中，清脆的铃声也可声闻数里。琉璃塔在它存在的400多年中，雄视海内，没有其他任何一座建筑可以与之比肩。当年，在南京城内的任何一个地方，人们只要抬头南望，都能够看到它擎天巨柱般雄伟的身姿。琉璃塔内建有184级台阶，可直达顶层，让人登高览胜。站在塔顶环视四周，只见长江如同一条宽大的白练绕城东去；青溪、运渎等秦淮支脉如九曲回肠，细如一线；南京城内的万户千家、宫阙庙宇、城池街道在登临者的眼前一一呈现，金陵胜迹尽收眼底。

第二，通体琉璃，独步古今。这一点是该塔闻名中外的根本原因。琉璃塔的主体为砖砌，除了塔顶有一根“管心木”之外，整个建筑当中“不施寸木”，其内外表层全部用各种造型、各种颜色的琉璃构件榫合而成。琉璃是一种低温釉陶器，在它的釉料中含有较多的铅，而铅是很好的助熔剂。在800℃左右的温度中，熔点较低的铅带动釉料中的其他金属着色成分四处流动，最终形成晶莹润泽、如玉如冰的外观。不过，琉璃器的陶胎必须在1200℃的高温中烧制。因此琉璃是一种需要两次烧成、制作工艺复杂的陶器，制作成本远远高于普通的陶瓷。我国自北魏开始就在宫殿建筑上运用琉璃作为装饰，历代都将它作为最高等级的建筑材料，只有宫殿或是与皇室密切相关的地方才能使用，否则即被视为僭越。琉璃塔通体使用琉璃是大报恩寺“准宫阙规制”的重要体现。这种独特的装饰艺术让琉璃塔赢得了“中国之大古董，永乐之大窑器”的美誉。琉璃塔第一层的表面没有全部敷设琉璃砖，而主要用巨大的石块砌成。它四面开门，每扇门皆为拱形，高度达2.4米，宽约1.8米。每扇门的两侧分别雕刻了3座佛像以及其他精美的图案。另外四面虽然没有设置拱门，但是每面墙壁上都浮雕了一座造型威猛、如同真人大小的护法天王像。从第二层至第九层的表面全都敷设了各色琉璃砖，而且八面皆有拱门，四实四虚。琉璃塔外表的装饰效果可以总结为:碧瓦，朱栏，白墙，彩门。其外壁墙面以白色为主色调，全部用白色瓷砖砌成，出挑的塔檐全部铺设绿色的琉璃瓦；栏杆和檐下的斗拱皆用白色的琉璃制成，每层所开门无论虚实皆为拱形，用五彩琉璃砖组合而成，顶端高踞一位神态威猛的黑色护法神，两侧对称设置飞天、飞羊、狮子、白象等神像和神祇。每层壁面的转角之处皆装饰佛教圣花陀优钵昙花。塔内墙壁的主色调与塔外一样，也为白色，用白色瓷砖镶护。而每层的顶部皆用青绿色琉璃拼合成藻井，如同一顶翠绿的华盖。塔内墙壁上布满了金色小佛像，或立或坐或禅定或降魔，姿态万千，一塔之中号称拥有亿万金身。每层的佛像从下至上逐级缩小，但是眉发神态丝毫不爽，倍极精致。琉璃塔所用的各种琉璃构件几乎每件的形状、尺寸、色彩和纹饰都有差异，因而制作和烧制极为不易，这是琉璃塔建设时间长达17年的重要原因。

第三，长夜深沉，佛灯永明。在明清两代皇室和政府的直接支持下，大报恩寺琉璃塔还创造了另外一个奇迹。琉璃塔上146盏如火炬般明亮的油灯，昼夜不熄。灯盏用蚌壳制成，里面有放油用的油盘，灯芯超过1寸。灯盏的安装有机关，点灯、加油时收进檐内，完成后旋机使出，这样就不用架梯爬墙点灯、加油，省了不少麻烦，也少了不少的危险。宣德年间选用上百名小和尚点灯、加油。因是长明灯，一昼夜就耗油“六十四斤四两”，一个月油耗，小月需“一千八百六十六斤一十四两”，大月需“一千九百三十一斤四两”，由内府拨送。甚至为了方便，在大报恩寺附近建了油库，专供寺塔用油。

集“三绝于一身”的琉璃塔代表了中国古代宝塔艺术的最高峰，设计者天才的想象力、建造者高超的建筑技巧、一个强盛国家雄厚的经济实力和高效的组织运作能力，这些因素的紧密结合才能产生大报恩寺琉璃塔这样的杰作。

大报恩寺琉璃塔，其美轮美奂的建筑艺术和美学价值闻名于世，被誉为“南京的象征”，殊不知，承载着厚重历史和浓浓文化底蕴的，不仅仅是那震惊世界的“第一塔”，还应当有“寺”。金陵大报恩寺在明清佛教中的地位崇高，这寺与塔相互辉映，寺因塔而享誉海外，塔因寺而地位尊崇。

明代先后五次刻藏，即洪武年间初刻于南京的《南藏》（后经考证实为明建文帝初刻《南藏》），永乐年间再刻于南京的《南藏》和明王朝迁都后刻于北京的《北藏》，以及之后刻于杭州的《武林藏》和万历年间开雕而成于清初的《嘉兴藏》。明初诏刻《南藏》，别置藏经殿，贮南藏经版全部，《金陵梵刹志》收录详备。再刻《南藏》又称《永乐南藏》，明永乐七年朝廷召集名僧集于大报恩寺校勘大藏经，开版时间约为永乐十一年至十八年间，全藏636函（函号为“天”至“石”），收经1610部，计6331卷。此次藏刻以大小乘经、大小乘律、大小乘论排序，并将《开元录》以后续入藏典籍以时间顺序改作分类编集，从而为后续藏刻的雕造所遵依。如此规模宏大的藏刻事业由朝廷内府督办、会集名僧于大报恩寺，由此可见金陵大报恩寺在明朝实为刻经圣地，地位极为崇高。

明代建寺盛行，为利区分，依禅、教、律而分为禅、讲、教三类。古金陵大报恩寺为三大寺之首，全国十大佛教流派为弘扬佛法在此多设讲坛，是明初佛教研究中心。最为著名的是明万历年间名僧雪浪洪恩住持大报恩寺，雪浪独好《华严》，执持大体，又工于诗书，与意大利利玛窦有过震惊当世的交往辩论。所以，金陵大报恩寺又当视为明清佛教的义学讲坛。

大报恩寺名僧辈出，自晋代至宋、元乃至明、清均有高僧大德会集于此，晋代慧达于此掘得佛舍利塔，即就地建长干寺；宋代可政负玄奘顶骨于寺建塔安奉。至明清，此寺大德辈出，永隆、居敬、一如、永宁、法会、德清、雪浪、普见、石涛等高僧都于大报恩寺悟宏佛法。百寺之首、刻经圣地、义学讲坛、名僧辈出当为大报恩寺之特质，由此可见其地位之崇高。

清咸丰四年（1854），大报恩寺塔被毁，关于被毁的原因有两种说法。一说，清军攻克雨花台后，太平军为防清军占据大报恩寺对城内造成威胁，先下手为强，遂“用火药轰之，复挖空塔座下基地，数日塔倒，寺遭焚毁”。另一说则是1856年，正逢天京之变，北王韦昌辉因为担心翼王石达开占领城外的琉璃塔而架炮攻击城内，派兵一面在塔下挖地道引爆炸药，一面用火炮直接轰击塔身，最终使琉璃塔化作一堆瓦砾，而大报恩寺的其他建筑也被由此引发的大火全部烧毁。

三、修志存史国学名家

张惠衣（1898—1960），名任政，号苇伊，海宁硖石人。襁褓丧父，长而刻苦勤学，其母每日深夜挑灯缝纫不辍得以将其抚养成年。曾就读于开智学堂，与徐志摩是同学。1916年后在莫干山补习中学任教员三年，省吃俭用，积钱入北京大学学习，此为张惠衣人生之重要转折。1922年，在浙江国学专修馆任职。1927年任教于南京中央大学。1930年重返北京大学，入研究所国学门深造，为学者黄节弟子。1932年，应章太炎邀请，任教于苏州振华女中。1936年，担任中央古物保管委员会专门委员，兼光华大学、大夏大学教授。1939年，任无锡国学专修馆教授。1941年迁居杭州，后任浙江大学教授、浙江省博物馆馆长。新中国成立后担任浙江省文物管理委员会常务委员。

张惠衣一生从事教育和考古工作，对古文物、版本以及古乐府、音韵均有深入的研究，编著有《金陵报恩寺塔志》《纳兰成德年谱》《历代平民诗集》《灵璵阁诗》等。他的这些著作在文史、国学领域具有广泛的影响。张惠衣历来非常看重历史文化遗产，总是想方设法尽自己的力量进行保护。20世纪20年代，张惠衣在中央大学任教期间开始关注金陵大报恩寺塔，此时塔、寺均已不存，一片残壁断垣。面对如此凄凉景象，张惠衣以一个传统文人的责任感发心编撰塔志，以保存国粹，为以后恢复重建留下了珍贵的历史人文和建筑资料。张惠衣前后花了十年时间搜集资料，多次赴遗址踏勘，采集正史、稗史、文集、诗集、方志和《美国百科全书》《中国美术》等百余种古今中外文献，编纂成书，于1937年由国立北平研究院史学研究会出版，商务印书馆发行。

该书由吴世昌作序。吴世昌，浙江海宁人，与其兄吴其昌并称“海宁二吴”。早年获燕京大学文学硕士，英国牛津大学荣誉硕士学位。1935年后历任国立北平研究院史学研究所《史学集刊》编委，西北联大、西北大学国文系讲师，中山大学国文系教授，桂林师院国文系教授兼系主任，中央大学国文系教授。1947年后历任英国牛津大学高级讲师及导师，剑桥大学博士学位校外考试委员，伦敦大学中国委员会委员、执行委员，1962年后任中国社科院文学所研究员、教授，中国文联委员，全国政协第四、五届委员，全国人大常委会委员和教科文卫委员会副主任委员。1926年开始发表作品。著有专著《〈红楼梦〉探源》（英文）、《〈红楼梦〉探源外编》、《中国文化与现代化问题》、《红楼探源》、《诗词论丛》、《词林新话》、《文史杂谈》等。

《金陵大报恩寺塔志》的出版，尚有一段曲折，详情见于张元济、蔡元培两位大家与张惠衣之间的往来信函，内容即是有关《金陵大报恩寺塔志》出版事宜。第一通信函，张元济告知张惠衣，因“金陵大报恩寺塔志敝公司以范围太狭”未发印，转送蔡孑民兄，“商请中央研究院出版，覆信亦难成议，谨将原信呈上”，著作“移驾棋盘街总管理处编审部”，附介绍信一函。这通信函，表明商务不考虑发印此书。另一通信函是蔡元培给张元济的回函：“菊哥大鉴，惠函敬悉，报恩塔志用长编体裁，本院历史研究所未能购印，当托人向金陵丛书主编者询之，原稿遵示奉缴，诸希鉴谅，并祝著绥，弟元培敬启，十九日。”可见，起初商务印书馆及国立北平研究院均不打算出版《金陵大报恩寺塔志》，数年后在张惠衣的积极沟通和张元济的关心下，最终两家单位于1937年联合出版了这部志书。而这几封信函也成了反映民国文人大家之间交往的重要史料。《金陵大报恩寺塔志》出版后在文史界获得了巨大的反响，甚至各国图书馆多有庋藏，《大不列颠百科全书》中也有专门记载。

四、广为搜罗巨细无遗

《金陵大报恩寺塔志》全书分纪载、古迹、梵宇、联额、碑记、寺僧、集文、集诗、杂缀、大事记、补遗11个主要部分及吴世昌所作序言。全书虽只有10万字左右，但一寺之千年兴替却了然于一册。其突出之处，首在网罗面广，收集资料涉及古今中外。

《纪载》详细叙述了大报恩寺的创建、历史沿革、历朝帝王的赐名、赐物，对大报恩寺进行了梳理性的溯源。其中又分2小类目，第一小类目《长干寺》，收录5则文献，明确记载大报恩寺前身为长干寺；第二小类目《聚宝山报恩寺》，收录9则文献，其中5则记大报恩寺前身为建初寺，3则仍记载大报恩寺前身为长干寺。

《古迹》记载了与大报恩寺有关的古迹、古物，如三藏塔、阿育王塔、舍利发爪、天发神谶碑等的由来。

《梵宇》记载了大报恩寺全盛时期的各建筑的名称及体量，收录大报恩寺的殿、堂、塔、廊、门、楼、亭、馆、轩、庵、居、桥、学、院、社、库、房共17类47处，反映了大报恩寺规制的宏大。

《联额》收录了寺中各处殿堂的门额、楹联内容及书写人、书写时间。

《碑记》收录有关大报恩寺的8篇碑记，分别是徐陵《长干寺众食碑》、李之仪《天禧寺新建法堂记》、朱元璋《御制黄侍郎立恭完塔记》、朱棣《御制大报恩寺左碑》、朱瞻基《御制大报恩寺右碑》、俞彦《大报恩寺重修藏经殿记》、葛寅亮《报恩寺九号藏经并藏经殿碑记》、陈开虞《重修修藏社经殿碑记》，其中后6篇收自《金陵梵刹志》。部分碑石已毁于战火，作者是从文献中抄录而来，也是一笔研究南京金石的珍贵资料。

《寺僧》收录了自吴至明末九个朝代55位大报恩寺的主要僧人，并附有《南京僧录司左觉义兼大报恩寺住持高祖西林大和尚传》《雪浪法师恩公中兴法道传》《云谷先大师传》《憨山大师传》。

《集文》《集诗》收录文20篇、诗116首。在那个没有网络查阅资料的年代，能够从各家百余种别集中搜罗到这个数量的诗词，实属难得。

《杂缀》记录了关于大报恩寺的野史小说、民间故事，虽真实性难以考

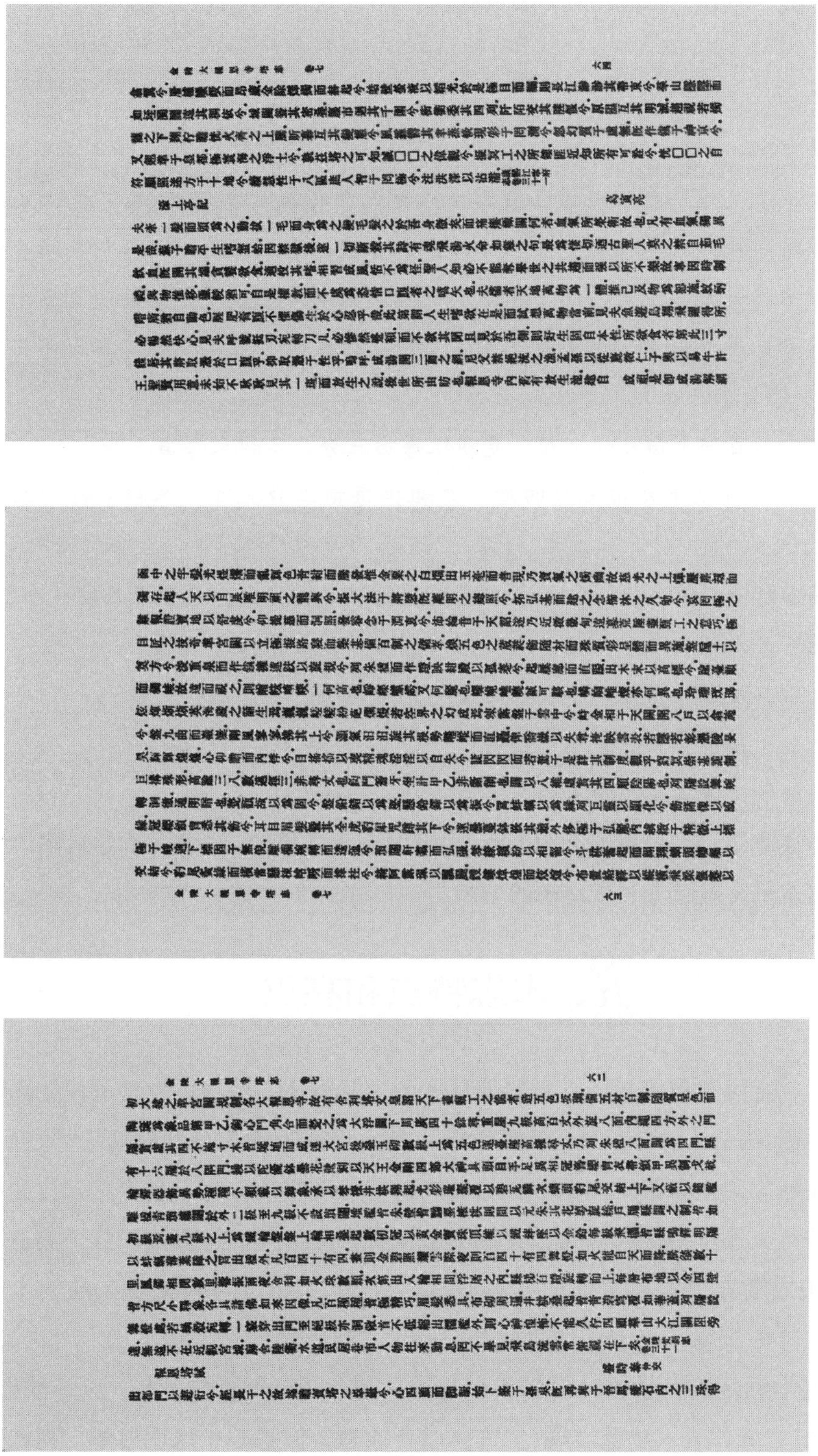

图5 《金陵大报恩寺塔志》书影

究，但从另一个角度反映了大报恩寺在当时百姓心中的影响力。

《补遗》部分，详细记载了建筑规模，详至分寸；录其庙产公费，细到钱厘。如：

赡产

报恩寺

戴子庄　丈过实在田地塘荡共五千八百五十九亩七分三厘。（坐落:上元县长宁乡麒麟门外，对江相连一块，其田多系青腴，唯黑鱼荡、大圩两处间有低洼。离寺水路一百八十里，陆路九十里，渡江至洲十里）夏租银共一百五十五两四钱八分四厘（每两外加耗银三分）。冬租米共一千五百四十二石六斗三升(每石外加脚耗米一斗)。

田四千一百一十亩九分七厘。夏租银每亩三分，冬租米每亩三斗。

上荡田四百九十九亩三分四厘。夏租银每亩二分五厘，冬租米每亩二斗五升。

下荡田圩滩二百五十七亩八分四厘。夏租银每亩一分，冬租米每亩一斗。

地七百五十六亩九分二厘。夏租银每亩二分，冬租米每亩二斗。

塘七十三亩三分六厘。冬租米每亩一斗。

草地三十二亩六分。夏租银每亩六分。

芦埂划场一百二十八亩七分，免科。

书中还收录了大报恩寺全图1张、塔图2张、遗址照片7张，弥足珍贵，读者借此可概览大报恩寺和琉璃塔的全貌。

五、本志特点和亮点

（一）《金陵大报恩寺塔志》的编写体例为纂辑体。纂辑体，是清代乾嘉时期考据学派编写方志的体例。考据学派，产生于清王朝在全国确立统治之后。当时，朝廷为防止和镇压知识分子的反抗，实行残酷的文化专制主义，往往从当时人的诗文著作中摘取字句，罗织罪名，大兴文字狱。许多知识分子被迫走上了埋头故纸堆中，从事训诂、考据学，“于世无患，与人无争”的学术之路。在这样的沉闷气氛中，加之社会经济生活比较稳定，考据学遂一时兴起，形成考据学派。这一学派，在学术思想上“崇古薄今”，方法上“诠释故训，究索名物”，其代表人物戴震说：“夫志以考地理，但悉心于地理沿革，则志事已竟。侈言文献，岂所谓急务哉?”①意思说，地方志即是地理沿革的考证，而赖以进行考证的基本材料，应来源于旧的史籍。在修志的实践中，对旧材料十分重视而轻视现实材料，经常用“正史”中有关材料作为编修方志的依据和凭借，而对反映现实状况的实际资料不够重视，影响了新修志书的实用价值。考据学派特点主要有4条，基本上反映了清代考据学派的方志编纂理论。第一，修志者当无语不出于人，详注出处，以资取信；第二，“贵因不贵创”；第三，“信载籍而不信传闻”；第四，重视地理沿革的考订。由于考据学派强调与重视志书资料的考据工作，旁征博引，详加按语，标明出处，所以有人又称考据学派为纂辑派，所纂志书为纂辑体志书。这类志书较多地保存了原始资料，史料价值较大，但也显得“芜杂”。

（二）图与照片比对的编排方式。本志《凡例》后、正文前有10幅图、照片及说明，前3幅是图，后7幅是照片。图和照片形成鲜明对比。

第一幅为选自《金陵梵刹志》的《大报恩寺全图》，书中《说明 大报恩寺全图》载：“明永乐十年，敕工部重建，准宫阙规制。监工官、内官太监汪福、郑和等，永康侯徐忠、工部侍郎张信，征集军匠夫役十万人，奉敕按月赡给粮赏，至宣德三年始告完成。宫殿樛郁，万栋栉历，周围九里十三步。东至俞通海公神道，南至大米行郭府园，西至来宝桥，北至大河下。全寺基地，悉用木炭作底，其法先插木桩，然后纵火焚烧，化为烬炭，用重器压之使实。因是地质不复迁变，方受重量建筑。上铺朱砂，取其避湿杀虫。今是处凿井浚河，往往发现木炭与朱砂，即其遗物。全部建筑以四天王殿及大殿，最极壮丽，下墙石坛栏楯，均用白石，雕镂工致。”大报恩寺施工极其考究，完全按照皇宫的标准营建，金碧辉煌，昼夜通明。整个寺院规模极其宏大，有殿阁30多座、僧院148间、廊房118间、经房38间，是中国历史上规模最大、规格最高的寺院，为百寺之首。

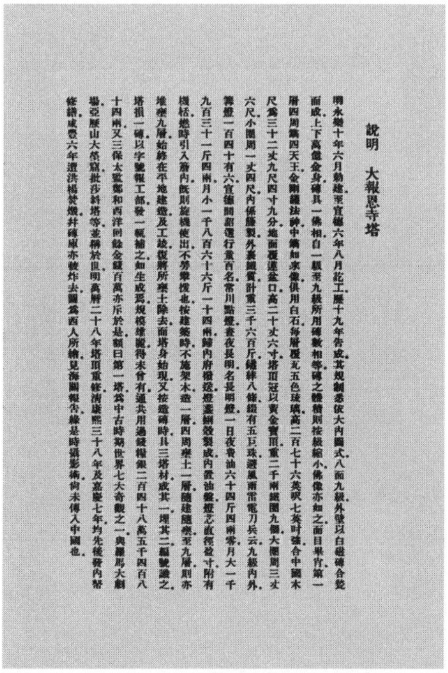
說明　大報恩寺塔

明永樂十年六月勅建。至宣德六年八月訖工。歷十九年告成。其規制悉依大內圖式。八面九級。外壁以白磁磚合甃而成。上下萬億金身。磚具一佛相。自一級至九級所用磚數相等。磚之體積則按級縮小。佛像亦如之。面目畢肖。第一層四周鐫四天王。金剛護法神。中鐫如來像。俱用白石。每層覆瓦五色琉璃。高二百七十六英呎七英吋。強合中國木尺爲三十二丈九尺四寸九分。地面覆蓮盆口。高二十丈六寸。塔頂冠以黃金寶頂。重二千兩。鐵圈九個。大圈周三丈六尺。小圈周一丈四尺。內係藤製。外裹鐵質。計重三千六百斤。鐵鍊八條。繫有五巨珠。避風雨雷電刀兵云。九級內外篝燈一百四十有六。宣德間詔選行童百名。常川點燈。晝夜長明。名長明燈。一日夜費油六十四斤四兩零。月大一千九百三十一斤四兩。月小一千八百六十六斤一十四兩。歸內府撥送。燈盞鋼鐵製成。內置油盤。燈芯直徑壹寸。附有機括。燃時引入簷內。既則旋機使出。不勞攀援也。按建築時。不施架木。造一層四周壅土一層。隨建隨壅。至九層則亦堆壅九層。始終在平地建造。及工竣。復將所壅土除去。而塔身始現。又按造磚時。具三塔材。成其一。埋其二。編號識之。塔損一磚。以字號報工部。發一甎補之。如生成焉。規模雄麗。得未曾有。通共用過錢糧銀二百四十八萬五千四百八十四兩。又三保太監鄭和西洋回餘金錢百萬亦斥於是。號曰第一塔。爲中古時期世界七大奇觀之一。與羅馬大鬭場。亞歷山大墓窟。批沙斜塔等並稱於世。明萬曆二十八年塔頂重修。清康熙三十八年及嘉慶七年。均先後發內帑修繕。咸豐六年遭洪楊焚燬。幷磚扉亦被炸去。圖爲西人所繪。見海關報告。緣是時攝影術尚未傳入中國也。

图6 《金陵大报恩寺塔志》书影

① (清)章学诚:《文史通义》,上海古籍出版社,2015年,第312页。

第二幅为选自《金陵图咏》天启三年所绘的《报恩灯塔》，第三幅为选自海关报告的《江南报恩寺琉璃宝塔全图》。书中《说明 大报恩寺塔》载：“明永乐十年六月敕建，至宣德六年八月讫工，历十九年告成。其规制悉依大内图式，八面九级，外壁以白磁砖合甃而成，上下万亿金身，砖具一佛相。自一级至九级所用砖数相等，砖之体积则按级缩小，佛像亦如之，面目毕肖。……九级内外，篝灯一百四十有六。宣德间诏选行童百名，常川点灯，昼夜长明，名长明灯。一日夜费油六十四斤四两零，月大一千九百三十一斤四两，月小一千八百六十六斤一十四两，归内府拨送。灯盏蜊壳制成，内置油盘，灯芯直径盈寸，附有机括，燃时引入檐内，既则旋机使出，不劳攀援也。……又按造砖时，具三塔材，成其一，埋其二，编号识之。塔损一砖，以字号报工部，发一砖补之，如生成焉。规模雄丽，得未曾有，通共用过钱粮银二百四十八万五千四百八十四两。又三保太监郑和西洋回余金钱百万亦斥于是。额曰第一塔。为中古时期世界七大奇观之一，与罗马大剧场、亚历山大茔窟、批莎斜塔等，并称于世。”此说明概括了琉璃塔的大致情况。塔的建造时间为19年，比大报恩寺建成晚3年。突出了砖和灯。塔共九级，每级所用砖数相等，按级缩小，白磁砖上均有佛像，每块砖都有编号，烧制3份砖，用1份备2份，如有损坏，按字号报给工部，用同一字号的砖替换。全塔有篝灯146盏，每天耗油六十四斤四两，由内府拨送。灯有机关，引入檐内点燃，亮后使出。

说明　塔基　今距聚宝门一里许，即古长干里。东折曰扫帚巷，其南曰北山门，土著杂居，道隘多败屋。稍东有土阜，高丈余，从横数百步，曰宝塔山，即塔之故址，断瓦残片，皆呈彩色，今为金陵兵工厂职员寄宿舍。图中墙屋即是。

图7 《金陵大报恩寺塔志》书影

琉璃塔规模雄丽，得未曾有，堪称第一塔，为世界七大奇观之一。据祁海宁、龚巨平著《南京大报恩寺史话》“南京瓷塔”篇记载，1613年来到南京的葡萄牙耶稣会士曾德昭在其所著《大中国志》中赞美琉璃塔：“这是一座足以和最著名的罗马建筑媲美的豪华建筑。”1655年，荷兰素描家、画家约翰·纽霍夫来到中国，在2年的中国之行，画了150余幅素描，其中就有《南京瓷塔》，后在其游记中写道：“琉璃塔是精品中的精品，展现了中国能工巧匠独特的才华与智慧。”1875年，《大英百科全书》收录“南京瓷塔”词条，详细介绍了琉璃塔。2011年11月《南京古都学会通讯》合订本转载了由英国人托马斯·阿罗姆所绘《南京的桥》一画及配图说明（出自李天纲编著，上海古籍出版社、上海科学技术出版社出版的《大清帝国城印象——19世纪铜版画》），据英国历史学家乔治·赖特说：“画中的九层高塔，就是当年被西方商人和传教士称为堪与罗马剧场、亚历山大陵墓、比萨斜塔相媲美的世界第七奇迹——琉璃宝塔。”这是对《金陵大报恩寺塔志》的补充。

说明　塔顶盘　铁质。外裹黄金，厚寸许。《金陵胜迹志》等皆云风磨铜，则尤希贵矣，其实金也。洪杨毁塔，为所取去。直径营造尺十二尺，合英呎十二呎六吋；周围营造尺三十七尺八寸，合英呎三十九呎六吋八分；高度营造尺三尺六寸六分，合英呎三呎八吋四分。原有二口重四千五百斤，俯仰置塔顶。今存其一，在聚宝门外金陵制造局前隙地。

图8　《金陵大报恩寺塔志》书影

后7幅为琉璃塔遗址、遗物照片。

第一幅，塔基。寥寥数语，点出了塔的具体方位、当时状况。书中《说明　塔基》载：“今距聚宝门一里许，即古长干里。东折曰扫帚巷，其南曰北山门，土著杂居，道隘多败屋。稍东有土阜，高丈余，从横数百步，曰宝塔山，即塔之故址，断瓦残片，皆呈彩色，今为金陵兵工厂职员寄宿舍。图中墙屋即是。”

第二幅为塔顶盘。按说明，一是材质，铁质，外包黄金，一寸多厚，塔毁被太平军扒下；二是大小，直径营造尺十二尺，周长营造尺三十七尺八寸，高营造尺三尺六寸六分；三是重量，二个重四千五百斤；四是现状，一个不知去向，一个在金陵制造局前空地上。要注意的是这里用的是营造尺，这是唐以来历代营造工程中所用的尺子，也称“部尺”，一营造尺合0.32米。2个塔顶盘“俯仰置塔顶”，一俯一仰合在一起作为黄金宝顶。

第三幅为大报恩寺右碑。寺毁碑存，但字难辨。

第四幅为南朝梁长干寺如来舍利塔砖，大同三年陈庆之造。

第五、六幅为明永乐大报恩寺塔内砖。一为正面，为佛像，并标明砖的大小尺寸，二为侧面“四层墙砖，宋荣泉造”。

第七幅为外墙砖，“砖磁质，色纯白精莹。按塔之外墙，皆用白磁砖甃

图9　《金陵大报恩寺塔志》书影

成，此砖做卷折形，或用于门之沿角处”，并标明砖的大小尺寸。时藏于中央大学建筑科。

《金陵大报恩寺塔志》采用纂辑体，10幅图、照中除3图有出处外，7幅照片和所有说明均无出处。说明为张惠衣编写可以理解，7幅照片也未标明摄影者或出处于情不符，如引用或请人拍摄理应标明。张惠衣在南京时间不短，曾多次前往大报恩寺遗址考察，因此，可以大胆猜测，7幅照片为张惠衣亲自拍摄。

10幅图、照，前3幅图展现大报恩寺的华丽、辉煌，后7幅照片尽现劫后沧桑、凄凉，前后对比，是为悲情的南京的一个缩影。

（三）志末附《采摭书目》，共102种。吴世昌在序中云：“访废寺之遗址，披逊朝之文献，博采傍搜，成《金陵大报恩寺塔志》十卷。”其中有方志、正史、稗史、文集、诗集、美英百科全书等古今中外文献。但其中却缺少了一本重要书目《折疑梵刹志》，该志内封另题作《敕建报恩寺梵刹志》，由清释悟明撰。释悟明，字理直，号经济，广陵真州（今江苏仪征）人，清乾隆、嘉庆年间大报恩寺僧人，少而从释，性好书史，多藏书，于佛学深有参悟，文中多有考订之处，故取名折疑。这是一部由大报恩寺僧人所撰的大报恩寺志，张惠衣未能搜集到该志，实为缺憾。

（四）志中凌乱、矛盾之处颇多。《金陵大报恩寺塔志》采用纂辑体，只记录文献，并标明出处，却未加考证，因而有前后矛盾之处。比如大报恩寺源头，一说建初寺，一说长干寺。在卷一《纪载》中《长干寺》下，收录5则文献，明确大报恩寺前身为长干寺；《聚宝山报恩寺》下，收录9则文献，其中5则皆记“吴赤乌间，康僧会致舍利，吴大帝神其事，置建初寺及阿育王塔，实江南寺塔之始”，即源头为建初寺，另3则文献仍记长干寺。可见，在大报恩寺源头问题上观点不一，有较大分歧。张惠衣则是持建初寺的观点，这在本志中他撰写的很少一部分内容中我们可以看到。如在《凡例》中，第一条“长干梵刹，建始赤乌，代有兴替，名亦屡易。考其本源，当溯孙吴”，第五条“寺创始孙吴，迄于清季，其间本数百年……”。在《说明 大报恩寺全图》中“吴赤乌间，康僧会致舍利，吴大帝为置建初寺及阿育王塔，为江南塔寺之始”。大事记中第一条采用《南史·列传》卷六十八记载：“吴赤乌三年，康居僧会领徒至长干里致如来舍利，帝神其事，为置寺及阿育王塔，江南佛寺之始也。其后有尼居之，结小精舍，孙綝寻毁除之，塔亦同尽。”另一种观点也有依据。在宋《景定建康志》中有“保宁禅寺，在城内饮虹桥南保宁坊内。考证：吴大帝赤乌四年，为西竺康僧会建，寺名建初。晋宋有凤翔集此山，因建凤凰台于寺侧……本朝太平兴国中，赐额曰保宁”[①]。元《至正金陵新志》有“保宁禅寺，在城内饮虹桥南，保宁坊内。吴大帝赤乌四年，为西竺康僧会建，寺名建初。晋宋有凤翔集此山，因建凤凰台于寺侧……宋太平兴国中，赐额曰保宁。”[②]《南朝佛寺志》云，“晋京师建初寺支昙籥传‘孝武帝敕请出都止建初寺，帝从，受五戒，敬以师礼’。”“齐京师建初寺释僧佑传‘……后于梁天监七年五月二十六日卒于建初寺’”“又新志法性尼寺在报恩光孝观东南，本吴建初寺也”[③]。由此，我们可以看出，建初寺和长干寺并非同一寺，在很长时间是同时并存的。当然，这也有待考证。葛寅亮在《金陵梵刹志·凡例》中写道：“归并旧寺，唯灵谷、报恩二寺，而灵谷为多。报恩即长干寺，建初寺与长干相望，其地皆名佛陀里。建初废，掌故自宜入长干，以征江南塔寺之始。”从葛寅亮的记述看，他应该知道建初寺与

说明　明永乐大报恩寺塔砖

一、正面。此为第四层塔砖。色黝黑，土质极纯。按塔之外墙，均用白磁砖成之。此当非外墙用者。纵营造尺一尺三寸四分七厘，合英呎一呎五吋半；横营造尺一尺一寸零九厘，合英尺一呎一吋八分；厚营造尺二寸四分四厘，英呎三吋六分七厘。又按构塔时每层所用砖数均相同，而砖之体积则自一级至九级递次缩小，砖佛像大小亦如之，可知他级砖式之大小当与此异。

二、侧面。文为：四层墙砖，宋荣泉造。其上有牡形似扇面式者，即两砖斗筍合缝处。

图10　《金陵大报恩寺塔志》书影

①（宋）马光祖修，周应合纂：《景定建康志》，《金陵全书》甲编·方志类·府志4，南京出版社，2010年，第415—416页。

②（元）张铉修纂：《至正金陵新志》，《金陵全书》甲编·方志类·府志6，南京出版社，2010年，第691—692页。

③（清）孙文川著述，陈作霖撰：《南朝佛寺志》，《金陵全书》甲编·方志类·专志11，南京出版社，2013年，第22—23页。

长干寺是两座不同的寺院，不存在继承关系。只是为了不让建初寺的记载湮没，故而附记入大报恩寺（长干寺）的内容中。但是，现今有很多读者并没有仔细阅读《凡例》，就引用说是《金陵梵刹志》也记载了大报恩寺的起源为建初寺，实有负葛寅亮之苦心也。清代，《乾隆江宁新志》中，修志者对长干寺的历史渊源做了详细的考定，通过对文献的梳理，明确指出了长干寺和建初寺各自的渊源流变。

再如，刘萨诃挖掘舍利的年代问题。一说为晋太康间，“晋太康间，刘萨诃又掘得舍利于长干里，复建长干寺”①；一说为晋孝武帝时期，“孝武时，刘萨诃感疾，梦令礼阿育王塔，因至丹阳，登越城四望，见长干里，有异气，因就礼拜，果是先阿育王塔，乃掘得舍利及爪发，即对简文所造塔西，造一层塔”②。刘萨诃，俗姓刘，名叫窣和（其他经典均译为萨诃），释门僧人慧达，又称利宾菩萨，并州西河离石（今山西省离石）人。中国历史上第一代赴印度取经（早唐玄奘230年），并最早归国弘法度生的高僧。曾从军为梁城突击骑将，镇守襄阳。三十一岁因酗酒昏死七日，醒后自言因杀生罪重，于五台山出家，法号慧达，遂游历丹阳、会稽，在丹阳（今南京）掘得舍利。东晋法显撰《佛国记》载：“法显昔在长安，慨律藏残缺，于是遂以弘始二年岁在已亥，与慧景、道整、慧应、慧嵬等同契，至天竺寻求戒律……，慧景、道整、慧达先发，向竭叉国。”③弘始（或作洪始，399—416，是十六国时期后秦君主文桓帝姚兴的第二个年号）二年（400），刘萨诃前往天竺（今印度）取经。而晋太康是西晋武皇帝司马炎的一个年号，在公元280—289年。显然，刘萨诃不可能100多岁还去印度。晋太康年间掘得舍利记载有误。

《金陵大报恩寺塔志》于民国26年（1937）8月由国立北平研究院史学研究会出版，商务印书馆发行。发行不广，其后经历八年抗日烽火，所存不多。1990年11月，秦淮区地方志办公室点校，并以《秦淮夜谈》第五辑附刊（节刊）出版。2007年，南京出版社将由杨献文点校的《金陵大报恩寺塔志》收入南京稀见文献丛刊出版发行。

南京市秦淮区佛教协会理事　詹天灵

①（民国）张惠衣：《金陵大报恩寺塔志》，南京出版社，2007年，第4页。
②（民国）张惠衣：《金陵大报恩寺塔志》，南京出版社，2007年，第7页。
③（东晋）法显撰，章巽校注：《法显传校注》，上海古籍出版社，1985年，第2页。

一部河志 半部城史

《秦淮志》导读

《秦淮志》，是首部关于南京“母亲河”——秦淮河的专志，由夏仁虎于民国33年（1944）编纂而成。他承接《史记》及《水经注》的体例，全书分流域、汇通、津梁、名迹、人物、宅第、园林、坊市、游船、女闾、题咏、余闻12卷，“熔记传为一体，合雅郑于一篇”，以水系人事，旁征博引，网罗各家著述极为详尽，考证源流如数家珍，并融入作者亲历、所见所闻，历数六朝金粉、人世沧桑，成为一部比较完善的专门志，既对秦淮风光带的建设提供了参考文献，又为旅游观光者、传统文化体验和传承者提供了重要线索，具有较高的史学和文学价值。

一、不忘故土的“并世”学者

夏仁虎（1874—1963），南京人，字蔚如，号啸庵，又号枝巢、枝翁、枝巢子、枝巢盲叟等，先后肄业于江阴南菁书院、江宁钟山书院。清光绪二十三年（1897），参加萃科考试，被录取为“拔贡”。光绪二十四年（1898），夏仁虎到京参加朝考，随后参加在紫禁城保和殿举行的复试，成绩优秀，得七品官被分到刑部学习，遂定居北京。先后担任刑部、商部、邮传部的小京官。

辛亥革命后，他先后任北洋政府盐务署秘书、镇威将军公署政务处处长。民国13年（1924）10月，在冯玉祥发动“北京政变”后，曾参加发起成立故宫博物院维持会，任基金委员会委员。民国15年（1926）7月，任北洋政府财政部次长。民国16年（1927）6月，任国务院秘书长。民国17年（1928），兼关税委员会委员。民国18年（1929），时年55岁的夏仁虎弃官归隐，结束了长达30年的官宦生涯，专事著书和讲学，先后执教于北京大学、北京师范大学等校。抗日战争期间，他毅然拒绝日寇的拉拢利诱，保持民族气节。中华人民共和国成立后，受聘为中央文史馆馆员。晚年的夏仁虎双目失明，仍笔耕不辍。

1963年在北京逝世，享年90岁。

夏仁虎与方志结缘，最早可追溯到学童时期。他11岁时拜陈作霖为师，在初学作文时，就曾因雨夜偶得断句“窗外芭蕉篱内竹，一般夜雨两般声”而得“两声词人”之号。陈作霖是晚清著名方志学家，编纂有《金陵通纪》《金陵通表》《金陵通传》等方志近百卷。受恩师影响，夏仁虎对地方志产生了浓厚的兴趣，先后参与纂修《北京市志稿》《绥远通志稿》《江苏省通志稿》。民国28年（1939），受傅增湘邀请，参与重修《绥远通志稿》，分纂地理、经政、教育、农林、畜牧、林业、人物、艺文、金石、古迹等卷。民国34年（1945）参与重修《江苏省通志稿》，补写“耆献传”300篇。私撰关于北京的志书《北海小志》（稿送中央文史馆）、《旧京琐记》等。其中，《旧京琐记》，分记俗尚、语言、朝流、宫闱、仪制、考试、时变、城厢、市肆、坊曲等10卷，所记晚清同、光以来旧京的琐闻逸事，均为耳闻目睹，而非征引旧闻。另撰《两志叙录》2卷，收有“绥远通志序”“北京志序”“与吴向之商榷北京艺文志例书”等篇。有关南京的著作有《玄武湖志》《秦淮志》《岁华忆语》，以及《南京明遗民录》《金陵艺文志》《金陵艺文题跋》等。

《秦淮志》的创作动机，夏仁虎在“自序”的开篇里就有表述。作为南京人，他自豪地写道，“江南山川之美，古今共谈，秦淮其尤著也”，同时又感叹道，“顾金陵诸山水多有志，而秦淮独无。”[①]

深深的乡情始终在夏仁虎心中荡漾，为家乡的发展与变化而感怀。他在《岁华忆语》“水闸”条目中写道，“今金陵又建新都，冀有贤长官，修复闸管旧制，洁清淮流，亦地方之福也”，[②]在第十二卷余闻志感叹修浚秦淮之役“愈久愈不可治，盖民居愈密，河道愈湮，一经建议，众诟纷起，沧海桑田，殆在指

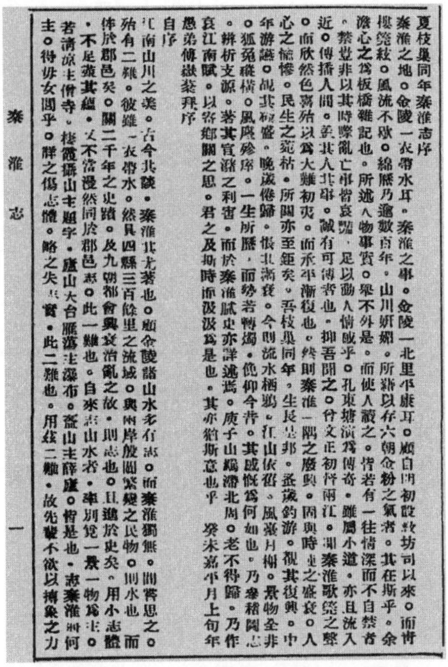
夏枝巢同年秦淮志序
秦淮之地。金陵一衣帶水耳。秦淮之事。金陵一北里平康耳。顧自明初設教坊司以來。而博樓繞紋。風流不歇。綿歷乃逾數百年。山川妍媚。所藉以存六朝金粉之氣者。其在斯乎。余澹心之爲板橋雜記也。所述人物事實。舉不外是。而使人讀之。肯若有一往情深而不自禁者。禁豈非以其時際亂亡。事皆哀豔。足以動人情感乎。孔東塘演爲傳奇。雖屬小道。亦且流入近。傳播人間。並其人其事。誠有可傳者也。抑吾聞之。曾文正初督兩江。謂秦淮歌舞之盛。而欣然色喜。殆以爲大難初夷。而承平漸復也。然則秦淮一隅之盛衰。固與時世之盛衰。人心之愉慘。民生之菀枯。所關亦至鉅矣。吾枝巢同年。生長是邦。丞歲釣游。覩其復興。中年游讌。睹其極盛。晚歲倦歸。悵其漸衰。今則流水棲鴉。江山依舊。風臺月榭。景物全非。狐兔縱橫。風塵殄瘁。一生所歷。而紛若轉燭。俛仰今昔。其感慨爲何如也。乃纂稽閎志。辨析支源。著其宣滌之利害。而於秦淮賦史亦詳述焉。庚子山羈滯北周。老不得歸。乃作哀江南賦。以寄鄉關之思。君之及斯時而汲汲爲是也。其亦猶斯意也乎 癸未嘉平月上旬年愚弟傅嶽棻拜序

自序
江南山川之美。古今共談。秦淮其尤著也。顧金陵諸山水多有志。而秦淮獨無。嘗思之。殆有二難。彼雖一衣帶水。然具四縣三百餘里之流域。與兩岸殷闐繁夥之民物。則水也而侔於郡邑矣。關二千年之史蹟。及九朝都會興衰治亂之故。則志也。且邁於史矣。用小志體。不足蒐其蘊。又不當漫然同於郡邑志。此一難也。自來志山水者。率別寬一景一物爲主。若清涼主僧寺。棲霞攝山主題字。廬山天台雁蕩主瀑布。齋山主辟廬。皆是也。志秦淮則何主。得毋女閭乎。辟之傷志體。略之失其實。此二難也。用茲二難。故先輩不欲以搏象之力

秦淮志 一

图1 《秦淮志》书影

① (民国)夏仁虎撰:《秦淮志》,《金陵全书》甲编·方志类·专志3,南京出版社,2013年,第7页。
② (清)潘宗鼎,(民国)夏仁虎:《金陵岁时记·岁华忆语》,《南京稀见文献丛刊》,南京出版社,2006年,第64页。

顾之间耳”。

尽管他已在南京的饮虹桥西九儿巷购得一处宅院，但仍不得回归，“乃述秦淮而南睇，执笔而三叹”。好在，民国37年（1948），《秦淮志》刊登在家乡文献馆出版的刊物《南京文献》上，使得他的思乡情怀有了少许的释怀。

晚年，为了让自己的藏书和著述有妥善的归宿，他把有关家乡南京的书全部捐献给了南京图书馆，得以保存至今。

二、本志的“难”点及其定位

《秦淮志》成书于民国33年（1944），此时的夏仁虎已届70岁。他认为，作为十朝都会的南京，其间兴废沧桑的人文故事，“前人之述备矣”；加之自幼在南京秦淮河畔生活，对南京风土人情及山川人物已烂熟于心。他在“自序”里写道：“记秦淮事迹之书，无虑数十种，而《板桥杂记》独传，岂不以中历沧桑，予读者以抚今追昔之感乎。若余所历六七十年间，沧桑之感，较澹心而数倍之，是弗虑言外之无味。”民国24年（1935）在他所编撰的《岁华忆语》里，有不少内容为九年后编纂《秦淮志》打下了基础。比如，《秦淮志》宅第卷末尾所用按语“游船过之，疑为天上清都矣”一句，便出自《岁华忆语》的“游船”条目，即“时有佳友挈舟踵至，呼茗清谈，庄谐间作。月光缕缕，从柳荫中映射人面。三更既下，缓缓归来。击汰定明，此唱彼和，则真天上之清都耳”，由此可见一斑。

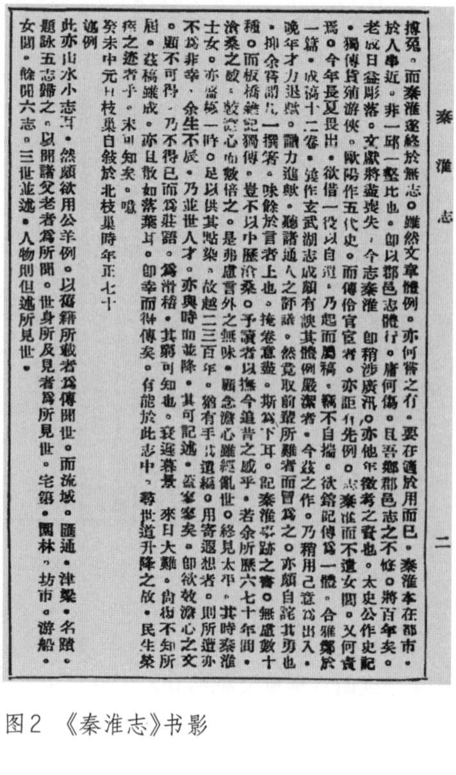
秦淮志　二

撝兎。而秦淮遂終於無志。雖然文章體例。亦何嘗之有。要在適於用而已。秦淮本在都市。於人耳近。非一邱一壑比也。即以郡邑志體行。庸何傷。且吾鄉郡邑志之不修。將百年矣。老成日益彫落。文獻將盡喪失。今志秦淮。即稍涉廣汎。亦他年徵考之資也。太史公作史記。獨傳貨殖游俠。歐陽作五代史。而傳伶官宦者。亦詎有先例。志秦淮而不遺女閭。又何責焉。今年長夏畏出。欲借一役以自遣。乃起而屬稿。竊不自揣。欲銘記傳爲一體。合雅鄭於一篇。成稿十二卷。曩作玄武湖志成。頗有諛其體例嚴潔者。今茲之作。乃稍用己意爲出入。晚年才力退蝕。識力進鈍。聽諸通人之評議。然覺取前證所難者而冒爲之。亦頗自詫其勇也。抑余嘗謂凡一撰箸。味餘於言者上也。掩卷意盡。斯爲下耳。記秦淮事跡之書。無慮數十種。而板橋雜記獨傳。豈不以中歷滄桑。予讀者以撫今追昔之感乎。若余所歷六七十年間。滄桑之感。較澹心而數倍之。是弗慮言外之無味。顧念澹心雖經亂世。終見太平。其時秦淮士女。亦盛極一時。足以供其點染。故越二三百年。猶有手此遺編。用寄遐想者。則所遺亦不爲非幸。余生不辰。乃並世人才。亦與時而並降。其可記述。蓋寥寥矣。即欲效澹心之文。顧不可得。乃不得已而爲莊諧。爲滑稽。其窮可知也。衰遲暮景。來日大難。倘亦不知所屆。茲稿雖成。亦且散如落葉耳。即幸而得傳矣。有能於此志中。尋世道升降之故。民生榮瘁之迹者乎。未可知矣。噫

癸未中元日枝巢自敍於北枝巢時年正七十

述例

此亦山水小志耳。然頗欲用公羊例。以簿籍所載者爲傳聞世。而流域。匯通。津梁。名蹟。題詠五志歸之。以聞諸父老者爲所聞世。世身所及見者爲所見世。宅第。園林。坊市。游船。女閭。餘閒六志。三世並述。人物則但述所見世。

图2　《秦淮志》书影

《秦淮志》的“自序”和“述例”，是我们认识此志的一把钥匙。他在“自序”里自问自答，指出历史上之所以没有秦淮志，是因为有“二难”：一难是秦淮河流域之广（“四县三百余里”）、历史之悠久（“关二千年之史迹”），用山水志的“小志体”“不足尽其蕴”；二难是难以把握秦淮河的最大特点，即作者所说的“主”，其中也包含着回避不了的“女闾”志。

夏仁虎提出了解决“二难”的办法。

他在“自序”里提出，“文章体例”最重要的是“要在适于用”，认为“秦淮本在都市，于人事近，非一丘一壑比也”，因而把这部志书定位为“郡邑志体”。在“述例”里，夏仁虎将《秦淮志》分为“流域、汇通、津梁、名迹、题咏五志”“宅第、园林、坊市、游船、女闾、余闻六志”及“人物志”三类。作者认为河流志记载内容是“侧重水利”，于是设置了通常应该具备的“流域、汇通、津梁、名迹、题咏”篇目，认为秦淮河的最大特性是“本在都市”，于是设置了“宅第、园林、坊市、游船、女闾”等志。

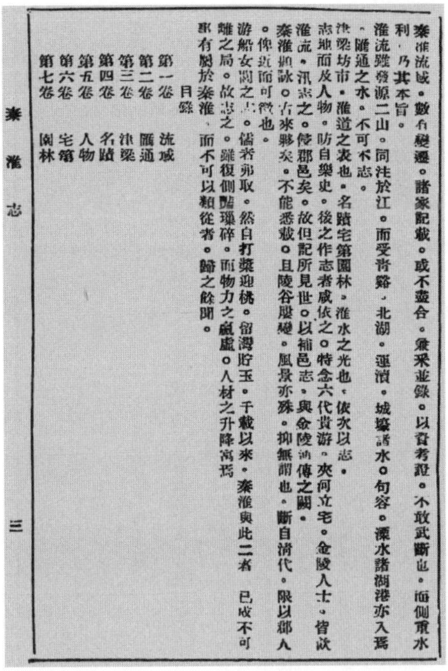
秦淮流域。數有變遷。諸家記載。或不盡合。兼采並錄。以資考證。不敢武斷也。而側重水利，乃其本旨。

淮流雖發源二山。同注於江。而受青谿，北湖。運瀆。城壕諸水。句容。溧水諸湖港亦入焉，匯通之水。不可不志。

津梁坊市。淮道之表也。名蹟宅第園林，淮水之光也，依次以志。

志地而及人物。昉自樂史。後之作志者咸依之。特念六代貴游，夾河立宅。金陵人士，皆歆淮流。汎志之。侈郡邑矣。故但記所見世。以補邑志，與金陵通傳之闕。

秦淮題詠。古來夥矣。不能悉載。且陵谷屢變。風景亦殊。抑無謂也。斷自清代。限以郡人。俾近而可徵也。

游船女閭之志。儒者弗取。然自打槳迎桃。留灣貯玉。千載以來。秦淮與此二者已成不可離之局。故志之。雖復側豔瑣碎。而物力之贏虛。人材之升降寓焉。

耶有關於秦淮，而不可以類從者。歸之餘聞。

目錄

第一卷 流域
第二卷 匯通
第三卷 津梁
第四卷 名蹟
第五卷 人物
第六卷 宅第
第七卷 園林

秦淮志 三

图3 《秦淮志》书影

夏仁虎说，秦淮河的“淮道之表”，是津梁和坊市志。用今天的话来说，津梁利于交通，也为今天留下了诸如桃叶渡的故事与传说；坊市志，体现了秦淮河对城市经济社会繁荣所起到的促进作用。他还说，秦淮河的“淮水之光”是名迹、宅第和园林志，其中宅第志突出了秦淮河所特有的河厅河房；“游船、女闾之志，儒者弗取”，然而“千载以来，秦淮与此二者，已成不可离之局，故志之”。

由此可见，《秦淮志》的篇目设置，既体现了作者对志书所记述事物的历史进程以及不同阶段的特征的认识，也体现了作者对所掌握史料的客观认知。

三、一部侧重水利的河流志

《秦淮志》作为一部河流志，承接了《水经注》的传统，记载了秦淮河及其历史遗迹，记录了不少人物掌故、神话传说等，具有较高的史学和文学价值。正如作者在《述例》中所言，“侧重水利，乃其本旨”“乃参稽图志，辨析枝源，著其宣潴之利害”。

全志以百里秦淮河为主线，上起源头，下至入江口，记载了秦淮河水系的形成与变迁。

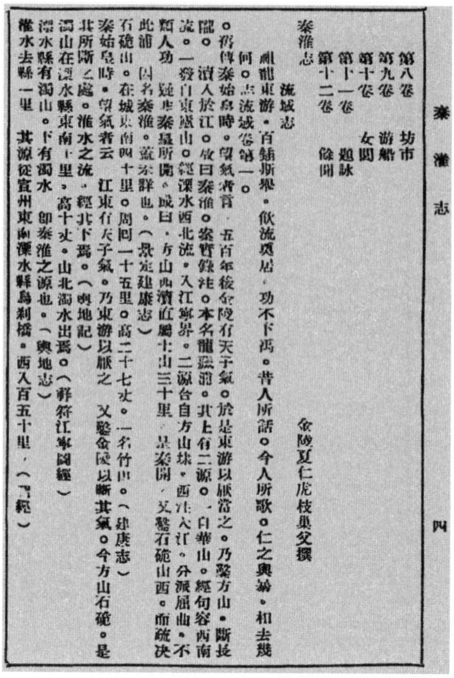
秦淮志　四

第八卷　坊市
第九卷　游船
第十卷　女閭
第十一卷　題詠
第十二卷　餘聞

秦淮志　金陵夏仁虎枝巢父撰

流域志

祖龍東游，百鎬斯舉。飲流奠居，功不下禹。昔人所話。今人所歌。仁之與禍。相去幾何。志流域卷第一。

○舊傳秦始皇時。望氣者言，五百年後金陵有天子氣。於是東游以厭當之。乃鑿方山。斷長隴。瀆入於江。故曰秦淮。案實錄注。本名龍藏浦。其上有二源。一自華山。經句容西南流。一發自東廬山。經溧水西北流。入江寧界。二源合自方山埭。西注入江。分派屈曲。不類人功。疑非秦皇所開。或曰，方山西瀆直屬土山三十里，是秦開，又鑿石硊山西。而疏決此浦。因名秦淮。蓋宗其說也。（景定建康志）

石硊山。在城東南四十里。周回一十五里。高二十七丈。一名竹山。（建康志）

秦始皇時。望氣者云，江東有天子氣。乃東游以厭之。又鑿金陵以斷其氣。今方山石硊。是其所斷之處。淮水之流，經北下焉。（輿地記）

濁山在溧水縣東南十里。高十丈。山北濁水出焉。（祥符江寧圖經）

溧水縣有濁山。下有濁水。即秦淮之源也。（輿地志）

淮水去縣一里。其源從宣州東南溧水縣烏刹橋。西入百五十里。（圖經）

图4　《秦淮志》书影

卷一《流域志》，对于秦淮得名，作者征引多种典籍。如《景定建康志》记载的“旧传秦始皇时，望气者言；‘五百年后金陵有天子气。’于是东游以厌当之。乃凿方山，断长陇，渎入于江，古曰秦淮”。引用明《正德江宁县志》记载秦淮发源之地：“秦淮有二源，一发自句容华山，一发自溧水东庐山，合流于方山埭。历上方桥，入上水门。又分二流，一折北，一直西，经桐树湾、镇淮、饮虹、上下二浮桥。抵陡门桥岸口，合运渎出下水门。”

卷二《汇通志》，详列水系各种类型的水资源，如湖、圩、洲、渡、浦、溪、渎、壕水、运河水、水关等共33处。

卷三《津梁志》，按照城内、城外分类编排，逐一细述诸桥。城内按照水系，分为正河8座、运渎12座、杨吴城壕12座、青溪8座、南唐城壕8座、明御河6座及小运河9座，计63座；城外30座，另附浮桥4座。与流域志按语里所提出的秦淮河“正河”“支河”之说相呼应。

卷四《名迹志》，按时间顺序对名胜一一叙述，不仅列出42处胜迹及其具体位置，还讲述了发生在这里的历史故事。

流域、汇通及人物志，详述水利灾害与治理情况。如兴修水利，引用元代《至正金陵新志》，“建康古城向北，秦淮既远，其漕运必资舟楫，而壕堑必须水灌注。故孙权时，引秦淮名运渎以入仓城（即今斗门桥以北一带河至铁窗棂者是），开潮沟以引江水（东发青溪抵秦淮，北连后湖，即今北门桥珍珠河一带是）。又开运渎以引后湖，又凿东渠，名青溪，皆入城中。由城北而堑入后湖，此其大略也”；如详述除水害，引用元代《至正金陵新志》：“自杨溥夹淮立城……，然春夏积雨，淮水泛滥，城中皆被其害。及冬水涸，河流往往干浅。宋隆兴二年，张孝祥知府事，……欲复通栅寨门，使青溪径直入江，则城内永无水患。及汪澈继知府事，诏澈指定以闻，澈谓：开西园古河道通栅寨门尤便。从之”；如记载灾害之严重，引用清《江宁府志》，“上元、江宁、溧水，是赖圩田，农民居处，多在圩中，每遇水至，并力守圩，辛苦狼狈于淤泥之中，如遇大寇。幸而雨不连降，风不涌浪，可以苟全一岁之计。若坏决，则水注圩中，平陆良田，顷刻变为江湖。哭声满路，国赋民食两皆失之，是皆水不安流之故也”。

作为河流志，此书所记载治理秦淮河的方式，主要是通过建立水关、坝闸治理水害，特别是通过疏浚来实现。

第五卷“人物志”，引用甘熙《白下琐言》：“以挑浚内河为第一要义。自东关起，至西关止，先将秦淮正河宽处，视河身之广狭以定则，深处统以及丈为率。如有余款，再将青溪、运渎诸河，一并浚之，水由地中行，横决之患，庶可免乎。”

作者把叙述重点放在东水关和赤山湖这两处。东水关，位于护城河与内秦淮连接之处，是明代在南唐旧址拓筑而成，其地位与作用非同小可。第一卷流域志引用《金陵待征录》，道光年间“频年大水”，“其后设闸障之”。第五卷人物志引用《白下琐言》梅曾亮观点：“东关旧设木板，闸多遗失……，应清遴委廉干之员，协同正绅，重新修整。并请明定章程，责成承办官绅，不时会同查勘，如山水陡发，即督饬闸夫，将水门一律关闭，以资堵御。及水势既涸，或值亢旱，仍酌量启放，俾资利汲。如此以时启闭，害既不妨，而利亦不废，此浚河以修关一策也。”

清末民国时期，由于陆路交通的发达，水运开始日渐衰落，加之战乱不息，城市规模扩大，居民麇集，生活垃圾堵塞、污染了河道。除了疏浚以外，已开始引水冲污，借以改善水质。作者在《人物志》按语中忆道：“余童时随长老饮于茶肆，见淮水西流，怪而询之”，长者告诉他，“此东水关放水耳。城中河道狭，水积秽，赖此冲刷以清”。他还写道：“十余年不归故乡，时闻游金陵者，有一沟秽水之诮，不稔地方长官有暇料理否，附注于此。”

对于赤山湖在水利上的重要性，作者将《流域志》《汇通志》及《人物志》

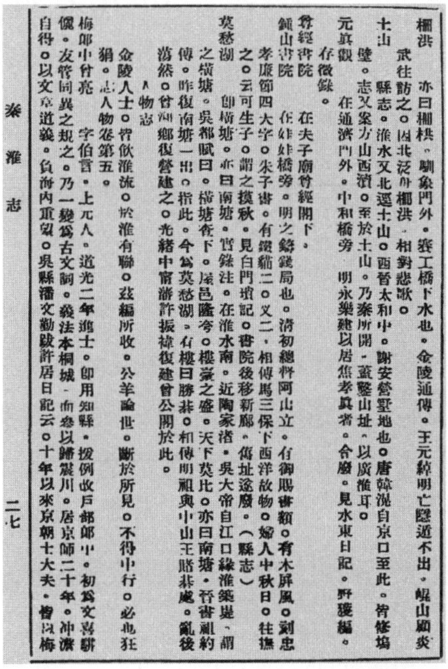
柵洪　亦曰柵栱。馴象門外。賽工橋下水也。金陵通傳。王元綽明亡隱遁不出。崐山顧炎武往訪之。因北泛舟柵洪。相對悲歌。
土山　縣志。淮水又北逕土山。西晉太和中。謝安營墅地也。唐韓滉自京口至此。皆修塢壁。志又案方山西瀆。至於土山。乃秦所開。鑿山址。以廣淮耳。
元眞觀　在通濟門外。中和橋旁　明永樂建以居焦孝眞者。今廢。見水東日記。野獲編。存徵錄。
尊經書院　在夫子廟尊經閣下。
鍾山書院　在姚姚橋旁。明之鑄錢局也。清初總督阿山立。有御賜書額。有木屏風。刻忠孝廉節四大字。朱子書。有鐵貓二。又二。相傳馬三保下西洋故物。婦人中秋日。往撫之。云可生子。謂之摸秋。見白門瑣記。書院後移新廊。舊址遂廢。（縣志）
莫愁湖　即橫塘。亦曰南塘。實錄注。在淮水南。近陶家渚。吳大帝自江口緣淮築堤、謂之橫塘。吳都賦曰。橫塘查下。屋邑隆夸。樓臺之盛。天下莫比。亦曰南塘。晉書祖約傳。昨復南塘一出。指此。今爲莫愁湖。有樓曰勝棋。相傳明祖與中山王賭棋處。亂後蕩然。曾湘鄉復營建之。光緒中甯藩許振禕復建曾公閣於此。
人物志
金陵人士。皆飲淮流。於淮有聯。玆編所收。公羊論世。斷於所見。不得中行。必也狂狷。志人物卷第五。
梅郎中曾亮　字伯言。上元人。道光二年進士。即用知縣。援例改戶部郎中。初爲文喜駢儷。友管同異之規之。乃一變爲古文詞。義法本桐城。而參以歸震川。居京師二十年。沖澹自得。以文章道義。負海內重望。吳縣潘文勤跋許居日記云。十年以來京朝士大夫。曾以梅
秦淮志　二七

图5 《秦淮志》书影

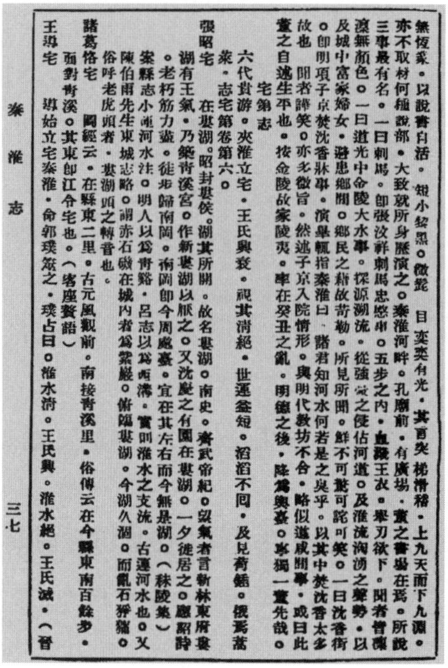
無恆產。以說書自活。短小黎黑。微髭 目奕奕有光。其言詼諧滑稽。上九天而下九淵。
亦不取材何種說部。大致就所身歷演之。秦淮河畔。孔廟前。有廣場。蜚之書場在焉。所說
三事最有名。一曰刺馬。即張汶祥刺馬忠愍事。五步之內。血濺王衣。舉刃欲下。聞者皆凜
凜無顏色。一曰道光中金陵大水事。探源溯流。從強豪之侵佔河道。及淮流洶湧之聲勢。以
及城中富家婦女。避患鄉間。鄉民之藉故苛勒。所見所聞。鮮不可驚可詫可笑。一曰沈香街
。即明項子京焚沈香牀事。演畢輒指秦淮曰。諸君知河水何若是之臭乎。以其中焚沈香太多
故也。聞者譁笑。亦多微旨。然述子京入院情形。與明代教坊不合。略似道咸間事。或曰此
蜚之自述生平也。按金陵故家陵夷。率在癸丑之亂。明德之後。降爲輿臺。寧獨一蜚先哉。
宅第志
六代貴游。夾淮立宅。王氏興衰。視其淸絕。世運益短。滔滔不回。及見喬館。假焉蒿
萊。志宅第卷第六。
張昭宅 在婁湖。昭封婁侯。湖其所開。故名婁湖。南史。齊武帝紀。望氣者言新林東府婁
湖有王氣。乃築青溪宮。作新婁湖以厭之。又沈慶之有園在婁湖。一夕徙居之。應詔詩
。老朽筋力盡。徒步歸南岡。南岡即今周處臺。宜在其左右而今無是湖。（秣陵集）
案縣志小運河水注。明人以爲青谿。呂志以爲西濠。實則淮水之支流。古運河水也。又
陳伯雨先生東城志略。謂赤石磯在城內者爲紫巖。俯臨婁湖。今湖久涸。而亂石猙獰。
俗呼老虎頭者。婁湖頭之轉音也。
諸葛恪宅 圖經云。在縣東二里。古元風觀前。南接青溪里。俗傳云在今縣東南百餘步。
面對青溪。其東即江令宅也。（客座贅語）
王導宅 導始立宅秦淮。命郭璞筮之。璞占曰。淮水淸。王氏興。淮水絕。王氏滅。（晉
秦淮志 三七

图6 《秦淮志》书影

相互衔接，互为补充。《流域志》，引用《金陵待征录》指出，“不从赤山（湖）施力，圩田薄坝，听其淤塞，均无益也”，建议读者可参看《人物志》及《汇通志》；在“赤山湖”条目中，再次引用《金陵待征录》：“盖秦淮发源于茅山，潴为此湖。湖淤则下流皆受其弊。兴金陵水利，去会城水患，不从此施力，皆妄动也。”第五卷《人物志》中的“金先生鳌”条目，介绍《金陵待征录》的作者金鳌，不但指出他“熟于乡邦文献，遇地方利弊，尤能言人所不敢言”的个性特征，还再次引用书中“不从赤山湖治起，终为无效”之说。给读者留下深刻印象的是，他披露一个令人感叹的结局，即左宗棠读其书，“决意兴赤山湖工程，以增秦淮水利”，只是因为“工未及半，文襄移督他省，事遂中辍”，由此可见夏仁虎的独具匠心。

四、一部充分体现都市特色的河流志

夏仁虎在“述例”里，将此书分为三大类，即属于“河流志”的流域、汇通、津梁、名迹及题咏五志，属于“都市志”的宅第、园林、坊市、游船、女闾和余闻六志，还有就是“人物志”，可见，秦淮的都市特色是此志的重要组成部分。

卷六《宅第志》，收录名宅56处及8处河厅，规模庞大，数量众多，遍数自西晋以来的历代名人住宅，如王导宅、顾恺之宅等，并能够确切指出所处街巷位置。结尾处，还特别介绍了秦淮河畔特有的7处 “河厅”。

河厅也称“河房”，“是临河而筑的房屋总称，紧沿着内秦淮河两岸延伸，前为民宅，后接河面，由于建筑直接临河，因此建筑与河道之间的河埠则为私人空间。且建筑与景观零接触，视野宽阔，景色美不胜收”。[①]

① 胡茂川、张兴奇、马晓：《南京市内秦淮河河房的特征与保护研究》，《四川建筑科学研究》2012年6月第3期。

建筑学专家认为秦淮河厅（房）是秦淮文化最重要的物质载体，作为南京的一大特色，在长期的发展过程中形成了自身的特点。正房对河开大窗，临水的一进向河面挑出，凌波而立，下埋木桩石墩或石构件，上筑轩、阁、亭、台等。相对而言，河厅规模大些，具公共性质，多为居家生活、闲居之所，或有会馆公所之类的行业建筑、酒家、祠堂等。

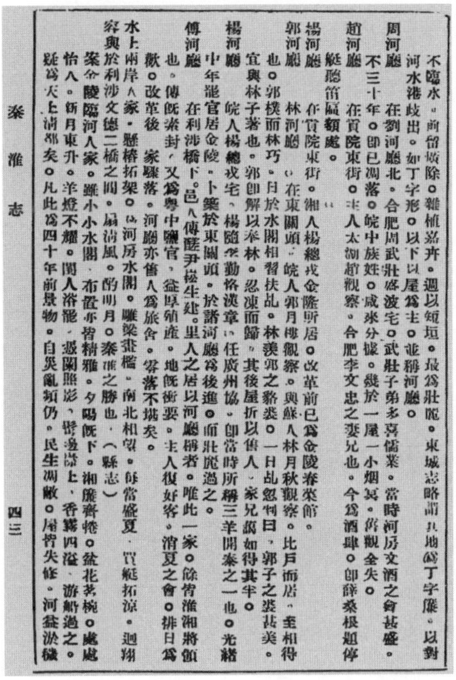
不臨水。前留曠除。雜植嘉卉。週以短垣。最爲壯麗。東城志略謂其地爲丁字簾。以對河水港歧出。如丁字形。以下以屋爲主。並稱河廳。

周河廳　在劉河廳北。合肥周武壯盛波宅。武壯子弟多喜儒業。當時河房文酒之會甚盛。不三十年。即已凋落。皖中族姓。咸來分據。幾於一屋一小烟囱。舊觀全失。

趙河廳　在貢院東街。主人太湖趙觀察。合肥李文忠之妻兄也。今爲酒肆。即辟桑根題停艇聽笛匾額處。

楊河廳　在貢院東街。湘人楊總戎金隆所居。改革前已爲金陵春菜館。

郭河廳　林河廳　在東關頭。皖人郭月樓觀察。與蘇人林月秋觀察。比戶而居。並相得也。郭樸而林巧。日於水閣相習扶乩。林羨郭之豁裘。一日乩忽判曰，郭子之裘甚美。宜與林子著也。郭即解以奉林。忍凍而歸。其後屋折以售人，家兄翁如得其半。

楊河廳　皖人楊總戎宅，楊隨李勤恪漢章，任廣州協。即當時所稱三羊開泰之一也。光緒中年罷官居金陵。卜築於東關頭。於諸河廳爲後進。而壯麗過之。

傅河廳　在利涉橋下。邑人傅臨尹崧生建。里人之居以河廳稱者。唯此一家。餘皆淮湘將領也。傅既素封，又爲粵中鹽官，益厚殖產。地既衝要。主人復好客。消夏之會。排日爲歡。改革後家驟落。河廳亦售人爲旅舍。零落不堪矣。

水上兩岸人家。懸樁拓架。爲河房水閣。雕梁畫檻。南北相望。每當盛夏，買艇拓涼。迴翔容與於利涉文德二橋之間。扇清風。酌明月。秦淮之勝也。（縣志）

案金陵臨河人家。雖小小水閣，布置亦皆精雅。夕陽既下。湘簾齊捲。盆花茗椀。處處怡人。新月東升。羊燈不耀。閒人浴罷，憑闌照影，皆邀游上，香霧四溢，游船過之。疑爲天上清都矣。凡此爲四十年前景物。自吳亂頻仍。民生凋敝。屋皆失修。河益淤穢

秦淮志　四三

图7 《秦淮志》书影

清《同治上江两县志》是这样记载秦淮河的："水上两岸人家，悬桩拓架，为河房水阁。雕梁画槛，南北掩映。每当盛夏，买艇招凉，回翔容与于利涉文德二桥之间，扇清风，酌明月，秦淮之胜也。"[①]夏仁虎在按语里这样写道："金陵临河人家，虽小小水阁，布置亦精雅。夕阳既下，湘帘齐卷，盆花茗椀，处处怡人……" 经专家考证，"水阁"，即河房临河的一进，向河面挑出的沿河轩廊。"其轩椽外形弯曲似乌篷船顶棚者，称为船篷轩"。对于河厅主人的历史信息，作者也做了交代。他在"傅河厅"条目中写道："里人之居以河厅称者，唯此一家，余皆淮湘将领也。"文字极简洁，但其中的含义，不言而喻。

卷七《园林志》，收录有32篇，前25篇文字皆有出处，后7处为夏仁虎自撰。其中，乐游苑、息园、市隐园、快园、随园、芥子园、五松园、韬园等皆不存世，所幸《秦淮志》的记载，今人对于上述历史名园的位置及大致情形才有了一定的了解，从而起到了存史的作用。

卷八《坊市志》，不但记有夫子庙三坊、贡院十八坊、街市十处以及古桃叶渡、古长乐渡、南市楼等具体条目37条，还在"都市"条目中，将街市的地理分布特点概括为："金陵都会大街市，皆依河水为经纬。南缘秦淮，东北依青溪故道，西北沿运渎亦秦淮支流也。"此外，他还介绍了秦淮河畔所特有的考市、灯市、茶酒肆及桥棚。"考市"，即因为设立江南贡院开展三年一次的科

① (清)莫祥芝、甘绍盘合纂:《同治上江两县志》,《金陵全书》甲编·方志类·县志18,南京出版社,2013年,第467页。

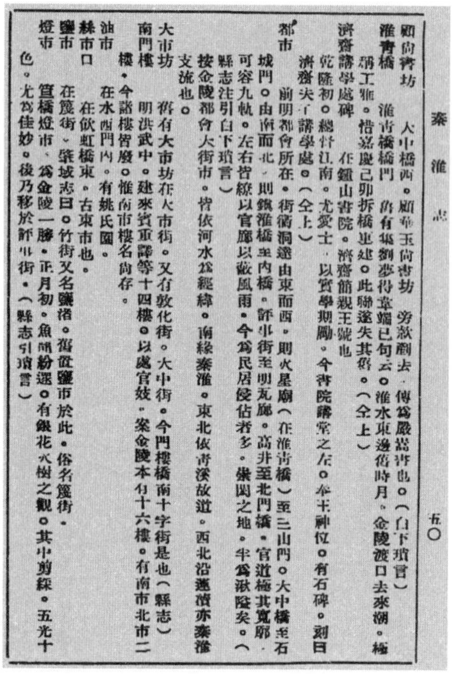

秦淮志　五〇

顧尚書坊　大中橋西。顧華玉尚書坊旁款剷去，傳爲嚴嵩書也。（白下瑣言）

淮青橋　淮青橋橋門舊有集劉夢得章端已句云：淮水東邊舊時月，金陵渡口去來潮。極弱工雅。惜嘉慶己卯拆橋重建，此聯遂失其舊。（仝上）

濟齋講學處碑　在鍾山書院。濟齋簡親王號也乾隆初，總督江南，尤愛士，以實學期勵。今書院講堂之左，奉王神位，有石碑，刻曰濟齋夫子講學處。（仝上）

都市　前明都會所在，街衢洞達由東而西，則火星廟（在淮青橋）至三山門；大中橋至石城門；由南而北，則鎮淮橋至內橋，評事街至明瓦廊，高井至北門橋，官道極其寬廓，可容九軌，左右皆繚以官廊以蔽風雨。今爲民居侵佔者多，纍闠之地，半爲湫隘矣。（縣志注引白下瑣言）

按金陵都會大街市，皆依河水爲經緯。南緣秦淮，東北依青溪故道，西北沿運瀆亦秦淮支流也。

大市坊　舊有大市坊在大市街，又有敎化街、大中街。今門樓橋南十字街是也（縣志）

南門樓　明洪武中，建來賓重譯等十四樓，以處官妓。案金陵本有十六樓，有南市北市二樓。今諸樓皆廢，惟南市樓名尚存。

油市　在水西門內，有姚氏園。

絲市口　在飲虹橋東，古東市也。

鹽市　在笪街、駱城志曰：竹街又名鹽巷，舊置鹽市於此，俗名笪街。

燈市　笪橋燈市，爲金陵一勝，正月初，魚龍紛遝，有銀花火樹之觀。其中剪綵，五光十色，尤爲佳妙。後乃移於評事街。（縣志引瑣言）

图8 《秦淮志》书影

举乡试而形成的商业繁荣；“灯市”，即为今天驰名海内外的金陵灯彩，详细列示了其位置的历史变迁及当年的盛况。他写出了茶酒肆命名之“雅”，列举了贡院街的“问柳近淮”、桃叶渡的“问渠唤渡”以及夫子庙的“得月台”。他在“桥棚”条目的按语里写道：“秀才月课得奖，携数友小饮其中，醉饱而归，所费但青铜数百而已。”

我们不妨引用夏仁虎《岁华忆语》里的片段，来证明一部良志所具备的原始素材细节特征：“忆余为秀才时，与诸兄弟努力考试，每岁秒积冬季书院膏火卷票，人得数十金。……与朋辈备酒食、斗叶子予以消遣，新年同为娱乐。呜呼，彼何时哉！”

今天，来到秦淮河游览，最吸引外地游客的项目，自然是乘坐游船便览十里秦淮沿岸风光了。那么，对于游船的来历、样式及用途等等信息，交代得最为翔实的，自然是第九卷《游船志》。夏仁虎“闻诸父老”，将秦淮灯船制作之由来、规模以及种类和用途，还有一些和游船有关的历史故事记载留存至今，今天秦淮河上的游船的出现，也受益于此志。秦淮河游船最为有名的就是灯船和楼船。按照制作原料划分，有藤棚和漆板；按照用途划分，为局船、伙食船、佛事船、卖唱船、小卖船、围棋船、私烟船等等。

其中，他重点介绍了楼船的由来：始于光绪初，相传曾国藩视察金陵时，见秦淮荒凉之景，“慨然曰：‘秦淮风月如是萧条乎？’”，“欲提倡风雅，恢复旧观”，于是将湘军水师已经不用的长龙船，“命悉用廉价售与秦淮舟子，舟人各出新意重新装之。船身即长大，于鹢首为门舱，以处仆从。客厅餐室书房，以次罗列。斐几湘帘，位置楚楚。再次为密室，卧榻于浣濯便旋之所，鲜弗备。末为舵楼，可以升高眺远。夕阳既落，晚风徐来。鹣鲽双双，倚阑絮语。望之如在天上矣”。

此类大船有十多艘，“但皆不能远行，或终日不一移动，等于活动之水阁而已”。在“快雪初晴，河冰已合”时，“搴帷一望，河冰皑皑，耀眼生缬。披裘登舵楼，北眺钟阜，南望雨花，如入琼瑶世界矣”，此为登船赏秦淮冬景。而在春秋之夜，名流士子，携佳眷乘华美的漆板船作雅游，“天水空阔，游迹渐稀，觅郎园、鉴园之高柳下，回船对月，而停泊焉……于时凉蟾坠波，露萤啼月……此一叶之扁舟，不啻渡河之仙槎”。其他船只，如火食船，小舟也，跟在大船后面，“庖厨备焉”；小卖船，经营小商品，“小贩杂致妇女针凿，儿童玩物果饵，于舟中摇铃售卖”。

醒擬人幻夢。一隻漆板。也來充浪子風流。蓋金陵人。呼紙燈曰棒鎚燈籠也。
樓船俗呼樓子船。蓋始於光緒初。相傳曾湘鄉督金陵時。大難初夷。元氣未復。湘鄉欲提倡風雅。恢復舊觀。一日與幕中名士。命扁舟道遙河上。慨然曰。秦淮風月如是蕭條乎。聞者喻意。翌夕。游人驟增。時水師改編新制。舊日長龍船。皆無用。命悉用廉價。售與秦淮舟子。舟人各出新意重裝之。船身既長大。於鷁首為門艙。以處僕從。客廳餐室書房。以次羅列。斐几湘簾。位置楚楚。再次為密室。臥榻與浣濯便旋之所。鮮弗備。末為舵樓。可以升高眺遠。夕陽既落。晚風徐來。鴛鴦雙雙。倚闌絮語。望之如在天上矣。船之兩旁。各留便道。捧茗進饌。不須闌入艙中。尤為便利。舟人俗呼曰大邊港。此類大船。抵十餘艘。以蔡二洗小五所弄者。布置最精。伺應亦好。傳花布席。井井有條。不令游人發怒。但皆不能遠行。或終日不一移動。等於活動之水閣而已。故一舟祇須老長年一人。長日高臥。餘皆伺應者也。
別有所謂小邊港者。亦樓船式。但較狹小耳。艙不過兩三層。亦無舵樓。故可過橋游行。以備客少。或攜宅眷者賃焉。船身靈活。可越利涉文德而南。或溯復成大中而北。弄船人較多熟手。間有能治饌者。登舟竹戲。茶點甚精。晚餐雖近家常。無不可口。佐以良醞。竟日清游。所費但銀餅十枚而已。
漆板者。舊制甚簡陋。後乃漸華美。大致為舊日籐繃改造。前蓬後艙。蓬式精巧。縣以綃帷。下列籐椅二。茶几一。名流貴客。或厭樓船之喧鬧。攜所眷出作雅游。或歡宴未闌。眉語心會。相攜過船。舟子解事。打槳遥渡復成橋北。天水空闊。游跡漸稀。覓朗園鑑園之高柳下。迴船對月。而停泊焉。舟人託言登岸烹茶。放身高臥。非呼喚不至也。於時涼蟾墮波。露螢啼月。綿綿情話。薌澤微聞。此一葉扁舟。不啻渡河之仙槎。訂情之寶筏云。
秦淮志　五三

图9 《秦淮志》书影

除了写游船，他还记录了一些人的活动，并与其他各篇相互呼应。如请私塾先生“凭水”，即“富厚人家，每年夏日，须邀请专馆业师”消夏，其中的场景更是写得惟妙惟肖：“恒见一船之中，三五伧楚，袒背聚博。中有一人，深衣道貌，三五顽童，跳踉其侧，则某机房或钱肆约先生凭水也，非是以为弗敬”，俨然一道风俗场景；如写泊于夫子庙前的“歌船”，写官府禁娼而不废歌女的“卖唱船”，“夕阳既落，金鼓招客，大致为剧场不收之伶，与飘泊之妓”，从而引出第十卷《女闾志》，该志写秦淮妓家旧事。“女闾”者，“闾”门也，合女闾二字，可理解为女子倚门而望。封建社会对于女子多半是“养在深闺人未识”，而女子倚门而望的形象，写的自然就是妓女了。在引言里作者写道：“南朝忽焉，泰半女祸。东林召亡，河房衅作。女闾兴国，管唯霸才。君子于是，觇时盛衰。”此志的可贵之处，不但首次将底层的被压迫的特殊人群写进志书，还揭示出“乡试之年，人士云集”以及“禁娼令行，妓业遂废，乃一变而为歌女”实为“挂羊头卖狗肉”的丑陋现象。如果说有什么不足之处，那便是作者引用顾起元《客座赘语》，在按语里写道：“秦淮女闾，实导源于明之教坊与官妓”，而没有揭示出明初统治者迫害异己所犯下的违背人性的罪行，远不如章学诚在《文史通义》内篇之《妇学》中的论断，即“前朝虐政，凡缙绅籍没，波及妻孥，以至诗礼大家，多沦北里”，[①]具有批判精神。

随之而来的是第十一卷《题咏志》。此篇最耐人寻味，最便于来回翻看。

① (清)章学诚著:《文史通义》卷五《内篇五·妇学》,上海书店,1988年,第70页。

夏仁虎在引言里这样写道："邦人之作，亲切有味。古今境殊，断自近世。……撷波幽光，用诗存人。"按照作者的不同籍贯，分为本土及流寓两类，前者78篇、后者14篇，共92篇，其中以"秦淮"为题30篇、"青溪"为题13篇、"竹枝词"为题12篇。令人叫绝的名句很多，诸如溧水徐兆兰《白门秋柳》的后半段，"桃叶渡头初带雨，虹桥院里复临池。独怜攀折年年事，多少行人在路歧"，在我看来，就是古人的"都市梦"。还有上元的程之铨所做的《自题读书处》，"卜筑幽居静，青溪水一涯。庭空留贮月，篱曲好编花。邻叟新茗酒，山僧昨饷茶。共添诗味永，那记鬓生华"，把读书全然看作是日常生活的一个组成部分了。

五、一部记人物栩栩如生的志书

历代方志均把记载人物放在极为重要的位置，《秦淮志》也不例外。限于本人自身所见，所写多当代名流，如梅曾亮、金伟军、陈作霖、薛时雨、仇继恒等，皆作者亲身接触过的人。早在他的另外一部著作《岁华忆语》的自叙里就写道："余家金陵，地当都会，为士大夫渊薮。"但在本志"述例"里，他对"人物志"的定位是"但记所见世，以补邑志与金陵通传之阙"。

第五卷《人物志》，所记述的人物可以分为两类。

一类是对治理水利有见解、有作为、有著述或言论者，他们心系地方建设，关注水利，为民生疾苦而辛劳奔走。

梅曾亮排列在第一位。开篇介绍他擅"乃一变为古文词，义法本桐城，而参以归震川。居京师二十年，冲澹自得，以文章道义，负海内重望"，但此并非本条重点，后文大段叙述，是以水利为要，以突出该志主旨："方道光季年，金陵大水，先生官京师，忧之。时乡人建议永闭东水关。先生致书陆制军，言其不可……略曰：'噫！是则矫枉过正者之所为，而非万全无弊之善计矣。今酌古准今，揆理度势，惟以挑浚后湖、修理东关二策为最妥。'""然古今异宜，贵因时而变通，而补救有方，必折中于至当。当此之时，频年水灾，民不聊生，固不可泥古而议长开，抑岂可废古而议永塞呼？苟因目前之患而永塞之，则东关之水，点滴不通，内河渐成平壤。设冬令干涸，及亢旱之岁，城内人员稠密，既无汲取之资，易至祝融之患。况沿河居民，日倾粪溺污水，涤荡无从，郁积日增，病症日作。前此道光十一年，曾经堵塞者半载。逮至十二年春夏之交，河水变成绿色，腥秽四闻，时役大作，此明鉴也。"由此，当时地方官采纳梅曾亮的建议，并没有将东水关彻底关闭。即便以今日的观点看，其见解不但科学，其结果有大恩于百姓、大功于秦淮矣。

因是专志，夏仁虎在人物的写法上是以人系事，突出兴修水利的重大事件。如通过对不同人物的介绍，使读者对赤山湖治理工程的起因和结果有一个完整的认识：首先，通过介绍金鳌，引出左宗棠读其书，赞同“不从赤山湖治起，终为无效”之说，“决意兴赤山湖工程，以增秦淮水利”；通过介绍左宗棠治理赤山湖时所任命的总司文案尚兆山，不但提出“修水利矣，又只知浚淮，不知浚湖，不数载而复其故，是浚尤不浚”，还撰写图文详细的七卷《赤山湖原委札记》；然而，因为“左文襄公始议浚湖，文襄移节，湖功遂废，先生痛之乃为是志云”；最后，由“邑人蒋氏《金陵丛书》收之，题为《赤山湖志》”，并且引用其按语云：“湖为秦淮之源，为强豪所占，规而为田。群山之水，湖不足容，下注于秦淮。六、七月之间，雨集，江水既盈，淮不得泄，溢而横流，淮之两岸，皆为巨浸，皆水利不修之害也。”这些，令我们读后，不免为之扼腕叹息。由此，也可以认识到在封建社会，官僚体制下治水之不易。

《人物志》还记载了夏仁虎的恩师陈作霖的学术贡献。笔墨不多，但人物个性凸显：“隐居奉亲，读书课弟，怡然自得。……于书无所不读，尤究心史学。”著《金陵通传》《运渎桥道小志》《东城志略》《钟南淮北区域志》等。

另一类人物，叙述一些与秦淮河直接相关人物的生活状态。

如淮军名将刘铭传，重点写他认识到越来越多的河房，严重地侵占河面，下令“去河数丈建屋”。对于如此见识、如此行为，夏仁虎指出：“此虽小节，可见其谨慎守法度也。”并且上述内容可以与第六卷《宅第志》的刘河厅相互衔接。此外，还讲述了两个居住东水关的读书人，他们与秦淮河通常的浮华生活相对立，“面钟山而俯淮水，迅扫严洁，颇多善本，日坐搜览。视隔河之丝管喧扰，泊如也。金陵英俊士流，多以口舌争胜，或但工时艺，而不甚读书”；还记叙了一个因直谏而罢官归里的潘敦俨，在青溪渡口租赁一间小屋，

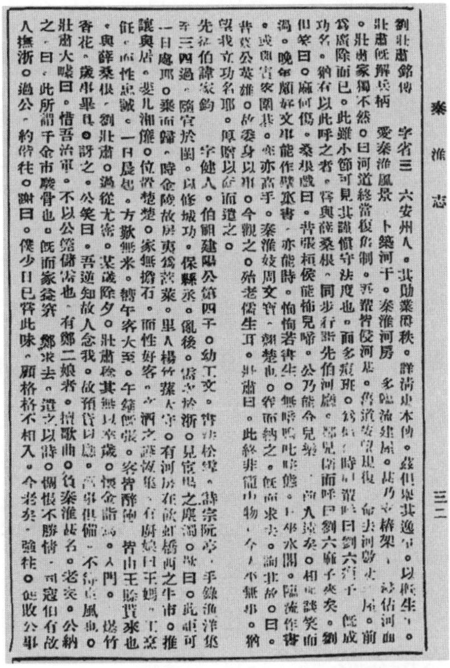
秦淮志
劉壯肅銘傳
三二

图10 《秦淮志》书影

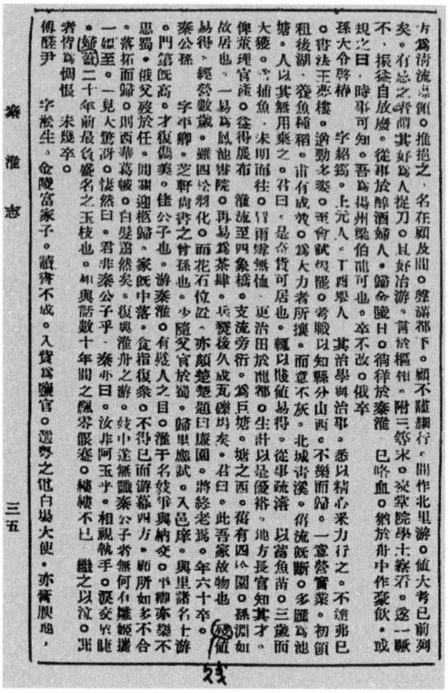

图11 《秦淮志》书影

受到一位学者的赞扬："曰'此名公子'，复能自树直节，将来位置，在直谏传中，非吾辈所敢望也。"

除此之外，作者不无悲悯之心地记下了一下地位低下的普通人，如一位曾经是盐官的傅淞生，家骤中落，将原来拥有的水阁（《宅第志》有"傅河厅"条目）卖了，自己"老而困顿，至寄食亲戚家。偶从利涉桥上望旧日水阁，辄叹曰：'吾当日建此广厅，可容百客，今俗奴败吾制，孔孔伸头，如蜂房矣。'然闻旅社中丝竹声，亦徘徊门外，不忍去。逆旅主人怜之，拓余屋，俾下榻焉"；如写一金陵故家子范春泉豁达任性的人生态度，"垂八十矣，壮旺若少年。其述秦淮往事，如数家珍。……其言特有风趣。衣服短峭，或嘲其趋时尚。范曰：'此六十年前旧式也，我不趋时，时来趋我耳。'范之恒语曰：'人生在世，饮食而已矣。'其亲家有杨五老者，甚富，而自奉极俭。恒讥范之饕餮，范曰：'吾与君皆八十矣。'他日阎王见召，问吾曰：'范某，汝碌碌一生所得何在？'吾可指腹曰：'尽在其中。'更问君，君必对曰'有'，问何在，必失声曰：'噫，惜未携以俱至。'闻者哄堂，杨亦稍稍悟"；如一个说书人董某，所说三事最有名，一是"刺马案"，一是"金陵大水事"，一是"明代项子京焚沉香床事"。

有趣的是，人物志里还讲述了一个因秦淮河水系发家致富的故事。孙启椿"初领租后湖，养鱼种稻，甫有成效"，后来"北城青溪，旧流既断，多汇为池塘。人以其无用弃之。……辄以贱值易得，从事疏浚，以蓄鱼苗，三岁而大获。……更治田于龙都。生计以是优裕"。

六、本志的写作特点

作为专志，既要系统完整，又要有独特的个性。我们不妨从这个角度逐一分析介绍。

首先，引用资料的丰富性。全书仅6万余字，引用典籍却多达73种，故考证源流如数家珍。第一卷《流域志》写秦淮水系，列举历代众多文献，秦淮河的久负盛名跃然纸上，读之不禁赞叹有加；第十一卷《题咏志》记周亮工、孙星衍等人秦淮题咏，选取标准是“邦人所作”，选取范围是“断自近世”，选取目的是“用诗存人”。

其二，部分文字内容的著述性和亲历性，给读者留下了特别深刻的印象。在框架结构上有新的突破，即首次将“儒者弗取”的“游船、女闾”纳入志书，同时在人物、宅第、园林、坊市等志中“以闻诸父老者为所闻，世身所及见者，为所见世”，自己收集资料，围绕秦淮河流域独特的地方性，通过资料分析、文字锤炼，系统、重点地反映事物发展的历史轨迹，做到了既“合雅郑于一篇”，又有新“亮点”。

其三，“按语”运用得恰到好处。《秦淮志》以引用史料为主，正文里还配备了按语。按语，是一种重要的编纂体例，是对正文内容进行解说、评论的文字。在叙述秦淮河相关内容时，作者大量运用了按语这种组织形式。如《流域志》，在按语中引用明《正德江宁县志》，“秦淮有二源，一发自句容华山，一发自溧水东庐山，合流于方山埭。历上方桥，入上水门。又分二流，一折北，一直西，经桐树湾、镇淮、饮虹、上下二浮桥，抵陡门桥岸口，合运渎出下水门”，简明扼要，一目了然；引用志书时，对《同治上江两县志》评价道：“各志记秦淮者，多举其大略，以此篇最为完备”，并且指出作者为汪梅村，但也能够对其中的不足加以指出，如“经注不分，似亦微病”；还有在引用南京工部尚书丁宾《浚河疏》一文，在按语里提出秦淮河的“正河”“支河”之说，并在后文里直接加以使用。

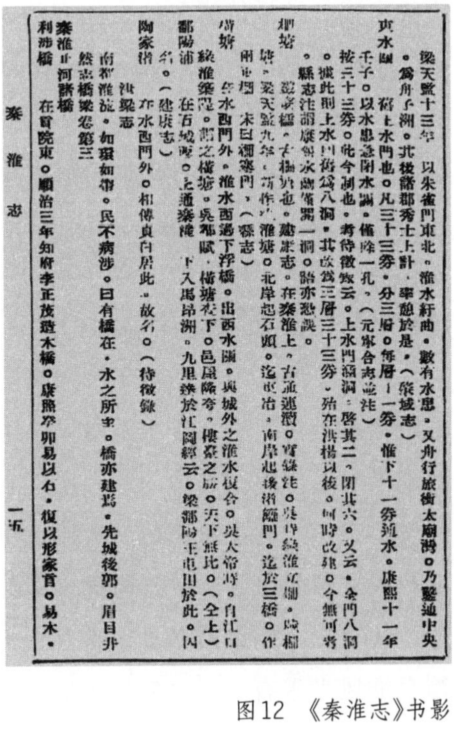
梁天監十三年，以朱雀門東北，淮水紆曲，數有水患。又舟行旅衡太廟灣，乃鑿通中央。爲舟子洲。其後諸郡秀士上計，率憩於是。（流域志）
東水關　即上水門也。凡三十三券，分三層，每層十一券，惟下十一券通水。康熙十一年壬子，以水患急閉水關，僅除一孔。（元寧合志並注）
按三十三券，此今制也。考待徵録云：上水門舊洞，啓其二，閉其六。又云：舍門八洞。據此則上水門舊爲八洞，其改爲三層三十三券，殆在洪楊以後。何時改建，今無可考。縣志注謂康熙水關僅留一洞，語亦恐誤。
柳塘　殺淮橋，古柳塘也。建康志：在秦淮上，古派通瀆。寶録注：吳時緣淮立柵，[illegible]塘。梁天監九年，新作緣淮塘。北岸起石頭，迄東冶，南岸起後渚籬門，迄於三橋。作[illegible]
[illegible]塘　[illegible]　宋曰禊塞門。（縣志）
在水西門外。淮水西過下浮橋。出西水關，與城外之淮水復合。吳大帝時，自江口緣淮築隄，謂之橫塘。吳都賦：橫塘查下，邑屋隆夸，長干之廣，天下無比。（全上）
鄱陽浦　在石城西，上通秦淮，下入馬昂洲。九里[illegible]云。梁鄱陽王屯田於此，因名。（建康志）
陶家渚　在水西門外，相傳陶貞白居此，故名。（待徵録）
津梁志
南都淮流，如環如帶，民不病涉，曰有橋在。水之所主，橋亦建焉。先城後郭，眉目非然。志橋梁卷第三
秦淮正河諸橋
利涉橋　在貢院東。順治三年知府李正茂造木橋。康熙癸卯易以石，復以形家言，易木。
秦淮志　一五

图12 《秦淮志》书影

其四，写作手法具有灵活性。值得一提的是，作者在编纂《流域志》时，是按照时间顺序来摘录铺陈历代文献，而《汇通志》则用条目体写实，以便读者加深印象。

其五，作为附录的第十二卷《余闻志》记载了“事有属于秦淮，而又不可

以类从者”。附录是方志的载体之一，指“志书卷末附载的资料或文献辑录”。附录不是可有可无的，而是志书不可缺少的一个重要组成部分，它在志书中主要起存史的作用，同时还能够帮助读者加深理解正文。夏仁虎记述了一些奇闻逸事便于查考，还列举了有关秦淮河的历代书目19种，从而增加了志书的使用价值。

七、本志的价值与贡献

2006年，为配合内秦淮河东五华里“夜泊秦淮，桨声灯影”游览线的开通，《秦淮志》点校本被列入《南京稀见文献丛刊》出版发行。此时距夏仁虎完稿已过去60余载。

《秦淮志》填补了秦淮河历史上没有专志的空白，留下了治水和用水的历史印记，记述了秦淮河流域南京人民独有的人文精神。《秦淮志》揭示了秦淮河的自然科学价值，让后人借鉴治水用水的得失，对今后的水利建设、管理、发展大有裨益。值得强调的是，作为河流志的《秦淮志》所提供的历史文化价值更为独特丰富，从中可领略秦淮河的历史风采，感悟南京城市的世事沧桑。

秦淮河承载着南京2500多年的悠久历史，塑造了古城南京独特的风景，也孕育出灿烂辉煌的秦淮文化，留下了丰富多彩的旅游资源和文化资源。它们与文物古迹、神话传说和历史故事等人文内涵紧密相连，形成源远流长、特色别致的水文化。

《秦淮志》作为一部良志，对融船景、水景、街景、市景于一体的“十里秦淮”风光带建设，对南京的旅游经济和文化事业起到了一定参考作用。

1984年，即《秦淮志》成书之后的40年，《南京夫子庙地区文史资料》由王芷湘、谢枢、岳晨曦、闻群等70岁以上的老人编写而成，其中所依据的旧志就有夏仁虎先生的《秦淮志》。

在《秦淮志》里，对于因人类活动而引起的河流水域变化，包括南京城因城市化影响在灌溉、排水及蓄洪垦殖等方面而引起的土地利用变化，均有大量的记录。夏仁虎在书中记载的治理水污染和水灾害的理念，对当下的生态文明建设仍有一定的参考价值。所以，河流志的编写，只有创新思路，做到自然科学和人文科学的结合才会有新的高度。

2004年，南京市秦淮区首部行政区域志《秦淮区志》出版发行。该志第四篇秦淮风光带有一段文字，“清代，秦淮风光延续传统的格局，但一些历史景点渐趋圮废消失，而又形成一些新的游乐区域。沿岸的河房水阁、水中的灯船画舫、鳞次栉比的茶楼酒肆，构成秦淮风光的主体内容。咸丰战乱期间，大部分景点或被焚毁、或至圮废，画舫游等相关娱乐活动消失。同治年间虽有所恢复，但与昔日风光已相去甚远。清末废除科举制度以后，江南贡院闲置，与之有关的活动内容失去存在的基础，夫子庙地区一度显得萧条冷落”①，可看作是《秦淮志》的概括。该篇的第一章名为“十里秦淮”，第一节灯船画舫中“画舫类型”条目，便出自《秦淮志》；第二节古渡名桥和《秦淮志》的写法极为相近；第三节河厅河房，引用夏仁虎《秦淮志》记载“临河人家，虽小小水阁，布置亦皆精雅。夕阳既下，湘帘齐卷，盆花茗碗，处处怡人。新月东升，羊灯不耀。闺人浴罢，凭栏照影。鬓边襟上，香雾四溢。游船过之，疑为天上清都矣。凡此为四十年前景物。自灾乱频仍，民生凋敝，屋皆失修，河益淤秽。六朝佳丽之地，乃不可复识，念之惘然”，同时写入1987年9月开工建设的“秦淮人家”，笔法也颇似《秦淮志》，此类不胜枚举。

八、呼唤新秦淮河志的问世

2018年6月20日，《中国名水志文化工程实施方案》将秦淮河列为著名中国水利遗产。这份文件是中国地方志指导小组办公室根据国务院办公厅《全国地方志事业发展规划纲要（2015—2020年）》以及中共中央办公厅、国务院办公厅《关于实施中华优秀传统文化传承发展工程的意见》所制定的。对照夏仁虎在《秦淮志》第六卷《宅地志》结尾对秦淮河景象的描述，“凡此为四十年前（即1904年）景物。自灾乱频仍，民生凋敝，屋皆失修，河益淤秽，六朝佳丽之地，乃不可复识，念之惘然”。2008年，在南京举行的第四届世界城市论坛开幕式上，联合国人居署执行主任安娜女士向南京市政府颁发“联合国人居奖特别荣誉奖”，以表彰其在城市建设、人类住区发展上的突出贡献；2018年，内秦淮河观光游览线上的游船延伸至水西门船闸，百年前徽州泾县用来给童生投宿备考的棋峰试馆变成了临河客栈，夏仁虎笔端下的“头枕流水”的美好回忆成为现实，引得游客流连忘返。

构建秦淮水系流域花园，即“城河一体、水绿相融、人水和谐”成为秦淮河治理的目标。秦淮河水利方面的整治，在机械和科技的引导下，传统的河道疏浚和防洪堤加固方式得以提升；秦淮河水污染的防治，从简单的引水冲洗向

① 南京市秦淮区地方志编纂委员会:《秦淮区志》,方志出版社,2003年,第179页。

"实现水体自我修复"、全面维护水生态系统的安全转变。

让我们简单回溯一下这段历史。1949年中华人民共和国成立后，南京市人民政府疏浚秦淮河，兴修节制闸，真正结束了十里秦淮沿岸屡受水患的历史。1978年改革开放以来，古城南京开始全面治理内秦淮河，向水污染宣战，通过疏浚、驳砌河道、引水冲释、改善水质、治理工业和医院废水、埋设污水截流管以及建设城市污水处理厂等手段治理秦淮河污染，力求再现"桨声灯影秦淮河"的美景。1985年3月5—6日，秦淮区在夫子庙地区举办新中国成立后首次大型元宵节花灯晚会，展出各种花灯500多种，20万人次前往观赏。古典园林建筑和人文景观逐步得以重建，十里秦淮成为观光、娱乐、休闲、度假胜地。1991年6月16日，秦淮区首届端午"龙舟游"在夫子庙泮池举行；同年12月18日，夫子庙及秦淮风光带被国家旅游总局评为"新建的人文景观为主的旅游胜地"，荣获"中国旅游胜地四十佳"称号。2000年，南京市人民政府更新了《南京历史文化名城保护规划》，并在此基础上，编制更新了详细规划，对沿河的河厅河房、历史建筑和景观的保护起到了一定的作用。2002年，启动秦淮河环境综合整治和建设工程，整治内容包括安居、水利、环保、文化、景观五大工程，确定治理目标为"让美丽河流成为流动的河、美丽的河、繁华的河"。同样，随着百里秦淮河风光带的打造，整个秦淮河流域成为南京的风景名胜。

对照《中国名水志文化工程实施方案》的写作要求，即根据水域特点，要"有选择性地记述水域地理环境、历史变迁、自然景观、水资源开发与利用、水文化保护与传承，突出名水'名'与'特'等内涵。应执简驭繁，文约事丰，易于阅读，利于传播"而言，夏仁虎的这部《秦淮志》依然具有一定的引领性！

南京市秦淮区档案馆（地方志办公室）副馆长、副主任　金戈